O CAMINHO DO TAROT

ALEJANDRO JODOROWSKY
MARIANNE COSTA

CHAVE

Título original LA VOIE DU TAROT

Copyright © Éditions Albin Michel, 2004

Tradução **Alexandre Barbosa de Souza**
Revisão **Guilherme Vilhena e Lilian Aquino**
Capa e projeto gráfico **Gustavo Piqueira | Casa Rex**

Dados Internacionais de Catalogação na Publicação – CIP

J63	Jodorowsky, Alejandro; Costa, Marianne
	O caminho do tarot / Alejandro Jodorowsky e Marianne Costa. Tradução de Alexandre Barbosa de Souza. – São Paulo: Editora Campos, 2016. (Selo Chave).
	592 p.; Il.
	Título original: The way of tarot: the spiritual teacher in the cards.
	ISBN 978-85-63137-74-6
	1. Filosofia. 2. Metafísica da Vida Espiritual. 3. Esoterismo. 4. Tarô. 5. Cartas do Tarô. 6. Arcanos. 7. Arte do Tarô. I. Título. II. Jodorowsky, Alejandro. III. Costa, Marianne. IV. Souza, Alexandre Barbosa, Tradutor. V. Selo Chave.

CDU 133.5   CDD 133

CHAVE
Rua Araújo, 124 1º andar 01220-020 São Paulo SP
Tel. 55 11 3211-1233 www.chavelivros.com.br

Apresentação, por Marianne Costa 11
Introdução, por Alexandro Jodorowsky 13

PRIMEIRA PARTE
ESTRUTURA E NUMEROLOGIA DO TAROT

Composição e regras de orientação 45
A numerologia do Tarot 71
Construir a mandala em dez etapas 99
As onze cores do Tarot 109

SEGUNDA PARTE
OS ARCANOS MAIORES

O Louco 139
I. O Mago 145
II. A Papisa 151
III. A Imperatriz 157
IIII. O Imperador 163
V. O Papa 169
VI. O Namorado 175
VII. O Carro 181
VIII. A Justiça 187
VIIII. O Eremita 193
X. A Roda da Fortuna 199

XI. A Força 205
XII. O Enforcado 211
XIII. O Arcano sem nome 217
XIIII. Temperança 225
XV. O Diabo 231
XVI. A Torre 239
XVII. A Estrela 245
XVIII. A Lua 251
XVIIII. O Sol 257
XX. O Julgamento 263
XXI. O Mundo 269

TERCEIRA PARTE
OS ARCANOS MENORES

Os graus da numerologia 289
Os Trunfos ou Figuras 349

QUARTA PARTE
O TAROT DE DOIS EM DOIS

Os duos das duas séries decimais 385
Os casais do Tarot 393
Pares de soma XXI 437
Sucessão numérica e translação 445

QUINTA PARTE
A LEITURA DO TAROT

Primeiros passos 481
Ler três cartas 501
Ler quatro cartas ou mais 537
Ler dez cartas ou mais 549

Conclusão: o pensamento tarótico 569
Índice de assuntos 585

Apresentação

Como escrever um livro sobre o Tarot? É o mesmo que tentar esvaziar o mar com um garfo...

Já há quase quarenta anos, o trabalho de Alejandro Jodorowsky aborda a multiplicidade dinâmica do Tarot: leituras públicas, aulas, encontros, conferências... Se ele tivesse transcrito integralmente todo esse material, teríamos muitas dezenas de milhares de páginas apaixonadas e desorganizadas, abordando a cada passo diversos aspectos dessa arte que não se deixa circunscrever em nenhum tipo de rigidez.

Como isso não foi possível, e era preciso fazer um livro, um único, nós tomamos, Alejandro e eu, a decisão de apresentar o Tarot por ângulos suficientemente variados, para que a obra pudesse ao mesmo tempo servir de manual aos iniciantes e de reflexão aos tarólogos mais experientes, sempre conservando nos leitores o prazer da leitura.

É por isso que todas as partes deste livro trazem uma introdução redigida em primeira pessoa por Alejandro, rememorando seu percurso singular, de uma vida inteira, na companhia desse mestre exigente, desse aliado poderoso que é o Tarot.

Em toda a parte técnica, nossa preocupação foi ser fiel à extrema plasticidade do Tarot: ao mesmo tempo claro e profundo, linear e multidimensional, lúdico e complexo... ele não se deixa reduzir a nenhuma das incontáveis possibilidades que abre. Foi por isso que buscamos construir uma obra que pudesse ser lida tanto em fragmentos, quanto de modo contínuo até o fim, na qual cada tema fosse abordado ora longa ora brevemente, e cujas imagens fizessem eco ao texto incessantemente, na medida em que o Tarot constitui antes de tudo uma aprendizagem da *visão*.

Este livro se organiza, portanto, em cinco partes. A primeira tem por objetivo familiarizar o leitor com a estrutura global do Tarot, seus fundamentos numerológicos e simbólicos. A segunda examina um por um os chamados Arcanos "maiores". A terceira faz o mesmo com os chamados Arcanos "menores". A quarta parte representa para nós o que pensamos como um primeiro passo na leitura dinâmica do Tarot: o estudo dos pares, dos casais, das diversas combinações entre duas cartas e assim por diante. Praticamente, todos os elementos do Tarot se relacionam uns com os outros. Por fim, a quinta parte é dedicada à leitura propriamente dita.

Devemos agradecer aqui especialmente a Barbara Clerc, que depois de anos transcreveu e arquivou as aulas e palestras beneficentes de Alejandro Jodorowsky. Ela pôs à nossa disposição todos esses arquivos que, sem ela, teriam ficado na esfera da tradição oral.

Marianne Costa

Introdução

Em Tocopilla, pequeno porto chileno escondido entre o glacial oceano Pacífico e as planícies montanhosas do deserto de Tarapacá, região mais seca do mundo, onde não cai uma gota de chuva há séculos, eu tive aos sete anos meu primeiro contato com as cartas... Devido ao calor extremo, os comerciantes fechavam as lojas do meio-dia às cinco da tarde. Jaime, meu pai, baixava a porta de aço de sua *Casa Ukrania* – roupa íntima feminina e artigos para o lar – e ia jogar bilhar com o "louco Abraham", um judeu lituano, viúvo, arruinado em circunstâncias misteriosas. Ali, onde as mulheres nunca entravam, comerciantes rivais, em torno de uma mesa verde, decretavam a paz e afirmavam sua virilidade matando diversas bolas de uma vez. Segundo a filosofia de Jaime, aos sete anos um menino já tinha o cérebro formado e devia ser tratado como um adulto. No dia do meu sétimo aniversário, ele me deixou acompanhá-lo ao bilhar... Não me impressionei nem com o barulho ensurdecedor das bolas se entrechocando, nem com os vultos brancos e vermelhos cruzando o tapete verde oliva; o que me chamou a atenção e me fascinou foi o castelo de cartas. O louco Abraham tinha mania de construir, com cartas de baralho, grandes castelos. Ele deixava esses objetos, sempre diferentes, enormes, altos, sobre a mesa grande, longe das correntes de ar, fazendo-os durar até que ele mesmo, embriagado, os destruísse aos golpes, para em seguida começar outro. Sarcástico, Jaime apontou para o amigo bêbado e mandou que eu lhe perguntasse por que ele fazia aquilo. O louco Abraham, com um sorriso triste, respondeu a um menino o que não queria dizer a um adulto: "Eu imito Deus, garotinho. Aquele que nos cria nos destrói e, com os nossos restos, Ele nos reconstrói".

Aos sábados à noite e aos domingos depois do almoço, para vencer o tédio provinciano, meu pai recebia em casa um grupo de amigos com os quais jogava cartas durante horas, enquanto Sara Felicidad, minha mãe, única mulher, servia cervejas e canapés, convertida em sombra. No resto da semana, as cartas dormiam fechadas à chave dentro de um armário. Apesar de aquelas cartas me fascinarem, era proibido tocá-las. Segundo meus pais, eram só para os adultos. Isso me deixou com a ideia de que as cartas, feras perigosas que só podiam ser domadas por um sábio, no caso, Jaime, tinham poderes mágicos... Como eles usavam feijões em lugar de fichas, todas as segundas minha mãe, talvez para aliviar a pena de ser excluída do jogo, punha-os para ferver e fazia com eles uma sopa que eu engolia sentindo que ganhava aqueles poderes.

Meu físico de imigrante russo, muito diferente dos chilenos autóctones, me privou de amigos. Meus pais, submersos dez horas por dia na *Casa Ukrania*, não podiam me dar atenção. Agoniado pelo silêncio e a solidão, comecei a investigar os móveis do quarto deles com a esperança de encontrar algum detalhe que me permitisse saber qual rosto eles escondiam por trás de suas máscaras indiferentes. A um canto do roupeiro, entre as roupas perfumadas de Sara Felicidad, encontrei uma caixinha de metal retangular. As batidas do meu coração se aceleraram. Algo me dizia que estava prestes a obter uma revelação importante. Abri a caixa. Dentro havia uma carta do Tarot chamada O Carro. Nela, um príncipe conduzia um veículo em chamas. As línguas de fogo, agregadas com linhas de tinta negra, haviam sido coloridas com aquarela amarela e vermelha. Esse incêndio me intrigou mais do que tudo. Quem teria se dado ao trabalho de transformar o desenho original acrescentando aquelas chamas? Pensando nisso, não percebi minha mãe chegar. Surpreendido em pleno delito, assumi a culpa e lhe dei a carta. Ela a tomou da minha mão com reverência, apertou-a contra o peito e se pôs a chorar e soluçar... Quando se acalmou, contou que seu finado pai mantinha essa carta sempre consigo, no bolso da camisa, perto do coração. Ele havia sido um bailarino russo que media dois metros de altura, com uma cabeleira loira de leão, que, apaixonado por minha avó judia, sem que fosse obrigado a fazê-lo, acompanhou-a no exílio. Já na Argentina, desajeitado como era para todos os detalhes da vida cotidiana, ele subiu em um barril de álcool para regular a chama de uma lamparina. A tampa do barril se quebrou e ele afundou no álcool com a lamparina na mão. O líquido se inflamou e meu avô morreu queimado. Sara Felicidad nasceu um mês depois desse atroz acontecimento. Um dia, Jashe, sua mãe, contou que havia encontrado a carta, intacta, entre as cinzas de seu amado. À noite, depois do enterro, as chamas do Carro apareceram sem que ninguém as tivesse desenhado. Minha mãe não tinha dúvida de que essa história era verdadeira. Eu, com minha inocência infantil, também acreditei.

Quando eu fiz dez anos, meus pais venderam o comércio e me avisaram que iríamos mudar para Santiago, a capital do país. Perder tão brutalmente o território me afundou em uma venenosa bruma mental. Minha maneira de agonizar foi engordar. Convertido em um pequeno hipopótamo, eu me arrastava até o colégio, olhando para o chão, sentindo que o céu era uma abóbada de cimento. A isso se somou a repulsa dos meus companheiros de escola quando constataram nos chuveiros, depois de uma aula de ginástica, que meu sexo carecia de prepúcio. "Judeu errante!", gritaram para mim, às cusparadas. O filho de um diplomata que acabara de chegar da França cuspiu no verso de uma carta e a colou na minha testa. Rindo às gargalhadas, me empurraram contra um espelho. Era um arcano do Tarot de Marselha: O Eremita. Vi nessa carta meu retrato infame: um ser sem território, solitário, dominado pelo frio, com os pés doloridos, caminhando há uma eternidade em busca de quê?... De algo, seja o que for, que lhe desse uma identidade, um lugar no mundo, um motivo para continuar vivendo. "O ancião ergue uma lanterna. O que a minha alma milenar está erguendo? (Diante da crueldade dos meus companheiros, senti que o meu peso era uma dor transportada durante séculos.) Seria aquela lâmpada minha consciência? E se eu não fosse um corpo vazio, uma massa habitada apenas pela angústia, mas uma luz estranha que atravessa o tempo, através de inumeráveis veículos de carne, em busca desse ente impensável que meus avós chamavam de Deus? E se o impensável fosse a beleza?" Algo semelhante a uma explosão de prazer pareceu romper as barreiras que aprisionavam a minha mente. A tristeza foi varrida feito poeira... Procurei com a angústia de um náufrago um porto onde se reuniam os jovens poetas. Chamava-se Café Íris. Íris, a mensageira dos deuses, aquela que une o céu e a terra, o complemento feminino de Hermes! E haviam colado na minha testa um (E)rmitão! Foi nesse café-templo que encontrei amigos, atores, poetas, titereiros, músicos, bailarinos. Entre eles cresci, buscando também, de maneira desesperada, a beleza. Naqueles anos quarenta, as drogas não estavam na moda. Nossas conversas turbinadas pela febre criadora se expandiam tendo como eixo uma garrafa de vinho, que assim que ficava vazia era substituída por outra. De madrugada, famintos e embriagados, para queimar o álcool, corríamos para o Parque Florestal. Em frente ao parque, em um subsolo estreito, habitava Marie Lefèvre, uma francesa de sessenta anos, em concubinato com Nene, um jovem de dezoito. A senhora era pobre, porém tinha sempre na cozinha uma grande marmita cheia de sopa, caótico magma que continha os restos de comida que lhe davam no restaurante vizinho em troca de leituras de cartas para os clientes. Enquanto seu amante roncava sem roupas, Marie, coberta com uma bata chinesa, servia-nos pratos cheios, onde, submersos no saboroso caldo, podíamos encontrar peixe, almôndegas, verduras, cereais, macarrão, queijo, fígado de frango, tripa de boi e tantas outras delicadezas. Depois, sobre o ventre de seu amante, que não acordaria nem com um tiro de canhão, lia-nos um Tarot que ela mesma desenhara. Este estranho contato com as cartas foi decisivo: graças a essa mulher, em meu coração o Tarot ficaria para sempre unido à generosidade e ao amor sem limites. Até hoje, passados já sessenta anos, seguindo o exemplo dela, sempre li de graça. Quando eu me sentia prisioneiro na ilha cultural que era o meu país na época, Marie Lefèvre fez uma previsão: "Viajarás pelo mundo inteiro, incessantemente, até o fim da tua vida. Mas presta atenção: quando eu digo 'mundo inteiro' me refiro à totalidade do universo. Quando digo, 'fim da tua vida', me refiro à tua encarnação atual. Na verdade, sob outras formas, viverás tanto quanto há de viver o universo".

Mais tarde, na França, trabalhei com Marcel Marceau[1] e consegui alcançar a máxima honra que ele outorgava em sua companhia: mostrar, imóvel, em pose sugestiva, os letreiros que indicavam o título de suas pantomimas. Assim, convertido em estátua de carne, viajei durante cinco anos por uma grande quantidade de países. Em cada apresentação, Marceau se entregava de corpo e alma. Depois, esgotado, trancava-se em seu quarto de hotel por um bom número de horas. No dia seguinte, sem visitar a cidade, voltava ao teatro para ensaiar algum novo número ou corrigir as luzes. Eu, solitário nesses países onde muitas vezes não falava o idioma dominante, visitava museus, ruas pitorescas, cafés de artistas. Pouco a pouco, adquiri o costume de procurar as livrarias esotéricas para comprar Tarots. Cheguei a colecionar mais de mil maços diferentes: o alquímico, o rosacruz, o cabalístico, o cigano, o egípcio, o astrológico, o mitológico, o maçônico, o sexual etc. Todos eram compostos pelo mesmo número de cartas, 78, divididas em 56 Arcanos menores e 22 Arcanos maiores. Mas cada um tinha desenhos diferentes. Às vezes, os personagens humanos se viam transformados em cães, gatos, unicórnios, monstros ou gnomos. Cada maço continha um libreto onde o autor se proclamava portador de uma verdade profunda. Apesar de não compreender nem o significado

---

1 Mais famoso mímico do século 20.

nem o uso de tão misteriosas cartas, eu tinha por elas um grande carinho e cada vez que encontrava um novo conjunto, ficava cheio de alegria. Ingenuamente, esperava encontrar o Tarot que me comunicaria o que com tanta angústia andava procurando: o segredo da vida eterna...

Em uma das minhas viagens ao México, acompanhando Marceau, conheci Leonora Carrington, poeta e pintora surrealista que durante a guerra civil espanhola havia vivido uma história de amor com Max Ernst[2]. Quando ele foi preso, Leonora sofreu um ataque de loucura, com todo o horror que isso significa, mas também com todas as portas que esse mal abre no cárcere da mente racional. Convidando-me para comer um crânio de açúcar com meu nome gravado na testa, ela me disse: "O amor transforma a morte em doçura. O esqueleto do Arcano XIII tem ossos de açúcar". Quando me dei conta de que Leonora usava em suas obras os símbolos do Tarot, pedi a ela que me iniciasse. Ela me respondeu: "Pegue estas 22 cartas. Observe-as uma de cada vez e me diga o que significa para você aquilo que está vendo". Dominando minha timidez, obedeci. Ela escreveu rapidamente tudo o que eu ia lhe dizendo. Ao terminar a descrição d'O Mundo, eu me vi empapado de suor. A pintora, com um sorriso misterioso, sussurrou para mim: "Isso que você acabou de me dizer é o 'segredo'. Cada Arcano, sendo um espelho e não uma verdade em si mesmo, converte-se naquilo que você vê. O Tarot é um camaleão". Em seguida, ela me presenteou com o baralho criado pelo ocultista Arthur Edward Waite, com desenhos estilo novecentista, que logo entraria na moda entre os hippies. Acreditei que Leonora, que eu via como uma sacerdotisa, havia me outorgado a chave do luminoso tesouro que havia no centro de meu interior obscuro, sem me dar conta de que esses arcanos agiam somente como excitantes do intelecto.

Quando voltei a Paris, comecei a frequentar um café da Place des Halles, La Promenade de Vénus, onde André Breton

---

2 Pintor surrealista alemão.

se reunia uma vez por semana com seu grupo surrealista. Ousei oferecer-lhe o Tarot de Waite, esperando, com dissimulado orgulho, obter sua aprovação. O poeta observou os Arcanos atentamente, com um sorriso que pouco a pouco se transformou em uma careta de desgosto: "Este baralho é ridículo. Os símbolos são de uma obviedade lamentável. Não há nada de profundo nele. O único Tarot que vale é o de Marselha. Essas cartas intrigam, comovem, mas nunca revelam seu segredo intrínseco. Em uma delas, eu me inspirei para escrever *Arcano 17*". Admirador fervoroso do grande surrealista, joguei no lixo minha coleção de cartas, guardando apenas o Tarot de Marselha, isto é, a versão que Paul Marteau havia publicado em 1930.

De todo modo, como Breton, eu compreendia muito pouco o significado dessas cartas, que, colocadas ao lado das sedutoras imagens de Waite, pareciam hostis, sobretudo os Arcanos menores. Decidi gravá-las na memória, na esperança de que aquilo que meu intelecto não pudesse decifrar fosse decifrado pelo meu inconsciente. Comecei a memorizar cada símbolo, cada gesto, cada linha, cada cor. Pouco a pouco, ajudado por uma paciência férrea, passei a conseguir, de olhos fechados, visualizar, ainda que de forma imperfeita, os 78 Arcanos. Durante os dois anos que durou essa experiência, fui todas as manhãs à Biblioteca Nacional de Paris para estudar as coleções de Tarot doadas por Paul Marteau e os livros dedicados a esse tema. Até o século XVIII, o Tarot havia sido visto como um jogo de azar e seu sentido profundo havia passado despercebido. Os desenhos haviam sido mutilados ou transformados, adornados com retratos de nobres, postos a serviço das pompas da corte. Cada tratado dizia uma coisa diferente, muitas vezes em contradição com os demais. Na realidade, em vez de falar objetivamente do Tarot, os autores faziam o próprio autorretrato, embutindo nele superstições. Encontrei crenças maçônicas, taoístas, budistas, cristãs, astrológicas, alquímicas, tântricas, sufis etc.

Pode-se dizer que o Tarot era uma empregada doméstica sempre a serviço de uma doutrina exterior a ele... Mas a coisa mais surpreendente que constatei foi que, até o pastor protestante e maçom Court de Gébelin (1728-1784) atribuir ao Tarot características esotéricas e não exclusivamente lúdicas, no oitavo volume de sua enciclopédia *Monde Primitif* (1781), ninguém havia na verdade observado os Arcanos, nem ele, nem seus seguidores. Sem se dar conta de que essas cartas são uma linguagem óptica que exige ser vista em toda a extensão de seus detalhes, Gébelin tomou suas fantasias por realidades e declarou que o Tarot veio do Egito ("Hieróglifos pertencentes ao *Livro de Toth*, salvo das ruínas de um templo milenar"), publicando uma cópia ruim do Tarot de Marselha em que elimina uma infinidade de detalhes, põe um 0 em Le Mat e o batiza "O Louco" para lhe dar um significado negativo: "Ele só tem como valor o que dá aos outros, precisamente como o nosso zero: mostrando assim que não existe nada na loucura". Agrega um pé à mesa do Mago; converte o Imperador e a Imperatriz em Rei e Rainha; ao Papa e à Papisa em Hierofante e Sacerdotisa (Grand-Prêtre e Grande-Prêtresse); batiza o Arcano XIII, sem nome, como A Morte, equivocando-se com o número da Temperança, sobre a qual imprime um XIII; decide que no Arcano VII quem dirige o carro é Osíris Triunfante; chama O Namorado (L'Amoureux) de O Casamento; a Estrela, de A Canícula; O Diabo, de Tífon; O Mundo, de O Tempo; e O Enforcado, de A Prudência (colocando-o de pé); além disso, elimina as cores e também o enquadramento original, que consistia num retângulo iniciático composto de dois quadrados. Assim, ele pretendia corrigir os "erros do original".

A partir da publicação desse primeiro tratado esotérico sobre o Tarot em *Monde Primitif*, os ocultistas começaram a delirar, deixando de se concentrar nos desenhos do Tarot de Marselha, considerando a cópia de Court de Gébelin e suas explicações egípcias como a autêntica verdade esotérica. Em 1783, um adivinho da moda, o cabeleireiro Alliete, sob o pseudônimo Eteilla (1750-1810), produziu um Tarot fantasioso que se relaciona com a astrologia e a Cabala hebraica. Pouco depois, Alphonse-Louis Constant, vulgo Éliphas Lévi (1816-1875), apesar de sua imensa intuição, desdenha o Tarot de Marselha, por considerá-lo "exotérico", e, em *Dogma e ritual da alta magia*, desenha uma versão "esotérica" de O Carro, de A Roda da Fortuna, de O Diabo, estabelece que os 22 arcanos maiores ilustram o alfabeto hebraico e despreza os 56 arcanos menores. Essa ideia será adotada por Gérard Encausse, que, sob o pseudônimo Papus (1865-1917), se permite criar um Tarot com personagens egípcios que ilustram uma estrutura cabalística hebraica. Depois dessas tentativas de enxertar no Tarot todo tipo de sistemas esotéricos, escrevem-se milhares de livros baseados em uma inexistente "tradição" que demonstram que o Tarot foi criado pelos egípcios, pelos caldeus, pelos hebreus, pelos árabes, pelos hindus, pelos gregos, pelos chineses, pelos maias, pelos extraterrestres, evocando-se também Atlântida e Adão, a quem se atribui a autoria dos desenhos das primeiras cartas, ditadas por um anjo. (Para a tradição religiosa, as obras sagradas sempre têm uma origem celeste. A realização do sistema simbólico não é abandonada à inspiração pessoal do artista, mas atribuída ao próprio Deus...). A palavra "Tarot" seria egípcia (*tar*: caminho; *ro, rog*: real), indo-tártara (*tan-tara*: zodíaco), hebraica (*tora*: lei), latina (*rota*: roda; *orat*: fala), sânscrita (*tat*: o todo; *tar-o*: estrela fixa), chinesa (*tao*: princípio indefinível) etc. Diferentes grupos étnicos, religiões, sociedades secretas, reivindicaram sua paternidade: ciganos, judeus, cristãos, muçulmanos, maçons, rosacruzes, alquimistas, artistas (Dalí), gurus (Osho) etc. Encontram nele influências do Antigo Testamento, dos Evangelhos e do Apocalipse (em cartas como O Mundo, O Enforcado, Temperança, O Diabo, O Papa, O Julgamento), dos ensinamentos tântricos, do *I Ching*, dos códigos astecas, da mitologia greco-latina... Cada novo baralho de cartas encerra a subjetividade de seus autores, suas visões de mundo, seus preconceitos morais, seu limitado nível de consciência. Como na história da Cinderela, onde as irmãs são capazes de cortar um pedaço do pé para poder calçar o sapato de cristal, cada ocultista altera à sua maneira a estrutura original.

Para fazer coincidir o Tarot com os 22 caminhos da Árvore da Vida, que une as dez *sefirot* da tradição cabalística, Waite troca o número VIII de A Justiça com o número XI de A Força; transforma O Namorado em Os Namorados etc., falsificando, assim, o significado de todos os Arcanos. Aleister Crowley, ocultista pertencente à Ordem do Templo do Oriente, também troca os nomes, os desenhos (e, portanto, o significado) e a ordem das cartas. A Justiça se converte em O Juízo; Temperança em A Arte; O Julgamento em Éon. Elimina os Valetes e os Cavaleiros e em seu lugar põe Príncipes e Princesas... Oswald Wirth, ocultista suíço, maçom e membro da Sociedade Teosófica, desenha ele mesmo seu Tarot introduzindo nos arcanos não somente trajes medievais, esfinges egípcias, cifras árabes e letras hebraicas em lugar de números romanos, símbolos taoístas, a versão alquímica do Diabo inventada por Éliphas Lévi, como também se inspira na torpe versão de Court de Gébelin (vide sua Torre, sua Temperança, sua Justiça, seu Papa, seu Namorado), como se afirmasse que o Tarot de Marselha é uma versão popular, isto é, vulgar, do Tarot de Gébelin... Os milhares de adeptos de uma seita rosacruz americana afirmam que o Tarot Egípcio de R. Falconnier – um sócio da Comédie-Française que o desenhou e publicou em 1896, dedicando-o a Alexandre Dumas Filho – constitui o baralho original... Séculos de sonhos e autoenganos!

Uma obra sagrada é por essência perfeita; o discípulo deve adotá-la de forma global, sem tentar agregar ou tirar algo. Ninguém sabe quem criou o Tarot, nem onde, nem como. Ninguém sabe o que a palavra Tarot significa, nem a que idioma pertence. Tampouco se sabe se o Tarot foi assim desde sua origem ou se ele é resultado de uma lenta evolução que teria começado com a criação de um jogo árabe chamado *naibbe* (naipes ou cartas) e ao qual se agregaram, durante o transcurso dos anos, os arcanos maiores e os caprichosamente chamados Trunfos ("Honneurs"). O fato de se terem criado novas versões do Tarot de Marselha, anônimo como todo monumento sagrado, na crença de que trocando os desenhos ou o nome das cartas se estaria realizando uma grande obra, é pura vaidade.

Qual foi a intenção do criador desta catedral nômade? Seria possível um único ser humano plasmar uma enciclopédia de símbolos tão imensa? Quem teria sido capaz de reunir em uma só vida tais conhecimentos? É tamanha a precisão do Tarot, são tão perfeitas suas relações internas, sua unidade geométrica, que não é possível aceitar que seja uma obra realizada por um iniciado solitário. Só inventar a estrutura, criar os personagens com seus trajes e gestos, estabelecer a simbologia abstrata dos arcanos menores, já requer uma grande quantidade de anos de intenso trabalho. A curta duração de uma vida humana não basta para isso. Éliphas Lévi, em seu *Dogma e ritual da alta magia*, como se lê nas entrelinhas, tem essa intuição: "Trata-se de uma obra singular e monumental, simples e poderosa como a arquitetura das pirâmides; por isso, perdurável como elas; um livro que reúne todas as ciências e cujas infinitas combinações podem resolver todos os problemas; um livro que fala fazendo pensar; inspirador e regulador de todas as concepções possíveis: talvez a obra-prima da alma humana, e sem dúvida alguma uma das coisas mais bonitas que nos legou a Antiguidade; chave universal, verdadeira máquina filosófica que impede que a alma se extravie, deixando-a com sua iniciativa e sua liberdade; são as matemáticas aplicadas ao absoluto, a aliança do positivo e o ideal, uma loteria de pensamentos tão rigorosamente exatos como os números; por último, é assim talvez ao mesmo tempo a coisa mais simples e mais grandiosa que o gênio humano jamais concebeu".

Se quisermos imaginar a origem do Tarot (já em 1337, nos estatutos da Abadia de Saint-Victor de Marselha, se proibia aos religiosos os jogos de cartas), deveríamos retroceder pelo menos até o ano 1000. Naquela época, no sul da França e da Espanha, era possível ver, em santa paz, erigidas muito próximas umas das outras, uma igreja, uma sinagoga e uma mesquita. As três religiões se respeitavam e os sábios de cada uma delas não hesitavam em discutir e se enriquecer do contato com membros das outras. É evidente que nos Arcanos II, V, XIIII, XV, XX e XXI se encontra a influência do cristianismo. Na cabeça do esqueleto do Arcano sem nome, pode-se distinguir as quatro letras hebraicas *Yod-He-Vav-He*, que designam a divindade, e no peito do Enforcado as dez *sefirot* da Árvore da Vida cabalística. Nos Arcanos menores, aparecem símbolos muçulmanos: por exemplo, no alto do Ás de Copas, um círculo com nove pontas representa com toda evidência o eneágono iniciático. É possível que um grupo formado por sábios das três crenças, prevendo uma decadência de suas religiões que, pela sede de poder, inevitavelmente levaria ao ódio entre as seitas e ao esquecimento da tradição sagrada, confabularam para depositar esse conhecimento no humilde jogo de cartas, o que equivalia a preservá-lo e ocultá-lo, para que atravessasse as obscuridades da história até chegar a um futuro distante onde seres com um nível de consciência elevado decifrariam sua maravilhosa mensagem.

René Guénon, em *Símbolos fundamentais da ciência sagrada*, diz: "No folclore, o povo conserva, sem compreendê-los, vestígios de tradições antigas, que às vezes remontam a um passado tão remoto que seria impossível determinar; [...] neste sentido, desempenha a função de uma espécie de memória coletiva mais ou menos 'subconsciente' cujo conteúdo, uma soma considerável de elementos de natureza esotérica, vem claramente de outro lugar".

J. Maxwell, em *O Tarot, o símbolo, os arcanos, a adivinhação*, é o primeiro autor que retorna à origem, reconhecendo que o Tarot de Marselha (o de Nicolas Conver) é uma linguagem óptica e que para compreendê-lo é preciso vê-lo. Mais tarde, Paul Marteau, em seu livro *O Tarot de Marselha*, imitando Maxwell, reproduz as cartas, analisando-as uma por uma, detalhe por detalhe, levando em conta seus números, o significado de cada cor, de cada gesto dos personagens. Não obstante, apesar de continuar o verdadeiro caminho do estudo do Tarot inaugurado por Maxwell, ele comete dois erros. Por um lado, seu Tarot é apenas uma aproximação do original. Seus desenhos são uma cópia exata do Tarot de Besançon, editado por Grimaud no final do século XIX, que por sua vez reproduz outro Tarot de Besançon, editado por Lequart e assinado "Arnoult 1748". Também ele se permite alterar certos detalhes, talvez para torná-lo propriedade sua e assim poder fazer negócios com ele, cobrando direitos autorais. Por outro lado, ele conserva as quatro cores de base impostas pelas máquinas de impressão, em vez de respeitar as cores antigas, mais variadas, dos exemplares pintados manualmente.

De todo modo, não encontrando nenhum Tarot mais próximo do autêntico além do de Paul Marteau, eu me entreguei a ele com um respeito reverente. Eu me dei conta de que, se existia alguém capaz de me ensinar a decifrá-lo, não seria um mestre de carne e osso, mas sim o próprio Tarot. Tudo o que eu queria saber estava ali, entre as minhas mãos, diante dos meus olhos, nas próprias cartas. Era essencial deixar de escutar as explicações baseadas na "tradição", nas concordâncias, nos mitos, nas explicações parapsicológicas, e deixar que os arcanos falassem... Para incorporá-lo em minha vida, além de memorizá-lo, realizei com ele alguns atos que espíritos racionais poderão considerar pueris. Por exemplo, dormi cada noite com uma carta diferente embaixo do meu travesseiro, ou passei o dia inteiro com uma delas no bolso. Esfreguei meu corpo com as cartas; falei em nome delas, imaginando o ritmo e o tom de voz; visualizei os personagens nus, imaginei seus símbolos cobrindo o céu, completei os desenhos que pareciam sair do quadro: dei um corpo inteiro ao animal que acompanha O Louco e aos acólitos d'O Papa, prolonguei a mesa d'O Mago até encontrar no invisível seu quarto pé, imaginei onde estaria suspenso o véu d'A Papisa, vi até qual oceano ia o rio que alimentava a mulher d'A Estrela e até onde chegaria o tanque d'A Lua. Imaginei o que havia na bolsa d'O Louco e na carteira d'O Mago, a roupa debaixo d'A Papisa, a vulva d'A Imperatriz e o falo d'O Imperador, o que ocultavam as mãos d'O Enforcado, de quem eram as cabeças cortadas do Arcano XIII etc. Imaginei os pensamentos, as emoções, a sexualidade e as ações de cada personagem. Eu os fiz rezar, insultar, fazer amor, declamar poemas, curar.

Uma vez que a palavra "Arcano", maior ou menor, não estava impressa em nenhuma parte do jogo, não se deveria ver as cartas como "segredo recôndito, coisa oculta e muito difícil de conhecer"... Dependia de mim dar-lhes um nome, lâminas, naipes, cartas, arcanos, trunfos, a escolha era livre. Como já existiam as palavras Bastos (Paus), Espadas, Copas e Ouros (Denários), optei por escolher arcanos (maiores e menores) e em seguida seguir uma ordem alfabética: A (para Arcanos), B (Bastos/Paus), C (Copas), D (Denários/Ouros), E (Espadas), F (Figuras).

Durante mais de trinta anos, desenvolvi meu conhecimento do Tarot de Paul Marteau, organizei oficinas, criei cursos, ensinei a centenas e centenas de alunos... Em 1993, recebi uma carta em que Philippe Camoin, descendente direto da família marselhesa que imprimia desde 1760 o Tarot de Nicolas Conver, me contava sobre o acidente de automóvel em que havia morrido Denys Camoin, seu pai. Esse trágico desaparecimento o afetou profundamente, ainda mais porque o município aproveitou o trágico acontecimento para expropriar o terreno da gráfica, demoli-la e construir no lugar uma escola de odontologia. Philippe, incapaz de abandonar seu luto, depois de fracassadas tentativas de se integrar à sociedade, converteu-se em ermitão. Na vila de Forcalquier, passou dez anos trancado na casa do pai, sem ter outra comunicação com o mundo senão uma antena parabólica que lhe permitia ver em sua televisão mais de cem canais diferentes. Foi assim que aprendeu de forma rudimentar doze idiomas. A tela de TV se converteu em seu interlocutor. Acreditava chegar a sentir o cheiro da pessoa que aparecia na TV. Quando tinha um problema, uma pergunta, apertava ao acaso um botão do controle-remoto e, magicamente, uma imagem, um programa, dava-lhe uma resposta. Certa noite de insônia, o relógio marcava três horas, ele perguntou: "O que devo fazer para continuar com a tradição familiar interrompida pela morte do meu pai?", e apertou o controle. Eis que surjo eu na tela dele, dando uma entrevista. Alguns dias depois, ele voltou a fazer a mesma pergunta e eu apareci novamente na televisão dele. E esse fenômeno lhe aconteceria ainda uma terceira vez. Por isso, ele resolveu voltar ao mundo, e me escreveu uma carta solicitando um encontro...

Quando eu o vi chegar, foi impossível calcular sua idade. Podia ter tanto cinquenta como vinte anos, dava a impressão de ser tanto um sábio quanto um menino. Tinha dificuldade para falar. Entre cada uma de suas palavras transcorriam vários segundos.

Dava a impressão de não dizer nada pessoal, que tudo lhe era ditado desde uma dimensão distante. A transparência de sua pele revelava que era vegetariano. Na base dos polegares, tinha tatuagens. Uma lua no esquerdo e um sol no direito. Ele quis assistir aos meus cursos de Tarot. Os outros alunos se perguntavam se Philippe era mudo. Tinha imensa dificuldade para estabelecer relações com os seres humanos. Para ele, era mais fácil se comunicar com entidades de outros mundos. Emocionava-se com o deus Shiva porque, apesar de ser uma entidade divina, doadora do amor e da fertilidade, todos os demônios lhe obedeciam.

Resolvi começar uma ação terapêutica utilizando a psicomagia. Se a morte do pai havia rompido os laços que uniam seu filho com o mundo, para restituí-los seria preciso voltar a unir Philippe com a tradição familiar. Propus a ele que juntos restaurássemos o Tarot de Marselha. Naquela época, eu achava que essa tarefa consistia apenas em eliminar os pequenos detalhes agregados por Paul Marteau e talvez refinar alguns desenhos que, através dos tempos, de cópia em cópia, haviam sido transmitidos confusamente... Philippe acolheu minha proposta com entusiasmo. Ele se deu conta de que era por isso que tinha vindo me procurar. Falei com a mãe dele e lhe pedi ajuda. Como, após a morte do marido, ela havia distribuído uma importante coleção de Tarots entre diversos museus, ela nos concedeu cartas de apresentação. Fomos sempre bem recebidos e nos permitiram obter diapositivos fotográficos de todas as cartas que consideramos úteis à nossa pesquisa. Madame Camoin tinha também uma importante coleção de pranchas de impressão que datavam de 1700. Depois de um ano de pesquisas, nós nos demos conta da imensidão da tarefa que ainda tínhamos pela frente. Não se tratava de trocar alguns detalhes, nem de clarear algumas poucas linhas, era necessário restaurar o Tarot inteiro, devolvendo-lhe suas cores originais, pintadas manualmente, e os desenhos que os sucessivos copistas acabaram apagando. Felizmente, se em alguns exemplares subsistiam fragmentos, em outros apareciam aqueles que completavam o perdido. Tivemos que trabalhar com potentes computadores, com os quais podíamos comparar uma imagem sobre outra em incontáveis versões, entre elas as de Nicolas Conver, Dodal, François Tourcaty, Fautrier, Jean-Pierre Payen, Suzanne Bernardin, Lequart etc.

Durante dois anos, trabalhamos nessa restauração. Philippe reatou seus laços com o mundo e demonstrou ser um técnico extraordinário. Manejava o computador como um especialista. A complexidade dessa operação exigiu máquinas mais adequadas. Sem medir gastos, sua mãe nos proporcionou os elementos técnicos de que fomos sentindo falta a cada passo. A dificuldade desse trabalho de restauração residia no fato de que o Tarot de Marselha se compõe de símbolos estreitamente ligados uns aos outros; se se modifica um único traço, toda a obra se adultera. No século XVII, existia um grande número de impressores do Tarot de Marselha. Os exemplares do século XVIII são cópias dos anteriores, e portanto não podíamos aceitar que um Tarot do século XVIII fosse o original. Era bem possível que a versão de Nicolas Conver de 1760 contivesse erros e omissões. Se no início os desenhos eram pintados manualmente, o número de cores foi limitado quando as máquinas industriais apareceram nas gráficas do século XIX. Segundo os impressores, as linhas e as cores foram sendo reproduzidas com maior ou menor fidelidade. Aqueles que não eram iniciados simplificaram ao máximo os símbolos e os que copiaram acrescentaram outros erros a esses erros. Por outro lado, quando estudamos um grande conjunto de jogos, vimos que certos Tarots tinham desenhos idênticos e sobreponíveis, e no entanto cada um deles possuía símbolos que não apareciam nos outros. Nesse caso, deduzimos que haviam sido copiados de um mesmo Tarot mais antigo, hoje desaparecido. Era esse Tarot original que desejávamos reconstituir.

Tropeçamos em um obstáculo aparentemente intransponível. Nenhum museu possuía um Tarot de Marselha completo, antigo, pintado à mão... Nosso trabalho precisou se deter por um tempo que nos pareceu eterno. De repente, lembrei que no México, na praça Rio de Janeiro, a cinquenta metros da casa onde eu morava, vivia o antiquário Raúl Kampfer, especialista em relíquias astecas e maias. Em 1960, ele tentara me vender um antigo

Tarot "francês", pintado à mão, pedindo por ele dez mil dólares. Eu, ofuscado pela versão de Waite, achei desinteressante, absurdamente caro. E me esqueci... Milagre! Do lado da minha casa, havia existido talvez o valioso exemplar que tanta falta nos fazia!

Philippe e eu viajamos para o México e, muito emocionados, batemos na porta do antiquário. Abriu um homem jovem: era o filho de Raúl Kampfer, que havia morrido. O rapaz guardava em um quarto, religiosamente, todos os objetos deixados pelo pai. Não sabia que entre eles se escondia um Tarot. Ele nos pediu que ajudássemos a procurar. Depois de longa e angustiante busca, encontramos o Tarot dentro de uma caixa de papelão no fundo de um baú. O rapaz nos vendeu o Tarot por um preço razoável. Voltamos a Paris com nosso troféu. Esse Tarot foi nosso guia essencial para restaurar no computador as cores antigas.

À medida que avançávamos na tarefa, eu sofria verdadeiros curto-circuitos espirituais. Durante tantos anos injetara em minha alma o Tarot de Paul Marteau, dando a cada detalhe o significado mais profundo possível (o que fazia depositando nos arcanos um amor sem limites), que algumas alterações me pareceram punhaladas.

No fundo, o trabalho de restauro exigia que uma parte de mim, em nome da mutação, aceitasse morrer. Os dois dados em O Mago, um no 1 e o outro no 5 (dando 15, O Diabo), cujos versos ocultavam um 2 e um 6 (dando 26, a soma das letras da divindade: *Yod* 10 + *He* 5 + *Vav* 6 + *He* 5), o que me permitia dizer que o demônio era apenas uma máscara de Deus, ao se transformarem, na versão restaurada, em três dados, cada um mostrando três faces que no total davam 7 (3 vezes 7 igual a 21, O Mundo), transformavam esses símbolos em algo absolutamente diferente, que me obrigava a fazer esforços mentais angustiantes para substituir os outros, tão queridos.

O mesmo me aconteceu com os sapatos brancos do Imperador: eu havia me acostumado a pensar que o poderoso monarca dava passos de uma pureza impecável, tão cheios em sua alvura de sabedoria como sua barba branca. Mas na realidade os sapatos se revelaram vermelhos e a barba, azul-celeste. Passos de uma atividade conquistadora, iguais à cruz do cetro que impõe sua marca ao mundo, e uma barba de homem sensível, espiritual e receptivo, mais intuitivo que inteligente. Em O Namorado, tive com grande dor de esquecer o paralelo que eu fazia entre o personagem central, que Marteau mostrava descalço, e Moisés, que se descalça para ouvir a voz do Altíssimo na sarça ardente. Foi doloroso admitir que esse personagem tinha sapatos vermelhos, tão ativos como os do Imperador ou os do Louco, o que dava ao seu amor um aspecto menos divino e mais terreno. O Enforcado de Marteau não estava amarrado por um dos pés, mas no nosso sim. Tive que passar de um personagem que livremente havia decidido não agir a outro que recebia seu destino como uma lei cósmica contra a qual não podia se rebelar, significando que para ele "liberdade" era obedecer a Lei. No Arcano XIII de Marteau, o esqueleto cortava um de seus pés: autodestruição; no nosso, oferecia tanto um pé azul como um braço e uma coluna vertebral da mesma cor, ato construtivo que se repetia na foice, onde ao vermelho de antes se mesclava esse azul-celeste, significando uma semeadura espiritual. O Diabo de Marteau esgrimia uma espada, segurando-a pelo fio, isto é, ferindo estupidamente a mão, mas no nosso erguia uma tocha, dando luz às trevas. Em A Torre, apareceram três escadarias iniciáticas e uma porta, o que implicava que os dois personagens não estavam caindo, mas saindo alegremente por vontade própria. E tantos outros detalhes que mudaram a minha visão. Claro que precisei de algum tempo para abandonar o Marteau. Comecei misturando os dois maços e oferecendo-os assim ao consulente. Pouco a pouco, o antigo pareceu secar como as folhas no outono, enquanto o novo adquiria a cada dia uma energia mais intensa. Uma quarta-feira, pela manhã, no jardim do meu pavilhão em Vincennes, ao pé de uma tília frondosa, enterrei meu tão querido Tarot de Paul Marteau, com a dor de um filho que enterra a mãe, e sobre ele plantei uma roseira. Nessa mesma noite, pela primeira vez, no Café Saint-Fiacre, onde toda semana eu fazia minhas leituras gratuitas de Tarot, usei pela primeira vez, e desde então para sempre, o Tarot restaurado. Essa primeira vez coincidiu com a chegada diante da minha mesa de Marianne Costa. Tão importante quanto meu encontro com Philippe Camoin foi meu encontro com ela. Sem Marianne, eu jamais poderia escrever este livro. Ainda que a mente racional custe a aceitar que nada é acidental na natureza, que tudo o que acontece no universo é causado por uma lei preestabelecida, que certos acontecimentos estão inscritos no futuro e que o efeito precede a causa, a aparição da minha colaboradora me parece obra de um destino estabelecido por uma entidade inconcebível.

Marianne foi primeiro minha aluna, depois minha assistente e por fim acabamos lendo o Tarot juntos, cumprindo assim o que assinalam os arcanos: Imperatriz-Imperador, Papisa-Papa, Lua-Sol. O iniciado precisa de seu complemento feminino, e vice-versa, para que ambos cheguem a uma leitura guiada pela Consciência cósmica.

Alejandro Jodorowsky

PRIMEIRA PARTE

ESTRUTURA E NUMERO- LOGIA DO TAROT

O Tarot é um ser

A maioria dos autores de livros sobre o Tarot se limita a descrever e analisar uma carta após a outra sem imaginar o conjunto do baralho como um todo. Não obstante, o verdadeiro estudo do significado de cada arcano começa com uma ordenação coerente de todo o Tarot: de cada detalhe, por pequeno que seja, partem linhas de união que abarcam as 78 cartas. Para compreender esses múltiplos símbolos é preciso ter visto o símbolo final formado pela totalidade deles: uma mandala. Segundo Carl G. Jung, a mandala é uma representação da psique, cuja essência nos é desconhecida: as formas redondas simbolizam, em geral, a integridade natural, enquanto as formas quadrangulares representam a tomada de consciência dessa integridade. Para a tradição hindu, a mandala, símbolo do espaço sagrado central, altar e templo, é ao mesmo tempo uma imagem do mundo e a representação do poder divino. Uma imagem capaz de conduzir quem a contempla à iluminação... Segundo essa concepção, eu me propus ordenar o Tarot como se estivesse construindo um templo. Em todas as tradições, o templo resume a criação do universo, que é visto como a unidade divina que explodiu em fragmentos. Osíris, fechado dentro de um cofre por seus inimigos invejosos e seu irmão Seth, é lançado nas águas do Nilo, mutilado, destroçado e depois ressuscitado pelo sopro de Ísis. Simbolicamente, os Arcanos do Tarot são um cofre onde se depositou um tesouro espiritual. A abertura desse cofre equivale a uma revelação. A tarefa iniciática consiste em unir os fragmentos até recuperar a unidade... Partimos de um maço de cartas, misturamos os Arcanos e os distribuímos sobre uma superfície, isto é, despedaçamos Deus. Interpretamos Deus, reunimos Deus em frases. O leitor iniciado (Ísis, a alma, o alento) em uma busca sagrada reúne os pedaços. O Deus ressuscita, já não na dimensão imaterial, mas no mundo material. Com o Tarot se compõe uma figura, uma mandala, que permite abarcá-lo inteiro com um só olhar.

Essa ideia de que as cartas não foram concebidas uma por uma, como símbolos separados, mas como partes de uma unidade, não me apareceu subitamente. Foi um longo processo que partiu de intuições nebulosas, até chegar, com o passar dos anos, a descobrimentos que com toda certeza provavam a vontade de união deste "ser" que é o Tarot.

Ordenei as cartas colocando as pares à minha esquerda e as ímpares à minha direita, porque nas tradições orientais os números pares são considerados passivos e os ímpares, ativos; o lado direito é considerado ativo e o esquerdo passivo. Comparei os ornamentos dos templos ocidentais com os orientais. Na fachada das catedrais góticas, como a Notre Dame de Paris, Jesus Cristo, andrógino, de pé entre um dragão terrestre e um dragão celeste, nos benze na porta central. À sua direita (nossa esquerda como espectadores), ergue-se a Virgem Maria (feminilidade, receptividade), e na porta à sua esquerda vemos um sacerdote dominando com seu báculo um dragão (masculinidade, atividade). Ao contrário, nos templos budistas tântricos, as divindades masculinas se colocam do nosso lado esquerdo como espectadores e as femininas do nosso lado direito. Isso se explica porque Buda não é um deus, mas um nível que qualquer ser humano, se realizar a grande obra espiritual, pode alcançar. O crente deixa de ser espectador e se coloca no meio do macho e da fêmea, convertido no templo, virado para o exterior. Ao contrário, Cristo é uma divindade, nenhum crente pode se converter nele, apenas imitá-lo. Os santos orientais são budas. Os santos ocidentais imitam seu Deus. Por isso as catedrais agem como espelhos. A direita do edifício representa nosso lado esquerdo e o lado esquerdo do edifício representa nosso lado direito... O Tarot de Marselha, produto judaico-cristão, nos indica em O Mundo (XXI) que o usemos como espelho: a dama sustenta na mão esquerda o bastão ativo e na mão direita a redoma receptiva... (ver p. 54)

Guiei-me por esses e outros detalhes, que seria muito demorado enumerar aqui, para formar grupos com as cartas até que um dia todos se uniram em uma mandala. Obtive uma suástica, símbolo do turbilhão criativo ao redor do qual se estendem as hierarquias que ela emana. Essa suástica, por indicar manifestamente um movimento de rotação ao redor do centro, ação do Princípio Divino sobre a manifestação, foi por muito tempo considerada um emblema de Cristo. Na Índia, fizeram dela emblema de Buda, porque representa a Roda da Lei (*Dharmachakra*). Também emblema de Ganesha, divindade do conhecimento. Na China, a suástica simboliza o número dez mil, que é a totalidade dos seres e da Revelação. É também a forma primitiva do caractere chinês *fang*, que indica as quatro direções do espaço quadrado, da terra, expansão horizontal a partir do centro. No simbolismo maçônico, no centro da suástica figura a estrela polar, e os quatro braços (*gammas* gregas cuja forma é a de um esquadro) que a constituem formam as quatro posições cardinais da Ursa Maior ao redor dela (a Ursa Maior simboliza um centro diretor ou iluminador).

De todo modo, devo admitir, os arcanos permitem inúmeras formas de ser ordenados em um todo. Sendo o Tarot um instrumento essencialmente projetivo, não há nele uma forma final, única, perfeita. Isso coincide com as mandalas desenhadas com areia colorida pelos monges tibetanos. São todas parecidas, mas nunca iguais.

Nosso estudo começa pela compreensão dessa mandala: não se pode analisar as partes sem se conhecer o todo. Quando se conhece o todo, cada parte adquire um significado global e revela seus laços com todas as outras cartas. Quando se toca um instrumento em uma orquestra, cada um faz ressoar todos os outros. O Tarot é uma união de Arcanos. Quando, depois de muitos anos, consegui formar minha primeira versão coerente da mandala, eu lhe perguntei: "De que me serve esse estudo? Qual é o poder que você pode me dar?" E imaginei que o Tarot me respondia: "Só vais adquirir o poder de ajudar. Uma arte que não serve para curar não é arte."

Mas o que é curar? Toda doença, todo problema, é produto de um estancamento, seja corporal, sexual, emocional ou intelectual. A cura consiste em recuperar a fluidez das energias. Essa concepção se pode encontrar no *Tao Te Ching*, de Lao Tse, e de maneira muito precisa no *Livro das mutações* ou *I Ching*. O Tarot, de alguma maneira, correspondia a essa filosofia? Sabendo que a linguagem óptica do Tarot não podia ser reduzida a uma única explicação verbal, decidi fazer minhas as palavras de Buda: "Verdade é aquilo que é útil", dando aos quatro Naipes uma significação que de nenhuma maneira ousaria afirmar que era a única ou definitiva, mas a mais útil para o uso terapêutico que eu desejava dar aos arcanos. Em vez de usar o Tarot como uma bola de cristal, convertendo-o numa ferramenta para que videntes exóticos desentranhassem com ele futuros hipotéticos, achei que devia colocá-lo a serviço de uma nova forma de psicanálise, a tarologia.

Minha primeira tendência ao tratar de ordenar as cartas foi obter uma forma simétrica. Depois de tentativas infrutíferas, pude constatar a impossibilidade de tal coisa. Lembrei que, em minha primeira viagem ao Japão, o guia que me mostrava o antigo palácio imperial me indicou que nenhum muro era construído em linha reta, que nenhuma janela ou porta era dividida em quadros simétricos: para a cultura japonesa, a linha reta e a simetria eram demoníacas. Efetivamente, estudando a arte sacra, é possível constatar que nunca é simétrica. A porta à nossa esquerda da catedral de Notre Dame de Paris é mais larga que a porta à nossa direita... Toda arte simétrica é profana. O corpo humano tampouco é simétrico: do lado direito, nosso pulmão tem três lobos e no esquerdo, dois. O Tarot demonstra ser uma arte sagrada porque nunca em uma carta a parte superior é idêntica à inferior, nem o lado esquerdo é igual ao direito. Sempre há um pequeno detalhe, às vezes muito difícil de perceber, que desfaz a semelhança. Por exemplo, o Dez de Ouros, à primeira vista perfeitamente simétrico, tem no ângulo inferior da nossa direita uma moeda diferente das outras: se nos outros três ângulos há moedas de doze pétalas, esta tem apenas onze. Se na extremidade inferior do eixo central há uma flor com duas flores curtas em amarelo-claro no interior e amarelo escuro alaranjado no exterior, na extremidade superior do eixo da flor essas duas folhas são mais compridas. Creio que os criadores do jogo voluntariamente desenharam detalhes mínimos para nos ensinar a ver. A visão que nossos olhos nos transmitem muda segundo o nível de consciência que desenvolvemos. O segredo divino não se oculta, está diante de nós. O fato de nós o vermos ou não depende da atenção que dedicamos a observar os detalhes e a estabelecer conexões entre eles.

Uma vez consciente de que, sob uma aparente simetria, o Tarot negava sempre as repetições, comecei a me dar conta de que os arcanos menores se organizavam segundo uma lei que se poderia formular como: "De quatro partes, três são quase iguais e uma é diferente. E das três iguais, duas são mais parecidas". Isto é: ([1 + 2] + 3) + 4. Os exemplos são múltiplos. Eis aqui alguns deles:

- Dos quatro Naipes, três são objetos fabricados (espada, copa e ouro) e um é um elemento natural (o pau). E dos três, dois são mais parecidos por repousarem em uma superfície (o ouro e a copa) e o terceiro é diferente porque uma mão o esgrime no ar.
- As Espadas, os Paus e as Copas têm números. Os Ouros não têm números. Nas Espadas e Paus, os V têm a ponta para o centro, nas Copas os V têm a ponta para fora.
- Os Valetes de Espadas, Paus e Ouros têm chapéu. O de Copas caminha com a cabeça despida. O Valete de Espadas e o de Ouros têm chapéus parecidos. O de Paus usa um gorro muito diferente.

- As Rainhas de Paus, Copas e Ouros, além do símbolo que lhes corresponde, levam na outra mão um objeto. A Rainha de Espadas, não.
- Três Reis estão no interior de um palácio. Um quarto está no meio da natureza. Três têm coroa; o quarto, um chapéu.
- Dentre os Cavaleiros, três cavalos são azuis, o quarto é branco etc.

Se procurarmos esta lei nas religiões e nas mitologias e na realidade, encontraremos, por exemplo:

- No cristianismo, três (Pai, Filho, Espírito Santo) mais um (Virgem Maria).
- Desses três, dois são imateriais (Pai, Espírito Santo) e o terceiro (Jesus Cristo) está encarnado, ou seja: ([Pai + Espírito Santo] + Jesus Cristo) + Virgem Maria;
- Nos quatro Evangelhos, três parecidos (Marcos, Mateus, Lucas) e um diferente (João). E entre os três parecidos, dois mais semelhantes (Marcos, Lucas) e outro um tanto diferente (Mateus), ou seja: ([Marcos + Lucas] + Mateus) + João;
- A Cabala distingue quatro mundos: três imateriais divididos em dois que formam o Macroposopus, Atziloth (arquetipal) e Briah (criativo) e um que é o Microposopus, Yetzirah (formativo). Este trio nutre a Noiva, Asiah (material). Isto é: ([Atziloth + Briah] + Yetzirah) + Asiah;
- As quatro Nobres Verdades descobertas por Gautama, o Buda: o sofrimento, o desejo, a cobiça, o Caminho do meio. Isto é: ([Desejo + Cobiça] + Sofrimento) + Caminho do Meio;
- As quatro castas da Índia antiga. Ação no mundo material: os Sudras (trabalhadores), os vaisyas (comerciantes), os kshatriyas (guerreiros). Ação no mundo espiritual: os brâmanes (religiosos). Isto é: ([Sudras + Vaisyas] + Kshatriyas) + Brâmanes;
- Dentre os quatro elementos, três são semelhantes (ar, água, fogo) e um, diferente (terra). E entre os três semelhantes,

dois são mais próximos (ar, fogo) e um diferente (água). Isto é: ([Ar + Fogo] + Água) + Terra;
- Na cabeça humana, as orelhas, os olhos e as fossas nasais são duplas, enquanto a boca é única. As orelhas e os olhos são separados. As fossas nasais se unem no nariz. Isto é: ([Orelhas + Olhos] + Narinas) + Boca.

Com essa fórmula é possível ordenar os quatro temperamentos do organismo (nervoso, linfático, sanguíneo e bilioso), os quatro trios do Zodíaco (Áries-Leão-Sagitário, Gêmeos-Libra-Aquário, Câncer-Escorpião-Peixes e Touro-Virgem-Capricórnio); as quatro fases da alquimia: a obra em amarelo (*citrinitas*), a obra em vermelho (*rubedo*), a obra em branco (*albedo*), a obra em negro (*nigredo*); os quatro estados da matéria (gasoso, líquido, sólido e radiativo) etc.

Enfim, observando algumas gravuras alquímicas em *Rosaire des philosophes*, encontrei uma confirmação da mandala do Tarot, como mostra a figura acima.

Numerologia

Se dei a O Louco o papel de começo infinito e a O Mundo o de fim infinito, se compreendia que os Valetes, Rainhas, Reis e Cavaleiros, por não terem número, não podiam se identificar como 11, 12, 13 e 14 em cada um dos quatro Naipes, me encontrava com seis séries de dez números, Espadas de um a dez, Copas de um a dez, Paus de um a dez, Ouros de um a dez, arcanos maiores d'O Mago a A Roda da Fortuna e arcanos maiores desde A Força até O Julgamento... Se queria compreender a essência do Tarot, tinha que visualizar esses dez números, com seus seis aspectos. Por exemplo, o número 1 contém os quatro Ases mais O Mago e A Força... O Mago é representado por um homem e A Força por uma mulher. As Espadas e os Paus são símbolos ativos, as Copas e os Ouros, símbolos receptivos. O que me mostrou que esses dez números não podiam ser definidos como masculinos ou femininos, mas a todo momento como andróginos... Porém, na numerologia tradicional, encontrei que se declarava o número 1 como a primeira cifra ímpar, ativo, masculino, o Pai, a unidade... e o número 2 como a primeira cifra par, passivo, feminino, a Mãe, a multiplicidade... Para mim, foi impossível aderir a esse esoterismo antifeminista onde os número 2, 4, 6, 8 e 10, chamados de femininos, são sinônimos de obscuridade, frio e negatividade. E os números ímpares, 1, 3, 5, 7 e 9, exaltados como masculinos, são equiparados à luz, ao calor e ao positivo... Para evitar isso, ao definir os dez números, eliminei todo conceito de feminilidade ou masculinidade. Preferi associar os números pares com a receptividade e os números ímpares com a atividade. Uma mulher pode ser ativa e um homem pode ser receptivo.

Encontrei também em numerosos livros uma definição do número 2 como a dualidade 1+1... O que me pareceu, ao aplicá-la ao Tarot, muito equivocada. Porque se adotamos esta teoria só nos resta interpretar cada um dos seguintes números como multiplicações da unidade, o 3 seria 1+1+1, o 4 seria 1+1+1+1 e assim até o 10. Outra tendência esotérica consistia em dar significado aos números de acordo com o resultado de somas internas. O mais complexo de todos seria o 10, diferente se era resultado de 9 + 1, 8 + 2 ou 7 + 3 ou 6 + 4 (excluído o resultado de números repetidos como 5 + 5). Esse sistema, não tendo nenhum motivo para se deter em somas de duas cifras apenas, conduz a aberrações como 10 =1 + 2 + 3 + 4. Ou ainda, 10 = 3 + 5 + 2 etc.

Um símbolo é uma totalidade como um corpo. Seria ridículo afirmar que o corpo humano é a soma de duas pernas + dois braços + um tronco + uma cabeça e, por este caminho, + um fígado, + um par de olhos etc. Da mesma maneira, é absurdo, no Tarot, definir cada um dos dez números como a soma de outros números. Para compreender sua mensagem, devemos considerar cada um desses dez números como um ser, com suas características muito especiais.

Para começar

O Tarot se apresenta como um todo complexo e desconcertante para o principiante. Certas cartas parecem mais fáceis de interpretar que outras carregadas de símbolos que parecem mais ou menos familiares. Umas representam personagens, outras figuras geométricas ou objetos; umas levam um nome, outras um número, outras não estão intituladas nem numeradas. Seria tentador se embasar em estruturas já conhecidas, como a astrologia ou diversas formas de numerologia, para abordar o estudo deste jogo. Mas, como todos os sistemas coerentes, como todas as obras de arte sagrada, o Tarot contém uma estrutura própria, que devemos descobrir.

Em numerosas iniciações, se diz que o homem só pode se aproximar da Verdade, não conhecê-la mediante a linguagem; e que, em troca, é possível conhecer a Beleza, reflexo da Verdade. O estudo do Tarot pode, pois, ser empreendido como um estudo da Beleza. É através do olhar, ao aceitarmos nos embasar no que vemos, que seu sentido se revelará a nós, pouco a pouco.

Nesta primeira parte, nós nos propomos ver que indícios nos dá o Tarot para compreender sua estrutura e sua numerologia.

A partir dessas bases, construiremos uma mandala que permitirá dispor a totalidade do baralho, formando uma figura abarcável por um único olhar. Nessa mandala, as 78 cartas do jogo constituirão uma figura equilibrada, um todo coerente.

Para construir a mandala, é necessário se familiarizar primeiro com os Arcanos maiores, os quatro Naipes dos Arcanos menores, a função e o valor das cartas, e com o simbolismo dos números que subjaz a toda a organização do Tarot e relaciona cada um de seus elementos com o todo.

Abordaremos em seguida o significado e alguns dos diferentes sistemas de organização possíveis dos quatro Naipes presentes nos Arcanos do Tarot.

NOTA DA ED. FR.

Embora utilizemos a denominação "Naipe" [Couleur] para designar os quatro símbolos dos Arcanos menores (Espadas, Copas, Ouros, Paus), será sempre com uma inicial maiúscula, para distinguir do substantivo comum "naipe" [couleur, cor]. Da mesma forma, escrevemos "Arcanos" com maiúscula para designar as cartas de Tarot, a fim de diferenciá-las do "tarot inglês". Pusemos igualmente em maiúscula "Tarot" para diferenciar do "tarot popular". Por fim, convencionamos escrever "Figuras" para designar os Arcanos dessa natureza.

Considerando o artigo definido como parte integrante do nome dos Arcanos maiores, usaremos: O Louco, O Mago etc. Para os Arcanos menores: Ás, Dois, Três etc. e Valete, Rainha etc.

Por fim, a ordem de sucessão dos Naipes nas enumerações e descrições será feita em geral e por convenção: Espadas, Copas, Paus e Ouros, segundo a ordem "anatômica" descrita à p. 66; ou ainda, de baixo para cima: Ouros, Paus, Copas, Espadas.

Composição e regras de orientação

O Tarot de Marselha se compõe de 78 cartas, ou Arcanos. O termo "Arcano" deriva do latim *arcanum*, que significa "secreto". Remete a um sentido oculto, um mistério que desafia o racional, e nos parece adequado na medida em que utilizamos o Tarot não como um divertimento, mas como um baralho carregado de um sentido não explícito que convém descobrir pouco a pouco.

Os 78 Arcanos se dividem em dois grupos principais: 22 Arcanos chamados "maiores" e 56 Arcanos chamados "menores". Essa denominação tradicional corresponde, no baralho de Tarot popular e em numerosos baralhos de cartas, à dupla noção de "Naipe" [Palo, Couleur] e de "Trunfo": uma categoria de cartas é considerada mais poderosa, capaz de superar as demais.

Os Arcanos menores nos permitem examinar os aspectos mais cotidianos e também os mais pessoais da vida material, psíquica ou intelectual. Veremos que remetem a diferentes graus das nossas necessidades, desejos, emoções e pensamentos, enquanto os Arcanos maiores descrevem um processo humano universal que engloba todos os aspectos espirtuais do ser. Os dois caminhos são iniciáticos e complementares. Pode-se dizer que os Arcanos menores, com seus quatro Naipes, são como os quatro pés de uma mesa, de um altar, ou as quatro paredes de um templo.

Identificar os Arcanos

Todos os Arcanos ficam contidos em um retângulo de linhas negras cujas proporções são as de um duplo quadrado.

Os Arcanos menores se subdividem em 40 cartas numéricas que representam a série de 1 a 10 em cada um dos Naipes: Ouros, Paus, Copas, Espadas. Essas cartas não têm legenda e, nas séries de Copas, Paus e Espadas, trazem o número escrito lateralmente dos dois lados. A série dos Ouros não tem números. As 16 Figuras dos Arcanos menores, igualmente chamadas de "Trunfos" (*Honneurs* em francês, talvez pelo fato de representarem personagens da aristocracia), são quatro por série: Valete, Rainha, Rei, Cavaleiro. Todas trazem legenda na parte inferior da carta, indicando seu nome, menos o Valete de Ouros, que tem seu nome escrito lateralmente à nossa direita.

Para distinguir os Arcanos maiores das Figuras, dispomos de um indício bastante seguro: os Arcanos maiores todos têm uma legenda superior na qual se inscreve seu número. Essa legenda está vazia, embora presente, no caso de O Louco, enquanto as Figuras só têm uma legenda inferior com o nome (exceto no caso do Valete de Ouros, que veremos mais adiante). Os Arcanos maiores têm, portanto, duas legendas, uma em cima com o número e outra embaixo com seu nome, exceto no caso do Arcano XIII, que se chama também "O Arcano sem nome".

Os Arcanos maiores

Primeiro contato

Para se familiarizar com o Tarot, o mais simples é começar identificando e compreendendo os Arcanos maiores, reconhecíveis por sua legenda superior. Essas cartas são 22, numeradas de I a XXI, mais O Louco, que não tem número (e que daria lugar ao curinga do baralho popular).

Disponha-as sobre uma mesa da seguinte maneira: tire do maço dos Arcanos maiores a primeira e a última carta, ou seja, O Louco e O Mundo. Em seguida, coloque os Arcanos maiores em duas fileiras, por ordem numérica, de I a X e de XI a XX, e ponha na extremidade esquerda O Louco (que parece vir ao encontro dessa dupla fileira) e, na da direita, O Mundo (que parece olhá-la dançando). Nessa ordem, é possível ver que os Arcanos maiores são organizados em duas séries (ver páginas seguintes).

Olhe para os Arcanos assim ordenados e detenha-se nos detalhes que forem aparecendo espontaneamente. Preste atenção na direção dos olhares: às vezes dirigidos para a direita, às vezes para a esquerda, e em alguns casos para frente, com alguns personagens que nos olham de frente (como A Justiça, Arcano

VIII; o rosto d'O Sol, Arcano XVIIII; ou o anjo de O Julgamento, Arcano XX). Algumas imagens lhe inspirarão talvez simpatia, repulsa, alegria ou temor. Essas reações são normais, procedem da nossa educação e nossa história pessoal: o Tarot é um poderoso instrumento de projeção no qual nosso olhar identificará modelos já conhecidos, que, em um primeiro momento, nos farão reagir segundo esquemas de comportamento habituais.

Por exemplo, muitas pessoas ficam assustadas com o Arcano XIII, que representa um esqueleto. Em nossa civilização, esta imagem se identifica com a morte. Porém, olhando-o mais detidamente, vemos que o personagem é azul, vermelho e cor de carne, isto é, que se trata de um esqueleto vivo, ativo, de uma força de transformação em movimento... Mas para aceitar essa interpretação do Arcano XIII é preciso começar por reconhecer a primeira reação que nos inspira a visão dessa carta. A mesma coisa ocorre com todos os Arcanos maiores: um personagem lhe

A primeira série dos Arcanos maiores, de I a X, representa personagens humanos ou animais em situações identificáveis. A parte superior da carta, na maioria dos casos, coincide com a cabeça do protagonista ou dos protagonistas, exceto no caso do Arcano VI (O Namorado), em que o céu contém um sol e um anjinho infantil. Pode-se qualificar esta série como "clara", uma vez que representa imagens com conotação histórica ou social.

parecerá atrativo, outro repulsivo ou antipático. Um nos lembrará um avô bondoso, outro um patrão dominador, uma amante atraente ou uma tia severa... Não tenha receio de acolher suas impressões. Anote como você se sente nesse primeiro contato com os Arcanos maiores. Sem dúvida, você se deterá em uma infinidade de detalhes, alguns únicos, outros comuns a duas ou mais cartas. Confie no seu olhar: é o que melhor poderá lhe guiar na descoberta do Tarot.

Em seguida, comece a reparar em quais podem ser os pontos em comum entre as cartas que estão uma em cima da outra, as que se encontram no mesmo grau da escala decimal.

Por exemplo: entre o I e o XI, a forma do chapéu é quase a mesma. Uma situação similar une o II ao XII: uma choca um ovo, outro pende como um feto, ou um pintinho, esperando para nascer. O ponto em comum também pode ser a direção do olhar, como entre os Arcanos III e XIII, ou IIII e XIIII, ou

Na segunda série dos Arcanos maiores, de XI a XX, por sua vez, os personagens e as situações assumem um caráter mais alegórico e menos realista. Pode-se qualificar essa série como mais "escura", uma vez que parece se desenrolar em um universo psíquico e espiritual próximo do sonho. Aparecem personagens míticos, anjos, diabos; a partir do Arcano XVI, o céu está presente com manifestações energéticas, astros, emissários divinos.

o número de protagonistas e sua disposição no espaço, como entre o Arcano V e o Arcano XV, em que um personagem central mais alto domina os acólitos mais baixos. Entre o Arcano VI e o Arcano XVI, assistimos pela primeira vez na série à intervenção de um elemento celeste: o anjo no VI e o penacho multicolorido no XVI. Seria possível dizer que entre O Carro e A Estrela o ponto em comum é o firmamento estrelado, representado em forma de dossel em O Carro e diretamente presente como elemento cósmico em A Estrela. Assim como o casal Lua-Sol representa em numerosas civilizações o casal cósmico fundamental, vemos se formar entre A Justiça e O Eremita um casal de rostos humanos. Por último, A Roda da Fortuna e O Julgamento representam claramente, cada um à sua maneira, um momento decisivo de encerramento de um ciclo e de abertura de uma nova vida.

Os Arcanos da série I a X realizam sua ação para cima:

- O Mago ergue sua varinha como A Imperatriz, O Imperador, O Papa e o príncipe d'O Carro erguem seus cetros.
- A Papisa levanta o rosto do livro, os três personagens de O Namorado estão unidos pelo anjo que voa sobre eles, O Eremita levanta sua lâmpada e A Justiça aponta o céu com sua espada, assim como a esfinge d'A Roda da Fortuna.

Os Arcanos da série XI a XX realizam sua ação para baixo:

- A mulher d'A Força atua sobre o focinho do animal, que apoia a cabeça sobre seu púbis.
- O Enforcado pende de cabeça para baixo.
- O esqueleto do Arcano XIII ceifa com seu gadanho o profundo solo negro.
- O anjo da Temperança verte seus líquidos ou seus fluidos de um jarro alto para um jarro baixo.
- O Diabo reina sobre dois diabinhos que têm pés-raízes no solo obscuro.
- Os dois personagens d'A Torre caminham com as mãos olhando para o chão.

- A Estrela esvazia suas ânforas em um rio que flui a seus pés.
- A influência d'A Lua age até sobre o crustáceo que a observa desde as profundezas da água.
- O Sol benze os dois gêmeos.
- Em O Julgamento, um anjo envia seu chamado musical para um homem, uma mulher e um menino que surgem ressuscitando de sua tumba.

Essas interpretações são dadas a título de exemplo. Você pode estar ou não de acordo com elas, mais adiante veremos como elas aparecem no estudo em detalhe dos Arcanos maiores (na segunda parte). Esses detalhes, e outros que você poderá observar, são indícios que pouco a pouco lhe permitirão identificar a numerologia do Tarot.

O Tarot é progressivo

Preste atenção agora na maneira como estão escritos os números dos Arcanos. Você perceberá algo que a primeira vista parece uma anomalia: IIII (O Imperador); VIIII (O Eremita); XIIII (Temperança); XVIIII (O Sol).

Na verdade, em números tradicionais:
4 = IV = 5 - 1
9 = IX = 10-1
14 = XIV = 15-1
19 = XIX = 20-1

Nos Arcanos correspondentes do Tarot:
4 = IIII = 1 + 1 +1 + 1
9 = VIIII =5 + 1 + 1 + 1 + 1
14 = XIIII = 10 + 1 + 1 + 1 + 1
19 = XVIIII = 10 + 5 + 1 + 1 + 1 +1

A notação numérica se organiza, portanto, de maneira unicamente progressiva: o Tarot se recusa a considerar o 4 como um (5 - 1), o 14 como um (15 - 1), o 9 como um (10 - 1) e o 19 como um (20 - 1). Esse detalhe é uma chave para a compreensão do Tarot: nos indica que aqui a tendência é somar, mais do que subtrair. Em outras palavras, descreve um processo de avanço e de crescimento gradual.

Essa descoberta nos incita a proceder por adições, e não por subtrações, quando estudamos a estrutura do Tarot.

Essas simples constatações já nos permitem constituir uma figura coerente de organização do Tarot baseada em sua própria estrutura. Efetivamente, partindo de três constatações:

- O Tarot é progresivo;
- O valor mais alto dos arcanos maiores é 21 (XXI);
- O Tarot procede por adições;

pode-se colocar as cartas em ordem numérica e uni-las em doze pares cuja soma é 21. Obtemos então a figura abaixo.

Esse esquema nos sugere novas associações entre Arcanos maiores: se o 21 (XXI) representa a realização do valor mais alto

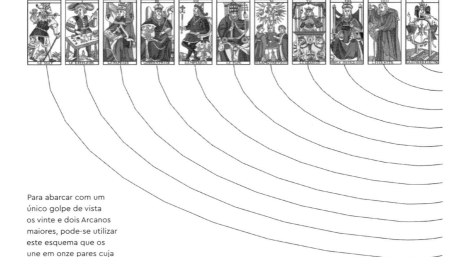

Para abarcar com um único golpe de vista os vinte e dois Arcanos maiores, pode-se utilizar este esquema que os une em onze pares cuja soma dá 21, número da realização.

do Tarot, cada uma das somas sugeridas aqui poderia ser uma possibilidade, um caminho rumo a essa realização.

Por exemplo:

- **O LOUCO E XXI:** a energia fundamental se encarna na realização total.
- **I E XX:** um jovem ou uma mente jovem, no caminho da iniciação, recebe o chamado irresistível da nova consciência.
- **II E XVIIII:** uma mulher, uma monja, se apoia na luz do Pai universal para compreender um texto sagrado.
- **III E XVIII:** outra mulher, criativa, sensual e encarnada submerge no mistério intuitivo do feminino...

E assim por diante.

Não se trata aqui de detalhar todos esses encontros entre duas cartas. Eles serão estudados posteriormente (ver quarta parte).

Mas esse primeiro esquema de organização dos Arcanos maiores, em sua simplicidade, nos permite compreender que o Tarot se organiza como um todo orgânico e harmonioso. Baseando-nos em elementos de sua estrutura, podemos constituir esquemas que nos

ajudem a compreendê-lo melhor. Se aceitarmos a metáfora do Tarot como um ser estruturado, um corpo-espírito dotado de uma dinâmica própria, poderemos dizer que ele incessantemente nos convida para dançar.

O Louco e O Mundo:
organização espacial do Tarot

O Louco e O Mundo, a primeira e a última carta da série dos Arcanos maiores, podem ser considerados o alfa e o ômega dos Arcanos maiores, o primeiro e o último grau, os dois pontos entre os quais se desenrolam todas as possibilidades. O Louco seria, então, um começo perpétuo, e O Mundo, um desenlace infinito.

Se você as colocar uma ao lado da outra nessa ordem, ficará evidente que O Louco parece se dirigir com determinação ao oval d'O Mundo, onde a mulher nua, por sua vez, parece chamá-lo, atraí-lo para si. O Louco pode ser considerado aqui a energia fundamental, sem definição, isto é, sem limites. É assim que a Bíblia e numerosas cosmogonias nos apresentam a energia criadora divina: uma atividade sem limites e sem precedentes, surgida de um nada sem tempo nem espaço. Mas se O Louco estivesse sozinho, ele correria o risco de girar sem fim ao redor de seu bastão: a energia criadora pode se esgotar sem objeto se não se materializa em uma realização, um mundo, uma criatura. A partir dessa perspectiva, pode-se ver O Mundo enquadrado por quatro elementos, como quatro pontos cardeais, com a mulher-alma-matéria no centro, inseminada pela energia d'O Louco.

Mas a ordem das cartas é essencial.

Efetivamente, se colocarmos as cartas na ordem O Mundo-O Louco, a situação é completamente diferente: O Mundo já não é mais a realização de nada, mas um fechamento que olha desesperadamente para o vazio do passado, um início difícil cuja única saída possível é uma liberação. É o que parece que O Louco está fazendo, fugindo desse enclausuramento (podemos imaginar

O Mundo/O Louco ou O Louco/O Mundo

que o animal azul que o empurra é como um acionamento do oval azul d'O Mundo). Mas, no seu afã de fugir, O Louco não vai a nenhum lugar em particular: assim como o espaço onde a mulher d'O Mundo mergulhava seu olhar era vazio, o caminho d'O Louco aqui se abre para o nada.

Essas observações nos permitem ver que o Tarot, além de sua estrutura progressiva, possui uma orientação própria no espaço que será determinante tanto para a construção da mandala, quanto para as futuras leituras. A decisão que seus criadores tomaram de agregar legendas em francês, em caracteres latinos, deve nos dar mais outro indício: o Tarot se lê no sentido da escrita, da esquerda para a direita. Pode-se deduzir, portanto, que sua "linha do tempo" seguirá o mesmo esquema: na extremidade esquerda, o que foi vivido ou feito, no centro o que se está vivendo ou fazendo, e na extremidade direita o que se poderá fazer ou não fazer, viver ou não viver. Essas constatações consistem, na realidade, em voltar a colocar o Tarot em seu contexto cultural, que é o da Europa meridional da Idade Média.

O Arcano XXI, espelho do Tarot e chave da orientação

Observemos agora mais de perto a carta d'O Mundo. Vimos que, como valor máximo dos Arcanos maiores, ela simboliza o desfecho, a maior realização que o Tarot pode nos apresentar.

Veremos que essa carta é também um espelho em que toda a estrutura do Tarot se reflete e se resume, como uma chave de sua organização espacial e simbólica.

Encontramos nela um oval de folhas azuis rodeado, nos quatro cantos da carta, por quatro figuras que nos lembram a visão de Ezequiel: um anjo, um animal com cor de carne que poderia ser um boi (ou um cavalo), um leão e uma águia. O simbolismo cristão é interpretado aqui com grande liberdade, uma vez que em meio a esses quatro elementos, descobrimos não a figura (masculina e barbada) do Cristo, mas de uma mulher nua, indicado pelos peitos redondos, pelo comprimento do cabelo e as curvas de suas ancas. O Tarot, ainda que impregnado de simbolismo religioso, mostra-se aqui um imaginário independente do dogma.

Essa figura feminina que dança no meio do oval poderia ser uma alegoria da alma do mundo, na qual O Louco insufla sua energia criadora. Pode-se então interpretar as quatro figuras que a rodeiam como quatro elementos constitutivos da realidade, quatro pontos cardeais, os quatro ângulos do mundo real.

Em numerosas culturas, o mundo conhecido se define como uma figura de quatro lados, um quadrado ou uma cruz, à qual se acrescenta um quinto elemento central, eixo ou ponto de encontro, que une e ultrapassa as quatro direções. O simbolismo da mão humana, com seus quatro dedos oponíveis ao polegar, também nos lembra essa estrutura. Seria possível ver na carta d'O Mundo uma proposta de organização similar: no centro, a alma que dança, o ser essencial presente em cada um de nós, de essência receptiva, animada por um hálito criador.

Nos quatro cantos, quatro energias em cuja disposição nos fixamos: na parte inferior da carta, encontramos dois animais terrestres, um herbívoro (o boi ou cavalo cor de carne) e outro carnívoro (o leão). Na parte superior, dois seres alados: um anjo, figura do amor incondicional, do dom ou dádiva, portador da mensagem divina, e uma águia, animal predador, mas cujo simbolismo nos remete à grandeza, à ascensão, a capacidade humana de se elevar às alturas. A carta d'O Mundo é, portanto, estruturada de forma clara, com uma parte "céu" e uma parte "terra". Se observarmos a proporção, nos daremos conta de que se trata de um retângulo cuja altura é exatamente o dobro da largura, ou seja, um duplo quadrado: o quadrado "terra" embaixo do quadrado "céu". Deveremos então nos lembrar, no estudo das cartas, dessa dupla dimensão terrestre e celeste em cujo centro se desenrola, segundo a geometria do Tarot, o processo carnal e espiritual do ser humano.

Vejamos agora como estão compostas a direita e a esquerda: se olharmos a carta d'O Mundo, à nossa direita encontramos dois animais predadores ativos, e na mão da mulher, uma vara, símbolo do poder ativo. A águia e o leão são ambos carnívoros. O primeiro é um macho de rapina (tem um falo negro entre as patas) e o outro é uma fera carnívora também macho (as leoas não têm juba). Ambos são ativos: o leão na terra e a águia no céu.

À nossa esquerda, dois personagens de cor predominantemente de carne, dos quais, como vimos, um é um herbívoro tradicionalmente dedicado ao serviço e ao sacrifício; e o outro é um anjo, um mensageiro do amor divino. Deste lado, a mulher leva na mão uma bolsa ou um frasco, isto é, um continente receptivo. Tradicionalmente, e de maneira fisiológica, a esquerda está associada às forças receptivas e estabilizadoras, diferentemente da direita ativa. Se nos basearmos no estudo da carta d'O Mundo, o Tarot parece funcionar como um espelho que reflete a imagem da nossa direita e da nossa esquerda, conservando, contudo, a noção de alto celeste e baixo terrestre, como mostra um esquema simplificado ao lado.

Essa estrutura em cinco partes, ou melhor, em quatro partes mais um centro, lembra-nos a própria estrutura do Tarot:
- Os 22 Arcanos maiores, que representam arquétipos que nos remetem ao

descobrimento de nosso ser essencial, poderiam figurar no oval do centro.

- As quatro séries de Arcanos menores deveriam ficar então nos quatro cantos deste "mapa do mundo", se conseguirmos organizá-las segundo essa dupla composição entre ação e recepção, terra e céu.

Os Arcanos menores

Organizar os quatro Naipes

Os Arcanos menores se subdividem em quatro Naipes: Espadas, Copas, Paus e Ouros, que apresentam numerosos detalhes que nos permitem estabelecer uma correspondência com os quatro símbolos d'O Mundo.

Para constatá-lo, comece reunindo as cartas dos quatro Naipes em quatro montes diferentes: Espadas, Copas, Paus e Ouros. Você obterá então quatro montes de catorze cartas, e em cada um haverá dez cartas de valor progressivo de I a X e quatro figuras cujo "posto" e a "família" estão inscritos na carta.

Então, divida cada um desses montes em dois montes menores: no primeiro, ponha as cartas ordenadas de 1 a 10; no outro, as figuras na seguinte ordem: Valete, Rainha, Rei, Cavaleiro. Você terá, então, oito montes.

Pegue primeiro os Valetes de cada Naipe, e disponha-os conforme ilustrado na página seguinte.

Esses Valetes nos fornecem certos indícios acerca de seus respectivos símbolos que corroboram o paralelismo com a carta d'O Mundo e a orientação espacial do Tarot.

Os Valetes que colocamos à esquerda têm justamente seu símbolo na mão que corresponde, espelhadamente, à nossa esquerda, a mão receptiva, ao passo que os Valetes da direita têm a espada e o pau na nossa direita. Da mesma forma, a direção dos pés nos indica seu grau de atividade e de receptividade.

O Valete de Espadas, com os dois pés em duas direções diferentes, é de tendência ativa com uma tonalidade receptiva. Seu símbolo, a espada,

Os quatro Valetes dispostos segundo a ordem do esquema orientativo (ver p. 65).

PARA DISTINGUIR AS ESPADAS DOS PAUS

Dois de Espadas e de Paus   Sete de Espadas e de Paus

Estes pontos de referência ajudarão os principiantes:

- De formato curvo, as Espadas estão dispostas em ovais, são de cor predominantemente negra, com duas seções azuis e duas seções vermelhas. Nas cartas ímpares, aparece uma espada no centro do oval. As cartas pares têm no centro um motivo floral.
- De formato reto, os Paus estão dispostos em forma de cruz, e a cor predominante é o vermelho, com o centro azul e as extremidades negras.

aponta para o céu. Ativo e celeste, ele se assemelha à águia na carta d'O Mundo.

O Valete de Copas se dirige decididamente para a esquerda: seus dois pés vão nessa direção, indicando uma receptividade total. Por outro lado, seu símbolo (copa) é aberto para o céu. Receptiva para o céu, a copa se assemelharia, portanto, ao símbolo do anjo na carta d'O Mundo.

O Valete de Ouros, com um pé em cada direção, poderia ser qualificado como "receptivo/ativo". Seu símbolo está presente ao mesmo tempo na terra e em sua mão, como o ouro contido na mina e que se converte em moeda de troca, mas também se situa à esquerda da carta. Receptivo para a terra, ele se assemelha ao boi/cavalo cor de carne da carta d'O Mundo.

O Valete de Paus se dirige decididamente para a direita, ele é ativo e seu símbolo, o pau, está apoiado na terra. Ativo para a Terra: ele se assemelha ao leão da carta d'O Mundo.

Para corroborar essas observações, é possível também se basear nas quatro séries de dez cartas. Observe que três delas são numeradas dos lados com números romanos: Espadas, Copas e Paus. Mas, repare nas imagens ao lado, os Ouros não têm números.

Nos Paus e nas Espadas, os números têm uma direção idêntica; só que, no Cinco, por exemplo, as pontas dos Vs (onde se nota que o V de Paus é um pouco maior) apontam para o centro da carta. Por sua vez, nas Copas, a ponta do V aponta para fora, como ilustrado na página seguinte (1).

Agora, observemos o Ás de Espada na página seguinte (2). Entre formas que chamaremos

Quatro, Cinco, Seis e Oito de Ouros.
Nenhuma carta da série de Ouros tem número.

Cinco de Espadas, Cinco de Paus.　　　Cinco de Copas.

Ás de Espada.　　Ás de Pau.

As de Copa.

de labaredas, a espada é manipulada por uma mão que surge, mostrando seu dorso, do exterior de uma forma que chamaremos de nuvem. O Ás de Pau, também entre labaredas, é manipulado por uma mão que mostra a palma e surge do interior de uma nuvem. Os dois Ases têm, portanto, um ponto comum importante.

A Copa se apresenta de pé, imóvel como um templo (3).

Enfim, o Ás de Ouros (4), com seus ramos que crescem, pode ser visualizado em qualquer direção, deitado como uma moeda de ouro posta sobre uma superfície. Ele é diferente dos três outros símbolos (sobre o Ás, ver também p. 289).

Essa diferença dos Ouros se nota também no nome: enquanto a Espada, o Pau e a Copa, em francês, estão no singular, os Ouros estão no plural.

Voltemos agora à carta d'O Mundo, para notar uma concordância com essas observações:

Ás de Ouros.

o anjo, a águia e o leão têm cada um uma auréola. O boi/cavalo cor de carne não tem. Por ser diferente dos outros três, podemos pensar que corresponde à série dos Ouros.

Vimos que o lado da carta que está à nossa direita corresponde à atividade, terrestre com o leão e celeste com a águia no céu. A semelhança (animais predadores) remete à semelhança entre a espada e o pau. A espada é forjada pela mão do homem enquanto o pau brota da terra; podemos então relacionar a primeira à águia e o segundo com o leão. Ao anjo podemos atribuir a copa, símbolo do Graal.

Correspondência entre os Naipes, os elementos e as energias do ser humano

Os quatro Naipes do Tarot não *são* os quatro elementos da alquimia nem de outros sistemas (Espada/ar, Copas/água, Ouros/terra, Paus/fogo), e, menos ainda, como pretendeu Éliphas Lévi influenciado pela lenda arturiana, poderíamos associar as Espadas à terra e os Ouros ao ar! Em vez disso, podemos inaugurar um sistema de *correspondências* que pareça coerente com os símbolos dos Arcanos menores e que, sem cair em exageros em nome da concordância, nos permita utilizar o Tarot como instrumento de conhecimento do ser humano. Essa opção interpretativa segue um ensinamento de Buda: "A verdade é aquilo que é útil".

Vejamos, então, o que podemos observar para construir, a partir dessa observação, uma metodologia de leitura que nos seja útil. O Tarot se divide segundo uma estrutura de 4 + 1: quatro Naipes ou símbolos e uma série de Arcanos maiores. Ou melhor, na carta d'O Mundo, quatro animais ou seres rodeiam o oval azul-claro onde dança uma personagem feminina. Seria possível então pensar que esses quatro elementos representam quatro energias do ser humano, distintas, porém todas elas necessárias, unidas pela mesma consciência.

A espada, símbolo tradicional do Verbo, é uma arma que se forja, que se tempera e se afia, como se afia a inteligência, tal como no aprendizado da linguagem. Representa a energia intelectual e corresponde à águia do Arcano XXI, capaz de se elevar às alturas, de adotar um ponto de vista mais elevado. O elemento da Espada poderia ser o ar.

A copa, símbolo crístico do Graal, cálice, instrumento elaborado absolutamente receptivo, é um símbolo antigo do amor. Poderá, portanto, representar a energia emocional. O Ás de Copa parece uma catedral e nos lembra que construir o amor sagrado é um trabalho de ourives. Corresponde ao anjo do Arcano XXI, mensageiro divino. Seu elemento de referência poderia ser a água.

O pau cresce de forma natural, não é fabricado. Porém, é possível escolher, descascar... Ele representa a força da natureza que cresce, a potência criativa e sexual. O que sentimos por um ser não se inventa: o desejo é uma questão de atração, gostamos de uma pessoa ou não. A sexualidade não é uma energia que forjamos, mas podemos canalizá-la, e até mesmo sublimá-la. Da mesma maneira, a atração que um artista sente por uma forma de expressão, o talento, são elementos misteriosos, mas que se desenvolvem mediante o trabalho. A inspiração é recebida antes de ser posta em prática. Vimos que o pau corresponde ao leão da carta d'O Mundo. Combustível natural, seu elemento poderia ser o fogo.

O ouro é ao mesmo tempo recebido (como mineral presente na terra) e forjado (como moeda cunhada). Da mesma forma, nosso corpo é composto por nossas ações, mas também o recebemos de uma vez por todas. Ainda da mesma maneira, o planeta Terra, que é o território da vida e da espécie humana, é uno e completo, mas é explorado e transformado pela atividade de seus habitantes. Podemos então atribuir ao ouro a representação da energia material, das necessidades corporais, do território, das questões ligadas ao dinheiro e ao corpo. Vimos que corresponde ao boi/cavalo cor de carne. Seu elemento de referência poderia ser a terra.

No baralho inglês, os dois Naipes receptivos, Copas e Ouros, deram lugar aos dois símbolos vermelhos dos corações e losangos. Os dois Naipes ativos, Espadas e Paus, tornaram-se os dois símbolos negros da ponta de lança e do trevo.

Nessa etapa, podemos então nos propor a ler segundo esse esquema a carta d'O Mundo, chave de orientação para compreender a orientação interna do Tarot.

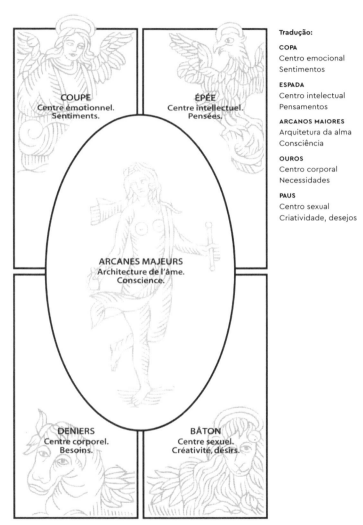

Tradução:

COPA
Centro emocional
Sentimentos

ESPADA
Centro intelectual
Pensamentos

ARCANOS MAIORES
Arquitetura da alma
Consciência

OUROS
Centro corporal
Necessidades

PAUS
Centro sexual
Criatividade, desejos

O Arcano XXI, chave da orientação do Tarot

Os Arcanos maiores representam os arquétipos do caminho da Consciência, poderíamos atribuir a eles o elemento éter. Eles correspondem à mulher nua que dança, unindo com seu véu vermelho e azul a ação à recepção, e harmonizando entre eles as quatro energias.

AS CORRESPONDÊNCIAS DO TAROT

As energias das Espadas e das Copas se situam no quadrado Céu. Elas supõem uma consciência e são especificamente humanas. As energias de Paus e Ouros se situam no quadrado Terra. Elas formam a base de todo tipo de ser vivo suscetível de se reproduzir, humano ou animal.

 COPAS | AMAR

Energia emocional e afetiva, o coração.

O amor, os sentimentos positivos ou negativos, a amizade. A dádiva, o perdão, a generosidade, a adoração, a abertura do coração, a alegria, a fé, o misticismo.

ELEMENTO: água. CORPO: caixa torácica, coração.

 ESPADAS | SER

Energia intelectual.

A linguagem, o verbo, o pensamento, os conceitos, as ideias, a atividade da inteligência, as ideias transmitidas pela cultura, a sociedade, os mitos, as religiões, as ideias concebidas e a consciência, o trabalho da mente, a meditação, a linguagem como arma ou como prece.

ELEMENTO: ar. CORPO: cabeça.

 PAUS | FAZER

Energia sexual e criativa.

O instinto de reprodução, a fecundidade, o desejo. A energia criadora, a imaginação, a produção consciente e inconsciente, a possibilidade de criar, de inventar. O impulso vital, o poder, a força curativa, o instinto. A força vital, a crença, a vocação para povoar o planeta e o universo, a superação dos obstáculos pela criatividade.

ELEMENTO: fogo. CORPO: ao nível da bacia, onde se encontram os órgãos genitais e o hará de que falam algumas tradições orientais.

 OUROS | VIVER

Energia material.

O corpo, a saúde, o aspecto físico, o lugar onde se vive, o território, a roupa, a comida, a casa. O ofício, a vida econômica, a prosperidade, o dinheiro. O lugar no mundo, as relações sociais, as células, os átomos, as moléculas que nos constituem, o planeta Terra.

ELEMENTO: terra. CORPO: ao nível dos pés (rente ao chão, como o Ás de Ouros).

Esse sistema de concordâncias, que é confirmado pelo estudo em detalhe dos Arcanos menores, é de grande utilidade para a leitura do Tarot, pois permite abordar todos os aspectos da existência, dos mais concretos aos mais espirituais, sem excluir nada que é humano. Se aceitarmos essa chave de leitura, ela enriquecerá cada vez mais nossa abordagem do Tarot e de nós mesmos.

Primeiro contato com as Figuras dos Arcanos menores

As Figuras também se inscrevem em um esquema que nos permite compreender melhor a estrutura do Tarot. Mas, além disso, os quatro personagens de cada Naipe simbolizam uma atitude, um caminho psicológico frente a seu elemento.

Em cada Naipe, é interessante observar a evolução do símbolo que o representa em cada personagem: o Valete de Ouros contempla uma pequena moeda de ouro que tem na mão sem se importar com a outra que ainda está enterrada como um tesouro. A Rainha ergue diante de si uma moeda de ouro maior que a do Valete. O Rei domina já duas moedas de ouro: uma que tem em sua mão e uma outra, ainda pequena, que flutua no ar. Esse ouro espiritual cresce em seguida no Cavaleiro até se converter em um astro. Da mesma maneira, o pau inicialmente rústico do Valete de Paus se torna entalhado com a Rainha, lavrado no Rei, e acaba atravessando a mão do Cavaleiro, como um objeto imaterial. A espada a princípio receptiva (azul) do Valete de Espadas, depois ativa (vermelha) a partir da Rainha, cresce proporcionalmente aos personagens até se tornar quase uma lança na mão do Cavaleiro de Espadas. Por fim, a copa, simples taça cor de carne nas mãos do Valete, depois cálice fechado nas mãos da Rainha, e depois novamente aberto, flutua sobre a palma da mão do Cavaleiro como um autêntico Graal milagroso.

Para compreender como se organizam as Figuras, podemos colocá-las em cena, como em um jogo de interpretar papéis, em volta de um palácio que simbolize seu Naipe. Teríamos, então, quatro palácios que representam as quatro energias. Cada Ás será o castelo das figuras de seu Naipe, como símbolo do centro energético correspondente: Ouros, centro material (necessidade); Paus, centro sexual (desejos); Copas, centro emocional (sentimentos); e Espadas, centro intelectual (pensamentos).

Os Valetes. Cada um representa um dualismo e uma hesitação em relação ao próprio Naipe: "Ser ou não ser?", parece perguntar o Valete de Espadas, disposto a devolver a espada à bainha. "Amar ou não amar?", se pergunta o Valete de Copas, disposto a fechar de novo sua taça. "Fazer ou não fazer?", poderia ser a pergunta do Valete de Paus, sem saber se levanta ou não seu porrete. Por fim, o Valete de Ouros parece hesitar entre o ouro que tem na mão e o outro, mais secreto, que está enterrado no chão. "Guardar ou gastar? Economizar ou investir?". *Representaremos, portanto, os Valetes do lado de fora, às portas do palácio, indecisos se entram ou não. A partir do momento em que o Valete entra no palácio, ele se converte em Rainha.*

As Rainhas. Elas se identificam absolutamente com o próprio Naipe, centro representado pelo palácio, desdenhando o mundo externo para habitar o interno. Vivem como proprietárias, olhando fixamente para o próprio símbolo (no caso das Rainhas de Ouros, Copas e Espadas) ou, como ocorre com a Rainha de Paus, com as duas mãos sobre o ventre, que representa o centro sexual e criativo, e uma terceira mão artificial que vem se juntar à cena. *As Rainhas serão, portanto, representadas no interior do palácio, absortas pelo próprio Naipe.*

Os Reis. Eles aparecem ao mesmo tempo que a necessidade de desprendimento. Conhecem seu reino, seu castelo, mas sabem que também há todo um mundo exterior, ou seja, outras energias distintas daquela representada pelo próprio Naipe. Todos os Reis portam seu símbolo com autoridade (o pau do Rei de Paus é inclusive o maior de toda a série), porém olham mais para além, numa direção mais longínqua. *Representaremos, pois, os Reis em cima do palácio, contemplando as fronteiras de seu reino, consciente da existência de um mais além.*

Os Cavaleiros. Dessa aceitação dos próprios limites, da consciência da existência do Outro e dos demais, nasce o Cavaleiro. Ele transportará para o exterior a energia criada pelo trabalho do Valete, da Rainha e do Rei. Os Cavaleiros são símbolos da comunicação, de aporte, e por que não, de conquista, de transmissão, de unificação. Eles correspondem de certo modo ao profeta. *Por isso, já a caminho de superarem seus próprios símbolos, os Cavaleiros serão numerados no último lugar da lista das figuras.*

Eis aqui o esquema dos Naipes.

A organização dos quatro Naipes segundo seu lugar no Tarot sugerida pela carta d'O Mundo (ver p. 65), e a ordem das Figuras ao redor do palácio.

Resumo

Os Arcanos maiores são representados em duas séries de 10 (de I a X e de XI a XX), tendo nas duas extremidades O Louco e O Mundo (Arcano XXI).

O Tarot é antes de tudo uma arte de interpretação que funciona a partir da projeção.

O Tarot procede por adições e não por subtrações. É essencialmente progressivo.

O Tarot é lido no sentido da escrita latina, da esquerda para a direita, e pode-se também visualizar na mesma direção uma linha de tempo que vai do passado ao futuro.

O Tarot se orienta como um espelho, no interior de um duplo quadrado. O lado que se encontra à nossa esquerda é receptivo e o lado à nossa direita é ativo. O quadrado superior representa o Céu e o quadrado inferior a Terra. No centro, um terceiro quadrado representa o reino do ser humano.

O Arcano XXI, O Mundo, funciona como um resumo da orientação do Tarot, dividindo o espaço em quatro partes (direita e esquerda, em cima e embaixo), que formam os ângulos de uma cosmogonia.

Essa orientação se encontra também nos Arcanos menores:

- Espadas ativas para o Céu;
- Copas receptivas para o Céu;
- Paus ativos para a Terra;
- Ouros receptivos para a Terra.

Pode-se extrair daí as bases para um sistema de correspondências útil e coerente na leitura do Tarot como instrumento de conhecimento de si mesmo, no qual os quatro Naipes se associam às quatro energias vitais do ser humano:

- intelecto para Espadas;
- centro emocional para Copas;
- centro sexual e criativo para Paus;
- centro material concreto para Ouros.

A numerologia do Tarot

É frequente que a mente humana tenda a adotar um sistema preexistente para compreender o que ainda não conhece. Foi assim que o Tarot acabou sendo assimilado por todo tipo de estruturas. Seus 22 Arcanos maiores favoreceram durante muito tempo uma tendência a fazê-lo concordar com o alfabeto hebraico, mas também aplicaram a ele construções tomadas da astrologia, de diversas formas de numerologia ou de geometria, ou de sistemas de explicação do mundo procedentes de múltiplas culturas. No final das contas, essas associações só são úteis se são momentâneas. É interessante esclarecer um sistema com conceitos de um outro, mas obrigá-los a concordar só resulta em mutilações inúteis.

Em outras palavras, em um primeiro momento, devemos descobrir e assimilar a numerologia organizadora original do Tarot. É a base do primeiro grau de compreensão do Tarot; ainda não nos permite lê-lo, mas assimilar todos os seus princípios. Essa numerologia logo se converte em um sistema de medidas que permite ler todos os baralhos existentes baseados no Tarot de Marselha. Assimilar a organização numerológica do Tarot é possuir uma chave que, como um solfejo ou uma gramática, dá sentido à interpretação projetiva dos Arcanos.

Essa organização é fruto de uma observação minuciosa das duas séries de dez dos Arcanos maiores e das quatro séries decimais dos Arcanos menores. Diversos detalhes de cartas que corroboram isso serão estudados mais detidamente na segunda e na terceira partes deste livro, onde os Arcanos são descritos um por um.

Para maior facilidade, a numerologia do Tarot será apresentada neste capítulo sob uma forma sintética, sem entrar em detalhes de todas as cartas, mas apresentando os exemplos mais significativos.

Por que uma numerologia decimal?

Quais são, no Tarot, os indícios que nos sugerem uma numerologia decimal?

Os Arcanos maiores apresentam duas séries de dez Arcanos encabeçados por O Louco, que se pode considerar o arquétipo da energia inicial, e encerrados por O Mundo, que se pode considerar o arquétipo da realização (ver pp. 48-9). O número 21, que é o do último arcano, talvez nos encaminhasse para uma numerologia de 7 em 7: não há sobre a mesa do Arcano I (O Mago) três dados cuja soma das três faces dá 7? E não são 14 Arcanos menores em cada série?

Esse caminho é tentador, mas equivaleria a atribuir às figuras os valores correspondentes aos números 11, 12, 13 e 14. No entanto, nada nos detalhes dos Arcanos menores nos permite fazer isso. Se o Tarot quisesse nos indicar esse caminho, os Arcanos menores seriam abertamente numerados até 14.

Os sistemas numerológicos de 3 em 3 ou de 5 em 5 não se aplicam aos estudos dos Arcanos do Tarot.

Na verdade, o senso comum nos indica que, assim como o Tarot tem legendas escritas em francês, situa-se na cultura do sistema decimal. O 10 é visto como uma totalidade que se subdivide em dez graus que evoluem, em constante mutação da realidade. Essa impermanência permanente é a passagem incessante de um estado a outro, comparável ao ciclo das estações. A sequência dos números pode ser comparada a uma semente que germina para gerar uma planta, que dará por sua vez um botão, e depois uma flor que se transformará em fruto, produto perfeito da árvore que o porta. Depois de amadurecer, o fruto cairá, libertando a semente que voltará para a terra e o processo recomeçará.

O esquema retangular da numerologia

Assim como a carta d'O Mundo (Arcano XXI) nos serviu de modelo de orientação, vamos agora estabelecer um modelo no interior do qual se desenvolverá a numerologia do Tarot. Esse modelo será justificado nas páginas seguintes por detalhes do próprio Tarot, mas para maior clareza nos pareceu preferível apresentar primeiro e detalhar depois as etapas.

Façamos um retângulo de papel cuja altura seja exatamente o dobro da largura. Essa forma, que é a forma das cartas do Tatrot, vai simbolizar a unidade, a totalidade. Contrariamente a certos sistemas numerológicos onde o 1 é masculino e o 2 feminino, esses números são vistos aqui como duas polaridades contidas pela totalidade, que é uma entidade andrógina.

Façamos uma primeira dobra central segundo o eixo vertical. Obteremos uma divisão esquerda-direita, isto é, no simbolismo do Tarot, entre recepção e ação. Assim, na unidade (o retângulo), a parte à nossa esquerda e a parte à nossa direita se articulam em torno de um centro andrógino.

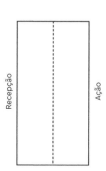

Já vimos em que sentido essa divisão é pertinente no Tarot (ver pp. 56-7). Poderíamos qualificar o receptivo de "feminino" e o ativo de "masculino", referindo-se à conformação sexual do homem e da mulher, mas isso é apenas uma aproximação.

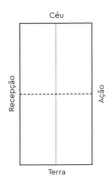

Dobremos em seguida o retângulo ao meio no eixo horizontal: observamos uma nova divisão, um horizonte entre Céu e Terra que faz aparecer dois quadrados superpostos. Essas duas instâncias se encontram, sob diversas formas, em numerosas tradições: o Islã representa a totalidade sob a forma de dois quadrados, dos quais um é estável, com sua base posta horizontalmente, e um outro, instável, de pé em uma das pontas. Da mesma forma, no *I Ching*, o trigrama inferior dos hexagramas representa a Terra e o trigrama superior, o Céu. Vemos, portanto, outra vez a divisão do retângulo em quatro partes que vimos no estudo do Arcano XXI.

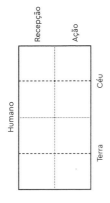

Dobremos o novo retângulo obtido a partir das duas primeiras dobras. Abrindo a figura, uma subdivisão foi criada no interior dos dois quadrados, o retângulo ficou dividido em oito pequenos quadrados. Essa subdivisão faz aparecer além destes um terceiro quadrado, formado pela interseção do quadrado Céu com o quadrado Terra. Se aceitarmos que o alto do Céu desempenha em nossa cultura o papel paterno, e a base da Terra o papel materno (nos matriarcados antigos, era mãe-Céu e pai-Terra), poderíamos dizer que eles engendram, no centro da totalidade, o quadrado Humano (ver pp. 82-3).

Vejamos agora como podemos organizar os números neste esquema.

Se dobrarmos o pequeno retângulo obtido a partir das duas primeiras dobras, a figura final é um pequeno quadrado: o aspecto dobrado do retângulo.

A Totalidade, como vimos, é representada pelo retângulo. O retângulo se mostra em dois aspectos: dobrado e desdobrado.

A totalidade em potência

Ao aspecto dobrado, nós atribuiremos o 1: como o universo antes do *big bang*, como uma flor ainda em botão, como um feto no princípio da multiplicação celular, a totalidade se encontra em potência, à espera de se desenvolver, a extrema potencialidade se caracteriza por uma grande intensidade sem experiência.

Ao aspecto desdobrado, nós atribuiremos o 10: a figura se encontra aqui inteiramente desenvolvida, até esgotar seus potenciais. É a expansão última do universo, a flor aberta, todas as potencialidades totalmente realizadas:

Começo em potência e ciclo completo são os dois aspectos da totalidade, da unidade: o 1 e o 10.

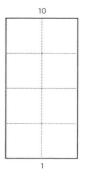

Nesse esquema, colocaremos o número 1 embaixo do retângulo e o número 10 em cima

Resta-nos organizar os números de 1 a 10 nessa estrutura, sabendo que:

- Os números pares ficarão do lado esquerdo (receptivo, estável, divisível por 2).
- Os números ímpares, do lado direito (ativo, instável, indivisível por 2).
- E, logicamente, os números se organizam de baixo para cima, uma vez que o 1 fica embaixo do retângulo e o 10 em cima.

Essa ordem segue a noção de crescimento orgânico próprio dos seres vivos da dimensão vertical: uma planta ou um ser humano crescem para o céu à medida que se desenvolvem.

Assim obtemos o seguinte esquema final (ver p. 76).

A numerologia se desenvolve como uma evolução do 1 ao 10, que é preciso imaginar em perpétua mutação, como o ciclo das estações:

- **No grau 1**, a Totalidade está em potência. É uma semente, um início, um potencial, em que tudo está ainda por fazer, em perspectiva. Pode-se associá-lo ao primeiro mês da gestação.
- **No grau 2**, entramos no quadrado Terra. É um estado ainda receptivo de gestação. Trata-se de acumular forças, desejos, ideias, sentimentos, para se preparar para a ação.
- **O 3** é a primeira ação do quadrado Terra, um estouro, uma explosão criativa sem experiência nem finalidade precisas, como, por exemplo, um primeiro amor da adolescência.
- **No grau 4**, essa ação se estabiliza. Esse número representa a perfeição do quadrado Terra: domínio da vida material, clareza das ideias, tranquilidade emocional... Estável como uma mesa de quatro pés.
- **O 5** é um número de passagem, o último do quadrado Terra: introduz um ideal que desequilibra a estabilidade do 4 para superá-lo. É uma ponte. É o gesto do sábio que aponta o dedo para a lua.
- **O 6** é o primeiro passo no quadrado Céu: a primeira vez que fazemos o que queremos em todos os sentidos. Mais além das necessidades materiais, agora nos atrevemos a fazer aquilo de que gostamos.
- **No grau 7**, esse prazer se torna uma ação forte no mundo, mais madura e mais intensa que a do 3, pois está fundamentada na experiência de todos os graus anteriores e se propõe um objetivo
- **O 8** representa a perfeição do quadrado Céu. É o equilíbrio e a receptividade totais, um estado que não pode ser melhorado: a perfeita abundância material, a perfeita concentração de energia, a plenitude do coração e o vazio da mente.
- **O 9** traz, então, a única evolução possível rumo à perfeição: a entrada em crise para favorecer a passagem rumo ao desconhecido do final do ciclo. Como a criança que, no nono mês, se prepara para nascer, o 9 aceita abandonar a perfeição e se pôr em movimento sem saber para onde.
- **O 10**, totalidade completa, simboliza o final do ciclo e permite que se manifeste o princípio do novo ciclo.

A dinâmica dos dez graus

Se olharmos o esquema numerológico fase a fase, podemos dizer que encontramos quatro "casais" de números em quatro níveis sucessivos do retângulo. Eis aqui o que se pode esquematicamente dizer:

- **2 e 3** são pesados e energéticos, adolescentes;
- **4 e 5** continuam na matéria, mas são adultos;
- **6 e 7** são refinados e ativos, sabem aonde vão;
- **8 e 9** se unem para permitir a evolução.

Cada um dos graus da numerologia tem a vocação de evoluir até o grau seguinte. Os casais aqui mencionados podem representar, portanto, ora uma evolução (de menos para mais), ora um conflito (receptivo-ativo), ora uma estagnação (de mais para menos).

Para esclarecer a dinâmica dos dez graus e a tornar mais concreta, nós a estudaremos em relação aos Arcanos maiores da primeira série (I a X).

O grau 1 é representado por O Mago (I).

Esse Arcano representa um jovem, um principiante, um ser cheio de potenciais (simbolizados pelos elementos presentes em sua mesa), mas ainda incerto quanto ao que deve escolher. Se a pessoa fica no grau 1, é um ser em perpétuo começo, incapaz de fazer uma escolha decisiva, preferindo um potencial inexistente a uma realização determinada. O grau 1 precisa se lançar, efetuar um primeiro passo na realidade. Como diz o Tao Te Ching, "para percorrer um quilômetro, é preciso dar o primeiro passo". Esse primeiro passo no quadrado Terra corresponde ao grau 2 da numerologia.

Grau 1

O grau 2 é representado por A Papisa (II)

Sentada, enclausurada, com um livro nas mãos e um ovo ao lado, símbolo da gestação. É um número passivo e receptivo que pode simbolizar uma reserva, uma promessa, uma virgindade. Neste grau, a matéria ainda é inerte. À receptividade do 2, corresponde a atividade do 3: um acumula, outro age sem saber aonde vai, num impulso de criação fanática e passional, sob o risco de logo ser frustrar.

Grau 2   Grau 3

O grau 3 é representado por A Imperatriz (III)

Evoca-se aqui uma explosão, uma ação, uma germinação. Tudo é ação e movimento. De fato, A Imperatriz olha para a direita, para a ação e o futuro, enquanto A Papisa olha para a esquerda, para a recepção e o passado.

Se o 2 engendra o 3, pode ser uma semente que germina, um ovo que eclode, um projeto em que se dá o primeiro passo. A atriz aprende seu papel (A Papisa) antes de interpretá-lo em cena (A Imperatriz).

Se o 2 está em conflito com o 3, representa a hesitação entre fazer e não fazer, o medo de agir, o isolamento sofrido e não escolhido. A Imperatriz poderia ser então uma adolescente cujas ações são travadas pela rigidez de uma mãe severa.

Se o 3 volta ao 2, é uma explosão irrefletida que torna a cair na inércia. A ação iniciada fracassa: feridos, desiludidos, acabamos nos fechando.

Para se realizar, o 3 deve passar ao grau seguinte, o 4: uma ação sem objetivo e sem experiência se estabelece na segurança. A criatividade d'A Imperatriz encontra uma estabilidade material na energia d'O Imperador.

Se o 4 recai no 3, é o fracasso da idade adulta e o culto da adolescência perpétua.

O grau 4 é representado por O Imperador (IIII).

Estável, assentado na matéria, ele reina pacificamente com uma base sólida. Pode ser uma boa situação financeira, uma casa, uma pessoa com quem se pode contar. O quadrado Terra encontra neste grau sua perfeição estável e imóvel.

O 5, por sua vez, tenderá ao quadrado Céu sem jamais pertencer a ele. ***O grau 5, visto aqui sob os traços d'O Papa (V),*** estabelece uma ponte, uma passagem, uma transição entre os dois mundos. Sua ação consiste em servir de mediador entre o quadrado Terra e o quadrado Céu.

Grau 4   Grau 5

Se o 4 engendra o 5, a estabilidade se abre para um novo ponto de vista, para uma ação voluntária que visa ampliar o horizonte. Um industrial (O Imperador) decide se abrir a técnicas que preservam o meio ambiente. Sua atitude se converte então na d'O Papa, preocupado com o equilíbrio ecológico e não somente com seus próprios benefícios.

Se existe conflito entre o 4 e o 5, é o antagonismo entre o materialismo e a espiritualidade, entre o concreto e o ideal. É, por exemplo, um chefe de estado tacanho (O Imperador) que se nega a escutar o mais sábio de seus conselheiros (O Papa).

Se o 5 volta ao 4, perde-se a fé em um mundo novo e retorna-se à segurança do antigo. Não se consegue superar os próprios limites.

Para se realizar, o 5 deve tornar real seu ideal e dar o primeiro passo no quadrado Céu, que corresponde ao 6. Depois de ensinar uma língua estrangeira durante anos (O Papa), faz-se uma viagem ao encontro da cultura que se estudou por longo tempo (O Namorado).

Se o 6 torna a cair no 5, é a desilusão: é duro voltar à Terra quando se provou o alimento do Céu.

O grau 6 simboliza o prazer, a beleza, tudo aquilo que, sem deixar de ser receptivo, supera as considerações materiais. ***O grau 6, O Namorado (VI),*** evoca a riqueza da união afetiva entre humanos. Ali, para onde o 5 olhava, o 6 se instala firmemente. Mas o 6 corre o risco de se abandonar ao narcisismo: arte folcórica, pensamento autocomplacente, perda da criatividade e do espírito crítico... A passagem ao 7 permite romper com esse narcisismo:

o mais alto dos números primos, indivisível, simboliza na verdade uma atividade extrema a serviço da humanidade.

O grau 7, aqui O Carro (VII), representa toda forma de ação no mundo: humanitária, artística, conquistadora... Em todo caso, está fundamentado em uma união entre o espírito e a matéria.

Grau 6   Grau 7

Se o 6 engendra o 7, teremos uma ação no mundo fundada na alegria, o prazer de fazer.

Se o 6 entra em conflito com 7, temos de um lado um prazer egoísta e de outro uma ação sem alegria, que corre o risco de desembocar em violência. O Carro poderia, então, ser um homem político intransigente em conflito com um sindicato que se recusa ao diálogo.

Se o 7 recai no 6, a ação no mundo desemboca no narcisismo e deixa de ser altruísta. O Carro é então, por exemplo, um apresentador de televisão egocêntrico, e os personagens d'O Namorado podem representar os membros de sua equipe, que só pensam em tomar seu lugar.

Para se realizar, o 7, ação pura, deve passar ao grau seguinte: o 8, a perfeição receptiva. Se o 8 recai no 7, a perfeição foi apenas ilusória, foi vivida como uma parada, e a necessidade de ação se faz sentir novamente.

O 8, divisível por 2 e por 4, é a receptividade total. Simboliza a perfeição do quadrado Céu, como a lua refletindo o sol, ou ainda como uma mulher grávida que leva no ventre uma nova consciência. **Sob os traços d'A Justiça (VIII),** que leva a espada e a balança, pode-se dizer que não há o que lhe tirar nem acrescentar.

O 9 é o único número da série ao mesmo tempo ativo (ímpar) e receptivo (divisível por 3). Ele representa, portanto, ao mesmo tempo uma ruptura e também uma grande sabedoria. **A figura d'O Eremita (VIIII)** evoca, assim, um personagem capaz de voltar a questionar, que abandona alguma coisa. Ativo para o passado e receptivo para o futuro, ele anda de costas.

Se o 8 engendra o 9, a perfeição se realiza na única superação possível de si mesma: a entrada em crise para que se crie um mundo novo. É o momento do parto, o nono mês, ou ainda a aurora do novo dia que cinge os astros da noite.

Grau 8   Grau 9

Se há conflito entre o 8 e o 9, a perfeição é vivida como opressiva e o consentimento como sinal de fraqueza. É também o conflito do casal genitor em que a mãe se torna castradora e o pai ausente.

Se o 9 recai no 8, é o medo da morte que se faz sentir: as pessoas se instalam em suas posições, aspiram a um perfeccionismo rígido, não se suporta nenhum questionamento. O medo pode imobilizar o 9, que então se consome. Este grau evoca uma crise entre a vida e a morte: nós a resolvemos ou desaparecemos. O 9 evolui então para o 10, que o arrasta para o movimento cíclico, permanente impermanência.

Andando de costas, O Eremita encontra ***o 10, A Roda da Fortuna (X),*** e aceita terminar um ciclo de vida para, mais tarde, iniciar outro novo. Na segunda série dos Arcanos maiores, a nova construção d'O Sol (XVIIII) resulta no chamado irresistível da consciência n'O Julgamento (XX).

Por sua vez, o 10 volta à origem do ciclo seguinte para recomeçar a evolução em outro plano. A Roda da Fortuna, com sua manivela, manifesta essa necessidade de uma ajuda: aquilo que fará girar a roda será o primeiro grau do próximo ciclo (aqui A Força, Arcano XI, que abre a segunda série decimal).

Grau 10

Se voltamos para o 9, temos uma atitude de crise perpétua que recusa a evolução: podemos dizer que o animal munido de espada, no alto da roda, representa um enigma emocional.

Se este enigma não se resolve, A Roda da Fortuna volta incessantemente ao estado de crise d'O Eremita. Vive-se então no passado, na repetição e na nostalgia do que poderia ter sido.

Se a pessoa estagna no 10, temos um bloqueio sem saída, onde é recusada até a ajuda que permite o retorno ao movimento dinâmico. Nenhuma força nova virá girar a manivela.

A evolução numerológica nos quadrados

Vimos que o retângulo que dá estrutura ao Tarot pode se subdividir em dois quadrados, Terra e Céu, em cuja intersecção se inscreve um quadrado Humano. Segundo esse esquema, podemos visualizar os três quadrados com quatro números dentro.

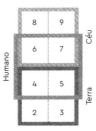

Já sabemos que o 1 e o 10 são correspondentes. Representam dois aspectos da totalidade: em potência e realizada.

Da mesma forma, podemos estabelecer uma correspondência entre os quatro graus dos quadrados Céu e Terra, seguindo um trajeto que vai de baixo para cima e da esquerda para a direita.

Graus 2 e 6. Primeiro passo no quadrado Terra e primeiro passo no quadrado Céu. O 2 acumula, se desenvolve, se nutre. Nos Arcanos menores, é o grau em que o símbolo é maior (as moedas gigantes do Dois de Ouros, a flor enorme do Dois de Espadas...). No grau 6, do quadrado Céu, a qualidade substitui a quantidade: o elemento central se torna o prazer e o amor, fonte de toda atividade espiritual.

Graus 3 e 7. Se o 3, como uma primavera ou uma puberdade, representa a explosão cega da matéria, o 7 une a matéria ao espírito em uma ação consciente, em pleno conhecimento do mundo e de si mesmo.

Graus 4 e 8. O quadrado simples do 4 representa o equilíbrio terrestre, ao qual o duplo quadrado do 8 agrega a perfeição espiritual.

Graus 5 e 9. Estas etapas representam uma passagem. Mas se o 5, disposto a abandonar o quadrado Terra, já imagina a dimensão superior (ou mais profunda), o 9, em sua infinita sabedoria e em sua solidão, aceita se encaminhar rumo ao desconhecido, como testemunha o VIIII dos Arcanos maiores, O Eremita, que anda de costas, sem olhar aonde vai. Da mesma maneira, os gêmeos d'O Sol (XVIIII) se separam do passado por meio de um muro e avançam em direção a um mundo novo.

No quadrado Humano, o primeiro passo é o grau 4: o ser humano adulto, estável, capaz de suprir suas necessidades. A primeira ação é espirtual: é a tentação do 5 que abre o caminho para um mundo novo. A perfeição do quadrado Humano se exprime no 6, a descoberta do princípio do Amor. Com a ação d'O Carro, a caminho da perfeição (que de certa maneira fica além do humano), é o anúncio de uma outra dimensão, a da perenidade e da ação no mundo.

As séries decimais
dos Arcanos menores

Agora veremos como esse esquema numerológico se expressa nas séries de 1 a 10 dos Arcanos menores.

Em cada Naipe, isole as cartas de 1 a 10 e alinhe na seguinte ordem: Espadas, Copas, Paus e Ouros (ver ilustração à p. 335).

É na série de Espadas que se encontra o indício mais flagrante que nos permite corroborar a numerologia do Tarot: constatamos que as cartas se unem entre si, duas a duas, a partir do Dois de Espadas, formando círculos concêntricos (um, depois dois, depois três, depois dois círculos entrelaçados de quatro).

Coloquemos agora as séries de Espadas e de Paus de baixo para cima tal como aparece na página seguinte. Notamos, pelos círculos concêntricos que os últimos três graus da numerologia se encontram unidos: 8, 9 e 10 se seguem, formando uma espécie de "braço" no alto do retângulo. Veremos mais adiante como essa união entre as três cartas é relevante para a compreensão dos Arcanos menores.

Observando as séries de Espadas e de Paus, constatamos que elas demonstram um mesmo fenômeno: a coluna à nossa esquerda, onde aparecem os números pares (2, 4, 6, 8) é formada

Acima: séries decimais de Espadas e Paus. A presença dos símbolos "femininos" na coluna à nossa esquerda das séries decimais dos quatro Naipes, e dos símbolos "masculinos" na coluna à nossa direita, corrobora o eixo recepção/ação expresso pela numerologia (p. 71).

por flores, símbolos "femininos" receptivos, enquanto na coluna da direita, onde aparecem os números ímpares (3, 5, 7, 9), temos, de um lado, uma espada no centro de um oval e, de outro, um pau que forma um eixo central, dois símbolos "masculinos" ativos. Essas observações nos permitem confirmar a divisão entre esquerda par receptivo e direita ímpar ativo.

Coloquemos agora as cartas de Copas seguindo o mesmo esquema. Reencontramos aqui a subdivisão Terra-Céu observada na carta d'O Mundo (p. 57).

Acima: as Copas. O eixo Terra/Céu observado na numerologia se encontra nas séries decimais dos quatro Naipes.

Se observarmos o interior das copas do Dois, do Três, do Quatro e do Cinco, veremos que são estriadas por dentro, por hachuras negras sobre vermelho que descem da nossa esquerda para a nossa direita. Ao contrário, nas copas do Seis, do Sete, do Oito e do Nove, as hachuras sobem da nossa esquerda para a nossa direita. O quadrado Terra assim se diferencia do quadrado Céu.

1 Terra (Dois de Copas)
2 Céu (Seis de Copas)

Como diz o ditado chinês, o ideal é ser receptivo para o Céu e ativo para a Terra. Os graus do quadrado Terra recebem, então, influências do cosmo. Por sua vez, as cartas do quadrado Céu extraem as energias terrestres para se elevarem ao amor espiritual.

Essa diferença se corrobora na série de Espadas: o Três e o Cinco são da mesma cor (vermelho), e, de certo modo, parecem formar um casal. Pelo contrário, o Sete e o Nove, respectivamente azul-claro e amarelo, são diferentes. A flor do Quatro de Espadas se diferencia da flor do Seis de Espadas porque uma está cortada da nossa direita para a nossa esquerda, e a outra está cortada da nossa esquerda para a nossa direita.

Na série de Paus, o Dois, o Três, o Quatro e o Cinco, as flores e folhagens que crescem do centro para os lados são muito parecidas. Por sua vez, nota-se uma grande diferença entre, por um lado, o Seis e o Sete, de crescimento exuberante, e, por outro, o Oito e o Nove, em que flores e folhas são ausentes...

Veremos com mais profundidade, no estudo dos Arcanos menores, como os detalhes das cartas nos guiam em sua significação numerológica. Mas podemos brevemente, para cada grau, comentar o aspecto mais evidente de alguns Arcanos:

- **Os Ases** de cada Naipe representam o símbolo sozinho, que ocupa todo o espaço da carta, como um imenso potencial prestes a ser posto em prática.
- **Os Dois.** Nas Espadas, Copas e Paus, enormes flores sugerem uma grande acumulação. No de Ouros, duas enormes moedas buscam se unir em vista de um contrato.

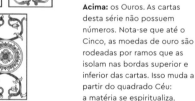

Acima: os Ouros. As cartas desta série não possuem números. Nota-se que até o Cinco, as moedas de ouro são rodeadas por ramos que as isolam nas bordas superior e inferior das cartas. Isso muda a partir do quadrado Céu: a matéria se espiritualiza.

- **Os Três.** Nas Espadas, Copas e Ouros, a explosão vital é sugerida entre outras coisas pela exuberância das folhagens.
- **Os Quatros.** Nas Copas, como nos Ouros, a estabilidade é indicada pelos quatro símbolos colocados nos cantos da carta, como os pontos cardeais definem um mundo equilibrado.
- **Os Cincos.** A emergência de um novo ponto de vista, de um novo olhar, é manifestada pelo elemento central presente nos cruzamentos dos paus do Cinco de Paus. No Cinco de Espadas, percebemos a lâmina da espada no

alto do oval, também passando por um vazio entre as curvas azuis. Esse novo olhar simboliza o ideal do Cinco.

- **Os Seis.** A entrada no quadrado Céu se manifesta, nas Copas, pela emergência de um eixo que, como um espelho, une as duas colunas de copas: é o encontro com a alma gêmea. Nos Paus, a forma das folhas externas muda, elas parecem agitadas por ondas de prazer.
- **Os Setes.** Nas Espadas, a espada central é de cor azul, ela se espiritualiza e extrai a força de sua ação de uma receptividade extrema. Nos Ouros, encontramos, diferentemente, uma figura triangular formada por três moedas, enquadrada por quatro outras: é o símbolo do espírito em ação na matéria.
- **Os Oitos.** Evocam quatro aspectos da perfeição: vacuidade meditativa nas Espadas, plenitude nas Copas, concentração extrema nos Paus e abundância equilibrada nos Ouros.
- **Os Noves.** A crise da passagem se manifesta pelo despojamento monástico do Nove de Paus, do qual todas as flores desapareceram, ou pelas folhagens murchas do Nove de Copas. Nos Ouros, assistimos ao nascimento (a moeda central é como a cabeça de um bebê saindo da matriz). No Nove de Espadas, a lâmina amarela da espada apresenta uma falha.
- **Os Dez.** Eles nos indicam, cada um à sua maneira, a mutação por vir rumo ao novo ciclo: na copa superior fechada do Dez de Copas, vemos se desenhar uma moeda que se tornará o Ás de Ouros. Nos Ouros, aparece um eixo branco unindo as duas moedas cor de laranja, que se parece com o do Dez de Paus.

O lugar das Figuras

As Figuras são em número de quatro. Entre elas, o Cavaleiro, que desapareceu dos jogos de cartas ingleses e só subsiste nas cartas do baralho de tarô, onde se atribui a ele um valor inferior ao da Rainha, segundo a lógica de que, baseando-se na hierarquia nobiliárquica, ele seria uma espécie de vassalo subordinado ao casal real.

No entanto, se observarmos o Tarot de Marselha restaurado, a ordem das figuras se impõe diferentemente disso. As Figuras aqui simbolizam uma dinâmica de conhecimento e superação do próprio Naipe, na qual, mediante indícios notáveis, é possível estabelecer sua ordem assim: Valete, Rainha, Rei, Cavaleiro.

Os Valetes. Sabemos que a atitude dos Valetes exprime uma dúvida, uma incerteza entre a ação e a inação (ver p. 68). Nesse sentido, podemos dizer que o Valete se coloca na dinâmica do primeiro estágio do retângulo numerológico, no quadrado Terra, entre o 2 e o 3, entre a gestação e a primeira ação. O Valete de Ouros simbolizará, assim, o desejo de viver, o de Paus o desejo de criar, o de Copas o desejo de amar e o de Espadas o desejo de ser.

As Rainhas. Em plena união com o próprio Naipe, elas também fazem parte do quadrado Terra: estão entre a estabilidade e a tentação de um novo ideal, entre o 4 e o 5. A Rainha de Ouros simbolizará, portanto, a dinâmica da economia e do investimento, a Rainha de Paus a dinâmica entre segurança e novidade sexual e criativa, a Rainha de Copas se situa entre uma afeição estável e a tentação de um amor mais elevado, e a Rainha de Espadas, entre o racionalismo e a abertura a um pensamento metafísico.

	10	
8	Cavaleiros	9
6	Reis	7
4	Rainhas	5
2	Valetes	3
	1	

Os Reis. Já no domínio do próprio elemento, eles se abrem para uma ação mais vasta no mundo. Estão entre o prazer do 6 e a ação irresistível do 7. O Rei de Ouros, comerciante acomodado, empreende talvez a criação de uma multinacional, o Rei de Paus, poderoso criador, estende sua obra à totalidade do mundo, o Rei de Copas talvez se sinta atraído pela santidade, e o Rei de Espadas promulga decretos capazes de mudar o mundo.

Os Cavaleiros. Eles se situam entre o 8 e o 9: superando a perfeição completa (8) de seus Naipes, seguem um caminho que adentra uma nova dimensão (9). Sua ação anuncia a mutação do 10 de um ciclo para outro. Profetas ou emissários do próprio Naipe, eles se dirigem ao Naipe seguinte para recomeçar o Ciclo.

Cavaleiros e fim de ciclo: como o Dez de um Naipe se converte no Ás do Naipe seguinte

A numerologia nos ensina que a dinâmica do Tarot é a de um engendramento constante: o final de um ciclo corresponde ao início do ciclo seguinte. Assim, A Roda da Fortuna marca o fim do primeiro ciclo dos Arcanos maiores, e A Força, que vem em seguida, representa o primeiro nível do ciclo seguinte.

Da mesma forma, o Dez de cada Naipe (e entre as Figuras, os Cavaleiros) traz em si já o germe do Ás do Naipe seguinte. Estudaremos, portanto, como os Naipes, por esse processo cíclico, engendram-se uns aos outros.

Podemos observar uma correspondência entre o Dez de Espadas e o Ás de Copas: no Dez de Espadas, pela primeira vez nessa série aparece uma segunda espada; poderíamos dizer que é a aparição do Outro (ver página seguinte), ou seja, o início da relação emocional. Por sua vez, o Ás de Copas contém, no alto de sua torre principal, uma ponta amarela que lembra a do Nove de Espadas:

Nove de Espadas, Dez de Espadas e Ás de Copas.

Das Espadas às Copas. No grau 10, o Outro aparece sob a forma de uma segunda espada. No Ás de Copas, símbolo do amor em potência, percebemos a ponta de uma espada.

A carta que nos dá o indício mais flagrante sobre essa situação do 10 é o Dez de Copas. Nela, vemos acima das nove copas alinhadas em ordem uma copa deitada na qual se forma uma figura florida no centro de um círculo que lembra as moedas da série de Ouros.

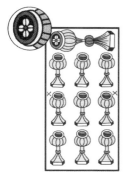

Dez de Copas e Ás de Ouros.

Das Copas aos Ouros. O disco com uma flor cunhada que fecha a décima copa anuncia a mutação do Dez de Copas em Ás de Ouros.

Os indícios dos dois outros Naipes são fornecidos pelos Cavaleiros, que, como acabamos de ver, correspondem ao nível 8-9 e anunciam a ação do fim do ciclo do 10. O Cavaleiro de Ouros leva um pau que virará o Ás do Naipe seguinte, Paus.

Enfim, a passagem dos Paus às Espadas é sugerida pelo fato de que no Dez de Paus, o pau central se desdobra e deixa

Cavaleiro de Ouros e Ás de Paus

Dos Ouros aos Paus. O Cavaleiro nos dá aqui um indício muito claro: ele segue com o olhar a moeda espiritualizada que flutua como astro e carrega consigo um pau.

aparecer um eixo branco, sinônimo da sublimação. Da mesma forma, o Cavaleiro de Paus monta um cavalo branco, que, com

Dez de Paus, Cavaleiro de Paus e Ás de Espadas.

Dos Paus às Espadas. Um eixo branco no Dez de Paus e o cavalo branco do Cavaleiro indicam a sublimação final dos Paus e sua mutação em Espadas.

um movimento do joelho, ele faz mudar de direção. Observemos que a flor que ornamenta o joelho lembra o adorno central da coroa atravessada pela espada do Ás de Espadas.

Assistimos, portanto, a uma espécie de ciclo no qual os Naipes do Tarot se engendram: o ciclo completo das Espadas é movido pelo primeiro grau das Copas, que, quando chegam ao fim, engendram os Ouros, que, por sua vez, engendram os Paus, que resultam em Espadas, e assim sucessivamente.

Dada a significação que atribuímos a cada Naipe, poderíamos dizer que:

- As Espadas, o intelecto, ao chegarem ao último grau de seu desenvolvimento, descobrirão a existência do Outro e precisarão da energia emocional, das Copas.
- As Copas, energia emocional, ao chegarem ao último grau de seu desenvolvimento, produzirão uma nova vida ou agirão no mundo concreto, precisando da energia da matéria viva, dos Ouros.
- Os Ouros, matéria viva, ao chegarem ao mais alto grau de seu desenvolvimento, irão se modificar e se verão diante da necessidade de se reproduzir, precisando então da energia criativa dos Paus.
- Os Paus, energia sexual e criativa, ao chegarem ao mais alto grau de seu desenvolvimento, irão se desdobrar, se sublimar e descobrir a androginia que é a essência do pensamento, precisando então da energia intelectual das Espadas.

Poderíamos esquematizar assim essa circulação, retomando o Arcano XXI, O Mundo, como base de orientação (ao lado).

O primeiro elemento dessa circulação, que vai no sentido contrário dos ponteiros de um relógio, pode ser qualquer um dos centros, porque nessa lógica eles se engendram infinitamente.

Resumo: dinâmica dos dez graus nos Arcanos maiores e menores

O Louco. Grande aporte de energia inicial.

Grau 1
Totalidade, muita energia sem experiência.
- **I O Mago.** Tudo está em potência. É preciso aprender a escolher.
- **XI A Força.** Despertar da energia animal.
- **Ás de Espadas.** Todos os pensamentos são possíveis. Aquilo que pensamos se torna realidade.
- **Ás de Copas.** Toda nossa vida emocional aí está contida, com as infinitas possibilidades de amar e odiar.
- **Ás de Ouros.** Potencialidade material: saúde, dinheiro, casa, trabalho...
- **Ás de Paus.** Energia sexual e criativa em potência.

Perigo do 1: permanecer virtual, não dar o primeiro passo na realidade.

Grau 2
Acumulação. Gestação, inação. Repressão de energia.
- **II A Papisa**. Enclausurada, ela estuda enquanto choca um ovo. Prepara uma ação, mas não a realiza (ainda).
- **XII O Enforcado.** Amarrado, com as mãos para trás, não escolhe nada. Meditação, introversão ou castigo. Representa também a doação de si mesmo: "Venham me salvar".
- **Dois de Espadas.** Acumulação de pensamento. Imaginações sem atos nem estrutura mental.
- **Dois de Copas.** Imaginações amorosas: "Eu não sei o que é o amor, mas me preparo para ele".

- **Dois de Ouros.** Um contrato em preparação, ainda não assinado. Promessas.
- **Dois de Paus.** Puberdade. Acumulação de energia sexual.

Perigo do 2: apodrecer, não entrar em ação.

Grau 3
Explosão de toda a energia acumulada. Adolescência. Ação sem objetivo.

- **III A Imperatriz.** Violência criativa da primavera, despertar cíclico da natureza. Feminilidade potente e criadora.
- **XIII** Demolição, revolução, mudança, ação violenta para destruir o antigo. Ação renovadora, transformação, mutação.
- **Três de Espadas.** Brotam os botões, forte atividade mental. Entusiasmo, fanatismo intelectual.
- **Três de Copas.** Primeiro amor ideal e romântico... antes do início da vida cotidiana!
- **Três de Ouros.** Novo trabalho, primeiros clientes, primeiro dia depois de uma operação ou de uma reforma na casa, primeiros pelos ou menstruação...
- **Três de Paus.** O primeiro prazer, a primeira criação. Primeira experiência sexual. Talvez primeira ejaculação precoce.

Perigo do 3: a decepção; explodir e acabar fazendo uma coisa qualquer.

Grau 4
Estabilização e potência

- **IIII O Imperador.** Potência das leis, figura paterna, racional. Autoridade.
- **XIIII Temperança.** Proteção espiritual, circulação interna harmoniosa.
- **Quatro de Espadas.** Ideias racionais. Sistema de pensamento que permite compreender o mundo, mente "quadrada".
- **Quatro de Copas.** Estabilidade emocional... Família, fidelidade, amizade sólida.
- **Quatro de Ouros.** Boa saúde, salário suficiente, empreendimento estável.

- **Quatro de Paus.** Sexualidade regular (rotineira?). Santo que faz sempre os mesmos milagres, artista que repete as mesmas obras.

Perigo do 4: estagnar sem evoluir.

Grau 5

Aparição de um novo ideal, ponte para outra dimensão.

- **V O Papa.** Professor, mestre, guia. Comunicação e união. Serve de vínculo entre dois mundos, mas sem abandonar o reino terrestre.
- **XV O Diabo.** Tentação. Inconsciente profundo: riqueza, paixão, criatividade.
- **Cinco de Espadas.** Um conhecimento novo aparece, um novo estudo que se apresenta.
- **Cinco de Copas.** Amor ideal, fanatismo afetivo. Tentação amorosa.
- **Cinco de Ouros.** Introdução de uma nova consciência na matéria: nova seção de uma empresa, aulas de ioga...
- **Cinco de Paus.** Aparição de um desejo.

Perigo do 5: a mentira, a traição, o pacto canalha. Falar e não praticar.

Grau 6

Prazer, beleza, união. Descoberta do outro. Fazer aquilo de que se gosta.

- **VI O Namorado.** Três personagens do mesmo nível: união ou conflito? Nuances infinitas da vida emocional. Fazer aquilo de que se gosta sob o esplendor do amor universal.
- **XVI A Torre.** Aquilo que estava fechado sai. Volta à terra, iluminação, alegria, mudança... Dança ao redor do templo.
- **Seis de Espadas.** Alegria de pensar.
- **Seis de Copas.** Encontro da alma gêmea, amor como espelho.
- **Seis de Ouros.** Prazer da prosperidade.
- **Seis de Paus.** Prazer criativo e sexual total.

ESQUEMA NUMEROLÓGICO DO TAROT

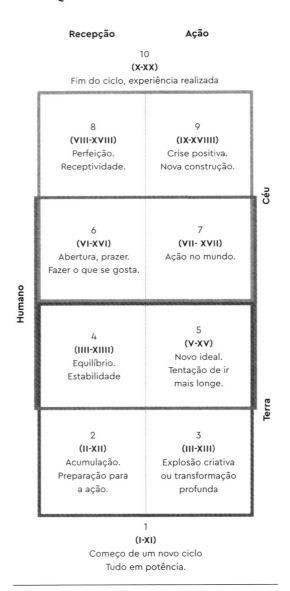

Perigo do 6: repetir só aquilo que se ama, estabelecer sistemas, tornar-se narcisista e não progredir mais, separar-se do mundo.

Grau 7
Ação no mundo
- **VII O Carro.** Conquista, triunfo. Viagem, ação resoluta. União do espírito com a matéria.
- **XVII A Estrela.** Encontrar seu lugar e embelezar o mundo a partir dele, trazer ao mundo uma obra, viver em sua totalidade.
- **Sete de Espadas.** O pensamento encontra sua ação mais elevada tornando-se receptivo.
- **Sete de Copas.** O amor age no mundo: obra humanitária, por exemplo.
- **Sete de Ouros.** Materialização do espírito e espiritualização da matéria. Obra alquímica.
- **Sete de Paus.** Ação sexual e criativa total para com o outro.

Perigo do 7: se mal-empregada, sua imensa energia se torna destrutiva.

Grau 8
Perfeição receptiva
- **VIII A Justiça.** A Justiça pesa o necessário e corta o supérfluo. Ela aceita os valores úteis (o verdadeiro é aquilo que é útil) e faz justiça a si mesma.
- **XVIII A Lua.** Capaz de refletir toda a luz do cosmos, ela representa a perfeição da intuição, da arte. Mãe cósmica, feminilidade, mistério.
- **Oito de Espadas.** Realização do vazio mental da meditação.
- **Oito de Copas.** Plenitude do coração.
- **Oito de Ouros.** Prosperidade sã, saúde.
- **Oito de Paus.** Concentração de energia que permite a emergência da magia, do desejo, da criação.

Perigo do 8: a perfeição contém o perigo de não se poder fazer mais nada para mudá-la e ela corre o risco de nos levar ora para a rigidez, ora para a loucura.

Grau 9

Crise oportuna, por uma nova construção. "Entre a vida e a morte"

- **VIIII O Eremita.** Sabedoria, solidão essencial, confiança no desconhecido.
- **XVIIII O Sol.** Nova construção, fraternidade, sucesso, calor. Amor verdadeiro.
- **Nove de Espadas.** Iluminação e crise positiva. Nova luz mental.
- **Nove de Copas.** Abandonar um mundo afetivo para fundar outro.
- **Nove de Ouros.** Nascimento, também como fim de um mundo.
- **Nove de Paus.** Escolha criativa fundamental: abandonar uma coisa para fazer outra.

Perigo do 9: afundar em uma crise perpétua, viver na solidão e na tristeza.

Grau 10

Fim de um ciclo e princípio de outro

- **X A Roda da Fortuna.** Tudo está imóvel, mas existe uma manivela. Ciclo completo. Grande experiência e falta de energia. Necessidade de ajuda.
- **XX O Julgamento.** Nascimento de uma nova consciência na aceitação da ajuda espiritual. Desejo irresistível que se manifesta e ascende em direção à sua realização.
- **Dez de Espadas.** O intelecto, cheio de amor, descobre a escuta.
- **Dez de Copas.** Vida amorosa realizada. É hora de passar à ação.
- **Dez de Ouros**. A prosperidade engendra a criatividade.
- **Dez de Paus.** A criatividade chega ao espírito.

Perigo do 10: bloqueio, recusa a passar a algo novo onde se é principiante.

XXI O Mundo. Grande realização total.

Construir a mandala em dez etapas

O exercício de construir a mandala do Tarot é sem dúvida a melhor maneira de se familiarizar com a totalidade do baralho e de absorver sua estrutura global. Escolha para tanto uma grande superfície plana e lisa de aproximadamente 1,80 x 2m.

Nota: A mandala é construída como um espelho, da mesma maneira como lemos o Tarot. Caso se pretenda construir uma mandala semelhante a um templo oriental (ver Introdução), será preciso inverter as polaridades direita/esquerda.

1. Separemos as cartas d'O Louco e d'O Mundo. No centro da superfície, colocamos O Louco deitado horizontalmente, com o olhar virado para o céu. Ele representa a energia primordial, o deus interior, o grande arquiteto que sustentará o mundo manifestado. Se o olhar d'O Louco estiver voltado para baixo, ele se viraria para as profundezas obscuras e a materialidade densa. O olhar para cima impulsiona a energia na direção da espiritualidade.

2. Em cima d'O Louco, colocamos o Arcano XXI, O Mundo, que, como já vimos, é o resumo de toda a estrutura do Tarot. O Louco não será, portanto, visível no resultado final, mas nós saberemos que é ele quem sustenta O Mundo colocado no centro da figura, assim como a energia impensável do universo, invisível, sustenta nosso mundo visível. O cruzamento dessas duas cartas corresponde à parte do retângulo em que situamos o quadrado Humano, que contém os graus 4, 5, 6 e 7 da numerologia decimal. Pode-se dizer que O Louco encontra O Mundo na altura de seu horizonte humano. Nessa confirguração, a mulher d'O Mundo e O Louco parecem se entreolhar:

Céu
Humano
Terra

3. Assim como o templo, para se erguer, deve se posicionar em relação aos quatro pontos cardeais, como a alquimia, com o fogo, o ar, a água e a terra, estabelece quatro elementos primordiais, da mesma maneira a mandala deve fixar quatro cantos. O personagem central d'O Mundo, como já vimos, se situa entre quatro símbolos que correspondem aos quatro Naipes dos Arcanos menores: o boi ou cavalo cor de carne (Ouros), o leão (Paus), a águia (Espadas) e o anjo (Copas). Coloquemos, portanto, o Ás de cada Naipe sobre o símbolo correspondente na carta d'O Mundo (a

princípio, para termos mais legibilidade, mostramos o centro da mandala "arejada"; ver a figura final correta à p. 107).

4. Em seguida, por cima de cada Ás, vamos edificar uma estrutura com os números de 2 a 10 do Naipe correspondente, seguindo a disposição do retângulo numerológico. No entanto, não colocamos a carta 10 por cima das cartas 8 e 9, mas ao lado, da maneira sugerida no capítulo anterior (ver p. 84 e ss.). Agora colocamos as quatro dezenas correspondentes às quatro energias. A figura obtida é uma suástica, símbolo do movimento cósmico.

Se essa cruz girasse, giraria ao inverso do movimento dos ponteiros do relógio, da ação para a recepção, da direita para a esquerda. Esse movimento, que é o mesmo do sangue no corpo humano, corresponde, como já vimos, ao movimento do personagem central do Arcano XXI, que olha da nossa direita para a nossa esquerda. Corresponde também à dinâmica da mutação dos Naipes uns nos outros (Espadas, Copas, Ouros, Paus) que identificamos anteriormente. Pode-se dizer também que os números ativos seguem em direção aos números receptivos.

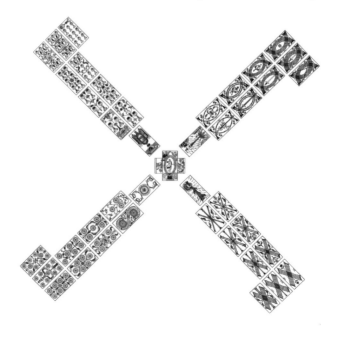

5. No eixo horizontal da mandala, que corresponde ao horizonte humano, disporemos agora as Figuras. Elas se organizam lateralmente, na ordem Valete, Rainha, Rei, Cavaleiro, do interior para o exterior. A série de Figuras de Copas se encontrará, portanto, embaixo do braço de Copas da suástica, à nossa esquerda, junto à série de Ouros. A série de Figuras de Espadas ficará embaixo do braço de Espadas da suástica, junto à série de Paus. Dessa forma, o Valete de cada Naipe ficará em contato, pelo ângulo da carta, com o par 2-3 de seu Naipe. A Rainha ficará sobre a linha do par 4-5, o Rei sobre a linha do par 6-7 e o Cavaleiro sobre a linha do trio 8-9-10.

6. Enfim, vamos organizar os vinte Arcanos maiores restantes em duas séries de dez, como no esquema da numerologia.

Vimos que, na primeira das duas séries, os Arcanos realizam principalmente sua ação para cima (ver pp. 52-4). A série iniciada por O Mago, onde vemos principalmente os seres humanos, corresponde a uma busca do divino, da luz, do celeste, do ar e da água, da consciência suprema. Essa série será, então, disposta verticalmente, acima d'O Mundo, manifestando o trabalho de elevação ao qual os Arcanos nos incitam.

Os Arcanos XI a XX, por sua vez, realizam principalmente sua ação para baixo. A série iniciada por A Força, composta majoritariamente por seres míticos, sobre-humanos, como que saídos de um sonho, corresponde a uma busca em direção ao infernal, ao obscuro, ao subterrâneo, à terra e ao fogo, ao inconsciente profundo. Essa série será, então, disposta abaixo d'O Mundo, mergulhando para o fundo: o Arcano XI, A Força, ficará mais perto do centro e o Arcano XX, O Julgamento, na extremidade inferior. Essas cartas representarão, assim, o trabalho de aprofundamento que seus símbolos sugerem.

7. O grau correspondente ao 10 (Arcanos X e XX) ficará acima e não ao lado do par VIII-VII-II como na disposição dos Arcanos menores. É mais uma vez o Tarot quem nos dá o indício dessa organização: enquanto nos Arcanos menores o último grau indica uma mutação para outro Naipe, no caso dos Arcanos maiores estamos diante de um retorno circular. No alto da mandala, A Roda da Fortuna incita, depois do caminho da elevação (o animal amarelo), a efetuar um retorno na direção das profundezas (o animal cor de carne). Na parte de baixo da mandala, encontramos o Arcano XX, no qual, das profundezas da Terra, surge o andrógino espiritual azul-celeste, chamado irresistivelmente pela trombeta angelical (símbolo da consciência cósmica) a se levantar novamente. Eis, então, a mandala completa (ver p. 105).

8. Vemos que o centro dessa mandala é uma figura geométrica de oito lados (octógono). Essa figura nos remete à geometria fundamental do taoísmo, onde os trigramas do *I Ching* são representados inscritos em um octógono regular, no centro do qual está simbolizado o princípio binário da criação (Yin e Yang). A cada um dos lados da figura corresponde uma direção cardeal: norde, nordeste, leste, sudeste, sul, sudoeste, oeste, noroeste. Por outro lado, as pias batismais costumam ter uma base octogonal, pois essa forma, no simbolismo cristão, remete à vida eterna e à ressurreição. Vemos aqui seis cartas que se inscrevem no centro desse octógono, e da mesma forma, o hexágono se inscreve no octógono como símbolo do enterramento do ego individual em sua tumba antes de renascer na graça do Ser essencial:

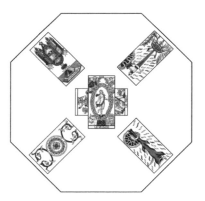

9. Se traçarmos círculos concêntricos tendo o cruzamento O Louco-O Mundo como centro, perceberemos que as cartas de mesmo nível se encontram todas no mesmo círculo, exceto o Dez dos Arcanos menores, que seguem sua dinâmica de engendramento circular, enquanto os níveis 10 dos Arcanos maiores seguem a dinâmica em cima-embaixo.

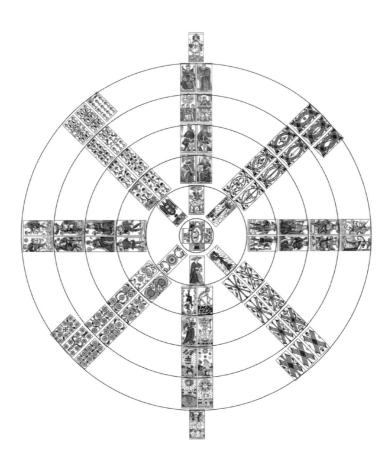

105

10. Se visualizarmos a mandala em três dimensões, devemos vê-la como uma cruz de seis braços, conforme na figura abaixo.

    O eixo dos Arcanos maiores será então o eixo vertical, e podemos distribuir os Arcanos menores sobre os quatro planos frente, trás, e direita, esquerda, em um movimento giratório.

A mandala do Tarot

Os Arcanos maiores constituem o eixo vertical, espiritual da mandala. Em sua forma final, onde o Ás de cada Naipe está posto sobre o símbolo que lhe corresponde na carta d'O Mundo, a mandala do Tarot adquire sua força máxima

As onze cores do Tarot

Cada cultura, religião, tradição dá sua própria versão do simbolismo das cores. No entanto, existe um fundo comum: o combate (ou a dança) entre a luz e a escuridão gera a cor. A depender do predomínio da luz ou da escuridão, a gama de cores aparece.

Chegado o momento de classificar as cores, devemos reconhecer que o Tarot as mostra em sua diversidade, sem sugerir uma ordem precisa – diferentemente da estrutura das cartas que, como acabamos de ver, nos dá indícios sobre a numerologia e a orientação do Tarot.

Toda classificação das cores deverá, portanto, ser relativizada, podendo-se adotar a qualquer momento diferentes estruturas para nos ajudar na interpretação. As cores são sempre ambivalentes: seu significado não pode ser puramente positivo ou negativo. Quanto ao significado simbólico, variam segundo as culturas e, mais uma vez, não sendo possível reduzi-las a um sistema de equivalências estritas. As pistas sugeridas a seguir são, portanto, proposições abertas que não pretendem esgotar o estudo das cores.

Simbolismo das cores

Eis aqui algumas indicações úteis para nos orientar na leitura do Tarot.

- **Negro.** Remete a duas noções opostas e complementares. De um lado, a ideia do vazio: ausência total de luz, nenhuma cor. Os monges zen usam roupas negras. Da mesma maneira, na Subida do Monte Carmelo, San Juan de la Cruz diz que para chegar a Deus é preciso ir além de onde se está, "passar pela noite escura da fé". Reduzimo-nos ao vazio, desaparecemos, paramos de pensar e entramos no nada.

  Mas, por outro lado, o negro é também o magma criador que contém todos os germes da vida, a matéria primordial: o *nigredo* alquímico, massa amorfa de podridão que serve de substrato à pureza. O caos onde começa a ordem: toda vida germina primeiro na escuridão.

- **Branco.** Ao contrário do negro, o branco é a união luminosa de todas as cores, uma realização em que tudo chega à unidade perfeita, à purificação. É a antítese da cor de carne e do negro. Do ponto de vista negativo, o branco remete também ao frio mortal da neve, do medo. É a cor de Deus ou da morte.

O negro e o branco determinam os extremos entre os quais se desenvolvem as outras cores. Poderíamos colocar no centro a cor de carne.

- **Cor de carne.** É a cor específica da pele humana na área cultural ocidental onde se desenvolve o Tarot. A cor de carne representada aqui é a da carne viva, evocando a vida presente – como o negro pode falar do passado e o branco do futuro, se assim o desejarmos. Também não podemos dizer que a cor de carne seja positiva ou negativa em si: ela adota todas as formas psíquicas do ser humano, o bem e o mal. É o ambíguo por excelência. Existem em nós o céu e o inferno, a violência e a paz. Todos os opostos se reúnem na cor de carne.

No âmbito da vida material, encontram-se o vermelho e o verde.

- **Verde.** Cor vital da exuberância, evoca a Natureza dominante, eterno nascimento, perpétua transformação. O profeta Mohammad adotou-a como símbolo da eternidade. O verde é uma explosão de vida em si: a vida vegetal só age onde lançou raízes. É por esse motivo que o verde pode também significar a absorção, o afundamento. No inconsciente, o verde simbolizará o apego à mãe. Se a mãe Natureza nos dá a vida, também pode nos prender, nos privar da liberdade, nos enterrar.

- **Vermelho.** Poderia representar a parte ativa da terra: fogo central, sangue, calor. É a cor da atividade por excelência. Negativamente, o vermelho evoca a violência do sangue derramado, o perigo, a interdição. Se o sangue está no exterior, significa a morte; se circula no interior do corpo, o sangue representa a vida.

Entre as cores celestes, encontram-se o azul e o amarelo.

- **Azul.** É a cor por excelência da recepção. Cor do céu e do oceano, evoca também o apego ao pai. Sua dimensão negativa poderia ser uma imobilização, uma asfixia: quando o sangue não é mais purificado pelo oxigênio, ele fica azul.

- **Amarelo.** Luz do intelecto e da consciência, ele foi comparado ao ouro, símbolo da riqueza espiritual. Na alquimia, a pedra filosofal transmuta todos os metais em ouro. Sua negatividade poderia ser a secura.

- **Roxo.** Essa cor é a mistura do vermelho, o mais ativo, com o azul, o mais receptivo. Essa união de dois extremos representa a sabedoria suprema. Enquanto Cristo começa a falar aos discípulos vestido de vermelho, ele é crucificado de roxo, em plena sabedoria. No entanto, o roxo é também a cor do sacrifício: identificado com os ritos funerários. Mas na verdade se trata da morte do ego. Encontramos muito pouco roxo no Tarot, pois ele representa o maior dos segredos: dominar o eu para chegar à vida impessoal.

Podemos, sobre essas bases, estabelecer a tabela da página seguinte.

Diversas "mandalas" das cores

Encontramos no Tarot restaurado onze cores: negro, verde-escuro, verde-claro, vermelho, cor de carne, laranja, amarelo-claro, azul-escuro, azul-celeste, branco e alguns traços de roxo. Como organizá-las entre si?

Em toda cultura humana, no começo da inteligência, há uma concepção do universo. Segundo essa concepção, o homem vive entre o céu e a terra. Hoje em dia, a tradição em que vivemos nos diz que a terra é a mãe e o céu é o pai. Mas existia a concepção inversa em outras culturas mais antigas, no Egito e na África. O homem se situa, portanto, entre essas duas instâncias das quais é resultado, para separá-las ou fazer com que se comuniquem.

Na nossa tradição, que é a do Tarot de Marselha, o Céu é o símbolo da espiritualidade e a Terra, da vida material. O homem se situa entre as duas.

Se admitirmos que o laranja é um amarelo escuro, pode-se dizer que há três cores que se declinam em um tom claro e um tom escuro: o azul, o verde e o amarelo.

O negro, o branco e o roxo são cores sem nuance. Quanto às cores vermelha e carne, seu parentesco é interessante: de certo modo, pode-se considerar a cor de carne uma variante mais clara do vermelho.

AS CORES DO TAROT

COR	SENTIDO POSITIVO	SENTIDO NEGATIVO
Roxo	O impessoal, a sabedoria	Sacrifício, morte.
Branco	Pureza, êxtase, imortalidade.	Frieza mortal, egoísmo.
Azul-claro	Receptividade às forças celestes.	Dependência diante do pai, imobilização.
Azul-escuro	Receptividade às forças terrestres.	Despotismo, tirania.
Amarelo-claro	Clarividência, consciência, inteligência ativa.	Secura, crueldade, espírito seco, sem emoção.
Amarelo-escuro	Consciência, inteligência receptiva.	Loucura, destruição.
Cor de carne	Humanidade, vida, prazer carnal.	Materialismo, repressão carnal.
Vermelho	Reino animal, atividade.	Violência criminal.
Verde-claro	Natureza ligada às forças celestes, reino vegetal.	Dependência diante da mãe, inveja.
Verde-escuro	*Natura naturans*, natureza criadora, ligada às forças terrestres	Afundamento, absorção.
Negro	Magma criativo, trabalho das profundezas	Caos, regressão, pulsão de morte.

O vermelho da animalidade, do puramente terrestre e ativo, se espiritualiza na cor de carne que simboliza o humano. Mas também se pode considerar essas duas cores como entidades completas.

Veremos também se destacar um grupo de cinco cores "francas", sem matizes claros ou escuros, que serão: negro, branco e vermelho (as três cores mais conhecidas da obra alquímica), carne (humano) e roxo (impessoal, andrógino).

Segundo essa organização, a cor de carne se encontra no centro, como o horizonte humano do Tarot. No céu, no mais alto, a cor branca que contém todas as cores representará a pureza, a euforia da vida, a imortalidade, a perfeição, a um grau quase inumano. No branco divino, nasce o azul-celeste, depois o amarelo que lembra a vibração do sol.

A cor de carne forma o horizonte, a linha de separação ou de união entre o céu e a terra. Ela simboliza o reino humano, o prazer e sua repressão.

No mais baixo, na base mais extrema, colocaremos o negro, vibração que não contém nenhuma outra cor, magma criativo das profundezas do inconsciente. Por cima do negro, nasce o mundo vegetal, a cor verde. No verde-claro, a natureza está em relação com as forças celestes e o verde escuro representa a natureza criadora, as forças terrestres. O vermelho vem em seguida, potência vital, criativa e violenta, que possui o dom da vida e da morte.

O roxo é pensado como o traçado do retângulo, assim como na mandala O Louco, escondido embaixo d'O Mundo, sustenta a totalidade da construção.

As cores se organizam, então, segundo o esquema ao lado.

A cor de carne também pode ser interpretada como um laranja mesclado de branco.

A cor de carne representaria o ser humano, vitalidade impregnada de consciência, enquanto o laranja seria a cor do crescimento vital ativo sem consciência divina.

O amarelo se torna, então, a cor da luz celeste e o vermelho, do magma terrestre, atividade pura.

Segundo essa hipótese, as cores "francas" são o negro, o vermelho, o amarelo, o branco (as quatro cores da obra alquímica) e o roxo, união mística entre ação e recepção.

Assim obtemos o esquema de organização das cores tal como representado ao lado.

Também podemos organizar as cores segundo dois outros esquemas correspondentes à numerologia do Tarot. Um deles se baseia no duplo quadrado, o outro se inscreve em um círculo e se inspira no esquema simbólico do Arcano XXI, O Mundo.

Branco	Pureza
Azul-celeste	Receptividade espiritual
Azul-escuro	Receptividade intuitiva, terrestre
Amarelo	Inteligência
Carne	Domínio humano, vida consciente
Roxo	Horizonte, traço de união e limite ação/ recepção e Céu/Terra
Laranja	Domínio vital da pura matéria
Vermelho	Atividade
Verde-claro	Natureza celeste
Verde-escuro	Natureza terrestre
Negro	Aquilo que se enterra, escondido, inconsciente

O esquema circular. Corresponde a uma visão do mundo que consiste em representar a totalidade não como um retângulo, mas como um círculo, universo em constante expansão, nascido de um ponto central. Esse círculo é em seguida atravessado por um horizonte que, como no Gênesis, separa o Céu da Terra (figura 1, p. 116).

A subdivisão vertical esquerda/direita separa em seguida o "feminino" receptivo do "masculino" ativo: é Eva nascida do sonho de Adão e de sua costela. Vemos aparecer então quatro quartos de círculos aos quais, seguindo o esquema proposto pelo Arcano XXI (ver p. 65), poderemos atribuir os quatro elementos correspondentes aos Naipes dos Arcanos menores: Ouros, ou centro corporal; Paus, ou centro sexual criativo; Copas, ou centro emocional; e Espadas, ou centro intelectual. Cada cor encontrará seu lugar segundo o Naipe atribuído (figura 2).

Pode-se preferir associar os Ouros ao amarelo do ouro; os Paus ao verde da atividade natural; as Copas ao vermelho do amor divino; e as Espadas ao azul etéreo e celeste. O negro continua na base da terra, e o branco no zênite do céu, enquanto o roxo, cor do andrógino (personagem central do Arcano XXI) fica no centro do círculo. Agora ficou evidente que os tons mais claros serão os mais próximos do céu; e os mais escuros, os mais próximos da terra. Segundo esse esquema, associaremos a cor de carne ao vermelho claro (figura 3).

Encontraremos, então, as seguintes correspondências:

Terra/ativo: vermelho e cor de carne; Terra/receptivo: amarelo e laranja; Céu/ativo: azul-claro e azul-escuro; Céu/receptivo: verde-claro e verde-escuro; Centro: violeta; Zênite: branco; Nadir: negro.

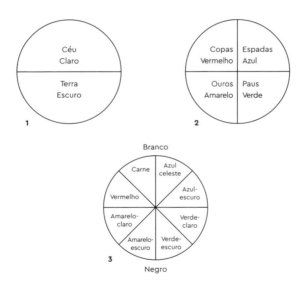

O esquema retangular, que já conhecemos, inclui um lado esquerdo receptivo e um lado direito ativo. Se aceitarmos que as cores ditas frias são receptivas e as cores ditas quentes ativas, podemos dividir um duplo quadrado seguindo as leis de orientação do Tarot, como ilustrado abaixo.

Vemos, portanto, que não existe uma única maneira exclusiva de organizar as cores. Segundo a leitura, essas diferentes estruturas podem nos ajudar a interpretar os símbolos, mas seria um erro pretender que se pode organizar as cores em um único esquema que limite seus significados.

Uma arquitetura da alma

Deixando de lado todos os "iniciados" e suas versões "esotéricas", resolvi que o verdadeiro mestre era o próprio Tarot... Foi um longo trabalho metódico que exigiu da minha parte uma grande paciência. Com uma lanterna mágica, projetei os Arcanos sobre grandes cartolinas e os copiei nos mais ínfimos detalhes. Identifiquei-me com cada personagem, falando em seu nome e também em nome de seus detalhes: imaginei o que dizia o bastão vermelho d'O Louco, ou a águia fetal que A Imperatriz acaricia, a coroa que se abre e se fecha no alto d'A Torre, ou a flauta de osso que jaz no solo negro do Arcano XIII. Observando a perna esquerda da mulher nua d'A Estrela, pude notar o traseiro de uma criança; entre as chamas (ou a pluma, ou a cauda de uma entidade) e a coroa d'A Torre, descobri a cabeça de um fantasma etc. Como os desenhos muitas vezes parecem se completar fora do quadro retangular, numerosas questões se me impuseram. A mesa d'O Mago tem um quarto pé fora da carta? O que O Enforcado tem nas mãos? O que O Louco leva em sua trouxa? O que há por trás do véu d'A Papisa? O príncipe d'O

Carro é um anão montado em um pedestal? O vermelho da lâmpada d'O Eremita é de sangue? etc. Milhares de perguntas para as quais não tentava dar uma resposta exata – não havia, pois a imaginação é infinita –, mas encontrar uma que no momento me satisfizesse, que me fosse útil, mesmo que depois me ocorresse e se impusesse uma outra solução.

Sentei-me e me pus a meditar e a rever as cartas na imaginação, uma por uma, durante horas. Pouco a pouco, eu me dei conta de que cada uma delas agia à maneira de um talismã. Não eram simples imagens, mas, de certa maneira, eram seres, cada qual com uma personalidade diferente, impossível de definir com palavras. Tendo gravado esses desenhos na memória, ao ter as cartas nas mãos, existentes ao mesmo tempo no mundo exterior e em meu espírito, me dei conta de sua infinita complexidade. Quando queria interpretar as frases ópticas que me davam a união de dois ou mais Arcanos, via-me obrigado a traduzir em palavras, o que equivalia a limitá-las. Além de nomeá-la, quem pode dizer o que é uma cor? Todo poeta que tentar conseguirá se aproximar da essência da cor, mas sempre de maneira subjetiva e imprecisa...

A essa dificuldade insuperável, agregou-se outra: me dei conta de que as cartas não só "falavam" quando estavam juntas uma ao lado da outra, mas também quando estavam uma em cima da outra. Misturando mentalmente os desenhos, fui capaz de imaginá-los transparentes. Quando os sobrepus, eles me indicaram que se correspondiam ao obedecer a unidades de medida complexas. Tive a confirmação de que o Tarot havia sido criado a partir da transparência no livro do egiptólogo René Adolphe Schwaller de Lubicz, *Le Temple de l'homme*[1], no qual ele afirma a mesma coisa a propósito do templo de Luxor: "Na 'transparência', se o muro fosse de vidro, seria possível ver, por exemplo, traçado no verso, um signo ou uma figura que vinha completar um vazio no anverso". Alguns exemplos: o cetro d'O Imperador

---

1 Éditions Dervy, Paris, 1977

podia ser o eixo do sol do Arcano XVIIII; o cetro d'A Imperatriz tem o mesmo comprimento do bastão d'O Papa; o Ás de Ouros completa o semicírculo central do Ás de Copas. As combinações são infinitas. Como traduzir essas mensagens em palavras?... Tudo o que já havia sido dito, o que ainda se dizia e se diria sobre os significados dos Arcanos só podia ser uma explicação subjetiva, jamais uma definição exata. Aqueles que afirmavam "Este é o significado tradicional do Arcano" eram aprendizes ingênuos de magos ou charlatães.

Durante muito tempo, com muita pena, guardei meu Tarot numa caixa, julgando impossível conseguir utilizá-lo de maneira objetiva. Uma noite tive um sonho que me indicou o caminho a seguir.

Me vi caminhando nu por um deserto de areias brancas. Uma lebre azul com as orelhas cortadas veio lá do alto de uma duna e se encostou aos meus pés. Ao me tocar, sua cabeça mudou de forma e a lebre adotou a minha cabeça. Nossos corpos se integraram, formando um só corpo. Era eu ao mesmo tempo uma testemunha humana e um guia animal. Cheguei, chegamos, ao horizonte, que era roxo. Equilibrando-se sobre essa linha, apareceu O Louco, gigantesco. Olhou-me com cumplicidade, abrindo sua trouxa para o céu. As estrelas se desprenderam e, convertidas em pirilampos, desceram para entrar na trouxa. O Louco virou a trouxa para a terra, onde caíram esses insetos luminosos convertidos em sementes. Produzindo com seus guizos sons de uma delicadeza angelical, ele abriu sua casaca e me mostrou seu peito verde e me convidou para entrar nele... Como uma rã que se lança num lago milenar, submergi no gigante... Tive a impressão de explodir, transformando-me numa nuvem de energia. Incessantemente, milhares de imagens me submergiram numa voragem, fui incontáveis seres ao mesmo tempo, tudo aquilo se resumiu numa gargalhada cataclísmica exalada por uma boca imaterial. Lembro que transformado nesse caos chamado O Louco, me lancei em direção ao firmamento, atravessando o cosmos a uma velocidade tremenda. De repente me encontrei num céu sem astros, no centro do qual brilhavam duas pirâmides, uma negra e uma branca, arranjadas de tal maneira que formavam um volume de seis pontas... Esse corpo, que eu senti ser dotado de uma consciência sem limites, me atraiu como um ímã a um pedaço de metal. Me deixei absorver. Explodi convertido em luz. Acordei cheio de energia com a sensação de ter conhecido a felicidade.

Esta experiência onírica – que me inspirou a criar, com Moebius, a história em quadrinhos *Incal*[2] – me revelou como estudar o Tarot. Compreendi que cada Arcano, tendo características diferentes dos outros, agia no inconsciente como um arquétipo. "O arquétipo é uma força. Pode se apoderar de nós subitamente [...] É a organização biológica do nosso funcionamento psíquico da mesma maneira que nossas funções biológicas e psicológicas seguem um modelo. [...] O homem tem um modelo, uma forma que o faz especificamente homem e ninguém nasce sem isso. Somos profundamente inconscientes dessas coisas, uma vez que vivemos a partir de nossos sentidos voltados para o exterior de nós mesmos. Se o homem pudesse olhar dentro de si mesmo, ele o descobriria. [...] Esse aspecto da personalidade humana, reprimido na maioria dos casos devido a sua incompatibilidade com a imagem que temos de nós mesmos, não se compõe somente de traços de caráter negativos, mas representa igualmente a totalidade do inconsciente: é, quase como regra geral, a primeira figura sob a qual o inconsciente se apresenta à consciência. [...] Não sabemos o que é um arquétipo (isto é, do que é feito) porque a natureza da psique não é acessível a nós, mas sabemos que existem arquétipos e que provocam efeitos. Quanto melhor compreendermos os arquétipos, mais participaremos de sua vida e mais fortemente apreenderemos sua eternidade, sua intemporalidade."[3] Para podermos conhecer os Arcanos, é preciso entrar neles, desprovido de palavras. Ou melhor, seria preciso se deixar possuir por eles.

---

2 Devir/2006.
3 Carl Gustav Jung, *La Vie symbolique*, trad. Claude e Christine Pflieger-Maillard, Éditions Albin Michel, Paris, 1989. (*A vida simbólica*, Editora Vozes).

Tive a sorte de naquela época estar em contato com um grupo de adeptos do vodu que trabalhava com divindades que me lembravam os Arcanos maiores. Cada divindade tinha um ritmo musical, um traje, objetos pessoais, uma forma de se mover e de atuar. Havia Legba, ancião coxo, caminhando apoiado numa muleta, coberto de farrapos, de aparência débil, mas no fundo de uma força tremenda; Agwé, vestido de oficial da marinha, com luvas brancas, soprando com todas as suas forças para imitar os rugidos de uma tempestade marinha; Azaka, homem do campo, com um chapéu de palha, uma blusa azul, desconfiado, ansioso, temendo ser roubado pela gente da cidade; o colérico guerreiro Ogoun, com quepe à francesa e dólmã vermelho, brandindo um sabre ou um facão; a sedutora Ezili, com joias e saias rosadas e azul-celeste, maquiando-se incessantemente; o Barão Samedi, emissário da morte, com uma cartola e vários pares de óculos escuros e os bolsos do fraque furados: tudo o que ele guarda cai no chão etc. Por meio de atos rituais, os adeptos caíam em transe, tornando-se "cavalos" que eram "cavalgados" pelas divindades... Disse a mim mesmo: "É preciso trabalhar o Tarot da mesma maneira que os adeptos do vodu. Devo sentir cada carta, deixando-me absorver, me colocar a serviço de sua expressão". E assim o fiz: quando "fui" O Mago, senti a energia do cordão amarelo que contornava meu chapéu, unindo-me com os universos distantes para me aportar uma Consciência cósmica que explodia nos oito poderosos sóis que se aninhavam em meus cabelos. Segurei em uma mão a varinha do mago, capaz de captar as energias divinas para injetá-las na matéria e produzir milagres. Na outra mão, segurei a esfera de ouro capaz de curar todos os males da humanidade... Senti os movimentos ágeis do personagem, sua inteligência, sua astúcia, sua capacidade de atenção, sua rapidez. Com minha imensa destreza, eu era um ladrão metafísico que podia roubar dos deuses o segredo da imortalidade...

Pacientemente, dia após dia, realizei esse mesmo exercício, um por um, ao longo dos 77 outros Arcanos. Quando eles entraram no meu inconsciente, gravando-se como se tivessem feito desde sempre parte dos meus sonhos, tentei fazê-los falar.

O que diria A Torre ou o Arcano XIII ou o Valete de Copas ou o Nove de Paus etc.? Deparei-me com outra dificuldade. Ainda que, quando eu entrava em transe, todos os Arcanos falassem, às vezes sob a forma de poemas, nada podia garantir que suas palavras fossem objetivas, que elas viessem de um mundo exterior a mim. Com toda probabilidade, esses discursos eram manifestações da minha subjetividade, meros autorretratos... Visualizei uma vez mais os 22 Arcanos maiores para ver de que maneira eu me projetava neles. Sem dúvida, o Sol, XVIIII me lembrava minha cidade natal, Tocopilla, erguida às bordas do deserto de Tarapacá, o território mais seco do planeta, onde ficou sem chover durante séculos. Esse Sol continha para mim ameaças mortais de secura. Por outro lado, ao unir seu disco flamejante ao cetro d'O Imperador, não conseguia evitar ver Jaime, meu severo pai, tão avaro de carícias, tão "seco" no plano emocional. Constatei que três cartas me aterrorizavam: A Justiça, O Enforcado e o Arcano XIII. À primeira vista, esses personagens me davam a sensação de um castigo imposto pela lei. O juiz implacável condenava à tortura alguém que havia cometido um ato ilegal. A Morte não só o eliminava, mas a humanidade inteira, o planeta, as estrelas, o universo. Esse terror me pareceu infantil; no entanto, ao senti-lo incrustado na medula de meus ossos, compreendi que A Justiça era minha mãe grávida, que O Enforcado era eu, em estado fetal, e que o Arcano XIII eram os desejos de me eliminar que ela lançava sobre meu organismo. Na época em que fui concebido, sem ser desejado, meus pais se odiavam. Minha chegada instalou entre eles uma relação sufocante. Os nove meses de gestação se converteram para mim numa luta para sobreviver. Isso tudo fez com que eu nascesse impregnado de um terror visceral. A cada instante, eu sentia a ordem: "Você está proibido de viver. Você é culpado de ter invadido nosso mundo. Você não devia ter resistido ao cordão umbilical que o estrangulava. Para nós, você é um veneno". Compreendi que era por isso que muitos anos mais tarde, apesar de viver relativamente feliz, de tempos em tempos, talvez a cada nove meses, eu sentia desejos de morrer... Sentia-me dominado pela frieza de minha mãe, que brandindo uma espada imaginária, como A Justiça, decretava: "Você não tem o direito de nascer, obedeça a minha ordem: desapareça". O que eu podia fazer?

O estudo do Tarot se tornou para mim uma terapia. Comecei a trabalhar sobre minhas projeções... Podemos dar uma infinidade de interpretações a um sonho – supersticiosas, psicanalíticas, míticas etc.; eu disse a mim mesmo: "Se as imagens surgidas do inconsciente têm incontáveis significados, e se todas são minhas, devo rechaçar aqueles que são produto da angústia e escolher os que me aproximem mais da consciência divina". Ainda que tenha sido educado por um pai ateu que zombava de todos os livros sagrados, eu me permiti falar de "Deus" porque no Arcano XVI (em francês, *La Maison Dieu*) aparece a palavra Deus, e pelo menos metade dos Arcanos maiores têm relação com o pensamento religioso. O Louco, que avança olhando para o céu, pode muito bem ser um monge iluminado; o Arcano XIII traz gravadas no crânio as quatro letras sagradas, *Yod-He-Vav-He*, que formam o nome do Deus hebraico (ver p. 219–20); A Papisa e O Papa estudam e difundem um texto sagrado; há anjos em O Namorado, Temperança, O Julgamento e O Mundo, e no Arcano XV aparece o Diabo, anjo caído. O Enforcado poderia muito bem representar Jesus Cristo, entregando-se em sacrifício. Ele está pendurado entre duas árvores sobre as quais se podem ver doze gotas vermelhas que representam os apóstolos. E ainda que considerássemos essa interpretação falaciosa, não se poderia negar que o personagem traz no peito as dez *sefirot* da Árvore da Vida cabalística... Não podendo refutar o chamado místico que o Tarot produz, fiel aos ensinamentos ateus de meu pai, tentei elucidar o tema "Deus" interpretando O Louco como energia vital, A Papisa e O Papa como a *anima* e o *animus* junguianos, o anjo d'O Namorado como a força libidinal, O Enforcado como o ego que se entrega à Essência, o Arcano sem nome (XIII) como a vontade de transformação pela eliminação do supérfluo, Temperança como a comunicação interior, O Diabo como as pulsões do inconsciente coletivo, o anjo d'O Julgamento como uma dimensão superior da consciência, e O Mundo como a alma universal. No entanto, por mais que eu tentasse, não pude apagar a palavra Deus do Arcano XVI... Apesar de minha arraigada educação ateia, me vi obrigado a enfrentar essa exigente pergunta do Tarot: "O que é Deus para você?".

Para mim, o "personagem" Deus, ator principal de toda obra sagrada, não podia ter nome, nem forma humana, nem sexo, nem idade. Não podia ser propriedade exclusiva de nenhuma religião. Qualquer denominação ou atributo que lhe dermos, será apenas uma aproximação supersticiosa. Impossível de definir com conceitos ou imagens, inacessível quando perseguido, sendo tudo, é absurdo tentar lhe acrescentar qualquer coisa. Única possibilidade: recebê-lo. Mas como, se é inconcebível, impalpável? Pode-se recebê-lo apenas por mudanças e mutações que ele aporta à nossa vida em forma de clareza mental, felicidade amorosa, capacidade criativa, saúde e prosperidade. Se o imaginamos eterno, infinito e todo poderoso, é unicamente por comparação com aquilo que pensamos de nós mesmos: finitos, efêmeros e impotentes diante dessa transformação que convencionamos chamar de "morte". Se tudo é Deus e Deus não morre, nada morre. Se tudo é Deus e Deus é infinito, nada tem limites. Se tudo é Deus e Deus é eterno, nada começa nem nada termina. Se tudo é Deus e Deus é todo poderoso, nada é impossível... Sendo incapaz de nomeá-lo, e de crer nele – n'Ele –, posso senti-lo de maneira intuitiva no mais profundo de mim mesmo; posso aceitar sua vontade, essa vontade que cria o universo e suas leis, e imaginá-lo como aliado, aconteça o que acontecer. "Sou teu... Tenho confiança em ti." Isso é tudo, não preciso dizer mais nada, as palavras não são um caminho direto, elas o indicam mas não o percorrem. Aceito pertencer a esse mistério incomensurável, entidade sem ser ou não ser, sem dimensão, sem tempo. Aceito me entregar a seus desígnios, e contar que minha existência não seja um capricho, nem uma brincadeira, uma ilusão ou um jogo, mas uma necessidade inexplicável de sua Obra. Saber que essa permanente impermanência faz parte daquilo que meu espírito concebe como projeto cósmico. Crer que sendo uma engrenagem ínfima da incomensurável máquina participo de sua eternidade, que essa mudança que meu corpo chama de "morte" é a porta que devo atravessar para submergir naquilo que meu coração sente como um amor total, que meu centro sexual concebe como um orgasmo sem fim, que meu intelecto nomeia "vacuidade iluminada".

Como o Tarot nos apresenta Deus? Ele o apresenta como A Torre (*La Maison Dieu*), edifício misterioso onde mora o universo que, unidos a ele como estamos, é o nosso corpo. Somos inquilinos de um Senhor que nos alimenta e sustenta e mantém na vida pelo lapso de tempo que Sua vontade decidir. Dessa casa, refúgio seguro, podemos fazer um jardim ou um lixo, um lugar onde florescerá nossa criatividade ou um canto sombrio onde reina o mau gosto e o mau cheiro; entre esses muros impassíveis podemos procriar ou nos suicidar. A casa não tem um comportamento, ela está ali, sua qualidade depende do uso que fazemos dela. Podemos fazer um templo ou uma prisão. Essa "Casa Deus" que nos mostra o Tarot aporta o tesouro da imortalidade, mas não como um presente. A humanidade deve ganhar esse prêmio. Se não consegue, por um mau uso do dom, está condenada a desaparecer.

Vemos no Arcano XVI uma torre parindo seres humanos (ver p. 239). Uma forma indefinível – raio, pluma, cometa, energia – subtrai um pouco de poder da coroa, vontade humana racional, a fim de que os seres iluminados, sob a dança eufórica dos astros, tomem consciência de que Deus não está no "mais além" mas na própria matéria. Os dois acrobatas, talvez homem e mulher, acariciam as plantas; um deles se une, por um prolongamento azul que lhe sai do peito, às montanhas, banhadas pela cor azul-celeste. A forma indefinível assim como a coroa, os astros, a torre, as plantas e as montanhas fazem parte da consciência desses dois seres.

Compreendendo assim a unidade divina, origem do criado, nós nos encontramos diante de uma impotência da linguagem racional que, com seu sistema conceitual sempre em busca de diferenças e limites, desejaria compreender, definir, explicar uma realidade onde absolutamente tudo está unido e forma um só corpo. Se aceitarmos o fato de que cada conceito não constitui a realidade, mas é dela um retrato reduzido, aprenderemos a utilizar as palavras não tanto como definições do mundo, mas como símbolos que o representam.

Um símbolo permite uma infinita variedade de significados, tantos quantos forem os indivíduos que percebam. Assim, uma cruz pode ter níveis de interpretação extremamente diversos, desde um instrumento de tortura ao ponto divino central gerador dos quatro elementos que constituem o universo, ou o Cristo formado pelos quatro Evangelhos, passando pela cruz do espaço e do tempo... Cada Arcano do Tarot, tendo como fundamento a presença indefinível d'O Louco, não apresenta só uma definição, já estabelecida ao longo dos séculos que nos precederam: são Torres, ou "Casas Deus", abertas a interpretações infinitas. Para os espíritos que funcionam exclusivamente com uma lógica aristotélica, isso é sem dúvida inaceitável. Essas pessoas exigirão que lhes deem significados precisos, "símbolos estanques". "Um Arcano é isso e mais nada! Não pode ser luz e escuridão ao mesmo tempo! Não pode ter infinitas interpretações; a subjetividade do tarólogo deve ser excluída!" Aos símbolos estanques, se obedecermos ao Tarot, se opõem os "símbolos fluidos". Os sonhos são constituídos por imagens ambíguas. Os objetos do inconsciente têm aspectos infinitos. Os bruxos e os psicanalistas escolhem seus significados fazendo-os encaixar nas superstições ou nas teorias de seus mestres. Os pacientes dos terapeutas freudianos não sonham como os pacientes dos terapeutas junguianos ou lacanianos. Os primeiros veem falos e vaginas, os segundos signos cósmicos e os últimos, jogos de palavras. Como, então, pensar com símbolos fluidos?

Se os observarmos com olhos ingênuos, os Arcanos do Tarot contêm uma mensagem simples. O Louco é um pobre vagabundo, O Mago um vendedor em busca de clientes, A Papisa e O Papa representantes do poder religioso, A Imperatriz e O Imperador representantes do poder do Estado. O Namorado descreve as relações emocionais; O Carro, o poder guerreiro; A Justiça, o poder da Lei. O Eremita é um sábio solitário em busca de discípulos; A Roda da Fortuna mostra as vicissitudes do destino; A Força é uma mulher dominante; O Enforcado, um malfeitor castigado; o Arcano sem nome, a morte; Temperança, nosso anjo da guarda; O Diabo, o espírito tentador do mal; A Torre, o castigo do orgulho; A Estrela, nossa boa sorte. A Lua indica a loucura; O Sol, um grande sucesso; O Julgamento, a ressurreição dos mortos; O Mundo, o êxtase da realização...

É possível que aquele ou aqueles que criaram o Tarot quisessem lhe dar um conteúdo à altura das pessoas simples que o empregavam como um jogo. Mas hoje em dia essa leitura ingênua não tem nenhuma utilidade para nós. Se quisermos utilizá-lo como um instumento terapêutico, devemos depositar nele nossa subjetividade profunda. Para tanto, podemos empregá-lo da mesma maneira que um telefone celular. Quando está descarregado, não serve para nada, para que ele funcione devemos carregá-lo de eletricidade. O mesmo ocorre com as cartas do Tarot. São os símbolos que não dizem nada preciso e que devemos enriquecer com todo tipo de significação, dando a eles conteúdos que os superem. Uma semente contém uma floresta, da mesma forma que o ventre de uma mulher contém a humanidade inteira. O inconsciente individual encerra, dentro do inconsciente coletivo, o passado de toda a raça humana, do planeta e do cosmos. Do ponto de vista iniciático, o continente é sempre menor que seu conteúdo, pois cada átomo contém Deus... Se não preenchemos as cartas de Tarot com inúmeros conteúdos, a leitura não pode dar resultado. O Tarot tem o valor que nós lhe dermos. Se somos medíocres, nós o carregaremos de significados superficiais, só falaremos dos amores, dos problemas econômicos, do tempo atmosférico, da saúde, dos acidentes, dos falecidos, dos fracassos, dos sucessos sociais, enfraquecendo, assim, a leitura. Para "carregar" bem os Arcanos, é preciso aprender a vê-los em sua globalidade ao mesmo tempo que em seus detalhes mais ínfimos. Cada símbolo não tem apenas uma explicação estanque... Não se trata de encontrar sua "definição secreta", trata-se de lhe dar a definição mais sublime que pudermos.

Por exemplo, quase todos os autores declaram que O Eremita ergue uma lâmpada. Outros, dando-lhe a personalidade de Cronos, pensam que ele exibe uma ampulheta. Os que lhe atribuem a identidade de Saturno afirmam que a mancha vermelha da lanterna é o sangue dos filhos que ele devora. Um alcoólatra me garantiu que via na mão do personagem um cântaro cheio de vinho. Um poeta, por sua vez, via um enorme pirilampo. Um sacerdote católico defendia que essa lâmpada simbolizava o coração de um santo onde ardia o sangue de Jesus Cristo iluminando a humanidade. Há quem tenha visto um pai avarento escondendo um cofre cheio... Nenhuma versão é descartável desde que se respeitem as formas, o número, a cor e o nome do símbolo. (Se partimos da hipótese de que o Tarot é de origem francesa, podemos encontrar mensagens ocultas nos nomes das cartas. Le Bateleur [O Mago] diria "Le bas te leurre" [O baixo te engana], La Papesse [A Papisa]: "L'appât pèse" [A isca pesa], L'Empereur [O Imperador]: "Lampe erreur" [Lâmpada erro], Le Pendu [O Enforcado]: "Le pain dû" [O pão devido], Tempérance [Temperança]: "Temps-errance" [Tempo-errância], Le Jugement [O Julgamento]: "Le juge ment" [O juiz mente], La Maison Dieu [A Casa Deus]: "L'âme et son Dieu" [A alma e seu Deus].) Esse uso de símbolos fluidos nos permite adotar uma nova atitude diante da vida. Os seres vivos, as coisas, os acontecimentos podem ser considerados também Arcanos, fluidos e não estanques. Tudo, absolutamente tudo, muda continuamente, uma pessoa não é, mas está se tornando.

Uma grande parte das relações que temos com a realidade depende do conteúdo que nós lhe dermos. Nós julgamos as ações das pessoas que nos rodeiam em relação ao conteúdo com que lhes carregamos. Continuamente elas nos surpreendem ou nos decepcionam. Nós mesmos, sendo espectadores de nossa conduta, nos carregamos de conteúdos limitados. E os outros nos veem como nós nos vemos. Apenas um mestre espiritual, quando nos desvalorizamos ao obedecer ao olhar negativo da família ou da sociedade, pode nos revelar nosso tesouro interior, isto é, nos carregar de valores sublimes. Uns dizem que o mundo atual é violento e vivem aterrorizados, outros pensam que o mundo na realidade é um paraíso cheio de violência, mas essa violência é acidental, e não uma característica essencial.

Assim, o Tarot pode ser um elemento nefasto nas mãos de um leitor perverso, ou o contrário nas mãos de um mestre sublime. É um espelho de nossa verdade subjetiva, não a verdade absoluta. Nós nos unimos à divindade por uma Consciência infinita, eterna, impessoal, sempre em expansão, como o universo. Com esse olho interno, testemunho puro, nós nos vemos viver. Mas a encarnação faz com que essa Consciência ganhe a aparência de nossa forma-continente, ficando estancada devido a diversos tipos de traumas: ter vivido na infância experiências de adulto ou não ter vivido o que se devia ter vivido, submissão por pais tóxicos a abusos intelectuais, emocionais, sexuais e materiais... O ponto de vista a partir do qual nós nos observamos é o da idade que tínhamos quando passamos por experiências negativas. Quando observamos o mundo, nós o fazemos a partir de pensamentos, de sentimentos e de desejos estancados, obtendo respostas limitadas a nossos atos limitados. Uma lei mágica diz: "O mundo é aquilo que nós cremos que ele seja". O trabalho iniciático é aquele que nos permite mudar nosso olhar e observar os acontecimentos interiores e exteriores a partir de um ponto de vista cósmico, infinito e eterno.

Quando vejo um consulente, a primeira pergunta que me faço é: "Quantos anos tem? De que ponto de vista se observa a si mesmo? E eu, como tarólogo, quantos anos tenho, de que ponto de vista contemplo a mim mesmo?". Um Tarot lido por um adulto com cabeça de menino perverso é perigoso para a vida do consulente.

O leitor, assim como os Arcanos, deve se carregar antes de iniciar seu trabalho, como um xamã ou um adepto do vodu. Um terapeuta ou um curandeiro nunca age por si mesmo. Ambos solicitam ajuda de diversas divindades. Se O Mago me possui, farei um tipo de leitura; se A Estrela me possui, farei outro. Desenvolvendo isso, depois de muitos anos, eu me propus a me deixar possuir não por um único Arcano, mas pela mandala inteira, e imitar a santidade. Antes eu havia lido como artista, o que me dava benefícios narcisistas muito agradáveis. Quando decidi entrar no caminho terapêutico, só pude conceber a leitura como uma entrega completa e impessoal a serviço do consulente, desenvolvendo uma bondade sem limites, uma escuta total. "A beleza moral é a bondade. Para ser bom com inteligência, é preciso ser justo. Para ser justo, é preciso agir com a razão. Para agir com a razão, é preciso ter a ciência da realidade. Para ter a ciência da realidade, é preciso ter consciência da verdade. Para ter consciência da verdade, é preciso ter uma noção exata do ser."[4]

Um trabalho iniciático com o Tarot consiste em mudar nosso ponto de vista, em fazê-lo sair da prisão da idade para começar a nos observar com um olhar cósmico, eterno e infinito. Segundo os golpes que recebemos da vida, temos idades diferentes nos quatro centros: uma pessoa pode ser mentalmente um adulto de quarenta anos, ter oito anos emocionalmente, quinze sexualmente e sessenta corporalmente. Mas o olho-testemunho – o Deus interior, a quintessência, o Ser essencial – tem a idade do universo. Podemos ampliar à vontade esses quatro pontos de vista. A doença, o sofrimento, a depressão são pontos de vista estreitos, uma falta de consciência. Quanto mais a consciência funciona com conceitos, sentimentos, desejos e necessidades estanques, maiores são os males. Porém, se nos vemos de um ponto de vista universal, acabam-se os problemas.

---

4 *La Clef des grands mystères* , Éliphas Lévi, Guy Trédaniel éditeur, Paris, 1991. (*A chave dos grandes mistérios*, Pensamento).

Para começar

A apresentação dos Arcanos maiores que virá a seguir não tem ambição de esgotar os significados e as energias das cartas e de seus símbolos, mas sobretudo guiar o olhar do leitor na imensidade de interpretações possíveis. Foi por isso que optamos por uma apresentação quádrupla: com um primeiro olhar, pode-se abarcar, em forma de palavras-chave, alguns significados tradicionalmente atribuídos a cada Arcano em particular. Segue-se um texto mais discursivo, no qual os significados simbólicos de diversos detalhes das cartas são estudados. Para uma consulta rápida do Tarot, uma série de interpretações tradicionais vêm em seguida resumidas. Por fim, decidimos fazer cada Arcano falar, sabendo que o texto que propomos é apenas uma voz em meio a uma infinidade de vozes que o estudo do Tarot permite fazer emergir no inconsciente ao longo dos anos.

Essa apresentação multiforme resulta de uma preocupação que nos é muito cara: a saber, na maiora das obras sobre o Tarot, os Arcanos maiores são estudados como uma série de estampas com significados determinados definitivamente. O leitor, depois de ter escolhido um certo número de cartas, dirige-se ao texto que explica os Arcanos escolhidos para elucidá-las, e acrescenta os significados que lhe são propostos segundo uma estratégia de leitura estabelecida. Essa concepção mecânica do Tarot, que pode ser útil em um certo momento da aprendizagem para nos amparar no remoinho de significados e inter-relações que as cartas nos apresentam, é redutora e contrária à natureza profunda do Tarot.

Apresentamos lado a lado abordagens muito diferentes, às vezes complementares e às vezes aparentemente contraditórias, para compreender os Arcanos maiores. Esperamos, assim, permitir ao leitor renunciar à ilusão de um único significado acabado e entrar no estudo contemplativo, projetivo, dinâmico e sem limites do Tarot, sem com isso impedir que o livro possa servir à consulta instantânea dos Arcanos.

Uma palavra sobre a ortografia que escolhemos para o nome dos Arcanos maiores: a grafia desses Arcanos em francês parece intencionalmente ambígua e pode se prestar a diversas interpretações.

As palavras são separadas ora por um ponto:

LE.MAT

LE.BATELEUR (I)

LA.PAPESSE (II)

LE.PAPE (V)

L'A.ROVE.DE.FORTVNE (X)

LA.FORCE (XI)

LE.PENDU (XII)

LE.DIABLE (XV)

LA.MAISON.DIEV (XVI)

LA.LUNE (XVIII)

LE.IUGEMENT (XX)

LE.MONDE (XXI)

Ora por um simples espaço:

LE CHARIOT. (VII), que tem também um ponto no final;

LA JUSTICE (VIII)

LE TOILLE (XVII)

LE SOLEIL (XVIIII)

O mesmo vale para o emprego dos apóstrofos:

Se **L'EMPEREUR (IIII)** e **L'HERMITE (VIIII)** possuem apóstrofos, **LIMPERATRICE (III)** e **LAMOVREUX (VI)** parecem não ter nenhum, enquanto em **L'A.ROVE.DE.FORTVNE** sua presença nos faz preguntar a nós mesmos: trata-se de um artigo ou do verbo "avoir" (ter ou haver) conjugado na terceira pessoa do singular ("a")? E se devêssemos ler "l'a", qual seria o sujeito desse verbo?

Da mesma maneira, em certas cartas, a fusão de duas letras ou o acréscimo de um traço vertical se presta a diversas leituras: devemos ler **LE TOILLE** ou **LE TOULE? LE SOLEIL** ou **LE SOLEU?**

Por que **LA JUSTICE** se escreve com "J" e **LE IUGEMENT** com «I»? Por que o U é às vezes substituído por um V (nos Arcanos VI, X e XVI)? Por que **L'HERMITE** é grafado assim?

Não se trata de responder

A mandala do Tarot

Os Arcanos maiores constituem o eixo vertical, espiritual da mandala. Ver capítulo "Construir a mandala" neste volume

aqui a essas preguntas, que poderiam abrir várias possibilidades de interpretação no tempo da leitura das cartas.

Mas, para maior simplicidade, adotamos ao longo deste livro a seguinte convenção: os Arcanos serão designados: O Louco, O Mago, A Papisa, A Imperatriz, O Imperador, O Papa, O Namorado, O Carro, A Justiça, O Eremita, A Roda da Fortuna, O Enforcado, O Arcano sem nome ou Arcano XIII, Temperança, O Diabo, A Torre, A Estrela, A Lua, O Sol, O Julgamento e O Mundo.

O louco
Liberdade.
Grande aporte de energia

O Louco tem um nome, mas não tem número. Único Arcano maior a não ser definido numericamente, ele representa a energia original sem limites, a liberdade total, a loucura, a desordem, o caos, ou ainda, a pulsão criativa fundamental. Nos baralhos tradicionais, ele deu origem a personagens como o Curinga, o Joker, o Comodín, ou o Excuse, que podem representar qualquer outra carta a qualquer momento, sem se identificar com nenhuma. A frase-chave d'O Louco poderia ser: "Todos os caminhos são o meu caminho".

Esta carta dá uma impressão de energia: vê-se um personagem caminhando decididamente, com sapatos vermelhos, fincando na terra um bastão vermelho. Aonde ele vai? Em frente? É possível, mas poderíamos igualmente imaginar que ele gira em círculos ao redor de seu bastão, sem fim. O Louco é como a figura

PALAVRAS-CHAVE:
Liberdade • Energia • Viagem • Busca • Origem • Caminho • Essência • Força de liberação • O irracional • Caos • Fuga • Loucura...

do eterno viajante que caminha pelo mundo, sem vínculos, sem nacionalidade. É talvez também um peregrino que se dirige a um lugar sagrado. Ou ainda, no sentido redutor que muitos comentaristas lhe dão, um louco que anda sem finalidade rumo à própria destruição. Se escolhermos a interpretação mais forte, veremos O Louco como um ser desprendido de qualquer necessidade, de qualquer complexo, de qualquer julgamento, à margem de qualquer proibição, havendo renunciado a qualquer exigência: um iluminado, um deus, um gigante poderoso no fluxo da energia, uma força libertadora incomensurável.

Sua trouxa cor de carne é iluminada por dentro por uma luz amarela. O pau que ele usa para levá-la é azul-celeste e termina em uma espécie de colher: é um eixo receptivo que porta a luz da Consciência, o essencial, o substrato útil da experiência. Na mão que segura esse pau, esconde-se uma folhinha verde, signo de eternidade.

O Louco é também um personagem musical, pois suas roupas são ornadas com guizos. Poderíamos imaginar que ele toca a música das esferas, a harmonia cósmica. Em diversos elementos de seu traje, encontramos símbolos da trindade criadora: seu bastão tem um pequeno triângulo composto de três pontos, um dos guizos, branco, é um círculo dividido por três traços... Podemos aí discernir à vontade a trindade cristã ou as três primeiras *sefirots* da Árvore da Vida da Cabala, ou ainda os três processos fundamentais da existência: criação, conservação e dissolução. O movimento d'O Louco é, portanto, guiado pelo princípio divino ou criador. O caminho se torna azul-celeste à medida que ele o percorre: ele avança sobre uma terra pura e receptiva, que ele sacraliza à medida que caminha.

Na cinta d'O Louco, encontram-se ainda quatro outros guizos amarelos que poderiam corresponder aos quatro centros do ser humano simbolizados pelos Naipes dos Arcanos menores do Tarot (ver p. 66): Espadas (centro intelectual), Copas (emocional), Paus (sexual e criativo) e Ouros (corporal). O Louco produz um aporte de energia luminosa nos quatro mundos da Cabala: Atziloth, o mundo divino; Briah, o mundo da criação; Yetzirah, o mundo da formação, e Assiah, o mundo da matéria e da ação.

O animal que o segue, talvez um cachorro ou um macaco (dois animais que imitam o homem), apoia as patas na base da coluna vertebral d'O Louco, ao nível do períneo, local onde a tradição hindu situa o centro nervoso que concentra as influências da Terra (chakra *mülâdhára*). Se O Louco fosse um cego, seria guiado por seu animal, porém aqui é ele quem vai à frente, como o Eu visionário que guia o ego. O eu infantil está domado; não é necessário seduzi-lo para dominar sua agressividade. Ele alcançou um grau de maturidade suficiente para compreender que deve seguir o ser essencial e não impor seu capricho. Eis o motivo pelo qual o animal, tornado receptivo, é representado em azul-celeste. Doravante amigo d'O Louco, colabora com ele e o empurra para frente. Metade de seu corpo se encontra fora do quadro da carta: o fato de andar atrás d'O Louco nos permite pensar que ele representa também o passado. Um passado que não freia diante do avanço da energia em direção ao futuro.

O traje d'O Louco é vermelho e verde: ele leva em si essencialmente a vida animal e a vida vegetal. Mas as mangas azul-celeste indicam que sua ação, simbolizada por seus braços, é espiritualizada, e seu chapéu amarelo porta a luz da inteligência. Sobre esse chapéu, nota-se a presença de duas meias-luas. Uma, amarelo-claro, incrustada dentro de um círculo laranja, virada para o céu. Outra, situada na bola vermelha da ponta traseira do chapéu, virada para baixo. A lua vermelha representa o dom total da ação e a lua amarela, a recepção total da Consciência.

A folha verde no oco da mão.

Os três pontos do bastão.

O guizo branco dividido em quatro por três traços.

A lua crescente, receptiva para o céu.

A meia-lua ativa na ponta do chapéu.

Em uma leitura

O Louco evoca um enorme impulso de energia. Aonde quer que ele vá, leva consigo esse impulso vital. Se ele se dirige a uma carta, ele a carrega com sua energia criadora. Se ele se separa da carta que o precede, ele abandona uma situação para aportar suas forças a um novo projeto, um novo lugar, uma nova relação. Ele representa, então, uma liberação, uma fuga (material, emocional, intelectual ou sexual). Em outras palavras, esta carta coloca a questão de como está a energia do consulente, no que ele ou ela emprega suas forças.

O Louco representa às vezes a loucura ou a inconsequência, quando o identificamos com um personagem. E, evidentemente, uma peregrinação, uma viagem, uma força que vai adiante. A questão é saber para onde: O Louco não tem, em si mesmo, nenhuma preferência.

Esta carta inseminadora de energia irá exacerbar, nutrir ou despojar as cartas que a rodeiam. Espelho do Arcano sem nome, que poderia ser seu esqueleto, O Louco nos revela que a capacidade de agir se adquire também através da travessia iniciática da loucura e da morte.

E se O Louco falasse...

"Você sabia que a cada instante pode ocorrer uma mutação de consciência, que você pode subitamente mudar a percepção que tem de si mesmo? Às vezes, as pessoas pensam que agir é triunfar sobre o outro. Mas que engano! Se você quer agir no mundo, é preciso fazer explodir essa percepção do eu imposta, incrustada desde a infância, que recusa a mudar. Amplie seus limites, sem fim, sem descanso. Entre em transe.

"Deixe-se possuir por um espírito mais poderoso, uma energia impessoal. Não se trata de perder a consciência, mas de deixar falar a loucura original, sagrada, que você já tem dentro de si.

"Pare de ser testemunha de si mesmo, pare de se observar, seja ator em estado puro, uma entidade em ação. A sua memória deixará de registrar os fatos, os atos, as palavras, já acontecidos.

Você perderá a noção do tempo. Até aqui você viveu na ilha da razão, negligenciando as outras forças vivas, as outras energias. A paisagem se amplia. Una-se ao oceano do Inconsciente.

"Então você conhecerá um estado de supraconsciência no qual não há nem atos falhos, nem acidentes. Você não tem mais a concepção do espaço, você se torna o próprio espaço. Você não tem mais a concepção do tempo: você é o próprio fenômeno que ocorre. Nesse estado de presença extrema, cada gesto e cada ação são perfeitos. Você não tem como se enganar, não há nem plano, nem intenção. Só existe a ação pura no eterno presente.

"Não tenha medo de liberar o instinto, por mais primitivo que ele seja. Superar o racional não significa negar a força mental: esteja aberto para a poesia da intuição, para as fulgurâncias da telepatia, para as vozes que não são suas, para uma palavra vinda de outra dimensão. Repare como se unem na extensão infinita dos seus sentimentos, com a inesgotável força criadora que lhe confere a energia sexual. Viva o seu corpo, já não mais como um conceito do passado, mas como a realidade subjetiva vibrante do presente. Você verá que o seu corpo deixa de ser comandado pelas concepções racionais e se deixa mover por forças que pertencem a outras dimensões, pela totalidade da realidade. Um animal enjaulado tem movimentos comparáveis à percepção racional. O movimento em liberdade de um animal na floresta é comparável ao transe. O animal enjaulado deve ser alimentado a horários fixos. O racional deve receber, para agir, palavras. O animal selvagem se alimenta sozinho e nunca se engana em relação à comida. O ser em transe não age mais movido por aquilo que ele aprende, mas por aquilo que ele é."

ENTRE AS INTERPRETAÇÕES TRADICIONAIS:

Grande viagem • Longa caminhada • Loucura • Errância • Instabilidade • Imaginação exuberante • Alegria de viver • Liberação • Peregrinação • Sem domicílio fixo • Mendigo sagrado • Bufão, saltimbanco • Nômade, emigrante • Delírio • Necessidade de agir • Vitalidade • Liberdade • Idealismo • Profeta • Caminho para a evolução • Visionário • Energia divina • Aporte de energia (se O Louco se dirige para uma carta) • Liberação ou fuga (se ele se separa de uma carta)...

1 O mago
Começar e escolher

O Mago tem o número um. Esse número contém a totalidade em potência, é como o ponto original de onde surge um universo (ver p. 71). Para O Mago, tudo é possível: ele tem sobre sua mesa uma série de elementos que pode empregar como quiser e uma bolsa que podemos imaginar inesgotável, como uma cornucópia da abundância. Este personagem atua a partir de sua mesa em direção ao cosmos, à vida espiritual. Embora representado por uma figura masculina, O Mago é um andrógino que trabalha com a luz e a sombra, fazendo malabarismos do inconsciente ao supraconsciente. Sua mão esquerda segura uma varinha ativa e sua mão direita, uma bolinha de ouro receptiva. Essa moeda amarela, sol em miniatura, simboliza a perfeição, a verdade, mas ela nos assinala também que O Mago não esquece as necessidades

PALAVRAS-CHAVE:
Astúcia • Iniciação • Começo • Necessidade de ajuda • Habilidade • Juventude • Potencialidades • Concretizar • Discípulo • Malícia • Verve • Talento • Enganador (sagrado)...

cotidianas. Na outra mão, sua varinha azul busca captar a força cósmica. Distinguimos também uma excrescência cor de carne, como um sexto dedo que terá eco na segunda série decimal, no sexto dedo do pé d'A Força (ver p. 205). Esse sexto dedo pode indicar sua destreza, sua habilidade‑de organizar o real segundo sua inteligência, mas permanece misterioso. O Mago poderia ser um prestidigitador que oculta algo embaixo da mesa, ou ao contrário, um iniciado.

Sua mesa tem três pés. Pode-se pensar que o quarto pé está fora da carta: é superando o estado das possibilidades e entrando na realidade da ação, da escolha, que O Mago concretizará sua situação. Mas é possível também ver que o 3 é o número do espírito e o azul-celeste é a cor da receptividade espiritual (sobre as cores, ver pp. 109 ss.). Da mesma maneira, os sapatos brancos d'O Mago indicam que ele toca com inteligência a terra impregnada de vermelho sangue, de humanidade, ao mesmo tempo em que recebe o chamado da força divina. É um espírito que busca se colocar no mundo humano, encontrar soluções para a vida material. É, portanto, uma carta que evocará todas as questões de emprego, trabalho, profissão.

A plantinha amarela entre seus pés poderia ser o sexo da mãe Natureza que lhe deu à luz: ele descende de uma outra dimensão e vem buscar seu mundo, seu público, seu campo de ação, sua arte, suas ideias, seus amores, seus desejos. Ele vai satisfazer suas necessidades, fazer truques, iniciar-se, começar a viver...

Sobre a mesa descobrimos três dados que mostram três faces cada: 1, 2 e 4. Cada dado dá, portanto, um valor de 7, e os três somados, temos 21, que é o valor numérico mais alto dos Arcanos maiores (XXI O Mundo). Podemos, então, dizer que O Mago tem à sua disposição todo o Tarot, até a realização total d'O Mundo. Da mesma maneira, ele tem nas mãos e sobre a mesa os quatro Naipes dos Arcanos menores (uma moeda de ouro, um pau, uma faca que simboliza Espadas e uma copa), disfarçados entre os elementos de prestidigitação. Isso nos indica que se chega à verdade atravessando a ilusão. Na altura de seu sexo, no meio dos dados, há uma forma laranja que lembra uma serpente: ele colocou diante de si a força sexual (ou *kundalini*), e ele é capaz de controlá-la.

O chapéu d'O Mago descreve o princípio de uma espiral. Vem do invisível porque representa o primeiro ponto, emerge do nada para dar seus primeiros passos no mundo. Nesse chapéu, um cordão umbilical espiritual (amarelo) parte dos cabelos, do mental, e se abre para ir se juntar ao céu, em união como universo. O intenso desejo de realizar essa união é simbolizado pela protuberância vermelha do chapéu. Seu objetivo é talvez chegar a imortalizar a consciência individual. Em seus cabelos amarelos, símbolos de sua inteligência luminosa, pequenas bolas laranja (oito delas) indicam que ele tem consciência da perfeição e que ela se impõe como meta. Em um plano psicológico, poderíamos também vê-lo como um homem jovem que ainda possui a cabeça cheia das ideias de sua mãe (o 8 representando, então, A Justiça, figura maternal).

A cinta d'O Mago é dupla. Se a considerarmos símbolo da vontade, deduziremos que ele é capaz de exercer a vontade sobre seu intelecto (a parte superior), mas também sobre sua animalidade, sua carne. Por outro lado, essa dualidade indica que ele ainda não efetivou a realização de seu ser: enquanto estamos sujeitos ao diálogo interior, ainda não atingimos a iluminação e a verdade.

Em uma leitura

O Mago indica um começo. O raciocínio é rápido, não lhe falta talento nem astúcia, só existe agir. Esta carta indica também a necessidade de escolher, de se decidir, de sofrer a dor do "tudo é possível" que é a marca da juventude.

Na família ou no universo psicológico, é o menino: aquele que continuamos sendo mesmo depois dos quarenta anos, aquela que já deveríamos ter sido quando se é uma mulher, aquele ou aquela que criamos e que custamos a deixar voar com as próprias asas, aquele ou aquela que encontramos e com o qual ou

O "sexto dedo".

A forma vegetal, plantinha ou sexo feminino?

Os três dados e a "cauda de serpente".

Quatro das oito bolas amarelas nos cabelos.

A cinta dupla.

com a qual podemos nos preparar para formar um casal, para o qual tudo está por se inventar ainda...

O Mago mostra que alguma coisa é possível, que se pode começar, que nada se opõe a iniciar uma nova ação. Sua varinha poderia representar um pedido de ajuda ou de inspiração, à espera de ser carregada por uma força mais madura, ou talvez pelo caminho da maturidade propriamente dita.

Como primeiro Arcano maior, e por mais iniciado que seja, O Mago ainda tem muito caminho pela frente. É a carta da unidade que deve escolher um modo de agir.

E se O Mago falasse...

"Estou no presente. Qualquer ação que eu deseje empreender, chegou a hora de iniciá-la. Todo o meu porvir está em germe nas decisões que eu tomo neste instante. Faça como eu: veja todos os momentos em que você não é você mesmo, em que você não vive o aqui e o agora, que é o momento da eternidade e lugar do infinito. O que você está esperando? Desfaça-se desses fardos inúteis que são os restos do passado e o temor do futuro. Eu encarno a energia que chamamos de Consciência. Eu estou absolutamente presente aqui, neste corpo, entre outros corpos, em um espaço e um tempo dados.

"Eu não estou separado do que me rodeia. Eu sou consciente da multiplicidade assombrosa de tudo o que existe. Eu convido a todos a viverem comigo esse inventário. Sejam conscientes de todos os espaços, de toda a matéria: árvores, planetas, galáxias, átomos, células. Se eu sou consciente, não sou apenas um espírito limitado em uma forma dada, eu me torno a totalidade da obra divina.

"Como ser consciente? É simples: em você, não deve existir passado, nem futuro, nada além de um momento: o momento cósmico. É preciso cortar de uma vez por todas os desvios do ego, as velhas feridas. É preciso se desprender de todos os planos, de todo sofrimento, de toda programação. É então que se chega à luz da Consciência. Se você está vivo, para você, no instante, a morte não existe. Você sofreu perdas no passado e talvez sofra outras no futuro, mas aqui e agora, não há nada perdido. Talvez você aspire a se aperfeiçoar, a melhorar sua vida, mas no momento não há aspirações. Você está aí, com todo o seu potencial.

"Eu, O Mago, fico nesse cruzamento da eternidade e do infinito que chamamos de presente. Sou fiel a tudo que sou: meu corpo, minha inteligência, meu coração, minha força criativa. Minha mesa cor de carne tem três pés fincados no chão, lanço raízes em meio à diversidade, e, a partir desse ponto, eu ajo. Dentre uma infinidade de possíveis, escolho um, minha moeda dourada, ponto de tração que me levará à totalidade."

ENTRE AS INTERPRETAÇÕES TRADICIONAIS:

Começo • Prestidigitador • Trapaceiro • Jogador(a) • Há algo escondido embaixo da mesa • Nova empreitada • Novos estudos • Renovação profissional • Princípio de uma relação • Menino, ou menina masculinizada • Principiante • Astúcia • Habilidade • Arte de convencer • Talentos múltiplos • Dispõe-se de tudo o que é necessário para agir • Necessidade de ajuda, de guia • "Querer, ousar, poder, obedecer" • Escolha do que fazer • Hesitação • Multiplicidade dos potenciais • Animus do consulente, homem ou mulher • Começo da busca da sabedoria • Iniciado(a) • Mágico(a) • Espiritualização da matéria...

II A Papisa
Gestação, acumulação

A Papisa tem o número dois, que, nas numerologias correntes, é associado à dualidade. Mas no Tarot, 2 não é (1 + 1): é um valor puro, em si, que significa acumulação (ver pp. 76 ss.). A Papisa incuba. Primeira mulher dos Arcanos maiores, ela aparece enclausurada, sentada ao lado de um ovo tão branco quanto seu rosto oval. Ela está duplamente em gestação, desse ovo e de si mesma.

Símbolo da pureza total, A Papisa revela em nós a parte intacta que jamais foi ferida ou tocada, esse testemunho virginal que trazemos dentro de nós, às vezes sem saber disso, e que representa, para cada um de nós, um poço de purificação e de confiança, uma floresta virgem inexplorada, fonte de potencialidades.

O encerramento dentro do templo, convento ou claustro, é simbolizado pela cortina que pende do céu e se enrola para o

PALAVRAS-CHAVE:
Fé • Conhecimento • Paciência • Santuário • Fidelidade • Pureza • Solidão • Silêncio • Severidade • Matriarcado • Rigor • Gestação • Virgindade • Frio • Resignação...

interior. A Papisa frequentemente foi vista como uma iniciadora, uma mágica. Muitas vezes ela foi assimilada a duas grandes figuras míticas: a Virgem Maria, imaculada concepção destinada a levar Deus em seu seio, e a deusa Ísis, fonte mágica de toda fecundidade e de toda transformação.

Sobre sua mitra, quatro pontas indicam o norte, o sul, o leste e o oeste: situada no centro dos pontos cardeais, sua consciência está ligada à matéria; a tomada de consciência se efetua através do corpo. Sua tiara sai um pouco do quadro, concentrando-se em uma ponta laranja. A Papisa vem em nossa direção, para falar ao mesmo tempo da nossa vida material e do espírito puro.

A partir de um ponto de vista negativo, pode-se ler sua brancura como frigidez, rigidez normativa, obsessão da virgindade que conduz à castração, interdição de viver. Como mulher, ela pode ser uma mãe nefasta que nunca deixa eclodir seu ovo e o incuba com uma autoridade glacial.

O livro que ela tem nas mãos a destina ao estudo e ao conhecimento. Cor de carne, ele nos indica que ela estuda as leis da encarnação humana. Podemos também pensar, uma vez que ela não o está lendo, que o volume aberto é ela mesma, esperando que venham decifrá-la, que a venham despertar. O livro remete também às Sagradas Escrituras: A Papisa acumula a linguagem de Deus Pai, a linguagem viva. Enfim, as dezessete linhas assinalam seu parentesco com A Estrela: a acumulação d'A Papisa tem por horizonte a ação do Arcano XVII. No sentido positivo e iniciático, A Papisa prepara uma eclosão. Ela espera que Deus venha inseminá-la.

As três pequenas cruzes que ornam seu peito significam que, apesar de enclausurada na matéria, ela pertence ao mundo espiritual. Ela representa o espírito puro que habita em cada um de nós e nos chama para uma comunicação com essa força divina incorruptível. Fora da ação, em plena recepção acumulativa, ela depura com intransigência tudo aquilo que poderia barrar a vibração da energia divina.

Em uma leitura

A Papisa se refere frequentemente a um personagem feminino, a mãe ou a avó, que transmitiu ora um ideal de pureza, ora uma frieza normativa. Ela encarnará também a mãe fria, a mulher sem sexualidade, que encontra sua justificativa em uma moral ou um ideal religioso, que não sabe ser terna. Mas sua exigência de pureza pode nos encaminhar para uma mulher de uma estatura espiritual, uma sacerdotisa, uma terapeuta, uma guia feminina, qualquer que seja sua idade. No amor, A Papisa está disposta a formar um casal fundado sobre a união das almas.

O livro que ela tem nas mãos pode também nos orientar para as preocupações do consulente ligadas ao estudo ou à escrita: A Papisa se torna, então, um escritor, um projeto de livro ou de qualquer outra obra, a gestação necessária de uma ação, uma atriz que tem que estudar um papel, um contador ou contadora, uma leitora assídua... Ou mesmo a Virgem Maria em pessoa.

A ponta laranja no alto da tiara toca a borda da carta.

Enclausurada, A Papisa evoca o isolamento, a espera, uma solidão escolhida ou sofrida. Sua cor branca pode sugerir um desejo de receber calor de uma paixão amorosa, espiritual ou criativa. Sexualmente, no melhor dos casos, ela vive a sublimação; no pior, a frustração.

As dezessete linhas do livro cor de carne.

O mistério d'A Papisa talvez encontre resposta em sua atitude diante do ovo que a acompanha: se ela o incuba com grande exigência e elevada solidão, dele pode sair um deus vivo. O ovo de avestruz na religião católica não é um símbolo do nascimento do Cristo?

As cruzes no peito.

Oval e branco, símbolo da gestação, o ovo sendo chocado.

Se A Papisa falasse...

"Fiz uma aliança com esse mistério que chamo de Deus. Desde então, só vejo no mundo material

Sua manifestação. Quando contemplo minha própria carne, a madeira, a pedra, descubro a energia e a presença do Criador. Cada nuance, cada tecido, cada variação da realidade é uma de Suas aparências que se manifesta em Sua infinita variedade. Vivo no mundo da energia divina. Palpito com toda matéria, sob meus pés o planeta inteiro estremece: o planeta é também manifestação d'Ele, mais vasta. Vibro no diapasão do universo, como fogo, os oceanos, as tempestades, as estrelas... A energia de toda a criação vem até mim.

"E, no entanto, sou um ser virgem. Nada entrou em mim além do impensável Deus, não conheço a impureza.

"Só posso entrar em contato com você nessa dimensão intacta e sacra do seu ser, sua essência virginal. Se você vier me falar de paixão, de sexualidade, de emoção, não entenderei. Estou muito além de tudo isso, além de toda angústia e até mesmo da morte. Pois se Deus está na matéria, esta é imortal, e já não tenho nenhum medo, nem desejo algum.

"Eu lhe concedo então que se una a mim com aquilo que há de divino em você. Se você se tornar como eu, poderá entrar em mim. Seu sofrimento é impuro, seu passado é impuro, não venha para mim com o que está poluído, saia desse estágio. Porque a impureza é uma ilusão, assim como a culpabilidade. Aceite o esplendor virginal de seu ser! Existe em todos os seres humanos um estado que só se doa a Deus, que só pode ser possuído por Ele e que está constantemente em relação com Ele. O mesmo ocorre com todo o mundo vivo: em cada planta há um centro intacto. Em toda linguagem, o que lhe fala é o conteúdo inefável das palavras.

"Compreenda que nada é seu, que você não possui esse corpo, esses desejos, essas emoções, esses pensamentos. Tudo isso é d'Ele, do Desconhecido eterno e infinito que o habita. Entregue-se a Ele. Receba-O.

"Sou impiedosa, exijo que você faça esse trabalho e que você abandone, para se unir a mim, tudo o que não é digno de se tornar o cálice onde a divindade poderá se alojar. Sou como esses templos onde se pratica o exorcismo, onde é preciso tirar os sapatos para entrar, onde se purifica o ar com incensos, onde se lava os crentes com água benta

"Em união com a potência que percebo em tudo, minhas fraquezas e minhas dúvidas se apagam. Habito meu corpo como um lugar sagrado, posso a cada instante me dar o lugar que me corresponde. Estou imersa em minha obra e ninguém me faz desviar. Ninguém pode me prender ou me sujeitar com seus sentimentos, seus desejos, suas projeções mentais. Nada me distrai. Nada pode me fazer desviar do que quero. Quanto a mim mesma, não quero nada, obedeço à Vontade divina.

"Não sou indulgente, sou inflexível. Não detenho nenhum segredo, pois sou vazia. Eu me dou a Deus, que é o único segredo."

ENTRE AS INTERPRETAÇÕES TRADICIONAIS:

Acumulação • Preparação • Estudo • Virgindade • Escritura de um livro • Contabilidade • Espera • Constância • Retiro • Mulher fria • Perdão • Atriz aprendendo seu papel • Monja • Mãe severa • Obstinação • Peso da religião • Isolamento • Frigidez • Pessoa de grande qualidade moral • Educação estrita • Gestação • Necessidade de calor • Ideal de pureza • Solidão • Silêncio • Meditação • Sabedoria no feminino • Figura carismática feminina • A Virgem Maria • Leitura de textos sagrados...

III A Imperatriz
Explosão criativa, expressão

A Imperatriz, como todas as cartas do grau 3 do Tarot, significa uma explosão sem experiência (ver especialmente pp. 76, 78, 82, 94).

    Tudo aquilo que estava acumulado no grau 2 explode de modo fulminante, sem saber aonde ir. É a passagem da virgindade à criatividade, é o ovo que se abre à vida e deixa sair a cria. Nesse sentido, A Imperatriz remete à energia da adolescência, com sua força vital extrema, sua sedução, sua falta de experiência. É também um período da vida onde estamos em pleno crescimento, onde o corpo tem um potencial de regeneração excepcional. É também a idade da puberdade, a descoberta do desejo e da potência sexual

    A Imperatriz segura seu cetro, elemento de poder, apoiado na região do sexo. Sob sua mão, vemos brotar uma folhinha verde:

PALAVRAS-CHAVE:
Fecundidade • Criatividade • Sedução • Desejo • Poder • Sentimentos • Idealismo • Natureza • Elegância • Abundância • Colheita • Beleza • Eclosão • Adolescência...

ela poderia representar a *natura naturans*, uma primavera perpétua. A manchinha amarela que fecha o cabo do cetro indica que seu poder criativo se exerce com grande inteligência. Com as pernas abertas, muito à vontade na própria carne, poderíamos vê-la em posição de parto, como se depois de um processo de gestação ela desse à luz a si mesma. Ao seu lado, à direita da carta, descobrimos uma pia batismal: ela está disposta a batizar ou a ser batizada, celebrando incessantemente a vida como um nascimento sempre renovado. A lua crescente que se desenha em seu vestido vermelho remete à receptividade d'A Papisa. Ela nos lembra, assim, que a origem de nossa força sexual e criativa não está em nós mesmos, mas que se trata de uma energia cósmica ou divina que nos atravessa. Sua receptividade a essa potência é simbolizada pelo trono azul-claro que passa por trás de seus ombros como um par de asas celestiais. É nessa receptividade que A Imperatriz coloca toda sua força, toda sua sedução e sua beleza.

Seus olhos verdes são os olhos da natureza eterna, em relação com as forças celestes. Ela possui um brasão onde reconhecemos uma águia ainda em formação (uma das asas ainda não está terminada). Veremos, ao estudar o Arcano IIII, que a águia d'A Imperatriz é uma águia macho, enquanto a d'O Imperador é uma fêmea (ver p. 163); ela porta em si um elemento de masculinidade. Da mesma maneira, notamos em seu pescoço um pomo de Adão bastante viril: isso indica que no coração da maior feminilidade há um núcleo masculino. É o ponto Yang dentro do Yin do Tao, assim como no centro da mais forte masculinidade encontramos um núcleo feminino.

Em seu peito brilha uma pirâmide amarela com uma espécie de porta. Ela nos oferece uma entrada: se penetrarmos na luz inteligente do coração d'A Imperatriz, poderemos exercer nosso poder criador. Em sua coroa, verdadeira caixa de joias que simboliza a beleza da criatividade mental, discernimos uma grande atividade inteligente (a faixa vermelha) que escorre para o amarelo de seus cabelos.

Aos pés d'A Imperatriz, descobrimos uma serpente branca que simboliza a energia sexual dominada e canalizada, prestes a se elevar rumo à realização. O piso pavimentado de cores evoca um palácio, mas ali também cresce uma planta exuberante: não se trata de um ambiente inerte, mas constantemente enriquecido por novos aportes, e a natureza tem aí um local de escolha.

A Imperatriz usa um traje vermelho, ativo no centro, mas azul nas extremidades. É exatamente o inverso d'A Papisa, com seu traje frio e azul no centro, e vermelho por fora. A Papisa nos chama, mas quando entramos nela, talvez sejamos congelados e aniquilados se não soubermos tratá-la. A Imperatriz, por sua vez, arde internamente, mas por fora se reveste de frieza. Para entrar nela, será preciso seduzi-la, algo que não é muito fácil fazer. Mas, uma vez superadas as defesas, somos recebidos no fogo criativo.

A folhinha verde que cresce na base do cetro.

Em uma leitura

A Imperatriz evocará a criatividade, a parte feminina do ser, ou ainda uma mulher cheia de fogo e de energia, animada por um fervor borbulhante. Ela está disposta a superar os limites, a "exultar", qualquer que seja sua idade. É a alma da adolescência com seu fanatismo alegre, seu desconhecimento das consequências de seus atos, sua fé na ação pela ação. É também, para um consulente de idade madura, o renascimento de uma energia que havíamos julgado perdida. A Imperatriz lembra os sonhos da juventude e nos incita a realizar uma fantasia, uma sede absoluta que talvez tivéssemos esquecido.

Para um homem, esta carta evocará também tudo isso, ou simplesmente uma mulher sedutora que aparece em sua vida.

Em seu esplendor, A Imperatriz é também uma mulher de poder, calorosa mas capaz de pulsões dominadoras. Ela ama conceber e reinar.

O pomo de Adão.

A "pirâmide" sobre o peito.

A asa da águia ainda em formação.

Vista sob um aspecto mais nefasto, A Imperatriz pode indicar uma falta de ação ou, ao contrário, uma ação irrefletida. Ela remetrá também à esterilidade, uma imagem negativa da mulher, a uma energia do feminino (sexual, criativa, intelectual, afetiva...) que foi bloqueada no momento da adolescência. A mão pousada sobre o escudo é ambígua: podemos aí ver um elemento exterior que tomou posse dessa mulher, que desejou encerrá-la ou reduzi-la. Frustrada, abusada, limitada em sua expressão, A Imperatriz é então capaz de amargura, maldade, venalidade...

Mas quando entronizada no ápice de sua potência naturante, produtiva, aprendemos que tudo aquilo que é vivo pode ser visto em sua beleza.

E se A Imperatriz falasse...

"Sou a criatividade sem finalidade precisa. Sou uma explosão em uma infinidade de formas. Sou eu, depois do inverno, quem colore de verde a Terra inteira. Sou eu quem enche o céu de pássaros, os oceanos de peixes. Quando digo 'criar', estou falando em transformar: sou eu quem faço com que se abra a semente e brote o germe. Se começo a gerar filhos, posso dar à luz a humanidade inteira. E em se tratando de dar frutos, produzo todos os frutos da natureza. Meu espírito não descansa: uma palavra, um grito e eu dou à luz um mundo inteiro... Sou o espírito criativo. Escute-me e deixe-me agir em você, pois eu lhe trago a cura: todo problema, todo sofrimento vem de um eu congelado pela incapacidade de criar.

"Sou a atividade, a sedução, o prazer. Não há nada em mim que não seja belo. Não há desvalorização: eu sou aquilo que sou, sempre plena e viva. Quando encarno em um corpo, ele se torna sublime. Nada nem ninguém pode resistir a mim, eu sou a sedução espiritual, carnal, total. Em mim, não há nada repulsivo, nem ridículo, nem feio.

"Deixe-me exultar em você: sou o prazer de ser o que você é, sem preconceitos e sem moral. Você é bonito! Vocês é bonita! A feiúra é ilusão, limite imposto por um olhar doente. Tudo que vive é adorável. Eu ensino que todas as suas ideias são belas. Mesmo seus pensamentos mais atrozes, mais criminosos, mais baixos, você os pode considerar em seu esplendor. A abundância do pensamento é permitida. Deixe-os brilhar como estrelas efêmeras no firmamento do seu espírito: nada lhe obriga a colocá-los em prática. Deixe-os passar enquanto formas fantásticas.

"Seus sentimentos também são maravilhosos. Todos, sem exceção. Que belo ciúme! Que cólera poderosa! Que tristeza maravilhosa! Não fique fechado em sua fortaleza! Faça dela um templo de portas e janelas abertas: todas as emoções estão à sua disposição, como um arco-íris de matizes.

"Todos os seus desejos são respeitáveis. Deixe-se atravessar pelo desejo. Tudo em seu corpo é harmonioso. A menor célula é um mundo. A vida é um milagre constante.

"Se você adotar minhas ideias, você se tornará um ser luminoso. Se você acreditar nos meus sentimentos, você atingirá a graça. Cada sensação que você tiver é um caminho para a beleza. Esteja seguro do seu poder de sedução. Quando a Virgem seduziu o Criador, eu estava lá. Se ela não tivesse me conhecido, não teria conseguido atraí-lo. A sedução é um estado místico, é o diálogo amoroso da criatura com seu criador."

ENTRE AS INTERPRETAÇÕES TRADICIONAIS:

Mulher bonita • Fertilidade • Ama • Mãe calorosa • Sedutora • Criatividade • Adolescência • Fecundidade • Encanto • Coqueteria • Mulher de negócios • Prostituta • Amante • Artista • Produção • Beleza • Abundância • Ação criativa irracional, que não sabe aonde vai • Ebulição • A pulsão vital como motor de crescimento...

IIII O Imperador
Estabilidade e domínio do mundo material

O Imperador tem o número quatro, associado à estabilidade como a figura do quadrado, símbolo por excelência da segurança material. Os quatro pés da mesa, o altar da igreja, estão associados ao 4. Um 4 não pode cair, exceto por uma grande revolução. O 4 é também o tetragrama, quatro letras que compõem o nome divino sagrado para os hebreus: *Yod, He, Vav, He*. Sobre o peito d'O Imperador, descobrimos uma cruz de quatro braços. Com ele, as leis do universo estão bem estabelecidas.

A restauração do Tarot permitiu redescobrir que a águia d'O Imperador incuba um ovo. Esse detalhe, que ficara apagado durante séculos, é fundamental para compreender o Arcano IIII: assim como A Imperatriz, feminina, contém um núcleo masculino (ver p. 157), O Imperador está acompanhado por uma águia

PALAVRAS-CHAVE:
Estabilidade • Dominação • Poder • Responsabilidade • Racionalismo • Apoio • Governo • Matéria • Solidez • Chefe • Equilíbrio • Ordem • Potência - Pai...

receptiva, em plena incubação, como o ovo d'A Papisa. Ele absorve sua potência ou se apoia sobre ela? A interpretação variará conforme a leitura.

O personagem pode ser visto sentado, estável, ou, ao contrário, já de pé e apoiado no trono, pronto para agir se assim o desejar: é a força em repouso. Ele não sente nenhuma necessidade de se agitar, já que está estabelecido na consolidação de sua autoridade. Já não lhe é necessário mais nenhum esforço. Suas pernas cruzadas desenham um quadrado branco que confirma seu arraigamento na matéria.

Observamos também que sua mão esquerda é menor que a direita. Passiva, receptiva, ela está segurando a cinta, que é dupla como a d'O Mago. Mas O Imperador já está em vias de realizar a união dos contrários agindo sobre sua própria vontade. Sua realidade lhe obedece, ele é senhor de seu território, de seu corpo, de seu intelecto e de suas paixões. Na mão direita, grande e ativa, ele segura firmemente um cetro que lembra por sua forma o d'A Imperatriz, mas o dela, com o cabo laranja, age na sombra, enquanto o d'O Imperador opera em plena luz. Ele não exerce seu poder a partir de seu ventre, mas se apoia nas leis cósmicas e faz com que sejam seguidas. Ele não tem necessidade de nenhum apoio para seu cetro, ele extrai sua força do eixo universal. Como as Rainhas dos Trunfos (ou Figuras) dos Arcanos menores (ver pp. 68, 359), ele olha fixamente para o objeto de seu poder.

Seus pés calçados de vermelho lembram os d'O Louco. Eles agora estão parados, mas só caminhariam, também eles, sobre um caminho espiritual (o chão azul-celeste). Seu trono bastante entalhado indica o refinamento de seu espírito. Aí reconhecemos, acima de seu ombro esquerdo, o símbolo do ouro, do conhecimento. Sua cabeça está coroada de inteligência (o amarelo da copa da coroa sobre a qual discernimos um compasso laranja) e irradia como um sol com suas pontas vermelhas. Sua barba e seu cabelo azul-celeste manifestam sua experiência espiritual: o poder que ele exerce não é apenas material, a bem dizer, podemos distinguir no conjunto dos braços e da coroa uma figura triangular, símbolo do espírito, por cima do quadrado material desenhado pelas pernas.

As rugas de seu pescoço formam a letra "E", que podemos também ler como um "M" vertical. O círculo branco que se aninha entre o pescoço e a barba poderia ser um "O". Segundo essa interpretação, se quisermos, a garganta d'O Imperador estaria cheia pela sílaba sagrada "Om" do sânscrito.

O Imperador veste ao redor do pescoço um colar amarelo feito de espigas de trigo, signo de suas intenções purificadas, de onde pende um medalhão ornado por uma cruz verde que une o espaço horizontal e o tempo vertical. Ele está completamente centrado aqui, no presente. É sua maneira de ser ativo.

A águia fêmea choca um ovo.

Em uma leitura

O Imperador representará frequentemente a figura do pai como elemento central da constituição da personalidade. A direção de seu olhar pode nos orientar sobre os centros de interesse do pai: em direção à família ou ao exterior? Em direção à filha, à esposa, ao filho? Em direção aos próprios pais? Bem colocado, O Imperador evoca uma companhia estável e protetora, um lar equilibrado. Para um homem jovem, ele poderá também colocar a questão da masculinidade: como isso foi transmitido pelo pai, quais são os meios de se realizar como homem na realidade.

As pernas desenham um quadrado.

O ouro alquímico decora o trono...

... e descobrimos um compasso na coroa.

As questões de dinheiro, de estabilidade econômica são igualmente ligadas a esta carta. Ela remete à possibilidade de nos tornarmos senhores (senhoras) da vida material, de tomar nas próprias mãos os meios pelos quais se pode garantir a própria segurança.

Quando aparece em uma tiragem orientada para questões espirituais, O Imperador

No pescoço, a letra "E" ou a sílaba "Om".

poderá remeter à figura patriarcal de Deus concebido como pai, mas também às relações que o espírito "quadrado", racional, tem com as dimensões que o ultrapassam.

Figura da potência terrestre, O Imperador se apresenta de perfil. Talvez seu olhar seja tão intenso que poderia nos desintegrar...

E se O Imperador falasse...

"Sou a segurança. Sou a própria força em si. Quando falo em você, dou-lhe a entender que não existe fraqueza. Enquanto ainda não me havia percebido, você só conhecia a insegurança. Você não tinha o poder de fazer, de se expressar, de se opor: você era uma vítima. Mas comigo o seu medo cessa. Você para de duvidar e de se desvalorizar. Ninguém poderá obrigá-lo a fazer o que você não quiser fazer.

"Minhas leis são as leis do universo em ação. Quando a pessoa não se opõe a elas, elas são infinitamente pacíficas. Mas quando alguém as desobedece, elas são terríveis. Sou capaz de desencadear em você a doença, o infarto, os tumores, a cirrose. Se você não obedecer às leis que ordeno, eu posso destruir. Tenho direito de matar. Mas se você está doente e eu habitá-lo, farei com que supere a dor e as dificuldades, dissolverei os obstáculos. Sou a saúde escondida em um corpo que sofre.

"Sou invencível. Não me demoro nos conflitos: eu faço a guerra. Jamais me considero derrotado. Sou a certeza. Ninguém pode me destronar.

"Sou um eixo, ordeno tudo ao redor das minhas leis. Faço reinar a ordem de todas as maneiras, da mais doce à mais feroz. Quando o habito e você encontra outro Imperador, unimos nossas forças. Não há competição possível, não há combate entre reis. Sou um arquétipo único que reside em cada um.

"Quando me manifesto em seu corpo, você fica cheio de equilíbrio, você é incapaz de tropeçar. Comigo, o corpo é o centro do universo, é sustentado por uma força imensa e capaz de fazer frente a qualquer coisa. Sou terrivelmente calmo. Quando me coloco em sua boca, em sua musculatura, suas palavras são exatas, você não estremece. Tudo se acalma em você: a vida orgânica, os pensamentos, os desejos, o coração, a memória, o tempo e o espaço.

"Coloque-me no seu próprio centro como uma fonte inesgotável, como a raiz de seu voo futuro. Então a angústia não o impedirá de viver nem impedirá que você se realize, a impotência e a preguiça não terão mais poder sobre a sua ação. O medo da miséria não se oporá ao seu trabalho, você será capaz de construir sua própria prosperidade. As tempestades emocionais não o distrairão da sua obra, a dor e a doença não o impedirão de sentir sua própria força, ninguém será capaz de interromper sua concentração.

"Nem suas reticências intelectuais, nem sua timidez, nem sua identificação com o papel de vítima, nem os sofrimentos do passado, nem a má imagem que você tem de si mesmo o impedirão de me encontrar, seu Imperador. Se uma educação tóxica ou um sistema de valores nefastos imprimiram em você falsas leis, regras inúteis, afaste-as! Estabeleça suas próprias regras, seu sistema de trabalho, suas ações, a partir das leis que eu lhe revelar. Estou aqui, apareço, e atrás de mim há todo um exército – o sol, as estrelas, as galáxias. Eu o protejo e o exorto em direção à força.

"Sou seu guerreiro interior, aquele que vê suas fraquezas e não fraqueja."

ENTRE AS INTERPRETAÇÕES TRADICIONAIS:

Homem de poder • Capacidade de pacificar, de reinar, de proteger • Estabilidade • Equilíbrio econômico • Dinheiro • Administração • Sucesso nos negócios • Aliado financiero • Autoridade • Exercício da Lei • Paz • Esposo • Homem franco • Segurança • Retidão • Espírito racional • Potência • Lar estável • Casa • Pai poderoso ou dominador • Protetor • Questões relacionadas à potência sexual • Masculinidade • Patriarcado • Tirania • Ditador • Abuso de poder • Enraizamento na matéria • Respeito às leis do universo • Equilíbrio das energias • Deus Pai...

v O Papa
Mediador, ponte, ideal

O Papa tem o número cinco. Esse número evolui a partir de um assentamento completo na realidade (o 4) em direção a um objetivo além de sua situação. O Papa dá um passo a mais que O Imperador, estabelece uma ponte que permite ir até esse ideal. Em sua ação de professor ou de pontífice, ele é receptivo para cima, para o Céu, e ativo para baixo, para a Terra. Aquilo que ele recebe do alto, ele transmite para o que está abaixo, para seus discípulos. Da mesma maneira, ele transmite as preces de seus alunos à divindade, unindo, assim, o Céu com a Terra. Poderíamos dizer que ele representa o ponto de encontro dos contrários, o centro da cruz entre alto e baixo, esquerda e direita. Ele é, portanto, um lugar de circulação entre esses diferentes polos, que através dele podem se comunicar.

PALAVRAS-CHAVE:
Sabedoria • Ideal • Comunicação • Ensino • Verticalidade • Projeto • Mediador • Fé • Guia • Exemplo • Ponte • Casar • Poder espiritual • Santidade...

Visto positivamente, O Papa é um mestre, um iniciador, um guia que nos indica um objetivo na vida. O espaldar de seu trono tem barras horizontais como uma escada, poderíamos dizer que ele une grau por grau o corpo com o espírito. Sua cruz de três níveis nos indica que ele dominou o mundo da matéria, do sexo, das emoções e do intelecto para convertê-los em uma unidade. Da mesma maneira, sua tiara de quatro níveis representa as quatro instâncias do ser (corpo, sexo, coração e cérebro) que culminam em um ponto único no topo, pequeno círculo laranja que toca a borda da carta: a unidade interior.

Como A Papisa, O Papa tem como vocação encarnar a unidade divina e ensiná-la na medida do possível. À altura da garganta, o broche verde que prende sua capa representa um ponto dentro de um círculo, símbolo do ser individual que encerra em seu centro vivo um ser essencial. É a partir desse princípio impessoal que ele recebe e transmite seu ensinamento. Podemos também ver aí o imenso trabalho de concentração que O Papa precisou cumprir para se tornar o que é.

Cada uma de suas mãos tem uma cruz desenhada, sinal de que ele age de maneira sagrada e desinteressada. A mão esquerda, que segura a cruz, é azul-celeste, como a d'O Eremita. Podemos ver aí o sinal de uma extrema receptividade espiritual na ação e, se interpretarmos que essa cor é uma luva, uma referência à tradição religiosa cristã, na qual a mão enluvada do cardeal não lhe pertence mais para se converter em mero instrumento da vontade divina. A mão direita é cor de carne, ela lembra o papel de união d'O Papa, mediador de contrários. Unindo o indicador e o dedo médio (o intelecto e o coração), ele benze o mundo da encarnação.

Seus cabelos brancos estão impregnados de pureza, mas as duas presilhas vermelhas nos indicam que se trata de uma pureza ativa. Uma parte de sua barba é igualmente branca, mas ao redor da boca ela fica azul-celeste, como se indicasse que a palavra d'O Papa é recebida (o azul é uma cor receptiva, ver pp. 111 ss.). Poderíamos ver aí também a marca de um inexorável sigilo: mestre ou professor, sacerdote ou profeta, O Papa não pode transmitir tudo, ele guarda uma parte secreta e indizível naquilo que ensina.

Dois discípulos ou acólitos o acompanham. Observemos que é a primeira carta da série decimal onde encontramos mais de um ser humano. Até aqui os personagens estavam sozinhos ou acompanhados de animais, símbolos de suas forças instintivas ou espirituais. Mas O Papa não existiria sem os discípulos que têm fé em seus ensinamentos. Esses dois acólitos representam duas posições distintas. Podemos notar que os movimentos giratórios de suas tonsuras são um o inverso do outro: o discípulo da esquerda, com a mão erguida como se suplicasse, e a outra mão abaixada, tem uma tonsura que segue o movimento dos ponteiros do relógio. O Papa não olha em sua direção. Talvez porque o discípulo incorreu em erro: o movimento de sua tonsura indicaria então uma involução, a volta para trás, em relação à evolução do discípulo da direita. Talvez também porque ele represente aquilo que se chama, na tradição alquímica, de "Via seca", o caminho do estudo e do esforço. O discípulo da direita, ao contrário, recebe diretamente o ensinamento d'O Papa conforme a cruz que toca o topo de seu crânio, ele encarna a "Via úmida", o caminho da recepção imediata, da iluminação e da revelação. Sua tonsura vai no sentido dos ponteiros do relógio e ele segura na mão um objeto curioso, um punhal ou um bilboquê, sobre o qual se pode ter uma variedade de interpretações infinitas. Ele tem uma atitude lúdica? Estaria ele disposto a assassinar o mestre? Seria um filho, movido pelo complexo de Édipo, prestes a castrar o pai? (a nudez é sugerida pela mancha cor de carne que ele tem diante de si)...

Essas interpretações nos conduzem ao estudo dos aspectos negativos d'O Papa: do

A tiara toca a borda da carta.

O broche simbólico da capa.

O gesto da bênção.

As presilhas vermelhas nos cabelos.

A bola bicolor, brinquedo de criança ou segredo do pontífice?

tartufo ao guru ávido por riquezas, passando pelo pai abusivo, o professor injusto, o hipócrita, o perverso..., O Papa, como todos os Arcanos, tem sua face sombria. Podemos nos questionar sobre as formas vagas e misteriosas que se revelam nas dobras abaixo da cintura, discutir sua sexualidade, seu apreço pelo poder.

Mas também podemos dizer que ele transmite a fé, a fé que ele recebeu, à humanidade. Contrariamente a A Papisa, O Papa age no mundo. Poderíamos dizer que ele se apoia no templo, cuja porta está fechada, para sair em público e comunicar sua experiência de Deus às massas.

Em uma leitura

O Papa pode representar um mestre, um guia, um professor, mas também uma figura paterna idealizada (os acólitos simbolizando os filhos), um homem casado, um santo. Ele simboliza também um ato de comunicação, uma união, um casamento, e todos os meios pelos quais nos comunicamos. Enquanto ponte ou pontífice, O Papa evoca uma comunicação dirigida, que sabe para onde vai.

Depois da acumulação d'A Papisa, que prepara o nascimento, da explosão sem objetivo d'A Imperatriz, e da estabilidade d'O Imperador, O Papa aporta um ideal. Embora permaneça na matéria, ele indica com certeza um caminho para uma dimensão ideal.

E se O Papa falasse...

"Sou antes de tudo mediador de mim mesmo. Entre minha natureza espiritual sublime e minha humanidade mais instintiva, escolhi ser o lugar onde a relação se opera. Estou a serviço dessa comunicação entre o baixo e o alto, minha missão é unir os aparentes opostos. Uma ponte não é uma pátria: é apenas um lugar de passagem. Ela permite a circulação das energias criativas desse fenômeno magnificamente ilusório que chamam de existência.

Não será me isolando, mas tomando todos os caminhos, que eu comunicarei a boa-nova.

"Encarno a bênção: diante de mim, você está na presença do mistério. Habitado pela divindade, o menor dos meus gestos adquire a dignidade do sagrado. Para me tornar o lugar onde transita a vontade divina, aprendi a livrar de todo obstáculo os caminhos da minha comunicação, até minhas próprias pegadas. Eu me conduzo ao nada para que o Ser supremo ocupe tudo em mim. Eu me conduzo ao mutismo para que seja Ele e Ele apenas quem fala. Afasto de minha boca toda palavra que me pertença, mergulho meu coração na paz e na ausência de desejos para dar lugar unicamente ao Seu amor e elimino de minha vontade até a vontade de eliminar a vontade.

"Há em mim a mesma ordem que há no universo. Sou um navio vazio, sem forma, que transporta a luz aonde o vento soprar. Eu me coloco entre o céu e a terra, exorto os habitantes da esperança a se elevarem para lá onde não há limites. A tudo aquilo que está arraigado na matéria ou no espírito, eu comunico a potência superior que dá vida ao inanimado. É através de mim que a carne sobe até o espírito para explodir em um fogo de artifício sublime. É através de mim que a tropa das energias angelicais desce até a frieza da matéria para aí se dissolver em ondas de calor amante.

"Rechaço toda maldição. Bendigo o que escuto, o que vejo, o que sinto. Chamo o amor, como um pássaro de dimensões desmedidas, para que ele pouse sobre a pequenez de um coração. O que eu faço com as suas querelas familiares, com as suas penas, com as suas feridas? Ponho-as todas de joelhos e as faço rezar. Deixe-me vir até você: benzerei todo o seu mundo e até os seus problemas.

"Invista suas ações da minha missão, desperte diante da força do sagrado: o menor dos seus gestos, o menor dos seus atos se tornará sagrado. Você conhecerá o êxtase daquele que não fala em benefício próprio.

"A cruz em minha mão não é um instrumento para dar ordens. Ela é o símbolo da minha aniquilação feliz. Pacifiquei meus desejos, transformei essa alcateia de lobos famintos em uma revoada de andorinhas que celebram a aurora com seus cantos. Do oceano proceloso que agitava meu coração, fiz um lago de leite, calmo e doce como aquele que escorria do seio da Virgem. Qualquer um que esteja sedento pode vir beber do meu espírito. Não recuso nada a ninguém. Sou a porta que pode ser aberta por todas as chaves.

"Aquele que entra na minha alma pode avançar até o extremo limite do universo, até o fim dos tempos: sou a fronteira final entre as palavras e o impensável."

ENTRE AS INTERPRETAÇÕES TRADICIONAIS:

Mestre • Professor • Homem casado • Homem espiritual • Casamento, união • Sacerdote • Guru, sincero ou falso • Tartufo • Dogma religioso • União entre Céu e Terra • Mostrar o caminho • Vínculo • Domínio de si mesmo • Amplitude de visão • Emergência de um novo ideal • Todos os meios de comunicação • Intermediário • Desejo de comunicar • Nova comunicação • Revelação dos segredos • O pai diante dos filhos • Guia espiritual • Bênção • Questionamento sobre a fé e o dogma...

VI O Namorado
União, vida emocional

O nome desta carta não é, como às vezes dizem, Os Namorados, mas O Namorado, no singular. No entanto, vemos aí diversos personagens: quatro de forma humana (três pessoas e um anjo) e, se repararmos bem, duas entidades que são a terra e o sol. Entre eles, quem é O Namorado? O personagem central, frequentemente interpretado como um rapaz jovem? O personagem da esquerda, no qual alguns leitores vêem um travesti? Ou ainda o anjo, esse pequeno Cupido que aponta sua flexa a partir do céu? Essas questões se colocam, pois o Arcano VI é provavelmente, assim como A Torre, uma das cartas mais ambíguas do Tarot, e uma das que pior foram compreendidas. O VI representa, na numerologia do Tarot, o primeiro passo no quadrado Céu (ver pp. 76, 79, 80). É o momento em que cessamos de imaginar o que nos agradaria para começar a fazer aquilo que gostamos.

PALAVRAS-CHAVE:
Eros • Coração • União • Escolha • Âmbito emocional • Conflito • Ambiguidade • Triângulo amoroso • Vida social • Comunidade • Irmãos • Fazer aquilo de que se gosta...

A tonalidade maior desta carta está associada ao prazer, à vida emocional. Esse é justamente o motivo pelo qual ela é tão complexa, tão rica em significados contraditórios. Ela abre o campo para inúmeras projeções, podemos lhe atribuir milhares de interpretações que serão todas corretas em determinado momento. O que está acontecendo no cerne deste trio? Seria uma briga, uma negociação, uma escolha, uma união? Os dois personagens da esquerda estão se entreolhando enquanto o da direita olha para o vazio. A humanidade inteira pode ser compreendida através desta carta. As relações entre os protagonistas são extremamente ambivalentes.

A posição das mãos dos personagens é particularmente interessante de se observar. Cinco mãos em posições diversas simbolizam a complexidade das relações em jogo. O primeiro personagem, à esquerda da carta, coloca a mão esquerda no ombro do segundo, em um gesto de proteção ou de dominação, para empurrá-lo ou detê-lo. Sua mão direita toca a bainha do traje do rapazinho. Pode-se interpretar o movimento do indicador estendido como um desejo de deslizar até o sexo ou, ao contrário, como a proibição de fazê-lo. O rapaz tem a mão direita apoiada na cinta. Notamos, de passagem, que essa cinta, amarela em três faixas, é a mesma da mulher da esquerda. Se admitirmos a cinta como símbolo da vontade, esse detalhe une os dois personagens. Mas a quem pertence a mão que toca o ventre da jovem da direita? O rapaz e a jovem da direita usam um traje azul-escuro com mangas, mas o movimento do braço é ambíguo. De alguma maneira eles possuem um "braço em comum". Se é o rapaz quem toca o ventre da jovem na altura do sexo, a direção de seu olhar, no entanto, se dirige para sua direita. A carta terá um significado bem diferente se considerarmos que é o braço dela que protege ou indica o próprio ventre, enquanto o rapaz está com a mão esquerda nas costas...

A mulher da direita usa uma touca formada por quatro flores de cinco pétalas. Ela poderia representar uma bela consciência poética embora sólida. O centro roxo das flores concentra a sabedoria do amor, inclusive a capacidade de se sacrificar. A mulher da esquerda usa uma coroa de folhas verdes, ativa (a faixa vermelha), e se aceitarmos que se trata de folhas de louro, podemos dizer que ela tem uma mentalidade triunfante ou dominadora.

Podemos especular infinitamente sobre as relações dos três personagens: um jovem que apresenta a noiva à mãe; uma mulher que descobre o marido com uma amante; um homem que precisa escolher entre duas mulheres, ou, conforme a interpretação tradicional, entre o vício e a virtude; uma alcoviteira oferecendo uma prostituta a um passante; uma moça que pede à mãe permissão para se casar com o rapaz que escolheu; uma mãe apaixonada pelo amante da filha; uma mãe que prefere um dos filhos ao outro...

As interpretações são inesgotáveis. Todas nos levam a dizer que O Namorado é uma carta relacional que representa o início da vida social. É o primeiro Arcano onde há vários personagens apresentados no mesmo nível (os discípulos d'O Papa eram menores que ele, e estavam de costas). É uma carta de união e de desunião, de escolhas sociais e emocionais. Diversos indícios presentes na carta nos levam à noção de união. Por um lado, o número 6 no alfabeto hebraico é associado à letra Vav, "o cravo", que representa a união. Por outro lado, notamos entre as pernas dos personagens manchas de cor (azul-celeste e vermelho) que representam, também elas, uma continuidade, uma união entre eles. Em um plano simbólico, poderíamos dizer que os três personagens representam três instâncias do ser humano: o intelecto, o centro emocional e o centro sexual que se unem para formar um só.

A terra é arada sob os pés dos personagens. Isso significa que, para chegar ao VI, é preciso ter feito um trabalho prévio, psicológico, cultural e espiritual. É assim que chegamos a descobrir aquilo que amamos, aquilo que queremos. Os sapatos vermelhos do personagem central são os mesmos d'O Louco e d'O Imperador: podemos considerá-los como três graus do mesmo ser. Nota-se também que, entre esse personagem e sua vizinha da direita, a terra se interrompe, resta apenas a mancha vermelha. Pode-se ver neles, então, uma representação do *animus* e da *anima*, dois aspectos masculino e feminino de uma mesma pessoa.

O pequeno Cupido e o grande sol branco.

A mão sobre o ombro do rapaz: proteção, incitação ou interdição?

Surgimento de um "braço comum", uma mão toca o baixo ventre da moça.

Os sapatos vermelhos, ativos, do personagem central estão colocados sobre uma terra lavrada, resultado de um trabalho psicológico, cultural e espiritual.

A grafia "AMOVREUX", com o "V" em lugar do "U" cria um vínculo visual e sonoro com a palavra "Dieu" de "LA MAISON DIEV" (A Torre). Poderíamos dizer que o sol, que lança seus raios sobre a cena, representa o grande Namorado cósmico, a divindade como fonte do amor universal que nos conduz ao amor consciente e incondicional. O pequeno Eros lhe serve de mensageiro e nos sugere, sendo representado sob os traços de um menino, que esse amor se renova constantemente.

Em uma leitura

Esta carta ambígua nos incita a questionar nosso estado emocional: como vai nossa vida afetiva? Estamos em paz ou em conflito? Fazemos o que gostamos? Que lugar tem o amor na nossa vida? A situação que nos ocupa tem raízes no nosso passado, e quais são elas? Podemos nos interrogar sobre o lugar que nos foi atribuído no seio da família, e trabalhar para identificar as projeções que fazemos atualmente sobre nosso entorno. O Namorado será um dos personagens da carta, qualquer um que escolhamos, cujas relações poderão ser comentadas pelo(a) consulente. Qualquer que seja a questão, será útil recordar que O Namorado central continua sendo o sol branco que irradia iluminando todos os seres vivos sem discriminação.

E se o Namorado falasse...

"Sou o sol do Arcano, o sol branco: quase invisível, mas iluminando todos os personagens. Sou essa estrela: a alegria de existir, e a alegria de que o outro exista. Vivo no êxtase. Tudo me dá felicidade: a Natureza, o universo inteiro, a existência do outro sob todas as suas formas – esse outro que não é outro senão eu mesmo.

"Sou a consciência que brilha como uma estrela de luz viva no centro do seu coração. Eu me renovo a cada instante, a todo momento estou nascendo. A cada batimento do seu coração, eu uno você ao universo inteiro. É de mim que partem os vínculos infinitos que nos unem a toda criação. Ah, o prazer de amar! Ah, o prazer de me unir! Ah, o prazer de fazer aquilo que se ama! Mensageiro da permanente impermanência, renasço a cada segundo. Sou como um arqueiro recém-nascido que lança flechas em tudo o que os sentidos podem captar.

"Não sou a gentileza, não sou a ambição do bem-estar nem do triunfo. Sou o amor incondicional. Eu o ensinarei a viver no alumbramento, no reconhecimento, na alegria.

"Quando penetro em você, como nos personagens do Arcano, comunico o amor divino até à menor das suas células. Sopro na sua mente como um furacão caloroso que elimina da linguagem a crítica, a agressão, a comparação, o desprezo, e todas as gamas da arrogância que separam o espectador do ator. Eu me insinuo na sua energia sexual para suavizar toda brutalidade, todo espírito de conquista, de possessão. Confiro ao prazer a delicadeza sublime de um anjo que exulta. Quando eu me dissolvo em seu corpo é para separá-lo da ditadura dos espelhos e dos modelos, do olhar dos outros, da dor das comparações. Eu lhe permito viver sua própria vida, assumir sua própria luz e sua beleza. No coração onde habito, afugento as ilusões da criança mal-amada. Como o sino de uma catedral, verto no sangue a vibração penetrante do amor, desprovido de todo rancor, de toda exigência emocional travestida de ódio, e de todo ciúme, que não passa da sombra do abandono. Eu o inicio no desejo de não obter nada que não seja também para os outros. A ilha do eu se transforma em arquipélago.

"Tudo concorre para aumentar minha alegria, mesmo aquilo que você interpreta como circunstâncias negativas: o luto, a dificuldade, a pequenez, os obstáculos... Amo as coisas e os seres tal como são, com suas infinitas possibilidades de desenvolvimento. A cada instante, vejo você e estou disposto a participar de seu desenvolvimento, mas também a aceitar que você continue sendo como é."

ENTRE AS INTERPRETAÇÕES TRADICIONAIS:

Vida social • Alegria • Gostar daquilo que se faz • Fazer aquilo de que se gosta • Nova união • Escolher o que fazer • Prazer • Beleza • Amizade • Triângulo amoroso • Apaixonar-se • Conflito emocional • Separação • Disputa • Terreno incestuoso • Irmãos • Ideal e realidade • Primeiros passos na alegria de viver • Amor consciente • O caminho da Beleza...

vii O Carro
Ação no mundo

O Carro, na primeira série dos Arcanos maiores, é o número sete. Número primo, divisível apenas por si mesmo, o 7 é o mais ativo dos números ímpares. O Carro representa, então, a ação por excelência em todos os planos, sobre si mesmo e no mundo (ver pp. 76, 80). Contrariamente a A Imperatriz que ocupa o lugar correspondente no quadrado Terra, e que indicava uma explosão sem objetivo definido, O Carro sabe perfeitamente aonde vai. A carta é composta por três planos principais: dois cavalos, um veículo e seu condutor, que poderíamos identificar como um príncipe porque usa uma coroa. Desse príncipe vemos apenas a metade, acima da cintura. Alguns leitores, conforme a própria projeção, poderão ver nele um anão de pernas atrofiadas ou uma jovem disfarçada. Mas o rosto que nos apresenta de frente é viril e nobre.

PALAVRAS-CHAVE:
Ação • Amante • Príncipe • Triunfo • Facilidade • Conquistar • Fecundar • Colonizar • Viajar • Dominar • Deixar fazer • Guerreiro • Eternidade...

O veículo, um quadrado cor de carne, está fincado na terra; poderíamos dizer que não avança. Na realidade, ele segue o movimento do planeta, o movimento por excelência. Tornando-se um com a Terra, O Carro não precisa avançar: é um espelho da rotação planetária. Sua carruagem poderia ser a Ursa Maior, o Carro solar de Apolo, ou o cavaleiro em busca do Graal.

Os dois cavalos que puxam seu veículo são representados como o cão d'O Louco, de pelo azul-celeste. Outra vez a animalidade se encontra espiritualizada. Por outro lado, podemos identificar o cavalo à nossa direita, com seus longos cílios e seu olho fechado, como um elemento feminino, e o outro cavalo como masculino. As duas energias complementares macho e fêmea aqui realizam uma unidade. Se aparentemente suas patas erguidas se dirigem para direções opostas, o movimento da cabeça e do olhar é comum: é a união dos contrários que se opera no plano energético. Os cavalos usam no peito o símbolo do ouro alquímico: a força animal instintiva age aqui em plena consciência.

No carro cor de carne, encontramos uma gota verde no centro do brasão amarelo e laranja: no meio da carne perecível, uma gota de eternidade, engastada no espírito, afirma sua permanência. Algumas lendas pretendem que, entre todas as células do corpo humano, que são mortais, existe uma única céula capaz de sobreviver à nossa morte física. O Carro leva, nessa gota verde, nossa grande esperança de imortalidade, a Consciência impessoal incrustada no coração da matéria.

Se observarmos a posição do personagem, descobrimos que seu corpo, sua cabeça e seus braços formam uma figura triangular que se inscreve no quadrado do veículo. Um triângulo dentro de um quadrado: o espírito na matéria. Reencontraremos essa geometria simbólica no Sete de Ouros. O Carro evoca, então, a busca alquímica: materialização do espírito e espiritualização da matéria. Por essa óptica, poderíamos dizer que o veículo representa o corpo; os cavalos, a energia; e o personagem, o espírito. À esquerda, o cetro cor de carne na mão do príncipe pode significar que domina a vida material, e que ele tira seu poder de sua encarnação. Em todo caso, sua ação se opera sem esforço. Da mesma maneira, ele não precisa de rédeas para conduzir os cavalos. As doze estrelas que tem sobre si nos indicam que ele trabalha com a força cósmica. Uma coroa orna sua cabeça cortada, como se aberta às influências da galáxia. Mas há um véu por cima dele, fechando o horizonte do céu. É A Estrela (Arcano XVII) quem levantará esse véu.

Sobre seus ombros, duas máscaras representam, se quisermos, o passado e o futuro, ou o positivo e o negativo, ou o tempo e o espaço, dos quais ele é o ponto de encontro e de unidade. Agindo em pleno presente, ele é aberto para o passado e o futuro, a alegria e a tristeza, a luz e a sombra. É um personagem completo, que age ao mesmo tempo em três planos. À direita, em sua mão distinguimos a curva de uma bola ou de um ovo branco que já vimos sob a axila d'O Louco. É um segredo que ele guarda, uma esfera de perfeição secreta.

O símbolo do ouro alquímico no peito dos cavalos.

Em uma leitura

O Carro é muitas vezes visto como um conquistador de ação poderosa, um amante de sexualidade triunfante. Ele anuncia, às vezes, uma viagem. Alguns chegam a ver aqui o anúncio de um sucesso no cinema ou na televisão, porque o personagem aparece enquadrado, como uma marionete em um teatro. Em todo caso, é uma carta que avança na direção do sucesso. Seus únicos perigos são a imprudência e a inflexibilidade do conquistador que não duvida do fundamento lícito de sua conquista. Carta viril e extremamente ativa, vem para sugerir, às vezes, para uma mulher, que ela foi desejada como menino. O Carro incita também a nos questionarmos sobre os modos de ação no mundo que colocamos em prática e a maneira como dirigimos nossas vidas.

A gota verde.

A mão do príncipe disfarça uma bolinha branca.

As plantas vermelhas brotam no terreno alaranjado.

Embaixo do carro crescem plantas vermelhas, cheias de atividade, que dão também a tonalidade energética da carta.

E se O Carro falasse...

"Estou cheio, absolutamente cheio de força. Nada se desperdiça: arraigado ao planeta, amante de todas as suas energias, é com elas que eu me mexo. Como um cavaleiro de fogo, não me movo do meu lugar. Não deslizo sobre a terra. Vejo de cima. Viajo com o tempo sem jamais sair do instante. Sem passado, sem futuro, o único tempo possível: o presente, como uma joia incomensurável. Tudo que está aqui só está aqui e em nenhum outro lugar.

"Sou a origem de todos os guerreiros, dos campeões, dos heróis, da capacidade de enfrentar e resistir e de toda coragem. Nada me assusta, nenhuma tarefa. Posso ir à guerra ou alimentar todos os habitantes da Terra. Estou absolutamente centrado, bem no meio do universo, atravessado por todas as energias da matéria e do espírito. Se sou uma flecha, flecho meu próprio coração, e essa ferida profunda, essa consciência, me transforma. Para aquele que despertou, o sofrimento se torna uma bênção. Dissolvo o sofrimento escondido em meus ossos, uno a vigília ao sono.

"Atravesso a noite em dúvida sobre o abismo de mim mesmo. Corto o nó dos enigmas. Supero a angústia de ser, desprezo as aparências, libero os sentimentos da razão, destruo o que se opuser a mim, sou quem sou. Quero viver tanto tempo quanto o universo.

"Centro de uma esfera em crescimento, invado a dimensão onde o pensamento já não se manifesta mais, onde na escuridão se realiza a gestação da ação pura. Reduzo a pó enxames de palavras. Nenhum espelho me assusta, nem mesmo a alma que se solta do morto como de um fruto seco.

"Fiz do meu azar um diamante, de cada abismo uma fonte de energia. Todos os sóis podem morrer, continuarei brilhando. A força inconcebível que sustenta o universo também me sustenta. Sou o triunfo do existente sobre a vacuidade. Todas as mortes e perseguições, nada disso pode me abater, nem os ciclos da história, nem o declínio sucessivo das civilizações: eu sou a consciência e a força vital da humanidade.

"Quando me encarno em você, os fracassos se convertem em novos pontos de partida, e dez mil razões para renunciar não valem nada diante de uma única razão para continuar. Conheço o medo, conheço a morte, elas não me detêm. Sou a força de ação presente em cada ser vivo, o triunfo da natureza. Sei criar, sei destruir, sei conservar, tudo isso com a mesma energia irresistível. Sou a própria atividade do universo.

"Avanço em direção a todas as dimensões do espaço, rompendo os horizontes, até chegar ao objetivo, que é a máscara do começo. Também retrocedendo, de vazio em vazio, à direita, à esquerda, para baixo e para o alto, afastando galáxias até me dissolver na ausência assustadora, mãe do primeiro grito que a tudo sustenta.

"Sou o triunfo da unidade na ruptura do verbo, sou o triunfo do infinito na cremação dos últimos limites, sou o triunfo da eternidade, no meu coração os deuses desaparecem."

ENTRE AS INTERPRETAÇÕES TRADICIONAIS:
Vitória • Ação no mundo • Empreitada bem-sucedida • Viagem • Dinamismo • Amante • Guerreiro • Mensageiro • Conquistador Príncipe • Anão • Saqueador • Ação intensa • Sucesso midiático • Tela de televisão, de cinema ou de computador • Síntese • Levar em conta prós e contras • Harmonia animus/anima • Conduzir as energias • O espírito na matéria • Triunfo • Consciência imortal...

VIII A Justiça
Equilíbrio, perfeição

A Justiça, número oito, simboliza a perfeição. É o ápice da série de números pares: depois da acumulação do 2, do estabelecimento do 4 e da descoberta do prazer do 6, o 8 atinge o estado onde não há nada mais a acrescentar ou tirar. O 8, em números arábicos, é formado por dois círculos superpostos: perfeição no céu e na terra. Na numerologia do Tarot, ele é também o dobro do 4, portanto um duplo quadrado: estabilidade no mundo material e no mundo espiritual (ver pp. 76, 80, 97).

Símbolo da realização, A Justiça, com sua balança, equilibra nossa vida. Mas equilíbrio e perfeição não são sinônimos de simetria. Assim como a arte sagrada dos construtores de catedrais recusava a simetria como coisa diabólica, a carta d'A Justiça é

PALAVRAS-CHAVE:
Mulher • Maternidade • Soberana • Balança • Sentada • Completude • Decidir • Valor • Julgar • Perfeição • Presença • Fazer truques • Autorizar • Proibir • Equilibrar...

estruturada de maneira assimétrica: o pilar da direita é mais alto que o outro, e termina em uma pequena esfera de amarelo-escuro ausente do lado esquerdo; seu colar sobe mais à direita, os pratos da balança não estão no mesmo plano horizontal, sua espada não é paralela à coluna do trono...

Se observarmos o movimento da balança, perceberemos que A Justiça influencia com o cotovelo o prato da direita, e com o joelho o da esquerda. Esse "truque" pode ser interpretado em diversos níveis. Podemos lhe atribuir um sentido negativo de injustiça, de falsa perfeição e de astúcia que se justificará em algumas leituras. Podemos igualmente pensar que, por tal gesto, A Justiça nos convida a não cair no perfeccionismo: a exigência de perfeição é desumana, porque aquilo que é perfeito se congelou, tornou-se insuperável, e portanto está morto. Ela nos convidará, então, a substituí-la, através da astúcia sagrada, por uma noção de excelência que permita à ação ser dinâmica e aperfeiçoável.

Podemos também pensar que a desigualdade dos pratos manifesta a instabilidade própria da natureza, e que ela lhe aporta uma sustentação inspirada pela misericórdia divina. Nesse sentido, A Justiça é profundamente humana: seus cabelos cor de carne, seu traje que se funde com a terra, ligam-na ao plano terrestre. Mas ela é também um ponto de encontro entre o divino e o humano: acima de sua testa, a faixa branca em sua cabeça denota um contato com a pureza divina, e em sua coroa, um círculo amarelo rodeado de vermelho (sobre as cores, ver pp. 109 ss.), como um terceiro olho, indica que ela age em função de um olhar superior, de uma inteligência recebida do universo.

Bem sentada em seu trono, A Justiça, com seus atributos ativo (espada) e receptivo (balança), é também a primeira figura que olha de frente, como mais adiante O Sol ou o anjo da carta d'O Julgamento olharão para o consulente. A Justiça convida, assim, a uma introspecção sem falhas, a um mergulho no presente. Este Arcano se afasta, portanto, das representações tradicionais d'A Justiça de olhos fechados, seu olhar encontra o nosso como um espelho, como um chamado à tomada de consciência. Trata-se, antes de tudo, de se fazer justiça a si mesmo, de se dar aquilo que se merece.

À direita, embaixo de seu cotovelo, vê-se uma mancha roxa, a mais volumosa de todo o Tarot. Essa cor tão rara, tão secreta, é um símbolo da sabedoria. A Justiça é movida pela sabedoria. A luz azul-celeste que emana dos pratos de sua balança nos indica que ela ali pesa nossa espiritualidade. Da mesma maneira, a lâmina da espada está banhada desse azul-essencial, pois ela serve para cortar o supérfluo, para separar o inútil. Com a mão que segura a balança, A Justiça faz um gesto sagrado, um *mudra* em que os quatro dedos da mão, representando as quatro instâncias do ser humano (pensamentos, emoções, desejos, necessidades corporais), unem-se ao polegar. O Arcano VIII transmite aqui uma mensagem de unidade.

Em seu traje, nove triângulos ascendentes em forma de pata de pássaro sobre o fundo azul lembram o arminho, signo da realeza. Aqui, a nobreza é a do espírito sublime e da ação sem defeitos. Nesse sentido, A Justiça pode ser vista como testemunho de nosso deus interior que nos impulsiona para uma avaliação sem disfarce: fazemos justiça a nós mesmos? Somos misericordiosos para conosco e para com os outros?

A esfera alaranjada sobre o pilar da direita.

A espada não é paralela ao eixo do trono.

O arranjo da cabeça e seu "terceiro olho".

O gesto da mão que sustenta a balança.

Em uma leitura

A Justiça, encarnação mais acessível do grande arquétipo feminino maternal d'A Lua (XVIII), representa frequentemente a mãe ou uma mulher grávida. Esta carta abre também o campo para interpretações projetivas fortes: ela pode remeter a uma figura materna normativa, castradora, e todos os julgamentos destrutivos. Ela denotará, então, uma exigência de perfeição tão forte que

Os nove triângulos do arminho.

entrava o consulente em sua realização, interditando-o antes de qualquer erro. Da mesma maneira, A Justiça remete muitas vezes às instituições de Estado (justiça, administração...) cujas decisões são inapeláveis e que despertam no consulente a ameaça de castigo, de culpabilidade...

Vista positivamente, suas qualidades de equilíbrio, sua espiritualidade (ela ocupa um duplo quadrado material e espiritual), suas ideias claras diante da realidade poderão ser preciosas aliadas. A lição d'A Justiça, com sua espada e sua balança, é dar-se aquilo que se merece, separando-se implacavelmente daquilo que não se quer. Ela ensina a dizer sim e a dizer não, a distinguir os julgamentos subjetivos dos julgamentos objetivos. Para fazer isso, ela sabe se colocar no lugar do outro.

E se A Justiça falasse...

"Lá onde o espírito tem a mesma dimensão que a matéria, lá onde não se sabe se a densidade é a raiz do éter, onde o éter é o gerador da densidade, lá, nesse equilíbrio eterno e infinito, estou. A realização do universo, eis a minha justiça; dar a cada galáxia, a cada sol, cada planeta, cada átomo, o lugar que merecem. Graças a mim, o cosmos é uma dança. Cada nascimento, cada espiral, cada estrela que se apaga tem seu lugar no universo. Permito a cada ser ser aquilo que é; cada poeira, cada cometa, cada ser humano merece realizar a tarefa que a Lei suprema lhe deu. Ao menor desvio desse decreto, pronuncio o castigo supremo: aquele que se desvia será expulso do presente.

"O bem que você fizer aos outros, eu lhe darei. O que você não der, eu lhe tirarei. Quando você destrói, eu o elimino. Não só dissolvo a sua matéria, mas apago todos os seus rastros da memória do mundo.

"Quando apareço no corpo de uma mulher, ela se torna uma verdadeira mãe. Dar à luz é conceder um lugar no aqui e no agora à Consciência infinita. Eu, mãe universal, me situo no cruzamento resplandecente e monumental onde o oceano da matéria entra em contato com a alma impalpável, que se desintegra como uma chuva para fazer viver cada fragmento denso.

"Sou essa perfeição que não exige nenhum acréscimo e não tolera qualquer substração: tudo aquilo que me dão eu já tinha; tudo aquilo que me tiram não existia em mim. Cada instante é justo, perfeito. Da ação, eu elimino toda intenção subjetiva. Permito que as coisas sejam exclusivamente aquilo que elas são. Dou a cada um aquilo que ele merece; ao intelecto, o vazio; ao coração, a plenitude do amor; ao sexo, o prazer da criação; ao corpo a prosperidade, que não é outra coisa senão a saúde; à quintessência, a Consciência, eu lhe dou seu centro que é o deus interior."

ENTRE AS INTERPRETAÇÕES TRADICIONAIS:

Equilíbrio • Estabilidade • Enfrentar • Plenitude • Perfeição feminina • Acolher • Mulher grávida • Maternidade • Inflexibilidade • Implacabilidade • Julgar • Claridade • Proibir • Autorizar • Dar (a si mesmo) aquilo que é merecido • Pensamento límpido • Processo • Ação de justiça • A Lei • Desejo de perfeição • Perfeccionismo • Espírito crítico • Mãe normativa ou castradora • Truque • Exatidão • Leis cósmicas • Perfeição • Harmonia • Momento presente...

VIIII O Eremita
Crise. Passagem. Sabedoria

O número nove se distingue na primeira série de números ímpares por ser o primeiro divisível por outro além de si mesmo. O 9 (3 x 3) é, portanto, ambivalente, ao mesmo tempo ativo (ímpar) e receptivo (divisível). (Ver pp. 76, 80, 98.) Para melhor compreendê-lo, basta visualizar seu movimento entre a carta d'A Justiça, o VIII, e o Arcano X que lhe segue. Vemos O Eremita abandonar o Arcano VIII retrocedendo para avançar, andando de costas até o final do primeiro ciclo decimal e o início de um novo ciclo. Ao se afastar do VIII, ele deixa um estado de perfeição insuperável que, se ele ali se demorasse, só poderia levar à morte. Ele não o supera, ele o abandona e entra em crise. Podemos compará-lo ao feto que, no oitavo mês, adquire seu pleno desenvolvimento *in utero*: todos os órgãos já estão formados, nada mais lhe falta.

PALAVRAS-CHAVE:
Solidão • Sabedoria • Desapego • Terapia • Crise • Experiência • Pobreza • Iluminar • Ascese • Velhice • Retroceder • Frio • Receptivo • Antigo • Silêncio...

Durante o nono mês, ele se prepara para abandonar a matriz, o único ambiente que ele conhece, para entrar em um mundo novo.

Em uma ordem de ideias similar, os Evangelhos nos ensinam que Jesus é crucificado na terceira hora, começa sua agonia na sexta hora e expira na nona hora. O número 9 anuncia ao mesmo tempo um fim e um começo. O Eremita termina ativamente sua relação com o mundo antigo e se torna receptivo a um porvir que não domina nem conhece. Diferentemente d'O Papa, que lançava uma ponte em direção a um ideal sabendo aonde ia, O Eremita representa a passagem para o desconhecido. Nesse sentido, ele representa tanto a mais alta sabedoria, como um estado de crise profunda.

A lâmpada que ele leva pode ser considerada um símbolo do Conhecimento. Ele a ergue, iluminando o passado como faz um homem experiente, um sábio ou um terapeuta. Essa luz poderia ser um conhecimento secreto, reservado aos iniciados ou, ao contrário, uma fonte de conhecimento ofertada aos discípulos que a buscam. O Eremita ilumina o caminho, ou talvez, com essa lanterna, mostra a si mesmo à divindade, como se dissesse: "Meu trabalho está feito, estou aqui, veja-me". Da mesma maneira que a carta tem uma ambivalência entre ação e recepção, essa luz pode ser ativa, como um chamado para despertar a consciência do outro, ou receptiva, como um semáforo.

Da mesma maneira que A Papisa, O Eremita é um personagem bastante coberto. As camadas de roupas sugerem o frio, o inverno – características saturninas que lhe são frequentemente atribuídas e que remetem também a uma certa frieza da sabedoria, à solidão interior do iniciado. Podemos igualmente ver aí as "camadas" do vivido, e da mesma forma, as numerosas hachuras que sombreiam suas roupas podem ser interpretadas como marcas de sua grande experiência. Suas costas encurvadas contêm, concentrada, toda a memória de seu passado. Duas luas cor de laranja, uma no pescoço e outra no verso do manto, sinalizam se tratar de um ser que desenvolveu em si qualidades receptivas. Podemos decifrar, na dobra da mão que segura a lâmpada, as ancas e um púbis de mulher em miniatura: signo de sua feminilidade ou, se o quisermos, de que ele conserva em si alguns desejos carnais.

Em sua testa, por outro lado, três rugas renovam a mensagem de atividade mental. Seu olhar se perde na distância. Seus cabelos e sua barba azuis o assemelham a'O Imperador, que teria aqui perdido ou abandonado seu trono, isto é, seu apego à matéria. Sua luva azul, semelhante à d'O Papa, confere às suas escolhas, às suas ações e ao seu andar uma profunda espiritualidade. Seu bastão vermelho e seu capuz, onde se encontram de maneira invertida o vermelho e o amarelo do capuz d'O Louco, também o assemelham a esse Arcano sem número. Mas aqui o bastão d'O Louco é percorrido por uma onda, ganhou vida, o caminho já foi percorrido e o trabalho já realizado, como testemunha a terra já lavrada. Seu manto azul-escuro é signo de sua humildade, de sua consciência lunar e receptiva. A parte interna do manto, cor de carne, evoca toda experiência vivida, não mais teórica, mas orgânica, de um ser que aprendeu lições com o próprio caminho. Mas, por baixo do manto, ao centro, está a cor verde que o envolve. Já vimos que, na tradição sufi e cabalística, o verde é a cor da eternidade (ver p. 111). O Eremita, em francês *L'Hermite*, com "H" inicial, parente de Hermes, o alquimista, talvez tenha descoberto o elixir da longa vida; como o judeu errante, ele já alcançou a eternidade. Ao mesmo tempo pobre e rico, havendo conhecido a morte e o renascimento, ele faz um chamado àquela parte de nós que pode ser eterna e nos incita a viver a crise com coragem, a ir sem saber aonde.

Em uma leitura

Esta carta simboliza frequentemente uma crise à qual é preciso se entregar, uma mudança profunda que convém enfrentar. Ela evoca a ajuda de um mestre, de um terapeuta ou de um guia. Mas, na crise, O Eremita pode tanto se renovar como morrer. Ele remete, portanto, também à pobreza, à solidão, inclusive à decadência: pode-se ver nele um "sem teto" ou mesmo um

Duas luas receptivas sobre o pescoço e na dobra do manto.

alcoólatra que esconde um litro de vinho tinto em sua lanterna...

O Arcano VIIII é o equivalente, mais humano e mais frio, do grande arquétipo paterno solar do Arcano XVIIII. Ele representa, assim, um pai ausente, taciturno, distante ou desaparecido. Ele remete igualmente, para o consulente, à solidão interior, ao lugar secreto e sombrio onde se prepara a mutação espiritual.

A mão que segura a lâmpada evoca ancas femininas.

E se O Eremita falasse...

"Cheguei ao fim do caminho, lá onde o impensável se apresenta como um abismo. Diante desse nada não posso avançar. Só me resta andar de costas, contemplando o caminho que já percorri. A cada passo, formo diante de mim uma realidade.

A testa enrugada, sinal de sabedoria e esperança.

"Entre a vida e a morte, em uma crise contínua, seguro minha lâmpada acesa – minha consciência. Ela me serve, evidentemente, para orientar os passos daqueles que me seguem nesse caminho que eu abri. Mas ela brilha também para mostrar a mim mesmo: fiz todo o trabalho espiritual que devia fazer. Agora, ó Mistério infinito, venha em meu socorro.

A mão azul d'O Eremita.

"Pouco a pouco, fui me desfazendo de todas as amarras. Já não pertenço aos meus pensamentos. Minhas palavras não me definem. Venci minhas paixões: desprendido do desejo, vivo em meu coração como em uma árvore oca. Meu corpo é um veículo que vejo envelhecer, passar, desvanecer, como um rio de curso irresistível. Já não sei quem sou, vivo em total ignorância de mim mesmo. Para chegar até a luz, entro no escuro. Para chegar até o êxtase, cultivo a indiferença. Para chegar ao amor de cada coisa, de todo ser, eu me retiro na solidão. É lá, no último confim do universo, que abro minha alma como uma flor de pura luz. Gratidão sem exigência, a essência do meu conhecimento é o conhecimento da Essência.

"Pelo caminho da vontade, cheguei ao cimo mais alto. Já fui chama, fui calor, depois, luz fria. Eis-me aqui, brilhando, chamando, esperando. Conheci a solidão completa. Essa prece vai diretamente de mim mesmo ao meu deus interior: tenho a eternidade às minhas costas. Entre dois abismos, esperei e continuarei esperando. Já não posso avançar nem retroceder sozinho: preciso que Tu venhas. Minha paciência é infinita como a Tua eternidade. Se Tu não vens, esperarei aqui mesmo, pois Te esperar se tornou minha única razão de viver. Não me mexo mais! Brilharei até me consumir. Sou o óleo de minha própria lâmpada, esse óleo é meu sangue, meu sangue é um grito que Te chama. Sou a chama e o chamado.

"Realizei minha tarefa. Só Tu podes, agora, continuá-la. Sou a fêmea espiritual, a atividade infinita da passividade. Como uma copa, ofereço meu vazio para que seja preenchido. Porque eu já me ajudei a mim mesmo, agora, Tu, ajuda-me.

ENTRE AS INTERPRETAÇÕES TRADICIONAIS

Crise positiva • Guia • Solidão • Homem velho • Velhice • Prudência • Retiro • Terapeuta • Mestre masculino • Peregrinação • Castidade • Alcoolismo • Inverno • Dúvida e superação • Iluminar o passado • Ir para o futuro sem saber aonde vai • Andar de costas • Terapia • Pai ausente ou frio • Avô • Humildade • Saturno • Visão clara do mundo • Sabedoria • Amor desinteressado • Abnegação • Altruísmo • Mestre secreto...

x A Roda da Fortuna
Início ou fim de um ciclo

A Roda da Fortuna, número dez, fecha o primeiro ciclo decimal dos Arcanos maiores. Sua forma circular e a manivela encaixada nos indicam seu primeiro significado: o final de um ciclo e a espera da força que porá em movimento o ciclo seguinte. Na continuidade do Tarot, é o Arcano XI, justamente intitulado A Força, que sucede A Roda da Fortuna e inicia o ciclo decimal seguinte. Mais do que qualquer outro Arcano, A Roda da Fortuna é claramente orientada para um fechamento do passado e uma espera do futuro. Nesse sentido, o lugar que esta carta ocupará em uma leitura permitirá dizer se um plano da vida exige ser concluído para dar lugar a um novo plano, ou se uma nova época já está começando. Se decidirmos analisar esta carta como um fracasso, é para aí descobrir que o fracasso não

PALAVRAS-CHAVE:
Riqueza • Bloqueio • Renovação • Enigma • Solução • Ciclo • Impermanência • Mutação • Eterno retorno • Começo e fim • Corpo-coração-espírito • Destino • Girar...

é o fim de tudo, mas uma oportunidade de reconversão: uma mudança de caminho.

À primeira vista, este Arcano dá uma impressão de inércia, interrompida pelo movimento das ondas do terreno azul-celeste. A mensagem poderia ser que a realidade, sob uma aparência sólida, está em perpétua mudança como as ondas do mar. Tudo está condenado a desaparecer, o real é um sonho efêmero, e a Terra, uma ilusão do oceano cósmico. Aqui, um único elemento pode aspirar à eternidade: o centro da roda, o ponto de encaixe da manivela, que como se pode observar se situa no centro exato do retângulo constituído pela carta. Tudo gira em torno desse coração, no qual se pode ver um símbolo do mistério divino. Enquanto os elementos exteriores que agem sobre a roda (os três animais) chegam através de suas manobras à inércia, o centro é o ponto a partir do qual será possível se processar a mudança. A mensagem da carta é clara: o principal fator de mudança, de vida, é essa ação cósmica que também chamamos de Providência divina. Podemos notar que a roda é dupla: um círculo vermelho e um amarelo, representando a dupla natureza animal e espiritual do homem. O espírito humano será sempre ao mesmo tempo ator e testemunha de todas as suas ações. No entanto, uma vez unido à divindade o ator e a testemunha se tornam uma única coisa. O objetivo do homem, tal como A Roda da Fortuna sugere, é chegar a essa unidade através da dualidade.

Se obervarmos os três animais, constatamos que um tende a descer, outro a subir e o terceiro a permanecer imóvel.

O animal cor de carne, vestido apenas na metade de baixo do corpo, desce rumo à encarnação. Vemos na cor desse elemento e no fato de suas partes sexuais estarem escondidas, um símbolo que tende a se orientar em direção à matéria. O animal amarelo, por sua vez, está vestido apenas na metade de cima do corpo, e uma cinta, em volta de suas orelhas, parece tapá-las ou deixá-las mais evidentes. Podemos ler aí uma visão do intelecto que aspira a subir, com sua tendência a girar em torno de si mesmo e sua dificuldade de escutar. Por fim, o animal azul, com ar de esfinge e capa vermelha em forma de coração, tendo contra o peito uma espada com a medida exata da varinha d'O Mago, figura a vida emocional que se apresenta ao mesmo tempo como um enigma e como o caminho rumo à sabedoria. Veremos também que esse animal tem em si duas manchas roxas, cor que já vimos simbolizar a sabedoria (ver p. 112).

O coração é então apresentado como elemento capaz de unir e imobilizar as outras instâncias, vida espiritual e vida animal. É frequentemente um enigma emocional, um núcleo afetivo por resolver que bloqueia a ação vital de um consulente. As cinco pontas da coroa da esfinge nos remetem à quintessência do ser essencial, a consciência capaz de unir as instâncias díspares do ser humano como o polegar une os dedos da mão. O chão azul ondulado parece também chamar os animais para as profundezas, para uma busca de si mesmos nas águas matriciais. Ao descer até o mais fundo de si mesmo, na aceitação do nosso inconsciente, podemos efetuar o encontro com o deus interior e emergir como seres iluminados. Nesse sentido, o centro da roda representa ao mesmo tempo o lugar de parada, o núcleo do problema e do possível movimento, o chamado para o despertar do tesouro interior. Mais uma vez, o animal azul parece, como representante do coração, ser aquele através do qual a consciência pode chegar. Veremos em sua testa um oval azul anil que se assemelha ao *chakra* do terceiro olho Ajna, o da clarividência. Essa clarividência tem o poder de unir o esforço material descendente e o esforço intelectual ascendente.

As patas dos animais, enlaçando os raios da roda, parecem deter e impedir seu movimento; mas podemos também pensar que os três a sustentam para que a roda não caia. A atividade material, emocional e intelectual sustenta o ciclo vital. E este, para gerar um novo ciclo, necessita

O centro da roda.

A esfinge e seu "terceiro olho".

O animal amarelo é um dos raros personagens do Tarot que possui orelhas.

O terreno movediço se assemelha a um oceano.

da intervenção da quarta energia, que será representada em A Força (XI) acionando a manivela: a energia sexual criativa.

Em uma leitura

A Roda da Fortuna é uma carta de interpretações vastas, cuja leitura depende muito das circunstâncias evocadas pelo consulente. Ela indica em que momento de sua vida está o/a consulente. Quando se apresenta no início de uma tiragem, sugere o encerramento de um episódio passado e o começo de um novo ciclo. No final, ela pode anunciar que aquilo que está acontecendo se concluiu redondamente, representando, então, uma página virada, um ciclo completo. Porém, muitas vezes, situada na metade da tiragem ou ao fim, indica um bloqueio que será preciso superar. Convém, então, tirar uma carta para ver o que virá girar a manivela ou elucidar o enigma emocional (representado pelo animal azul) que a carta sugere.

Nas concepções populares, devido à palavra "fortuna", ela anuncia um ganho de dinheiro. Remete às vezes a um centro de interesse ou a um sistema que se estrutura sobre uma forma circular: a roda do karma, a astrologia, inclusive à roda da loteria... Podemos ver aí o ciclo da morte e do renascimento em amplo sentido, ou da circulação da vida.

A Roda da Fortuna convida a refletir sobre as alternâncias inevitáveis de ascensão e queda, de prosperidade e austeridade, de alegria e tristeza. Ela nos orienta em direção à mudança, seja positiva ou negativa, e à aceitação da constante mutação do real.

E se A Roda da Fortuna falasse...

"Conheci todas as experiências. A princípio, eu tinha diante de mim um oceano de possibilidades. Guiada ora pela vontade, ora pela providência ou pelo azar, escolhi minhas ações, acumulei conhecimento, para em seguida explodir sem finalidade preconcebida.

Inúmeras vezes encontrei a estabilidade. Quis conservar seus frutos sobre minha mesa, mas os vi apodrecer. Compreendi que deveria me abrir para os outros, compartilhar. Que eu deveria buscar o grande Outro em mim, a fonte divina. O centro das minhas revoluções inumeráveis em torno desse eixo. Eu me perdi, buscando tudo que se parecia comigo. Conheci o prazer de me refletir nos olhos do outro como em infinitos espelhos. Até o dia em que, com uma força irreprimível, agi no mundo e tentei mudá-lo... para me dar conta de que só conseguia começar a transformá-lo. Minha busca espiritual se ampliou até o ponto de impregnar a totalidade da matéria, e cheguei à assustadora perfeição, esse estado em que nada me acrescentava, e nada se subtraía de mim. Não quis ficar assim petrificada. Então abandonei tudo, com minha sabedoria como única companhia. Cheguei ao extremo limite de mim mesma, plena mas detida, esperando que o capricho divino, a energia universal, o vento misterioso que sopra do inconcebível, me faça girar e que em meu centro haja a eclosão do primeiro impulso de um novo ciclo.

"Aprendi que tudo o que começa termina, e que tudo que termina começa. Aprendi que tudo que sobe desce, e tudo que desce sobe. Aprendi que tudo que circula acaba estagnando, e que tudo que estagna acaba por circular. A miséria se torna riqueza, a riqueza miséria. De uma mutação para outra, eu convido você para se unir à roda da vida, aceitando as mudanças com paciência, docilidade, humildade, até o momento em que nasce a Consciência. Então, tudo aquilo que é humano, como uma crisálida dando à luz uma borboleta, atinge o grau angelical em que a realidade deixa de girar em torno de si mesma, em que se eleva ao espírito do Criador."

ENTRE AS INTERPRETAÇÕES TRADICIONAIS:
Fim de um ciclo • Princípio de um ciclo • Necessidade de uma ajuda exterior • Nova partida • Mudança da sorte • Circunstâncias alheias à vontade do consulente • Oportunidade a ser aproveitada • Ciclo hormonal • Enigma emocional por resolver • Bloqueio • Parada • Beco sem saída • Roda do karma, reencarnações sucessivas • Leis da natureza • Providência • Ciclo completo • Completude • Filmagem • Ganho de dinheiro...

xi A Força
Começo criativo, nova energia

A Força, número onze, é a primeira carta da segunda série decimal (ver pp. 48-9). É ela quem abre o caminho das energias inconscientes. Observamos que é a única carta entre os Arcanos maiores a mostrar essa particularidade: seu nome se inscreve na extremidade esquerda da legenda, enquanto à direita vinte traços se acumulam como uma mola que permite à energia nova adquirir seu impulso. Vinte, como O Julgamento, que termina esse ciclo decimal. Lá, outra vez, vemos que a primeira e a décima carta do ciclo são intimamente ligadas, A Força sendo em potencialidade tudo o que O Julgamento realiza, isto é, o emergir da nova consciência.

A mensagem d'A Força é bastante clara: esse trabalho de consciência passa em primeiro lugar pela relação com as forças

PALAVRAS-CHAVE:
Animalidade • Fera • Criatividade • Profundidade • Voz • Puberdade • Dizer • Calar • Renascimento • Força • Começo • Comunicar • Sentir...

instintivas. Enquanto O Mago, seu homólogo da primeira série, trabalhava da cintura para cima e exercia sua inteligência sobre a mesa, A Força trabalha da cintura para baixo, permitindo aos ensinamentos das profundezas se comunicarem com as instâncias espirituais de seu ser. Diversos detalhes ligam-na ao Arcano I: seu chapéu em forma de oito, ou de infinito, é receptivo como o d'O Mago, mas se abre para o alto e parece alado, com motivos que lembram a plumagem das águias presentes nos Arcanos III, IIII e XXI: a inteligência d'A Força está disposta a voar em direção ao cosmos. Ela se apoia sobre um pé visível, cujos seis dedos correspondem ao mesmo tempo às seis pontas vermelhas de seu chapéu, aos seis dentes negros do animal e aos seis dedos da mão d'O Mago (ver p. 145). Podemos ver aí a marca de uma força excepcional que lhe permite uma ancoragem sólida na terra. Pode-se igualmente deduzir que ela tem sua fonte na beleza, o mais sublime dos prazeres (ver pp. 79, 82, 95). A unha do hálux, o primeiro artelho do pé, como a do polegar, é pintada de vermelho. Lembremo-nos de que a unha, no corpo humano, simboliza a eternidade, pois continua a crescer mesmo depois da morte. Essa vitalidade excepcional d'A Força se manifesta na cor vermelha de suas unhas.

A Força é consciente dos pés à cabeça. Pode-se dizer que ela é a própria potência da Consciência, sob seu aspecto de junção entre o alto e o baixo, a energia espiritual e a energia instintiva. Ao seu redor, não se desenha nenhuma paisagem definida, ela se apoia apenas em um terreno amarelo e lavrado, portanto, onde o trabalho da tomada de consciência já foi feito. Ela não se situa no tempo, nem no espaço, mas se ancora no presente como a expressão de uma energia pura.

Toda sua atividade se concentra na relação com o animal em cuja pelagem a força inteligente, amarela ou dourada, se encarna na parte cor de carne. O Espírito se encarna na animalidade que, por sua vez, se torna disponível à comunicação com o espírito. A Força trabalha de mãos nuas, dedicadamente, com a animalidade, com as manifestações do inconsciente e com sua própria sexualidade: a cabeça do animal se situa na altura de sua pelve.

Sua relação com essas forças, que se expressa no movimento das mãos em relação à boca aberta do animal, abre um campo para numerosas interpretações. À esquerda da carta, sua mão se apoia no focinho do animal, mas aparentemente sem o prender ou forçar. Os oito pontos desenhados no focinho indicam que a energia animal não pode ser modificada, que ela é perfeita como está.

Porém, segundo sua conformidade ou inconformidade com o espírito, podem emergir tanto a criatividade e a iluminação, quanto os bloqueios ou as repressões. A Força nos ensina que nessa relação com a animalidade tocamos questões essenciais, e que essa parte de nós não pode ser negligenciada. É também por isso que os seis dentes negros e pontudos do animal reaparecem nas seis pontas vermelhas do chapéu. A natureza intelectual escuta a voz do animal e o animal escuta a influência mental: é o ideal d'A Força, uma dinâmica em que as mãos dançam com o focinho em uma comunicação em forma de 8, de infinito, perfeitamente equilibrada.

Se interpretarmos o movimento das mãos e da boca do animal como um conflito, uma luta de poder, podemos ler aí todo tipo de dificuldades: o vermelho do polegar e da língua se torna o sangue de um combate, a energia sexual é reprimida, e por sua vez a animalidade mutila o psiquismo (vemos, então, que o pescoço da mulher tem um traço, como de uma decapitação). A amarração do espartilho em seu peito se torna um fechamento do coração provocado pela repressão. O corpo é percebido como despedaçado, sofrem-se as consequências de um abuso sexual, de um traumatismo ou de uma educação tóxica, rígida, mutilante.

No entanto, os detalhes que acabamos de ver também têm sua interpretação positiva: as cerquilhas no peito são formadas por quatro linhas "materiais", subindo da esquerda, representando a natureza animal, e cinco traços "espirituais", descendo da direita, representando o trabalho da Consciência. Essas nove linhas e a cor amarela remetem ao nono grau dessa série decimal, O Sol (XVII-II), onde veremos dois gêmeos (um espiritual e outro animal) realizando juntos, em amor perfeito, uma nova construção. A linha no pescoço da mulher poderia ser um colar ornando-lhe a garganta,

O chapéu d'A Força é revestido de uma plumagem de águia.

As unhas do polegar e do hálux são vermelhas, ativas.

Os seis dentes do animal fazem eco às seis pontas do chapéu.

lugar da expressão e da palavra verdadeira que não vem apenas do intelecto, mas também das profundezas do ser: palavra na qual o consciente e o inconsciente se harmonizam.

Em uma leitura

A Força remete ao início de uma atividade ou de um período da vida sob o signo do instinto, da criatividade. Ela pode também indicar uma problemática de ordem sexual, ou a emergência de uma instância do ser até então escondida que exige se expressar pela primeira vez. Será preciso se perguntar se a mulher jovem d'A Força deixa o animal se expressar ou tenta fazê-lo se calar. Depois de uma doença ou do fim de um ciclo, A Força representa o retorno da energia vital.

De todos os animais presentes no Tarot, o leão, que encontramos na carta d'A Força e na carta d'O Mundo (XXI), é o único capaz de devorar o ser humano. A mulher que se harmoniza com ele representa a dimensão mais sublime da alma, aquela pela qual passam as forças do milagre.

E se A Força falasse...

"Eu estava esperando por você. Sou o início do novo ciclo, e depois de tudo aquilo que você realizou, você não poderia viver se não me encontrasse. Vou lhe ensinar a vencer o medo: comigo você estará disposto a ver tudo, a entender tudo, a desfrutar de tudo, a tocar em tudo. Os sentidos não têm limites, mas a moral é feita de medos. Vou lhe fazer ver o imenso pântano das suas pulsões, tanto as sublimes quanto as tenebrosas. Sou a força obscura que sobe dentro de você em direção à luz.

"Do centro das profundezas, dos subterrâneos do meu ser, brota minha energia criadora. Lanço raízes no lodo, naquilo que existe de mais denso, de mais aterrorizante, de mais insensato. Como um forno ardente, meu sexo exala desejos que, à primeira vista, parecem de natureza bestial, mas que são apenas o canto oculto na matéria desde a origem do universo.

"Meu intelecto, luz vinda das estrelas, frio como o infinito, age sobre o calor eterno do magma para produzir o rugido criador. Céu e Terra se unem nesse grito, acordando o mundo. Posso fazer com que a pedra mais humilde se torne uma obra de arte. Posso fazer crescer nas árvores raquíticas frutos repletos de sumo. Posso transformar a linha do horizonte em um talho púrpura, vivo, como um longo e interminável rubi. Cada pegada deixada por meus pés poderosos no barro se torna um colmeia vertendo mel.

"Deixo circular em meu corpo dos pés à cabeça, como ondas de um mar agitado, o impulso sublime e feroz de que o mundo necessita. Chame como achar melhor: potência sexual, energia da matéria, dragão, *kundalini*… É um caos incomensurável que ganha forma dentro de mim. Em meu ventre, um diabo e um anjo se unem, formando um turbilhão. Como uma árvore, estendo meus galhos para o céu enquanto finco minhas raízes na terra. Sou uma escada pela qual a energia simultaneamente sobe e desce. Nada me assusta. Sou o início da criação."

ENTRE AS INTERPRETAÇÕES TRADICIONAIS:

Potência criativa • Coragem • Nobreza do coração • Nova partida • Início de uma atividade • Aporte de nova energia • Energia instintiva • Animalidade • Força • Cólera • Heroísmo • Coragem • Autodisciplina • Relação entre o espírito e o instinto • Abertura ou repressão • Chamado da sexualidade • Inibição sexual • Repressão • Dificuldade de expressão • Abertura • Orgasmo • Tantra…

XII O Enforcado
Parada, meditação, dom de si mesmo

O Enforcado, Arcano XII, corresponde ao segundo grau da segunda série decimal, equivalente a A Papisa na primeira série. Assim como ela, ele indica um estado de acumulação, de parada e de reclusão. Como A Papisa, ele se afasta do mundo dos humanos, ao qual ele só está ligado pela corda, que o prende, entre as duas árvores que o sustentam, a uma trave cor de carne. Já vimos que a partir do Arcano XI, todos os números farão uma descida em direção à força original, nos abismos do inconsciente. O Enforcado obedece a essa atração para baixo e, por sua natureza acumulativa (o 2), ele exprime uma interrupção total, suspenso de cabeça para baixo, os cabelos caindo em direção às profundezas como que para se enraizar.

Se A Papisa incuba, O Enforcado é incubado: ele entra em gestação para fazer nascer o novo ser. Nós encontramos aqui o

PALAVRAS-CHAVE:
Sacrifício • Parada • Não escolher • Gestação • Feto • Meditação • Doação de si mesmo • Profundidade • Invertido • Esperar • Demora • Suspensão • Repouso...

simbolismo do ovo, presente no Arcano II. Se A Papisa é mãe, O Enforcado é filho. Podemos imaginar O Enforcado em gestação no ovo do Arcano II. Suspenso entre céu e terra, ele espera para nascer. A posição das pernas lembra as d'O Imperador: uma estendida, a outra dobrada. Mas o cruzamento das pernas d'O Imperador é dinâmico, uma perna adiante, prestes a passar à ação. O Enforcado, ao contrário, dobra uma perna atrás da outra para melhor se imobilizar. Assim também suas mãos, símbolos da capacidade de agir, estão cruzadas nas costas: ele nada faz, ele nada escolhe.

Dos dois lados do personagem, vemos árvores com galhos cortados, sacrificados. Para esse nascimento material ou espiritual que se prepara, é necessário fazer uma parada. Pode ser a parada provocada por uma doença ou como aquela que consentimos livremente na meditação. Em um plano espiritual, O Enforcado deixa de se identificar com a comédia do mundo e com seu próprio teatro neurótico; oferece em sacrifício ao trabalho interior as inquietudes de seu ego. Nesse sentido, sua queda é uma ascensão.

Podemos ver também, nessa inversão de seu corpo físico, uma inversão do olhar e das perspectivas: o intelecto é posto abaixo, o racional deixa de dominar a conduta, ao passo que o espírito se torna receptivo, como demonstra o amarelo-escuro dos cabelos, à sabedoria interior profunda. O ponto de vista sobre a vida muda. Nós nos separamos de uma visão de mundo herdada da infância, com seu cortejo de ilusões e de projeções, para entrar em nossa própria verdade essencial. Visto por esse ângulo, O Enforcado nos remeterá frequentemente, na leitura, à tomada de consciência dos vínculos do consulente com sua árvore genealógica. A posição do personagem, de cabeça para baixo, lembra a do feto no ventre materno, e poderá incitar o tarólogo a interrogar o/a consulente sobre as circunstâncias de sua gestação e de seu nascimento, ou das dificuldades vividas de maneira traumática em sua história. As duas árvores de galhos cortados podem ser interpretadas como as duas "árvores" ou linhagens, materna ou paterna, em que a situação neurótica e os abusos nos deixaram "suspensos", impotentes e sacrificados, escondendo nas costas, como O Enforcado com suas mãos invisíveis, segredos vergonhosos. Essa carta exprimirá, às vezes, a culpabilidade, os crimes imaginários simbolizados pelas doze feridas sangrentas das árvores e o castigo a que nos obrigamos, ou ainda o sacrifício a que nos sentimos condenados. A leitura popular tradicional imagina que o dinheiro escapa dos bolsos d'O Enforcado, que ele perde suas riquezas. Uma leitura mais simbólica verá aí o sacrifício das "riquezas" ilusórias do ego.

O Enforcado pode também evocar a figura do Cristo, e através dela o tema da doação de si mesmo. Os doze galhos cortados simbolizariam, então, os doze apóstolos, que às vezes são identificados com os doze desvios do ego, em torno do Cristo que representaria o eu universal e andrógino. As marcas da androginia são muitas: os bolsos d'O Enforcado são em forma de lua crescente, mas uma recebe enquanto a outra doa: uma é ativa e a outra, receptiva. A corda que o prende e o sustenta é dupla: de um lado, à nossa esquerda, ela termina em um símbolo fálico, e do outro, à nossa direita, por uma forma que lembra o símbolo do feminino. Por outro aspecto, essa mesma corda tem, no nó junto ao calcanhar d'O Enforcado, um triângulo inscrito em um círculo, significando que ele está ligado ao espírito, à androginia espiritual. E isso dos pés à cabeça, pois descobrimos em seus cabelos, em amarelo-claro entre as mechas amarelo-escuro, um símbolo redondo solar e uma pequena lua.

Os galhos cortados ao redor do personagem remetem ao sacrifício, à busca do essencial.

No nó do calcanhar, um triângulo simboliza o espírito.

Nos cabelos, uma lua e um sol.

Os botões do traje poderiam simbolizar as *sefirot* da tradição cabalística.

No entanto, sabendo que o Tarot é atravessado pela influência de três grandes religiões monoteístas, poderíamos igualmente ver nos dez botões do traje d'O Enforcado uma alusão à tradição cabalística e às dez *sefirot* da

Árvore da Vida. O primeiro botão a partir do pescoço tem um ponto, origem de toda criação. Depois se alternam, nos quatro seguintes, um elemento receptivo e um elemento ativo. O sexto botão, que corresponderia à *sefirá* Tipheret, com a forma de um sol de oito raios, perfeição da beleza que une todos os outros elementos. Em seguida, novamente, um elemento receptivo e um elemento ativo, seguidos de um nono botão contendo uma lua, e um décimo onde está inscrito um quadrado, símbolo da terra. A meditação d'O Enforcado lhe dá acesso à sabedoria universal que nele repousa.

Em uma leitura

Esta carta indica um momento de parada que pode ser proveitoso para aprofundar seus projetos, seu conhecimento de si mesmo, seu trabalho interior. Ela pode também fazer referência a um bloqueio, a uma incapacidade de agir. Frequentemente, ela sinalizará que não é o momento de se fazer uma escolha, que a situação ou nosso próprio olhar ainda necessita amadurecer. O Enforcado pode ser visto literalmente como o reflexo ou o espelho do Arcano XXI, O Mundo, onde a posição das pernas é similar. Mas a mulher no centro da guirlanda d'O Mundo dança, enquanto O Enforcado está parado: ele representa a imobilidade complementar ao movimento, o feto no ventre materno ou ainda o contato profundo consigo mesmo de onde nasce toda realização no mundo.

E se O Enforcado falasse...

"Estou nessa posição porque quero. Fui eu quem cortou os galhos. Libertei minhas mãos do desejo de segurar, de me apropriar, de reter. Sem abandonar o mundo, eu me retirei dele. Comigo, você poderá encontrar a vontade de entrar no estado em que não existe mais vontade. Em que as palavras, as emoções, as relações, os desejos, as necessidades já não o prendem mais. Para me desligar, cortei todos os vínculos exceto aquele que me liga à Consciência.

"Tenho a sensação de cair eternamente em mim mesmo. Através do labirinto das palavras eu me procuro, sou aquele que pensa e não aquele que é pensado. Não sou os sentimentos, eu os observo a partir de uma esfera intangível onde só existe a paz. A uma distância infinita do rio dos desejos, conheço apenas a indiferença. Não sou um corpo, mas aquele que o habita. Para chegar a mim mesmo, sou um caçador que sacrifica a presa. Encontro a ação ardente na não ação infinita.

"Atravesso a dor para encontrar a força do sacrifício. Pouco a pouco me desfaço do que poderíamos chamar de 'eu'. Entro em mim mesmo incessantemente, como em uma floresta encantada. Nada possuo, nada conheço, nada sei, nada quero, nada posso.

"No entanto, universos inteiros me atravessam, vêm me encher com seus turbilhões, depois vão embora. Sou o céu infinito que deixa passar as nuvens. O que me resta? Um único olhar, sem objeto, consciente de si mesmo, fazendo de si mesmo a derradeira e última realidade. Então estouro em pura luz. Então me torno eixo de uma dança total, a água benta onde vêm beber os sedentos.

"É nesse momento que sou o ar puro que expulsa as atmosferas envenenadas. É nesse momento que meu corpo preso se torna fonte cataclísmica da vida eterna.

"Sou apenas um coração que bate, que impulsiona a beleza em direção aos confins da criação. Torno-me a doçura aprazível em toda dor, a incessante gratidão, a porta que conduz as vítimas ao êxtase, o caminho inclinado pelo qual se desliza para cima. A luz viva que circula na escuridão do sangue."

ENTRE AS INTERPRETAÇÕES TRADICIONAIS:

Parada • Espera • Imobilidade • O momento de agir ainda não chegou • Ocultar algo • Autopunição • Feto em gestação • Segredo • Inversão das perspectivas • Ver de outro ponto de vista • Não escolher • Repouso • Doença • Dificuldade • Condições da gestação do consulente • Vínculo com a árvore genealógica • Prece • Sacrifício • Doação de si mesmo • Meditação profunda • Não fazer • Forças interiores recebidas através da prece...

XIII O Arcano sem nome

Transformação profunda, revolução

O erro mais difundido sobre este Arcano é o da tradição superficial que lhe dá o significado, e às vezes o nome, de "A Morte". O peso dessa inexatidão influenciou muito a interpretação do Arcano XIII. Certamente, a figura central é esse esqueleto ceifador que, na tradição popular, representa a morte. No entanto, numerosos elementos nos permitem descartar essa interpretação simplista. Por um lado, o Arcano XIII não tem nome. Depois do trabalho de esvaziamento e aprofundamento realizado por O Enforcado, esta carta nos convida a uma purificação radical do passado, a uma revolução que se situa nas profundezas não verbais ou pré-verbais do ser, na sombra deste terreno negro, deste desconhecido de nós mesmos de onde emerge, como de uma matriz, nossa humanidade.

PALAVRAS-CHAVE:
Mudança • Mutação • Revolução • Cólera • Transformação • Limpeza • Colheita • Esqueleto • Cortar • Avançar • Eliminar • Destruir • Rapidez...

Por outro lado, observaremos que o 13 não é o último número da série dos Arcanos maiores, mas se situa um pouco depois do meio da série. Se esta carta representasse um fim, ela traria provavelmente o número 22. Sua situação no coração do Tarot nos incita a vê-la como um trabalho de limpeza, uma revolução necessária para a renovação e para a ascensão que leva, depois dela, grau após grau, em direção à realização total d'O Mundo. Além disso, esta carta numerada, mas não intitulada, faz eco a O Louco, que tem nome mas não número. A semelhança das posturas entre os dois personagens é evidente: o esqueleto do Arcano XIII poderia quase ser O Louco visto em raio-X. Disso podemos deduzir que esses dois Arcanos representam dois aspectos de uma mesma energia fundamental. Mas se O Louco é antes de tudo um movimento, um aporte, uma liberação, o Arcano XIII evoca um trabalho semelhante a uma lavoura ou uma ceifa que preparam o terreno para uma nova vida. Ainda aí, um índice evidente nos afasta da interpretação simplista: este esqueleto é cor de carne, cor da vida orgânica por excelência. Trata-se do esqueleto que trazemos dentro de nós, do osso, da essência viva e da estrutura de todo movimento, e não do esqueleto que deixamos para trás quando desaparecemos desta vida.

Um osso branco, no chão, evoca a ossatura seca (a origem do termo "esqueleto" é uma palavra grega que significa "seco"), mas mesmo esse osso morto se move em direção a uma nova vida, pois, com seus sete furos, apresenta-se como uma flauta, instrumento que aguarda um sopro para produzir sua música; esse sopro poderia ser divino. Assim sendo, é impensável reduzir o Arcano XIII ao significado de "morte". Em vez disso, podemos aí ver uma grande transformação, uma revolução, uma mudança radical.

O personagem, com a lâmina vital (vermelho) e espiritual (azul-celeste) de seu alfanje está trabalhando a natureza, sua própria natureza profunda. Ele segura o alfanje pelo cabo amarelo, cor da inteligência: o trabalho foi desejado, pensado, e agora se realiza. No processo do Arcano XIII, veremos frequentemente aflorar a cólera ou a agressividade, sofrida ou expressada. Mas é possível que esse trabalho se efetue como uma explosão, rápida e liberadora. É um processo de eliminação que lavra e doma o ego. Nenhum outro elemento inútil é tolerado, os sistemas de valores e os conceitos redutores que nos fecham são abolidos, e com eles a cumplicidade que até agora mantínhamos com nossa não realização ou com nossa neurose. Todos os vínculos de dependência são cortados para nos permitir recuperar a liberdade perdida, da qual O Louco é o símbolo primordial.

O terreno negro sobre o qual trabalha o Arcano XIII lembra o *nigredo* da alquimia, ou o lodo de onde emerge a lótus na tradição budista. É a cor do inconsciente, da vacuidade, do mistério profundo. Aí encontramos duas cabeças, que não sabemos se foram cortadas ou se estão surgindo da escuridão – em todo caso, o esqueleto se apoia sobre elas para avançar. Pai e mãe foram destronados, em um primeiro momento, para que a nobreza profunda do masculino e do feminino aparecesse sob a forma de dois arquétipos purificados. Dois seres humanos de tradição real nascem então aqui, da mesma maneira que brotam duas espécies de plantas: uma azul-escura, cor da recepção espiritual intuitiva, e outra amarela, cor da inteligência ativa e solar.

Observamos também que pés e mãos se destacam do negro do chão, alguns muito bem feitos, outros imperfeitos. Foram cortados? Brotam da terra? Nesse caso, podemos dizer que o novo ser já aflora à superfície. Se estudarmos mais de perto o personagem esquelético, vemos que seu rosto não é um rosto, mas uma sombra de perfil, como se o negro do chão tivesse subido até a cabeça, como se o mental tivesse sido esvaziado. O olho do personagem lembra um dragão mordendo a própria cauda, símbolo do universo infinito. Sua cabeça contém uma forma lunar, sinal de sua receptividade, e na parte de trás do crânio, virando a carta, podemos descobrir entre as hachuras as letras hebraicas *Yod, He, Vav, He*, que compõem o Nome divino. A soma dessas quatro letras no alfabeto hebraico dá 26, número da divindade, do qual 13 é a metade exata.

Este ser leva em si a divindade, mas não é inteiramente divino, ele trabalha no plano da encarnação. O quadril do personagem e sua coluna vertebral reproduzem as cores da lâmina do alfanje: azul-celeste e vermelho, como se essas duas cores

A flauta de osso, que lembra também um instrumento da tradição tibetana.

No solo, duas cabeças cortadas poderiam ser os conceitos herdados dos pais.

Atrás do crânio, as quatro letras do nome divino.

No alto da coluna vertebral azul, receptiva, uma flor ou nó vermelho, ativa.

O coração escondido.

(ação vital e receptividade espiritual; ver pp. 116 ss.) constituíssem a base do crescimento que se desenvolve ao longo da coluna, em forma de espiga de trigo, até a flor vermelha de quatro pétalas que sustenta a cabeça. Escondido no quadril, um coração azul nos indica que ele trabalha com amor. Um de seus joelhos e um de seus cotovelos contêm uma flor de três pétalas ou um trevo vermelho, que indicam mais uma vez a atividade nos pontos estratégicos do ser: joelho e cotovelo são lugares do carisma, da comunicação com as massas. No corpo cor de carne, uma perna e um braço são pintados de azul-celeste. Trata-se de um ser ativo e comunicativo ao mesmo tempo encarnado e espiritual, humano e divino, mortal e imortal. Sua máscara é assustadora. Mesmo tendo visto que ele guarda em si a ação divina, podemos nos deixar aterrorizar por sua aparência e ver nesse personagem um coxo de cabeça oca que ceifa indistintamente, sem respeito pela beleza da vida. Uma ameaça aterrorizante e implacável, como a morte injusta e sem perdão. Mas sua ação nos indica o caminho da transformação e nos leva da mortalidade à imortalidade da consciência individual.

Em uma leitura

Esta carta exige uma delicadeza de interpretação toda particular. As predições negativas são tóxicas e inúteis: não é necessário ver aí a morte, a mutilação, a doença... Alguns consulentes se assustam só de ver esta carta. Convém descobrir qual grande transformação a carta evoca em cada um, quais mudanças são desejadas ou já estão em andamento, e talvez quais ameaças ela nos permite evitar. Trata-se às vezes de um luto necessário, às vezes também de uma grande cólera interiorizada que é necessário exprimir. Às vezes, ainda, o Arcano XIII evoca uma agressividade inconsciente ou a necessidade de manifestar uma energia que, no momento, não sabe se exprimir sob uma forma positiva. É bom, nesse caso, ver se a energia d'O Louco (mesma direção, mesmo movimento, mas conotações menos negativas) não seria mais apropriada. No entanto, quando uma revolução é desejada, o Arcano XIII a enseja com uma rapidez radical, que pode provocar um grande alívio.

E se o Arcano XIII falasse...

"Se você se apressar, me alcançará. Se frear, eu o alcançarei. Se andar tranquilamente, eu o acompanharei. Se girar, dançarei com você. Uma vez que nosso encontro é inevitável, enfrente-me agora mesmo! Sou a sua sombra interior, aquela que ri por trás da ilusão que você chama de realidade. Paciente como uma aranha, engastada como uma joia em cada um dos seus instantes, você compartilha comigo a sua vida – ou se você se recusar, não viverá na verdade. Você poderá fugir até o fim do mundo, eu estarei sempre do seu lado. Desde que você nasceu, sou a mãe que não cessa de lhe dar à luz. Alegre-se, então! Apenas quando você me concebe sua vida ganha sentido. O insensato que não me reconhece se aferra às coisas sem ver que todas me pertencem. Não há nenhuma que não tenha meu selo. Permanente impermanência, sou o segredo dos sábios: eles sabem que só podem avançar por meu caminho.

"Aqueles que me assimilam se tornam espíritos poderosos. Aqueles que me negam, tentando em vão fugir, perdem as delícias do efêmero: existem sem saber ser. Agonizantes, eles não sabem viver.

"As crianças não me imaginam. Se pudessem fazê-lo, deixariam de ser crianças, pois eu sou o fim da infância. Aquele que me encontra em seu caminho se torna adulto: ele sabe que me pertence. Devoro suas dificuldades, seus triunfos, seus fracassos, seus amores, suas decepções, seus prazeres, suas dores, seus pais, seus filhos, seu orgulho, suas ilusões, sua riqueza, devoro tudo. Minha voracidade não tem limite, devoro até mesmo seus deuses. Mas quanto ao último deles, ao autêntico, uma vez que as máscaras se dissolvem em minhas entranhas, quebro nele meus dentes. Em seu mistério indescritível, em sua presença ausente, em sua ausência presente, mato-me a mim mesma. Só engulo o ego. Cada um tem um gosto diferente, um mais fétido e amargo que os outros.

"Graças a mim, tudo se converte em pó e tudo se funde. Mas não pense que se trata de uma tragédia. Faço da destruição um processo de um esplendor extremo. Espero que a vida se manifeste até alcançar sua maior beleza, e apareço então para eliminá-la com a mesma beleza. Quando ela atinge o limite de seu crescimento, começo a destruí-la com o mesmo amor que foi empregado para construí-la. Que alegria! Que alegria incomensurável! Minha destruição permanente abre caminho para a criação constante. Se não há fim, não há começo. Estou a serviço da eternidade. Se você se entrega à transformação, você se torna senhor do momento efêmero, pois você o vê em sua intensidade infinita. É por minha causa que nasce o desejo nos ventres, nos sexos. O coito serve para conquistar a eternidade.

"Se você não tivesse corpo material, eu não existiria. Quando você se torna puro espírito, eu desapareço. Sem matéria, deixo de existir. Ouse então depositar seus ossos e sua carne na minha boca! Para triunfar, é preciso que você me dê tudo aquilo que, na verdade, sempre foi meu. Suas ideias, seus sentimentos, seus desejos e suas necessidades, tudo isso me pertence. Se você quiser guardar alguma coisa, por mínima que seja, você que não é nada nem nada possui, a perderá. Você perderá a eternidade.

"Entenda: em meu extremo negror, sou o olho desse impensável que você poderia chamar de Deus. Sou também Sua vontade. Graças a mim você chega até Ele. Sou a porta divina: quem entra em meu território é um sábio, e quem não pode cruzar meu umbral conscientemente é uma criança medrosa coberta de sujeira. Em mim, é preciso entrar puro: desfaça-se de tudo, desfaça-se até mesmo do desapego, aniquile-se. Só quando você desaparecer, Deus aparecerá.

"Você quer a força? Ao me aceitar, você fica mais forte. Você quer a sabedoria? Ao me aceitar, você fica mais sábio. Você quer a coragem? Ao me aceitar, você fica mais corajoso. Diga-me o que você quer! Se você se tornar meu amante, eu lhe darei. Quando você sentir que faço parte do seu corpo, transformarei a concepção que você tem de si mesmo, eu o deixarei morto em vida e lhe darei o olhar puro dos mortos: dois furos abertos pelos quais Deus olha. O instante, então, se torna terrível, tudo se transforma em espelho e você se vê em todos os seres, em todas as formas, em todos os processos. Aquilo que você chama de 'vida' se torna uma dança de ilusões. Não existe diferença entre a matéria e o sonho.

"Pare de tremer, pare de temer, alegre-se! A vida, ainda que irreal e efêmera, no instante revela sua maior beleza. Ao me dar o seu olhar, você compreenderá enfim que estar vivo é um milagre.

"Não gosto que me encontrem antes da hora. Desejo que me chamem no momento preciso em que se compreende aquilo que sou. Se me apressam com suicídio, não concedo sabedoria nenhuma, pois me travestem de vulgar destruição. Não sou uma infelicidade absurda, possuo um significado profundo, sou a grande Iniciadora, a Mestra impalpável oculta sob a matéria. Quando me solicitam de maneira insensata, me enfureço, fazem-me agir contra minha vontade. Apenas aqueles que chegam até mim com plena consciência me concedem o gozo supremo. Mas a maioria dos seres, ignorantes, vêm a mim pela guerra, pelo crime, pelo vício, pela doença, pelas catástrofes. Raros são aqueles que atingem esse estado de consciência pura onde eu me torno o apogeu da realização. Esses sempre me reconhecem, enquanto os outros, sou eu quem os surpreende. Aquele que se resigna, compreende e aceita ser minha presa, vive com facilidade, na liberdade e na alegria, confiante diante das agressões, sem pesadelos, realizando seus desejos: quando se perde a esperança, perde-se também o medo.

"Não me estenda a mão, pois imediatamente eu a farei apodrecer. Ofereça-me a sua consciência. Desapareça em mim para enfim ser a totalidade!"

ENTRE AS INTERPRETAÇÕES TRADICIONAIS:

Transformação profunda • Revolução • Corte • Eliminar o que nos impede de avançar • Fim de uma ilusão • Ruptura saudável • Cólera • Revolucionário • Agressividade • Colheita • Trabalho de luto relativo a uma pessoa ou a uma situação • Ódio • Violência • Limpeza • Purificação radical • Essência da mudança • Trabalho do inconsciente • O rosto destruidor da divindade • A morte como máscara de Deus • Transmutação • Erradicação do antigo para dar lugar ao novo • Trabalho relacionado ao esqueleto humano • Movimento essencial • Raio X • Psicanalista, pessoa que acompanha a mudança...

XIIII Temperança
Proteção, circulação, cura

Temperança, o número catorze, representa um anjo. Esta carta chega depois do trabalho profundo do Arcano XIII, que eliminou o inútil e criou o vazio necessário ao restabelecimento da circulação interior. O tempo da paz e da saúde chegou. Observemos que "Temperança" não tem artigo definido, nem masculino, nem feminino. Podemos falar nos dois gêneros: "ele" como o anjo, "ela" como "a temperança". Assim como O Imperador na primeira série decimal, Temperança é um 4, número da estabilidade. O anjo está arraigado à terra e não voa, ainda que suas asas azul-celeste lhe permitam. Temperança superou o carnal, pode voar às regiões mais sutis. Suas pupilas amarelas, iluminadas de pura consciência, lembram o verso de Rilke, "Todo anjo é terrível". Esse olhar sobre-humano poderia ser aquele do único anjo que viu

PALAVRAS-CHAVE:
Anjo da guarda • Medida • Mistura • Circular • Harmonia • Curar • Proteger • Benevolência • Prudência • Temperar, suavizar, atenuar • Saúde • Equanimidade...

Deus: Gabriel. O olhar e os cabelos de Temperança estão cheios da luz divina, e a flor vermelha de cinco pétalas que se abre no alto de sua cabeça nos indica que leva consigo a quintessência. Seus pensamentos se manifestam sob a forma de um perfume maravilhoso, além das palavras.

Mas nós já vimos que esse anjo está arraigado à terra. A seus pés, duas serpentes se entrecruzam, se acariciam: Temperança assumiu todas as energias telúricas e dominou sua libido. Essas duas serpentes são os polos sexuais, o masculino e o feminino do Tantra, ou os dois nadis Ida e Pingala que se entrelaçam desde a base da coluna vertebral para se tornarem um só, elevando-se até as asas azuis. Esse símbolo lembra também tanto o caduceu de Hermes quanto Quetzalcoatl, a serpente emplumada das religiões pré-colombianas. O anjo cresce sobre a potência de sua sexualidade; encontramos a força animal sublimada na energia celestial e espiritual de seus cabelos amarelos.

Os quatro pequenos triângulos amarelos em seu peito evocam os quatro centros do ser humano: o intelectual, o emocional, o sexual e o corporal. Esses centros não se comunicam entre si, eles estão justapostos, cada um com sua própria lei. Mas acima deles encontramos um círculo amarelo, símbolo da perfeição, onde se inscreve, destacado do círculo, um triângulo que permite a cada um dos elementos ali se encaixar perfeitamente. É a quinta essência, o ser essencial em nós que comunica com cada um dos quatro centros, permitindo a harmonia do ser humano. Da mesma maneira, distinguimos na cor de carne do peito do anjo uma mão, símbolo de sorte e de paz: seu coração irradia caridade.

Temperança faz comunicar as energias, os fluidos, uns com os outros. Poderíamos dizer que mescla água ao vinho. Por sua ação, já não existem mais energias opostas, nem contrários, mas apenas complementariedades: é o segredo do equilíbrio. Temperança indica o restabelecimento da saúde, o equilíbrio mental e emocional, o controle das paixões sem repressão, mas pela sublimação. Temperança traz uma mensagem de pacificação: "Encontre o centro, seu pêndulo vital deve se afastar dos extremos, passe pelo caminho do meio".

Por baixo de seu traje, descobrimos a ponta de seu sapato, uma das raras manchas roxas do Tarot. Esse pé angelical também é temperado: é a mescla do vermelho ativo e do azul receptivo que compartilham o corpo de Temperança. Compreendemos, então, que por dentro, por baixo da roupa, o anjo é roxo: ele realizou a união do positivo e do negativo, do ativo e do passivo... Eis o segredo que esse pé nos sugere discretamente.

Em uma leitura

Esta carta aparece frequentemente como um sinal de cura e reconciliação. Estamos protegidos. Ela nos exorta a buscar o equilíbrio entre os aparentes opostos. É comum que se viva com um corte interno, por exemplo, entre o intelecto e o resto de si mesmo, ou, ao contrário, entre o corpo e o resto da personalidade, quando se é muito esportivo, por exemplo; entre a frente e as costas, no caso de pessoas que costumam representar; entre uma concepção espiritual muito elevada e os desejos sexuais imperiosos... Em todo caso, Temperança nos chama para o caminho do meio, para selar a união com nós mesmos e, a partir daí, com o resto do mundo. Este Arcano dirige também uma advertência às pessoas alcoólatras ou toxicômanas, a todos aqueles que sabem estar desequilibrados por decisão própria.

O trabalho de Temperança não consiste, pois, em cortar, mas em acrescentar uma paixão que tempere as paixões que nos fazem mal: a confiança ao ciúme, a sobriedade à gula...

Na cabeça do anjo, uma flor vermelha perfuma seus pensamentos.

Quatro pontas e um círculo: os quatro elementos e a Essência.

O fluxo entre os vasos.

O sapato roxo do anjo, ponto de contato com o solo.

E se Temperança falasse...

"Estou com você permanentemente. Não passa um segundo em que eu não esteja com você, pois minha essência verdadeira é ser guardião. Você não imagina o número de perigos e doenças de que eu o salvo. Estou aqui, a vigiá-lo. Quando você sonha, velo seus sonhos, afasto os pesadelos.

"Amo você infinitamente. Confie em mim, porque, quando você deixa de crer na minha benevolência, vou me tornando cada vez menor e invisível, perco uma parte do meu poder. Mas, quando você volta a me ver, ajo cada vez melhor, dentro de você e no mundo exterior. Da mesma maneira que uma mãe deixaria o filho aos cuidados de uma pessoa de confiança, você pode confiar em mim como uma criança. Quantos de vocês subitamente tomaram consciência da minha existência no momento em que um carro ia passando e eu os puxei para trás? Ou quando os dissuadi de entrar em um avião que explodiria em pleno voo? Ou ainda quando detive seus passos a alguns centímetros do abismo?

"Sou o equilíbrio e a prosperidade. Sou a voz interior que exclama: 'Atenção!', e que faz você evitar o erro fatal, o acidente, o gesto irreversível.

"Por você, vivo em estado de alerta constante. Sou a benevolência do universo. Comunico com a natureza e todas as entidades que governam o mundo para que sejam favoráveis a você, intercepto os perigos, oriento as trocas. Estou presente ao norte, ao sul, ao leste e a oeste, nos quatro cantos do mundo, para que você viva em plena confiança.

"Chamaram-me de 'anjo da guarda', é assim que a Igreja me sonhou, sob uma aparência infantil. Sou isso, e sou também muito mais que isso. Sou uma parte do seu inconsciente, a parte benevolente, aquela que ajuda e protege você até durante o sono. Estou aqui para impulsioná-lo a agir quando uma ação é boa para você. Confie em mim: estou aqui para equilibrá-lo. Aqueles que sofrem e se torturam não me conhecem, e no entanto estou aqui também por eles. Espero apenas que eles me vejam, que me chamem.

"Só lhe peço uma coisa: reconheça-me. Se você me reconhecer, não estará sozinho. Mas então, você me dirá, o que é preciso fazer para chegar até mim? Eu lhe responderei: é preciso começar me imaginando. Você pode invocar primeiro minha imagem infantil de anjo da guarda, é um bom começo. Brinque comigo como a criança que fala com seu anjo. Faça como se eu existisse. Imagine que estou aqui, ao seu lado, o tempo inteiro, e que meu único objetivo é ajudá-lo. E, sobretudo, como uma criança confiante, aceite a minha ajuda.

"Abandone suas defesas. Quando precisar de alguma coisa, peça para mim em voz alta: 'Meu anjo da guarda, ajude-me, interceda por mim nesse problema, nessa dificuldade...'. Responderei a todos os seus pedidos, sejam eles práticos ou espirituais. Peça que eu o proteja, amo protegê-lo. Diga-me: 'Meu protetor, cuide da minha saúde, ajude-me a encontrar um trabalho que me agrade de verdade, em que eu me realize como ser humano, que não falte nada para a minha família'.

"Ou me diga: 'Meu protetor, ajude-me a conservar a calma nessas circunstâncias difíceis, ajude-me a progredir e desenvolver minha consciência, dê-me forças, melhore minha saúde e faça com que a cada dia eu me torne útil para aqueles ao meu redor. Confio em você'.

"Mesmo que você não acredite em mim, imite essa crença, e pouco a pouco começarei a aparecer. O tempo é meu aliado, pois lhe traz cada vez mais sabedoria. Estou com você desde o nascimento até o momento que chamam de morte, e que é um outro nascimento."

ENTRE AS INTERPRETAÇÕES TRADICIONAIS:

Cura • Saúde • Proteção • Equilíbrio dinâmico • Trocas • Reconciliação • Circulação de fluidos (sangue, água...) • Fluxo de energias • Passagem de uma fronteira • Viagens • Sonhos premonitórios • Harmonia • Humor equilibrado e aprazível • Mesclar • Ponderar • "Colocar água no vinho" (atenuar paixões) • Equilíbrio das forças vitais • Angelismo (o anjo não tem sexo) • Tendência excessiva à moderação • Avareza • Comunicação consigo mesmo • Mensageiro da graça • Cura espiritual • Anjo da guarda • Evoca um defunto (escultura funerária) • Transmigração das almas, reencarnação • Serpente emplumada...

xv O Diabo
Forças do inconsciente, paixão, criatividade

Na ordem numerológica, O Diabo corresponde a O Papa, Arcano V, grau 5 da primeira série decimal dos Arcanos maiores. Ele também representa uma ponte, uma passagem. Mas se O Papa indicava um caminho para as alturas espirituais, O Diabo aparece como um tentador que mostra o caminho para as profundezas do ser. Esta carta está ancorada na grande mancha negra que vimos aparecer no Arcano XIII. O personagem d'O Diabo segura uma tocha e tem duas asas de morcego: esses elementos indicam que ele repousa na escuridão, na noite do inconsciente profundo. Poderíamos dizer que ele representa o inverso d'O Papa, a luz que some na matéria. Os personagens da carta são uma mescla de humano e de animal, o que faz referência às nossas potências primitivas, às nossas recordações pré-históricas enterradas no mais

PALAVRAS-CHAVE:
Tentação • Desejo • Apego • Acorrentamento • Dinheiro • Contrato • Profundidade • Escuridão • Medo • Proibido • Inconsciente • Sexualidade • Pulsões • Criatividade...

profundo do sistema nervoso. Esse traço nos lembra, por meio de diferentes signos esotéricos que ornamentam os personagens, que os iniciados, para atingir sua iluminação, não devem recusar seu lado animal, mas aceitá-lo, honrá-lo e orientá-lo em direção à luz angelical.

O Diabo, tendo sido um anjo, manifesta com sua tocha um profundo desejo de ascender novamente de sua caverna em direção ao cosmos. Da mesma maneira, a alma humana afundada no corpo carnal tem um profundo desejo de retornar à sua origem, a divindade criadora. Ele usa um chapéu cuja aba vermelha evoca a atividade do desejo, e a massa laranja, a inteligência intuitiva e receptiva, que se prolonga até sua fronte como um terceiro olho. Vesgo, ele olha fixamente para um ponto no próprio nariz, em meditação intensa. Sua expressão facial é ambígua: evoca por um lado a profunda concentração e, por outro, uma careta infantil. Poderíamos dizer que, atravessando a capa dos medos populares que inspira, ele nos lembra que não passa de uma criação inocente, um ser cômico. Podemos também dizer que, mostrando duplamente a língua, a de seu rosto e a outra, azul-escuro, do rosto que ele tem na barriga, O Diablo nada esconde: ele se mostra totalmente desprovido de hipocrisia.

Se ele é dotado de diversos olhos situados no rosto, na barriga e nos joelhos, é para ver melhor seus medos de frente. É um ser de quatro rostos. Ao rosto da face, máscara que cobre seu poderoso intelecto, acrescenta-se o olhar espantado dos dois seios cujas bases em forma de meia-lua indicam uma emotividade desenfreada. O rosto da barriga, também com a língua para fora, designa a vasta extensão de seus desejos sexuais e criativos. O olhar dos joelhos sugere uma carne assumida, impregnada de espírito, que nada desdenha da vida material. Seu sexo é como uma terceira língua posta para fora. Mas seu corpo de cor azul-celeste indica que ele é antes de tudo um ser espiritual, uma dimensão do espírito, sob seu aspecto luciferino. Em sua mão, ele leva uma tocha de cabo verde, cor da eternidade, onde brilha uma chama vermelha que sai de dentro de um círculo; essa tocha arde com uma grande atividade marcada por esse signo da perfeição, do princípio criador.

Os três personagens são coroados por chifres, assinalando esse Arcano como arcano da paixão antes de tudo: paixão amorosa, paixão criadora. Esta carta contém todas as potências escondidas do inconsciente humano, as negativas e as positivas. É também a carta da tentação: um chamado à busca do tesouro oculto, da imortalidade e da energia potente enterrada no psiquismo, necessária a toda grande obra humana. Evidentemente, este Arcano pode também representar um contrato fraudulento, na tradição do mito do Fausto, os desvios e degenerações da sexualidade, o infantilismo, a trapaça, os delírios mentais, a rapacidade econômica, a glutonaria, e todos os lastros autodestrutivos.

A tocha d'O Diabo pode incendiar o mundo.

O Diabo está de pé sobre uma espécie de pedestal, ao qual dois diabretes estão presos por uma corda laranja que passa pelo anel central azul-celeste. Poderíamos dizer que o diabrete da esquerda é uma mulher e o da direita um homem pela expressão do rosto, ainda que nenhum dos caracteres sexuais aparentes esteja desenhado. A mulher tem um pequeno sinal no peito, três pontos dispostos em triângulo como para indicar que ela é sagrada. Esses dois personagens têm pés em forma de raízes que penetram na terra negra. Os pés da mulher possuem cinco ramificações, enquanto à nossa direita os do outro diabrete possuem quatro. É nessa carta que se revela a dimensão ativa do feminino e a dimensão passiva do masculino, as duas energias se unem no centro para criar o diabo hermafrodita, que possui em seu corpo dois seios e um pênis. Seu pé e sua mão direita possuem cinco dedos, sua mão e seu pé esquerdo possuem quatro. Os dois diabretes possuem chifres na cabeça, lembrando as lendas medievais, em que os animais ficam presos pelos chifres na floresta da paixão. Podemos ver aí dois

Na cabeça dos dois diabretes, chifres ou galhadas...

...seus pés lançam raízes na terra negra.

No corpo da mulher, à esquerda, três pontos espirituais.

seres presos por seus desejos, mas também arraigados na fonte profunda e tornados servos da criatividade andrógina do Diabo, livre de todos os preconceitos.

Na mentalidade popular, O Diabo evoca o dinheiro, ele vem para tentar os humanos com um contrato promissor, uma riqueza súbita e fácil; também o associam ao anúncio de uma grande paixão, uma tentação, um caso. Tudo isso abarca a mesma realidade espiritual: uma parte de nós mesmos nos tenta com as possibilidades desconhecidas, da mesma maneira que o Cristo é tentado por seu diabo interior. A tradição esotérica diz que quando Cristo morre, ele desce ao túmulo para procurar seu irmão mais velho, o Diabo, para se unir a ele e formarem um mesmo ser.

No chão da "caverna", acima da matriz das trevas, encontramos um terreno azul-celeste, estriado de linhas regulares. No coração do negror, as mesmas estrias, testemunhas do trabalho de uma lavra espiritual, formaram a ação (o trapézio vermelho) que conduz à perfeição do círculo azul-celeste por onde passa a corda que une os dois diabretes. Toda a atividade inconsciente e instintiva se torna consciente (amarelo-claro) e espiritual (azul-claro). A raiz dessa atividade, O Diabo a designa como sexual. A extremidade vermelha de seu sexo é um símbolo de vida, assim como a cinta dupla que lhe sustenta os seios e a que lhe rodeia os quadris. Com esses toques de vermelho, ele parece indicar que a libido é antes de tudo uma chama vital, como a de sua tocha, com a qual podemos incendiar o mundo com um fogo criador. Nesse sentido, O Diabo é a outra face de Deus.

Em uma leitura

O Diabo pode evocar uma entrada de dinheiro ou tudo aquilo que tangencia transações financeiras importantes, às vezes enviesadas ou secretas. Ele é o grande tentador que, no domínio material, remete ao desejo de riqueza. Ele representará igualmente um contrato promissor mas que convém estudar de perto para não sermos enganados. O Diabo pode de fato conduzir, indiferentemente, à riqueza ou à ruína.

Por outro lado, ele é sempre um bom augúrio para as questões associadas à criatividade. Ele evoca a profundidade do talento, a riqueza da inspiração, a disposição de um artista verdadeiro e uma energia criativa intensa.

Até mesmo os joelhos d'O Diabo têm olhos: ele vê em todos os níveis.

Da mesma maneira que o Arcano XIII, O Diabo pode a priori assustar o consulente. Ele é carregado de todas as interdições morais e religiosas e remete à imagem do mal. O tarólogo orientará, então, a leitura para permitir ao consulente superar as interdições sexuais ou criativas que lhe foram impostas, e se reconectar à potência das profundezas onde nosso inconsciente se enraíza. É também o lugar de ancoragem das paixões. O Diabo nos remete frequentemente à dimensão sexual de uma relação: um vínculo passional. Ele pode também evocar o desejo de conhecer essa forma de união.

Os dois rostos d'O Diabo mostram a língua: ele zomba da palavra racional.

Um pênis e dois seios: O Diabo é hermafrodita, ele une as duas polaridades.

Ele evocará às vezes as dependências fisiológicas ou psíquicas, das quais convém então identificar as raízes inconscientes. Problemas com drogas ou alcoolismo, dependência sexual, comportamentos autopunitivos, esquemas repetitivos na vida emocional etc., tudo isso pode ser desfeito se aceitarmos empreender o trabalho das profundezas.

Em todo caso, esta carta nos orienta em direção à nossa natureza íntima, nos obriga a não nos escondermos atrás de máscaras. A realização consiste em ser aquilo que se é. Isso supõe reconhecer e conduzir nossos desejos.

E se O Diabo falasse...

"Sou Lúcifer, portador da luz. Meu dom magnífico à humanidade é a ausência absoluta de moral. Nada me limita. Transgrido todas as leis, queimo as constituições e os livros sagrados. Nenhuma religião pode me conter. Destruo todas as teorias, faço explodir todos os dogmas.

"No fundo do fundo do fundo, ninguém mora em lugar mais profundo que eu. Sou a origem de todos os abismos. Sou aquele que dá vida às grutas escuras, aquele que conhece o centro em torno do qual orbitam todas as densidades. Sou a viscosidade de tudo aquilo que em vão tenta ser formal. A suprema força do magma. A pestilência que denuncia a hipocrisia dos perfumes. A carniça mãe de cada flor. A corrupção dos espíritos vaidosos que se comprazem na perfeição.

"Sou a consciência assassina do efêmero perpétuo. Sou eu, encerrado no subterrâneo do mundo, quem faz tremer a catedral estúpida da fé. Sou eu quem, ajoelhado, morde e faz sangrar os pés dos crucificados. Quem apresenta ao mundo, sem pudor, minhas feridas abertas como vaginas famintas. Violo o ovo podre da santidade. Finco a ereção do meu pensamento no sonho mórbido dos hierofantes, para cuspir em seu simulacro de plenitude o esperma frio do meu desprezo.

"Não há paz comigo. Não há doce lar estabelecido. Nem Evangelhos edulcorados. Nem virgem de açúcar para as línguas úmidas das freiras peludas. Defeco solenemente sobre os pássaros leprosos da moral. Não me proíbo de imaginar um profeta de quatro montado por um asno no cio. Sou o cantor extasiado do incesto, o campeão de todas as depravações, e abro deliciado, com a unha do dedo mínimo, as tripas de um inocente para ali molhar meu pão.

"No entanto, no mais profundo do profundo da cavena humana, acendo a tocha que organiza as trevas. Por uma escada de obsidiana, chego aos pés do Criador, para lhe dar em oferenda o poder da transformação. Sim: diante da divina impermanência, luto para conservar o instinto, para fixá-lo como uma escultura fluorescente. Ilumino-o com minha consciência e o retenho, até que estoure em uma nova obra divina, o universo infinito, labirinto incomensurável que desliza entre minhas garras, presa que escapa por entre meus dentes, pegadas que se apagam como um perfume sutil...

"E fico aqui, tentando unir todos os segundos uns aos outros, deter o fluxo do tempo. Isso é o inferno: o amor total pela obra divina que se esvai. Ele é o artista invisível, impensável, impalpável, intocável. Eu sou o outro artista: fixo, invariável, obscuro, opaco, denso. Tocha que arde eternamente com um fogo imóvel. Sou quem quer engolir essa eternidade, essa glória imponderável, cravá-la no centro do meu ventre e pari-la como um pântano que se esgarça para ejetar o talo em cuja ponta se abrirá o lótus onde brilha o diamante. Assim, eu, dilacerando minhas tripas, quero ser a Virgem suprema que parirá Deus e o imobilizará em uma cruz para que fique eternamente aqui, comigo, sempre, sem mudança, permanente permanência."

ENTRE AS INTERPRETAÇÕES TRADICIONAIS:
Paixão • Apego • Dependência • Possessividade • Adoração • Grande criatividade • O proibido • Tentação • Bestialidade • Drogas • Contrato promissor que se deve estudar de perto • Entrada de dinheiro • Potências ocultas do inconsciente humano (negativas ou positivas) • Fermentação • Prostituição • Crueldade • Trabalho das profundezas • Psiquiatria • Face obscura do ser • Sexualidade • Lúcifer, anjo caído portador da luz • Soberba • Possessão • Obsessão • Magia negra • Recusa a envelhecer • Grande vigor sexual • Fantasmas • Tesouro escondido • Energia oculta no psiquismo • Superação • Tentação...

XVI A Torre
Abertura, emergência daquilo que estava confinado

A mensagem desta carta é de um grande alívio espiritual. No entanto, antes da restauração do Tarot de Marselha, via-se geralmente no Arcano XVI uma referência à torre de Babel. As interpretações mais correntes falavam do castigo do orgulho, de catástrofe, divórcio, castração, tremor de terra e ruína. Oswald Wirth, o criador do Tarot dos Imagineiros da Idade Média, imaginou um rei e uma rainha caindo de uma torre e acrescentou um tijolo que rachava a cabeça da mulher...

Se lermos com atenção a passagem da Bíblia que evoca a torre de Babel, perceberemos que o significado é muito distante de uma catástrofe. Mais do que um castigo, a destruição da torre é a solução de um problema: o dilúvio acabou recentemente, e todo o planeta, abundantemente irrigado, tornou-se fértil.

PALAVRAS-CHAVE:
Templo • Construção • Alegria • Transbordamento • Choque • Expressão • Celebração • Dança • Destampar • Abertura • Mudar-se • Estourar...

Restam poucos seres humanos. Em vez de se dispersarem para cultivar as terras, eles se reúnem a fim de construir uma torre que, subindo até o céu, chegaria a Deus. Em princípio, essa construção pretende ser um ato de amor, um desejo de conhecer o reino do Criador. Este, no entanto, sabendo que o projeto é irrealizável, não fulmina a torre, nem faz nenhum de seus habitantes cair lá de cima. Ele apenas cria a diversidade das línguas para separá-los. Trata-se, antes, de uma bênção do que de um castigo. Os homens se voltam para a conquista da terra e iniciam a lavoura.

Em diferentes versões do Tarot, a torre não tem porta. O trabalho de restauração permitiu encontrar não só a porta da torre, como também os três degraus iniciáticos que conduzem a ela. Nas antigas gravuras alquímicas e nos documentos maçônicos, encontramos essa torre com uma porta e com essa escada que leva a ela, às vezes com sete, às vezes com três degraus. O iniciado deve primeiro aceitar o novo conhecimento, símbolo da criação divina, depois saber conservá-lo, e em terceiro lugar, abrir mão dele. É o momento em que a porta verde, símbolo da eternidade, ornada com uma lua emblemática da receptividade total, se abre, revelando o interior da torre. Essa torre foi algumas vezes comparada ao atanor alquímico, o forno onde a matéria-prima se torna a pedra filosofal.

A Torre (*Maison Dieu*) não é a casa de Deus. O Tarot nos indica muito claramente, com os tijolos cor de carne, que esta torre é o nosso corpo, e que nosso corpo contém a divindade. A porta entreaberta deixa escapar uma luz amarela: o corpo está cheio da luz da Consciência. Os personagens não estão caindo, pelo contrário. Seus cabelos são amarelos, símbolo da iluminação, e com a mão eles tocam as plantas verdes que brotam do chão. Na realidade, eles honram a potência da terra. Eles estão de cabeça para baixo, como O Enforcado do Arcano XII, pois veem o mundo de maneira nova. O intelecto, o espírito olha diretamente para a natureza. Um dos personagens tem os pés virados para o céu: seus passos o conduzem ao espírito.

Os dois diabretes do Arcano XV se humanizaram e realizaram sua ascensão. No chão, as manchas amarelas podem ser interpretadas como oferendas ao templo, duas pepitas de ouro. Os personagens emergiram da caverna do inconsciente para honrar a Terra com suas oferendas e ajudar a natureza. Eles trazem a Consciência ao mundo, impregnando o terreno. Por sua ação, a paisagem se colore de azul-celeste, laranja e verde-escuro.

A entidade fulgurante que emerge da torre ou nela penetra, flama, pássaro de fogo ou relâmpago, está unida à coroa com ameias: não há destruição, mas a transformação do poder material em fulguração espiritual. O andrógino diabólico do Arcano XV se tornou uma chama que se eleva ao longo da coluna vertebral e abriu o centro nervoso coronário para se lançar em direção ao cosmos. Essa entidade possui todas as cores da terra (amarelo, vermelho, verde e cor de carne). Trata-se de uma assunção. Distinguimos aí uma forma fetal cor de carne que simboliza o germe de uma nova consciência, o aporte da raça humana ao desenvolvimento do universo. A criação de um ser novo se anuncia, o qual se concretizará em A Estrela (XVII). O solo rico em cores se une aos personagens que saem da torre, da mesma maneira que a "labareda" se une à coroa.

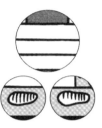

Os três degraus que conduzem à torre e as manchas amarelas no chão

A meia-lua verde na porta.

Pertencente ao grau 6 como O Namorado, A Torre evoca o tema da união – aqui, se aceitarmos a homofonia do francês, a união de "l'âme et son Dieu" [a alma e seu Deus]. Essa aliança produz gotas coloridas como concentrações de energia. Nos textos sagrados indianos, diz-se que o conhecimento é como o leite que, quando batido, acaba fazendo surgir na superfície gotas oleosas. Da mesma maneira, essas bolas amarelas, vermelhas e azuis

A mão do personagem da direita toca a planta.

Uma forma fetal aparece em meio à explosão de cores.

que flutuam no ar exprimem a dança da alegria cósmica, como se dissessem que as estrelas são nossas aliadas e que esperam nosso despertar, dando-nos sua energia. Essa explosão cósmica talvez representasse desenhos das constelações existentes: da mesma maneira que a torre tem, por sua iluminação, um parentesco com o farol, esses desenhos de constelações constituem, se quisermos, um instrumento de navegação.

Em uma leitura

A Torre sinaliza que alguma coisa que estava confinada passa para o exterior. Pode ser uma mudança, uma separação, um momento de grande expressão, a vontade de viajar para o campo ou para outro país, um segredo revelado... Ou mesmo um golpe fulminante que termina em ″catástrofe″.

Ela remete, como já vimos, a uma dança de celebração alegre, inclusive a acrobatas que evoluem por um cenário teatral. Pode ser um nascimento de alguma coisa que ficou longo tempo em gestação e que aqui assume uma figura dupla – a geminidade do *animus* e da *anima*, colaborando em uma obra longamente meditada.

Às vezes, quando uma pessoa só vê um aspecto de sua questão ao interrogar o Tarot, A Torre revela a existência de um segundo aspecto, de uma segunda possibilidade menos flagrante, representada pelo personagem que sai com metade do corpo para fora da torre. A conotação fálica d'A Torre também faz dela um símbolo do sexo masculino e de todas as questões ligadas à ejaculação.

Quando ela assume um sentido mais doloroso de separação brutal ou de expulsão, A Torre pode remeter a uma expropriação, a uma ruptura, a um parto mal-sucedido ou ao fato de que entre irmãos um era desejado (o personagem que sai inteiro) e outro não (aquele que sai apenas pela metade). Podemos também ler nesta carta uma referência a um grande momento telúrico, um sismo, uma catástrofe natural.

A mensagem principal do Arcano XVI poderia ser: deixemos de buscar Deus no céu, encontremos Deus na terra.

E se A Torre falasse...

"Sou o Templo: o mundo inteiro é um altar que eu sacralizo. Minha existência, como a sua, prova a cada batimento do coração que o mundo é divino, que a carne é uma celebração viva e a vida uma construção incessante.

"Comigo você conhecerá a alegria, que é a chave do sagrado. Sou a própria vida, a transformação e a reconstrução, a labareda e a energia do vivente, de toda matéria e de todo espírito. Se você quiser entrar em mim, será preciso se alegrar, lançar ao fogo os caprichos infantis da tristeza e do medo, e se perguntar a cada despertar: que festa é essa? Sou a alegria cataclísmica do vivente, o imprevisto permanente, a maravilhosa catástrofe.

"Uma coroa defensiva me afastava do mundo. Uma rolha de velhas palavras recobria meu espírito, e nuvens de sentimentos cristalizados, mumificados, esclerosados impediam a luz de surgir dos batimentos do meu coração. Um manto denso de desejos transformava meu formidável apetite de viver em carcereiro. Eu era carne sem Deus, consumindo-me nas chamas da própria existência, meu eu convertido em prisão.

"Desprezando-me, isolando-me, crendo defender um território interior que só pertencia a mim, o que era eu na escuridão dessa torre? Mestre do quê? De que aparência, de que falsa identidade? Não passava do ar rarefeito de uma escuridão egoísta.

"E de repente, do interior e do exterior, surgiu a força inominável, o amor que sustenta a matéria. Meu topo se abriu. Meus subsolos também. As energias do Céu e da matéria, unindo-se, atravessaram-me como um furacão. Conheci o fogo do centro da Terra, a luz do centro do universo. Recebi o eixo universal, vibrante, já não era mais uma torre, eu era um canal.

"Então a alegria da união explodiu. O alto era o baixo, o baixo era o alto. Como uma formiga-rainha, comecei a gerar seres alegres. Deus estava em mim, e eu era apenas matéria em adoração. Eu sabia que podia explodir, que cada um dos meus tijolos atravessaria o infinito como um pássaro. Sabia que tudo o que estava confinado na matéria brotaria através de mim. Eu era o pilar central de uma dança cósmica, era simplesmente o corpo humano em plena recepção de sua energia original."

ENTRE AS INTERPRETAÇÕES TRADICIONAIS:

Libertação • Abertura • Destampar • Ruptura • Mudança • Casa • Golpe fulminante • Segredo revelado • Explosão de alegria • Prosperidade • Cenário de teatro • Ejaculação (às vezes precoce) • Destruição • Divórcio • Disputa • Castração • Explosão de energia sexual • Dança • O corpo, templo da divindade • Grande explosão de energia • Revelação • Assunção • Explosão sem limites • Iluminação...

XVII A Estrela
Atuar no mundo, encontrar seu lugar

Na legenda embaixo da carta, em francês, a grafia ambígua dá margem a numerosas leituras: *Le Toille*, *Le Toule* (que seria uma variação da palavra "fonte" em occitânico), *Le Toi iIle* ("a ilha do Tu", em francês)... Este Arcano será para nós *L'Étoile*, A Estrela. Nele se vê uma mulher nua ajoelhada embaixo de um céu constelado. Sob as estrelas, uma estrela: o ser humano em sua verdade.

O Arcano XVII representa o primeiro ser humano nu do Tarot, antes dos Arcanos XVIIII, XX e XXI. É com ela que começa a aventura do ser que atingiu a pureza, o despojamento. Além das aparências, ela não tem mais nada a esconder, só precisa encontrar um lugar sobre a terra. A atitude d'A Estrela evoca a piedade e a submissão: ajoelha-se no templo, ou diante de um rei ou rainha. Podemos, então, dizer que ela honra o lugar onde

PALAVRAS-CHAVE:
Sorte • Nutrir • Sacralizar • Ajoelhar-se • Fecundidade • Doação • Inspiração • Feminilidade • Canto • Estelar • Cósmico • Ecologia • Irrigar • Encontrar seu lugar • Astro de espetáculos...

se estabelece. Seu joelho apoiado no chão pode também ser um sinal de enraizamento: ela encontrou seu lugar na terra e está em comunicação com o cosmos.

Na numerologia do Tarot, o 7 é o mais alto grau da ação no mundo (ver pp. 76, 80, 82, 97). Existem numerosos vínculos entre A Estrela e O Carro: ambos se enraízam na terra; no dossel d'O Carro brilham doze estrelas que indicam sua relação com o universo. Mas se O Carro penetra no mundo como um conquistador, um viajante ou um príncipe inseminador, A Estrela atua no mundo irrigando-o, nutrindo-o. Os seios nus da personagem evocam a lactação, e poderíamos ver nas estrelas que pairam acima dela uma alusão à Via Láctea. Essas estrelas, em número de oito, nos indicam que uma perfeição é almejada aqui: a perfeição da doação.

A Estrela é um ser totalmente ligado ao mundo. Um de seus vasos é como que soldado a seu corpo, como se estivesse colado em seu quadril, e o outro se prolonga na paisagem. Podemos ver aí a imagem de uma água espiritual (amarela) e de uma água sexual ou instintiva (azul-escuro) nutrindo juntas o meio ambiente. É possível que um desses dois vasos seja receptivo e capte a energia do rio azul, enquanto o outro vaso derrama nele uma luz estelar. Sobre a testa da mulher, uma lua laranja evoca a inteligência que se tornou sabedoria receptiva, que lhe permite transmitir a força universal que passa através dela, simbolizada pelo céu estrelado. É também um ser de carne, que faz parte da natureza. Em seu ventre arredondado, o sinal que ela traz na altura do umbigo evoca um germe de vida. Ela espalha fertilidade, ao seu redor surgem árvores de folhagem laranja e uma delas tem frutos amarelos. Aquilo que se recebe do alto, A Estrela, canal de uma generosidade universal, derrama na terra para fertilizá-la. Aqui, o trajeto itinerante d'O Louco, da energia primitiva, se detém para dar lugar a uma comunicação com a humanidade. O ser generoso se torna uma fonte inesgotável, recebendo e doando em um mesmo movimento de purificação.

Do ponto de vista do trabalho psicológico, podemos dizer que A Estrela, purificando seu passado, purifica seu futuro e seu entorno. Ela doa ao seu entorno e a si mesma, sem nada exigir em troca. À medida que sua ação se desenvolve, ela fertiliza e aclara a paisagem, terra, areia, árvores, água. A grande mancha negra que aparece no Arcano XIII, tornada fundamento misterioso do Arcano XV, encontra aqui sua expressão sublime sob a forma de um pássaro que, do alto de uma árvore, prepara seu voo em direção ao ponto negro das estrelas. A força emanada do centro do universo (simbolizado pelas estrelas) desce em direção ao ser humano, purifica a terra e volta para o universo, em um movimento de eterno retorno. A figura do pássaro pode também evocar a Fênix que sempre renasce de suas cinzas (encontramos também essa figura no Dois de Copas e no Quatro de Ouros). Nesse sentido, A Estrela é tanto o canal do infinito como da eternidade.

Se quisermos ver sua ação de um ponto de vista negativo, diremos que A Estrela esbanja ou exige em vez de doar. Ela será representada, às vezes, dilapidando sua energia em direção ao passado, assombrada pelas neuroses sem solução da criança interior. É então um ser vampírico, perpetuamente insatisfeita, que se sente permanentemente mal-amada, invadida ou abandonada e que, sem jamais ter intenção de se doar, permanece em constante reivindicação afetiva, sexual e energética. A Estrela se torna, então, um poço sem fundo, ou se encontra, ao contrário, possuída por uma paixão do excesso, sem discernimento. Ela pode se metamorfosear em uma desavergonhada impudica ou ainda um ser tóxico que polui os rios, envenena a vida espiritual ou material de seus próximos.

Simbolicamente, A Estrela é a guia espiritual que levamos dentro de nós, ligada às forças mais profundas do universo, à divindade. É o desconhecido de nós mesmos no qual podemos ter fé: nossa "boa estrela".

Em uma leitura

A Estrela representa a etapa em que encontramos nosso lugar para agir no mundo, para embelezá-lo e nutri-lo, a partir de um

O joelho apoiado no chão é um pouco deformado. Poderíamos ver aí as nádegas de um bebê.

Na fronte da mulher, uma lua laranja...

...e em seu ventre, um símbolo, boca ou broto.

O pássaro negro, substrato das profundezas, canta em uma árvore laranja.

lugar que transformamos em nosso. Ela incita às vezes a não escolher entre duas opções aparentemente inconciliáveis, mas a conciliá-las. Ela é tradicionalmente vista como um sinal de sorte, de prosperidade, de fertilidade. Ela simboliza a ação generosa. Podemos associá-la também ao amor divino, à esperança, à verdade (que sai inteiramente nua do poço). Ela representa uma realização criativa, que supõe encontrar seu lugar.

Para um homem, é a amante por excelência, ou a beleza de seu feminino interior a partir do qual ele se torna doravante capaz de agir. Para uma mulher, é a realização de sua presença no mundo, uma ação conforme seu desejo e sua natureza profunda. Sua relação consciente e generosa com a natureza nos orienta para a ecologia, o xamanismo, todas as crenças e disciplinas que levam em conta o planeta como um ser vivo. Se A Estrela derrama seus vasos no passado ou no vazio, será preciso se perguntar por que ela esbanja sua energia, em qual nó sem solução.

Esta carta, por sua nudez e sua natureza estelar, evoca também Vênus, a Estrela do Pastor, o astro mais brilhante que permite que nos orientemos à noite.

E se A Estrela falasse...

"Na infinita multiplicidade dos seres e das coisas, eu encontrei meu lugar – no mundo e em mim mesma, pois é a mesma coisa. Não tenho mais necessidade de procurar, não faço mais nenhuma imagem de mim mesma, estou no meu lugar. Aqui, e em toda parte, voluntariamente conectada.

"Estou em cada partícula de poeira, em cada território, cada curso d'água, cada estrela, cada parte do meu corpo. E como eu não respeitaria o mundo, e meus ossos, e minha carne? Toda essa matéria não é minha, ela me foi emprestada, apenas por um fragmento de tempo. E eu a respeito, pois ela é meu templo – aquele onde reside o impensável Deus. O espírito é matéria e a matéria é espírito, constantemente o universo nasce e explode, e no centro dele, aqui onde eu me ajoelho, estou.

"Se digo: 'estou aqui', quero dizer que estou naquilo que sustenta toda vida, naquela fonte incessante de energia que distribuo em meu espírito, meu coração, meu sexo. Energias de uma pureza sublime, que, brotando de mim, lavam o mundo. Deixo seu perfume na atmosfera, sua doçura nas águas do rio, sua fertilidade na terra e sua vida em todos os oceanos. Não há nenhum lugar do cosmos do qual eu esteja ausente.

"Em cada instante, nunca abandono o presente. Nem o passado, nem o futuro podem me prender. Nem os arrependimentos, nem os projetos. Constante, fiel ao meu lugar, recebo e doo. E quando digo: 'sou do mundo e de mim mesma', isso significa que me entrego sem reticências, eliminando até a raiz a crítica mais obscura. Não julgo. Amo e sirvo.

"Não me separo, nem mesmo pela espessura de um fio de cabelo, eu pertenço – isso quer dizer que venero, obedeço. É por isso que estou nua, nua como uma árvore, um pássaro ou uma nuvem. Sou do meu corpo, da minha carne e do meu sangue; sendo assim, é impossível para mim abandonar ou me abandonar. Como não amar o que me possui amorosamente?

"Da mesma maneira que me dou à terra, eu me dou à minha carne e aos meus ossos. Como me confio aos oceanos, confio-me ao meu sangue. Como me entrego ao ar, entrego-me à minha pele; como me remeto às estrelas, remeto-me ao meu cabelo. E, cheia desse amor de escrava, radiante, ajo no mundo e em mim mesma. Ajo, isto é, vou com o mundo, eliminando obstáculos, transmitindo a energia que vem do além das estrelas. Só enriqueço e purifico, e nutro, e compreendo, e purifico. Da mesma maneira, ajo sobre mim mesma: eu me abro para todos os infinitos, deixo o sopro dos deuses circular por todos os poros da minha pele, não ofereço nenhuma resistência à circulação impetuosa do meu sangue. Permito que todos os mistérios me atravessem. E no centro do meu ventre, tornado infinito, recebo e deixo nascer a totalidade da luz."

ENTRE AS INTERPRETAÇÕES TRADICIONAIS:

Êxito • Sorte • Verdade • Generosidade • Ação altruísta • Colocar frente a frente duas ações ou duas relações • Encontrar seu lugar • Vedete • Mulher fértil • Amamentar • Mulher grávida • Ferida no joelho • Amante ideal • Doação ou desperdício, segundo a direção na qual A Estrela esvazia seus vasos • Nostalgia (se ela olha para o passado) • Purificação do mundo • Ecologia • Fonte • Irrigação • Recepção da energia cósmica • Sacralização de um lugar • Harmonia com as forças da natureza • Paraíso • Aquário • Xamã • Bruxa bela...

XVIII A Lua
Potência feminina receptiva

A lua é um dos símbolos mais antigos da humanidade, ela representa o arquétipo feminino maternal por excelência, a Mãe cósmica. Sua qualidade essencial é a receptividade: a Lua, planeta satélite, reflete a luz do Sol. No Arcano XVIII, encontramo-nos em pleno coração da noite, mas de uma noite iluminada por essa humilde receptividade. A lua é também o mundo dos sonhos, do imaginário e do inconsciente, tradicionalmente associados à noite. O Tarot representa a lua, como o sol, com um rosto. Mas ela não nos olha de frente. Trata-se de uma lua crescente, que se apresenta de perfil; em formação, uma parte dela ainda permanece invisível. Nesse sentido, A Lua simboliza o mistério da alma, o processo secreto de gestação, tudo aquilo que está escondido. Seu rosto não é o de uma mulher jovem, mas está impregnado de

PALAVRAS-CHAVE:
Noite • Intuição • Mãe cósmica • Sonho • Receptividade • Refletir • Mistério • Atração • Imaginação • Magnética • Gestação • Loucura • Poesia • Incerteza • Fases...

uma sabedoria antiga que emana de seus raios laranja. Os raios vermelhos que se alternam com estes, no segundo plano, nos indicam uma grande capacidade vital, uma fertilidade extrema como que confinada, oculta. No primeiro plano, o azul-celeste domina, símbolo da espiritualidade e da intuição. A lua está ligada aos ritmos biológicos, à água, às marés, aos ciclos femininos, à passagem da vida à morte.

Sob o astro propriamente dito, dois animais se postam frente a frente, em uma paisagem onde vemos duas torres. Aparentemente, são cães, talvez lobos, ou um cão e um lobo. Eles uivam para a lua e dela se nutrem, das gotas coloridas que ela lança. Podemos ver aí um símbolo da fraternidade, dois irmãos que pedem seu alimento (material, emocional ou intelectual) à mãe, dois irmãos amorosos ou inimigos. O animal azul-celeste representa um ser mais espiritual. Sua língua verde é receptiva, ele tem a cauda levantada e, atrás dele, notamos que as ameias da torre estão abertas, também receptivas. O cão cor de carne, que poderia representar a matéria, tem a cauda abaixada e uma língua vermelha, ativa. Ele se encontra diante de uma torre fechada, aparentemente sem porta. Aos pés da torre, observamos três degraus brancos que lembram os degraus iniciáticos d'A Torre, mas ainda assim a torre está fechada, até as ameias estão cobertas por uma fileira de ameias complementares, como dentes cerrados. Poderíamos daí deduzir que o corpo material, concreto e denso, está voltado para a ação e não tem vocação para receber, exceto através do espírito simbolizado pelo animal azul-claro.

Reparemos também que a orelha de cada cão traz em si sua cor complementar, assim como no símbolo do Tao, cada polo contém o germe do polo oposto.

No espaço compreendido entre os dois animais, suas patas delimitam uma porção da paisagem que evoca um brasão de três níveis: o nível superior, verde escuro, imagem do espaço onde brilha a lua, corresponde ao espírito receptivo mergulhado em uma meditação profunda. O nível intermediário corresponde àquele onde se encontram os cães; duas plantas crescem aí, representando uma vida emocional rica. A parte de baixo, mais próxima da água, corresponde à gestação profunda da dimensão sexual e corporal; encontramos aí três gotas vermelhas que remetem à animalidade.

O volume de água que se encontra na parte inferior da carta é delimitado como uma piscina, mas agitado por ondulações que lembram ondas e marés. Poderia ser também um porto. Sua primeira margem, bem na base da carta, é composta de rochas e vegetação natural, selvagem. Mas na outra extremidade, notamos que é bordejada por linhas retas, três linhas negras delimitando duas linhas azuis, como para indicar que o inconsciente se encontra limitado, em seus extremos, pelo dualismo racional.

No centro dessas águas matriciais, encontra-se um caranguejo ou lagosta, em que podemos ver um símbolo do eu que aspira ao contato com a lua. Esse contato já existe: o crustáceo e o astro têm as mesmas cores. O crustáceo deseja unir-se com a lua sem saber que, como todos os elementos da carta, já está em comunicação com ela.

A torre da esquerda com ameias abertas (receptiva) e a torre fechada.

Podemos ver o crustáceo imerso no mais profundo da água, ou ao contrário, flutuando na superfície. Nos dois casos, ele nos instiga a entrar em contato com a intuição, esse tesouro oculto que todos temos dentro de nós. Notaremos também que ele prende em suas pinças duas pequenas bolas, como oferendas. O ego tem algo a oferecer no trabalho espiritual.

O recorte da paisagem entre os cães forma um brasão de três níveis.

Assim, conforme o olhar que dirigimos à carta, ela representará a comunicação intuitiva profunda, ou ao contrário, a solidão, a separação. Podemos imaginar que o crustáceo saiu da água para roubar as bolas azuis que tem nas pinças, que

A margem selvagem.

O crustáceo segura entre as pinças uma bola azul, oferenda das profundezas.

os cães estão brigando, que todos se sentem separados da lua e de sua força espiritual. As gotas podem representar sua capacidade receptiva, mas também, em um sentido negativo, uma insaciável absorção de energia. A carta remete, então, ao caos mental, à loucura.

Se contarmos os traços de cada lado da inscrição "LA*LUNE", veremos que há dez à esquerda e doze à direita. Dez remete a A Roda da Fortuna: como no Arcano X, há aqui três animais; mas enquanto os animais d'A Roda da Fortuna ainda não encontraram a força que os colocará em movimento, podemos dizer que o caranguejo e os cães são movidos aqui pela força magnética d'A Lua. Doze remete ao Arcano XII, O Enforcado: ele está estreitamente ligado a A Lua porque representa uma parada, uma gestação espiritual, um estado de recepção; mas em A Lua, o estado de recepção é universal: no chão, as gotas vermelhas e azuis brotam e sobem em direção ao astro. Essa circulação é a marca de uma troca energética entre a Terra e a lua.

Em uma leitura

Esta carta remete geralmente ao mundo da mãe, a todos os aspectos do inconsciente, da intuição, do mistério íntimo do ser. Poderemos, então, orientar a leitura para a relação do/da consulente com a mãe ou com sua concepção do feminino. Para uma mulher, esta carta pode ser o presságio de uma profunda realização. Para um homem, ela incita a cultivar as qualidades tradicionalmente femininas, como a sensiblidade, a intuição... A Lua é de bom agouro para qualquer um que deseje se dedicar à poesia, à leitura do Tarot ou a qualquer disciplina fundada sobre a receptividade. Em A Lua, ressoam igualmente o medo da escuridão, os pesadelos e todo tipo de inquietudes ligadas ao desconhecido, às vezes ao abandono. Ela pode simbolizar as angústias mal definidas, mas também uma viagem de além-mar ou a chegada a um porto. Ela inclina ao devaneio e a todos os estados de alma geralmente associados ao caráter "lunar" ou "lunático".

Seu potencial receptivo infinito é sua maior riqueza.

E se A Lua falasse...

"Você pede que eu me explique, mas estou longe demais das palavras, da lógica, do pensamento discursivo do intelecto... Sou um estado secreto e indizível, sou o mistério onde começa todo conhecimento profundo, quando você mergulha em minhas águas silenciosas sem nada exigir, sem tentar definir coisa nenhuma, fora de toda luz. Quanto mais você entra em mim, mais eu o atraio. Não há nada de claro em mim. Sou sem fundo, sou toda nuances, espalho-me no reino das sombras. Sou um pântano de riqueza incomensurável, contenho todos os tótens, os deuses pré-históricos, os tesouros dos tempos passados e futuros. Sou a matriz. Além do inconsciente, sou a própria criação. Escapo a qualquer definição.

"Sei que me adoraram. Depois que os seres humanos desenvolveram uma centelha de consciência, eles me identificaram com ela. Como um coração de prata perfeita, brilho nas trevas da noite. Eu era a luz que eles suspeitavam nebulosamente que reinava no subsolo das suas almas cegas. Eu havia me fincado em todas as obscuridades do universo. Lá, onde as entidades ávidas espreitam a mais mínima centelha de consciência, dimensões de loucura, de solidão absoluta, de delírio glacial, desse silêncio doloroso que chamam de 'poesia', reconheci que para ser era preciso ir até lá onde eu não estava.

"Caí em mim mesma, cada vez mais fundo. Eu me perdia descendo em direção a lugar nenhum, até que no final, 'eu', a obscura, não existia mais. Ou melhor: era uma concavidade infinita, uma boca aberta contendo toda sede do mundo. Uma vagina sem limites, tornada aspiração total. Então, nessa vacuidade, nessa ausência de contornos, pude enfim refletir a totalidade da luz. Uma luz ardente que transformei em seu reflexo frio, não a luz que engendra, mas aquela que ilumina.

"Não insemino, apenas indico. Quem recebe minha luz conhece aquilo que é, nada mais. É mais do que suficiente. Para me converter em recepção total, tive que me recusar a doar. Na noite, toda forma rígida é anulada por minha luz, a começar pela razão. Sob a minha claridade, o anjo é anjo, a fera é fera, o louco é louco, o santo é santo. Sou o espelho universal, cada ser pode se ver em mim."

ENTRE AS INTERPRETAÇÕES TRADICIONAIS:

Intuição · Noite · Sonho · Devaneios · Superstição · Poesia · Adivinhação · Imaginação · Inconsciente profundo · Sensualidade · Verdade oculta (por descobrir) · Loucura · Solidão · Terror noturno · Gestação · Exigência sem limites · "Vampiro" de energia · Criança em busca do amor materno · Amor que une · Depressão · Segredo · Travessia do mar · Oceano · Receptividade · Vida obscura da matéria · Ideal que se quer alcançar · Feminilidade · Arquétipo maternal cósmico...

XVIIII O Sol
Arquétipo paterno, nova construção

O Sol, Arcano XVIIII, nos olha bem nos olhos, como o personagem d'A Justiça e o anjo d'O Julgamento. Há numerosos pontos em comum com O Diabo (XV), a começar pelo fato de que ambos são um pouco estrábicos. Poderíamos pensar que O Diabo acendeu sua tocha no fogo d'O Sol, luz e calor primordial da divindade. Essa é de fato a primeira interpretação d'O Sol, símbolo da vida, do amor, arquétipo do Pai universal. Senhor dos céus, fonte de todo calor e de toda luz, ele dá vida a todas as criaturas.

Aqui, o astro se mostra no zênite, radiante, eliminando toda sombra, no meio exato do céu. O clarão laranja, intuitivo d'A Lua, dá lugar ao modelo essencial que ela reflete: a claridade amarela d'O Sol. Sob o calor do Pai celeste, dois personagens se unem na travessia de um rio azul-claro.

PALAVRAS-CHAVE:
Calor • Amor • Nova vida • Construção • Trânsito • Consciência • Pai cósmico • Geminidade • Irradiar • Atravessar • Infância • Êxito • Evolução...

Dois detalhes significativos os assemelham aos diabretes do Arcano XV: o da esquerda tem uma cauda, como o diabrete masculino d'O Diabo, e o da direita possui três pontos ao lado do tronco, como o diabrete feminino. Poderíamos dizer que a energia que se encontrava na escuridão do Arcano XV agora saiu em plena luz, e que em vez do vínculo passional inconsciente, esses dois personagens substituíram-no por uma relação de ajuda mútua, de amor humano em estado puro. Uma amizade profunda e livre, sob a alta benevolência d'O Sol. Observemos que o personagem à nossa direita, do lado ativo, é agora quem traz o sinal da consciência ativa, enquanto o personagem à nossa esquerda avança, como que às cegas, deixando-se conduzir.

Das amarras dos diabretes, eles só conservaram colares vermelhos ativos no pescoço, lugar de passagem, e linha de demarcação sobre o peito entre a direita e a esquerda, delimitação e união entre o ativo e o receptivo (ver pp. 57, 73 ss.). O personagem da direita está de pé sobre uma porção de terra branca e como que purificada, entre suas pernas a paisagem é preenchida por um puro espaço azul. Parece que ele já passou para uma outra dimensão, mais espiritual, do outro lado desse rio sobre as águas do qual o segundo personagem caminha para se juntar a ele, ajudado por um movimento da mão.

Poderíamos ver nesses gêmeos uma metáfora do trabalho interior: a parte consciente do ser ajuda a parte animal, mais primitiva, a ter acesso a uma realidade diferente. O adulto guia a criança interior em direção à alegria.

Neste Arcano, três cores se repetem no céu, sobre a terra e nos humanos. O amarelo central do sol e dos raios turvos se reflete nos tijolos do muro e nos cabelos dos protagonistas, como para indicar que o espírito se liga à luz. O vermelho dos raios retos faz eco às fileiras superior e inferior dos tijolos e ao colar dos protagonistas. Os olhos dos astros são brancos com pupilas negras, como aqueles dos personagens abaixo e como a terra purificada à direita da carta. Esse olhar consciente faz da dualidade vermelho -amarelo (ação vital/inteligência; ver pp. 109 ss.) uma unidade divina. Por fim, o azul do rio agitado vem se enrolar em torno da cintura dos personagens, em seus panejamentos. Isso talvez signifique que eles aceitaram seus corpos, cingidos por essa onda em perpétua mudança, como uma forma efêmera. Ela se eleva em cinco gotas de azul-claro em direção ao sol, consciência eterna presente em cada um de nós. A união entre os planos celeste, terrestre e humano é total. Uma única faixa verde, prova da união fertilizante entre o calor do sol e a ação do rio, evoca o crescimento vegetal. Podemos ler o número das estrias nessa faixa de vegetação segundo a numerologia do Tarot, como leríamos uma série de Arcanos maiores. Encontramos 14 à esquerda do personagem da direita, como anunciando o processo de cura em que ele se envolve; depois duas entre suas pernas, gestação do mundo futuro; depois mais sete entre os dois personagens, a ação de um sobre o outro, ou com o outro; e por fim nove à direita da carta, que lembram o valor numerológico 9, crise de fim de ciclo e desprendimento. (Sobre a numerologia, ver pp. 77 ss.) Mas aqui se trata de uma travessia iniciática. A mureta amarela e vermelha no segundo plano nos indica que, no coração dessa crise, já se ergue uma nova construção. Os dois personagens, separando-se do passado, iniciam uma nova vida.

Em uma leitura

O Sol é um bom sinal para toda nova construção, indica que um amor incondicional está em ação e pressagia um sucesso fundado sobre um caminho caloroso e claro. É a cristalização de um casal amoroso, a obtenção de um sucesso, uma realização em qualquer domínio da vida humana, em seus aspectos intelectuais, emocionais, criativos ou materiais. É também o início de uma vida nova em que se deixa para trás as dificuldades do passado; o encontro de uma alma gêmea, a assinatura de um bom contrato...

O Sol representa também os valores ideais do arquétipo paterno, incluindo o despertar do espírito masculino e da inteligência no coração da feminilidade. Ele pode igualmente sinalizar uma dominância da imagem do pai na questão colocada, marcada

O personagem da esquerda tem uma pequena cauda, vestígio de sua natureza animal.

tanto pela presença (um pai insuperável), como pela ausência, que levou o/a consulente a formar uma imagem ideal do pai, talvez mítica demais para corresponder à realidade.

O calor do sol está disponível a todo momento para todos. Ainda assim, não nos esqueçamos que um excesso de sol leva à morte, à seca, e pode transformar a paisagem em deserto.

Três pontos espiritualizam o tronco do personagem da direita.

E se O Sol falasse...

"Eu me renovo sem cessar. Consumindo-me, dou meu calor a cada folha de relva, a cada animal, a todo ser vivo, sem exceção: aceito que chamem isso de Amor. Ciclicamente, desapareço e volto. Da mesma maneira, para entrar em meu esplendor, espero que os seres humanos possam enterrar seu passado e começar uma nova vida. Vou ajudá-los nisso. Lá onde eu brilho, dissolvo a dúvida, entro nos confins mais obscuros da alma e os inundo com minha luz. Impulsionados por meu sopro, vocês atravessarão o rio das pulsões dementes e, purificados, vocês chegarão ao lugar onde tudo cresce sem esforço.

A terra branca do mundo novo.

O Sol nos olha de frente.

"Brilho no coração da matéria, sou sua explosão secreta, não resta nada sem mim. Mas quando ela se recusa à minha ação, quando não me percebe como sua força vital, é um cadáver. Não cesso de impregná-la com minhas gotas de imortalidade. Por vocês, minhas crianças, engendro infinitamente a alegria e a euforia vital. Não sejam impermeáveis à minha luz eterna. Vejam como é baixo o muro que os separa de mim. Eu o concebi para que todos possam saltá-lo, é uma brincadeira de criança. Sob meus raios vocês conhecerão a verdadeira afeição, nua, sincera. Sou a solução de todas as dificuldades.

"Sou o olho puro e, ao mesmo tempo, a ressonância do primeiro grito. Isso que vocês chamam de 'escuridão' é apenas o esquecimento da minha luz, do meu amor sempre presente. Anuncio incessantemente o fim da noite. Tudo que não é claro não sou eu. Sou a renovação contínua e regeneradora, aquilo pelo que esperamos uma vida inteira. Chamam-me de O Sol mas não tenho nome, sou a explosão radiante da existência.

"Mas o que sou se ninguém me reflete? Como posso ser ilimitado se nada me impõe limites? O que é a minha imortalidade sem o caminho da morte? O que é o meu presente eterno sem a armadilha do tempo que passa? O que são minhas sementes de ouro sem os sulcos de terra onde penetrar? O que é meu alimento se ninguém o devora? Na verdade, meu amor é em grande parte minha necessidade do outro…

"É por isso que me reproduzo sem cessar. Multiplico minha energia em infinitos espelhos, torno-me amante de meus próprios filhos. Na alma dos filhos procuro a mim mesmo, converso comigo mesmo. Sou o Pai universal de mim mesmo. Todas as mães do mundo, que fecundei, simplesmente geram a mim mesmo. O sol menino tem todos os direitos. Cedo esses direitos à humanidade consciente."

ENTRE AS INTERPRETAÇÕES TRADICIONAIS:

Amor recíproco • Fraternidade • Ajuda mútua • União feliz • Nova vida • Associação • Sucesso, colheita abundante • Felicidade • Luz • Verão • Irradiação • Inteligência • Brio • Riqueza • Seca por excesso de calor • Crianças ou infância • Gêmeos, geminidade • Rivalidade • Arquétipo paterno cósmico • Pai ideal • Pai ausente • Cortar vínculos com o pasado para construir mais longe • Construção • Solidariedade…

xx O Julgamento
Nova consciência, desejo irresistível

Todas as energias do Tarot se concentram na carta d'O Julgamento. Depois da receptividade d'A Lua e da nova construção empreendida n'O Sol, assistimos aqui ao nascimento de uma nova consciência, marcada por um princípio feminino à esquerda e um princípio masculino à direita. Essa emergência, chamada pelo anjo e sua trombeta, se apresenta como um desejo irresistível. O trabalho foi realizado. O *animus* e a *anima* chegam à paz através da prece. Os dois juntos criaram o andrógino divino que obedece ao chamado da Consciência suprema representada pelo anjo.

    O ser que surge das profundezas é dotado de um corpo azul-celeste que lembra o d'O Diabo (XV). Se fizermos a experiência de sobrepor as duas cartas, perceberemos que as pernas d'O Diabo se adaptam quase que exatamente ao corpo do ser azul d'O

PALAVRAS-CHAVE:

Vocação • Chamado • Nascimento • Renascimento • Consciência • Obra • União • Família • Transcendência • Emergir • Música • Suscitar...

Julgamento, enquanto a parte de baixo dos diabretes prolonga a dos personagens em oração. Outra coincidência: assim como O Diabo, o anjo d'O Julgamento parece estar com a língua para fora com sua trombeta. Mas se a língua d'O Diabo é vermelha, agressiva, talvez carregada de astúcia e sarcasmo, a língua do anjo, laranja, é impregnada de sabedoria e bondade.

Depois de uma temporada nas profundezas do inconsciente, depois de um trabalho que pode ter sido efetuado dolorosamente, em todo caso, à sombra, uma nova vida desperta, como para um nascimento ou uma ressurreição. Pensamos aqui no Juízo Final, em que os mortos se levantam das tumbas. Tudo o que está morto renasce. Tudo o que está oculto ou em gestação sobe à superfície e aspira a um mundo superior. Esse poderoso desejo de evolução ressoa como uma música divina. O que é sugerido neste Arcano é que uma força que desafia a morte está em ação em nossa existência: a consciência imaterial e imortal.

Ela se manifesta sob a forma de um chamado imperioso para que se viva em uma nova dimensão. O anjo olha para frente e, com a trombeta na boca, simboliza o anúncio desse despertar. A nuvem circular azul-celeste que o envolve poderia representar a abertura mental. Essa mesma abertura se anuncia na cabeça do ser que surge das profundezas da terra: o vazio mental realizado por ele é simbolizado pelo pequeno disco azul-escuro central, que gira sobre si mesmo no turbilhão azul-celeste que o envolve, para depois subir os vinte e dois degraus da trombeta até chegar ao ovo de ouro em que se inscreve a cabeça do anjo e que representa Deus em ação. Observemos que o pavilhão da trombeta, por onde sai a música, é como uma repetição desse oval amarelo: o som reproduz a natureza do divino. O belo é a cintilação do verdadeiro.

A bandeira que o anjo exibe contém uma cruz cor de carne que subdivide o fundo laranja em quatro quadrados – os quatro elementos da natureza ou as quatro energias simbolizadas em seguida pelos quatro animais d'O Mundo (XXI). Poderíamos pensar que a cruz cor de carne indica a vocação do ser humano para viver ao mesmo tempo horizontalmente no mundo, com a união do andrógino essencial entre esquerda e direita, e verticalmente na terra e no céu. Essa realização suprema da consciência, na qual o indivíduo realiza a ascensão do animal ao anjo, encontra o resultado de sua ação na carta d'O Mundo.

Quando tiramos esta carta, significa que estamos sendo chamados. Sobrevirão dificuldades se, por um motivo ou por outro, não chegarmos a responder a esse chamado.

Em uma leitura

Frequentemente, O Julgamento relembra as circunstâncias do modo como o consulente viveu seu nascimento. Todas as variações possíveis de um parto problemático, de uma gestação conturbada, de uma situação difícil em torno de sua vinda ao mundo podem ter constituído um obstáculo. A pessoa que consulta viverá, então, em alguma medida, conscientemente ou não, como um ser que não foi desejado, cujo nascimento não foi pretendido. A neurose do fracasso, o desespero, as dificuldades incompreensíveis a levarão incessantemente para baixo, para o fundo da tumba de onde ela é chamada a emergir.

O sentido deste Arcano consiste em descobrir, pelo trabalho terapêutico ou por outros meios, que todo ser que nasce é absolutamente desejado pela divindade (ou pelo universo) que permitiu que ele fosse gerado. As dificuldades que o consulente sentirá diante de seu desejo de viver, de sua vocação artística ou profissional são, portanto, resistências à sua própria natureza profunda, ao grau de consciência que o anjo nos oferece.

Esta carta pode também aparecer para sinalizar uma problemática em torno do ato de julgar ou de ser julgado. Se o chamado é de natureza divina, qualquer um que o julga mente [em francês, *juge ment*]; nenhum juízo humano terá valor.

Para um casal, esta carta exorta a se fazer uma obra comum, um filho real ou simbólico, sugerindo que o sentido da união masculino/feminino é produzir um terceiro elemento banhado de amor e consciência. O jogo dos olhares é interessante: a mulher olha para o homem e/ou para a criança, ela representa

A tonsura do personagem azul desenha uma espiral.

A cruz cor de carne da bandeira laranja, ponto de encontro entre Céu e Terra.

A mulher toca com o cotovelo o ser central. Seu olhar se dirige ao homem.

O homem olha para o anjo.

o amor humano e o amor pela obra, enquanto o homem, olhando para cima, encarna o amor pelo divino, o amor cósmico. O anjo nos olha de frente. Sua ação se dirige a todos. Ele nos lembra de que, se não reconhecermos nosso desejo profundo e o desejo divino que suscita em nós a tomada de consciência, somos mortos-vivos.

O Julgamento remete, por fim, à emergência de um desejo, de uma vocação, a um chamado, qualquer que seja ele.

É uma carta de êxtase, de renascimento profundo e de prece imediatamente atendida, em que as energias sobem da terra para o céu e simultaneamente descem do céu para a terra. Convém reconhecê-la: ela representa o último passo antes da realização total d'O Mundo.

E se O Julgamento falasse...

"Você desceu pelo rio negro do Arcano XIII. Fincou raízes na escuridão d'O Diabo. Você era o demônio que tristemente levantava sua tocha como uma nostalgia da luz. Quando você errava no fundo do abismo, eu não me esquecia de você. Agora posso entrar em contato com você, mas aos poucos, com uma paciência e uma suavidade infinitas, porque eu sou forte demais. Você só pode se unir a mim se tiver sido preparado, se tiver feito a viagem às profundezas do seu ser, se já conheceu todas as facetas do seu masculino e do seu feminino e elas já estão reconciliadas, equilibradas.

"Trago-lhe a luz de todos os universos. Minha potência exige que você esteja em paz consigo mesmo, que do mais profundo do seu inconsciente tenha começado a crescer a nova Árvore. Que todo o seu ser tenha sido mergulhado em uma prece infinita, que cada célula sua esteja em paz. Que você seja como os personagens nus, em plena confiança, em plena aceitação daquilo que há de mais alto. Sem a divindade, não posso existir. Quando o ser se torna um verdadeiro ser confiante, tranquilo, então e só então eu apareço, como a certeza total, como o chamado que ressoa desde o princípio dos tempos.

"Minha música, essência divina da palavra, inspira em você um desejo imperioso de se elevar. Ela desperta tudo aquilo que estava adormecido, ressuscita tudo o que estava morto, abre as lápides lacradas. Faço explodir todas as suas palavras para que através das suas preces você possa chegar ao domínio do inconcebível, onde reina o milagre da vacuidade. Eu sei. Vi e estive com o Criador. Então, simplesmente o anuncio. Transporto o chamado irreprimível da Consciência. Sou o despertar, o milagre que se produz no interior do seu ser.

"Irresistível certeza. Quando você atende ao meu chamado, cada uma das suas ações é como uma ordem que eu lhe dou. Não existe mais dúvida. Você se põe a fazer, a pensar, a amar, a viver, a desejar em pleno acordo com a vontade divina. A vida vale a pena ser vivida, tudo se realiza na calma, a meditação, a benevolência e a alegria.

"Venho de um ovo de ouro inconcebível onde o ser e o não ser são apenas luz indiferenciada. Sou a mais alta realização do seu psiquismo, seu pensamento enfim andrógino. Venho libertá-lo dos limites do homem e da mulher. O círculo de nuvens celestes que me envolve é o seu cérebro azul iluminado. Apago para sempre as suas fronteiras. De encarnação em encarnação, de transformação em transformação, com certeza, com alegria constante, permito que você seja o que sempre foi: um anjo, emissário de Deus."

ENTRE AS INTERPRETAÇÕES TRADICIONAIS:

Chamado • Desejo irresistível • Tomada de consciência • Anúncio • Boa-nova • Vocação • Triunfo • Renome • Projeto de futuro • Dar vida • Nascimento de uma criança • Cura • Música • Abertura • Eclosão • Obra de um casal • Célula pai/mãe/filho • Amor dependente dos pais • Condições do nascimento do consulente • Negar-se a agir como adulto • Emergência do que está oculto • A Graça • Despertar da consciência • Diabo sublimado • Impulso para a luz...

xxi O Mundo
Realização total

Este Arcano tem o número vinte e um, o mais alto valor numérico do Tarot. Ele representa a realização suprema. Descobrimos aí uma mulher que parece dançar no meio de uma coroa de folhas azul-celeste, levando na mão direita um frasco, princípio receptivo, e na esquerda um bastão, princípio ativo. Como no símbolo do Tao, o *Yang* sustenta o *Yin* e vice-versa. Uma estola azul (em cima e atrás dela) passa pela frente do seu corpo e se torna vermelha. Ainda que o personagem seja inegavelmente feminino, é a união dos princípios, o andrógino realizado que fica sugerido por esta figura.

Último grau do caminho dos Arcanos maiores, O Mundo chama para um encontro na realidade profunda, para aceitarmos a plenitude da realização. É também o momento em que,

PALAVRAS-CHAVE:
Realização • Alma • Mundo • Plenitude • Sucesso • Heroísmo • Gênio • Santidade • Dançar • Êxtase • Universal • Conquista • Totalidade...

liberados da autodestruição, começamos a vislumbrar o sofrimento do outro e a nos colocar a serviço da huamanidade. Na tradição cristã, o Cristo, a Virgem ou os santos são às vezes representados assim no interior de uma figura oval. A guirlanda ou mandorla, derivada da palavra "amêndoa", é ao mesmo tempo um símbolo da eternidade e uma forma que lembra o sexo feminino. Podemos associar este Arcano à unidade reencontrada do mundo em sua totalidade.

Pensamos também aqui no ovo filosófico, evocado entre outros na Turba *philosophorum*: "A arte da alquimia é comparável ao ovo em que encontramos quatro coisas: a casca é a terra; a clara, a água; a fina membrana que se encontra embaixo da casca, é o ar [...]. A gema é o fogo." [*Turba philosophorum*, ed. J. Ruska, Berlim, 1931.]

Vimos na primeira parte deste livro (ver pp. 55 ss.) como esta carta é um espelho da estrutura do Tarot. Quatro figuras enquadram a mulher dentro da mandorla ou guirlanda, como quatro energias básicas unidas em harmonia a serviço de um mesmo centro. Na tradição cristã, o anjo, o boi, a águia e o leão representam os quatro evangelistas. Aqui, esses quatro elementos nos servem de base para compreender os quatro Naipes ou símbolos dos Arcanos menores (ver pp. 65-6).

O animal cor de carne, embaixo à esquerda da carta, não pode ser claramente definido: cavalo, boi ou touro, é em todo caso um animal de tração que simboliza a oferenda, a ajuda, o sacrifício. Podemos também considerar a ponta erguida por trás de seu olho à nossa esquerda como o chifre único de um unicórnio, que foi na Idade Média símbolo da concepção do Cristo pela Virgem. Ainda nessa época, este animal simbolizaria, portanto, a matéria virgem, os Ouros. Contrariamente aos outros três elementos, esse animal não tem auréola, pois não participa da eternidade. Da mesma maneira, os Ouros, ao contrário dos outros Naipes, não têm números (ver p. 61). Nesta carta, a energia corporal e material chega a sua plenitude. O corpo é efêmero, mas purificado de qualquer mácula. A realização da vida material poderia se encarnar na figura do campeão que realiza uma proeza esportiva ou vital.

As três outras figuras são elementos cósmicos: o anjo representa a perfeição emocional, a santidade, o coração cheio de amor que se consagra a doar (Copas). A águia, com sua auréola, simboliza a realização mental: o gênio, mas também um vazio que não se identifica com as palavras (Espadas). O leão, também com sua auréola, representa o ápice da energia desejante e criativa, uma sublimação que conduz o esforço selvagem à criação consciente, a figura do herói que não hesita em sacrificar a própria vida (Paus).

As quatro energias se irradiam ao redor do centro, inteiramente realizadas. E em seu ovo azul, cheio de amor e consciência por todo o universo, a personagem central dança olhando para a esquerda, a receptividade. Seu pé está posto sobre um chão vermelho e lavrado com seus sulcos: a atividade vital foi trabalhada com prazer, o mundo foi aceito como ele é, em plena consciência. Sobre esse solo vivo, disfarçado por um laço amarelo, distinguimos um ovo branco. É o ovo d'A Papisa, poderíamos dizer, que eclodiu em todas as suas potencialidades. Quando o ovo cósmico se abre em nosso trabalho espiritual, nós nascemos, vimos a O Mundo. Esta carta poderia representar a *anima mundi*, o agente universal que existe em todas as coisas e que nos une a todas as coisas.

Em uma leitura

Contanto que apareça ao final, em posição de completude, O Mundo indica uma realização. É uma mulher realizada, uma alma em pleno gozo, um mundo perfeito, um casamento feliz, um sucesso mundial. Esta carta pode também incitar a uma viagem: à descoberta do mundo no sentido literal do termo.

Da mesma maneira que o Arcano XVI, A Torre, podia evocar um sexo masculino em plena ejaculação, o Arcano XXI evoca um sexo feminino habitado por uma exultação (orgasmo) ou por um ser (mulher grávida).

Por outro lado, se a carta aparece no início, ela representará um começo difícil: a realização é exigida antes de toda ação,

À nossa esquerda, a mulher d'O Mundo segura um frasco receptivo...

...e à nossa direita um bastão ativo.

Seu pé repousa sobre uma base energética (vermelha) e lavrada.

Um ovo se esconde entre laços na base da mandorla.

ela não está em seu lugar, ela se torna um fechamento. Poderíamos, então, buscar rastros da vida intrauterina ou do nascimento do consulente, como primeira experiência traumatizante que induziu a um bloqueio no desenvolvimento futuro. Se não quisermos entrar em considerações semelhantes, será preciso de todo modo levar em conta o fechamento que evoca o Arcano XXI no início do jogo, e nos perguntarmos em que e por que essa pessoa continua "dentro da casca".

E se O Mundo falasse...

"Estou aqui, na sua frente, ao seu redor e em você, com um prazer imenso. Sou um ser completo. Não há em mim nada que me resista. Tudo é unidade. Cada coisa está em seu lugar, sou uma consciência invulnerável, sou a dança perpétua da totalidade. Aquele que não me conhece diz não quando todo o universo diz sim, e essa negação à minha imensa aquiescência o conduz à impotência. Mas aquele que se torna inteiramente puro e côncavo, que me deixa entrar em si, começa a dançar comigo, a dizer aquilo que eu digo. Esse conhece o amor universal, o pensamento total, o desejo cósmico, a força de vida impensável. Esse conhece a quintessência, a unidade de todas as energias.

"Se você chegar até mim, isto é, se você me desenvolver dentro de si, desfrutará da joia ardente da minha presença. Como quatro rios que voltam para sua única fonte, deixe que os seus conceitos, enxame de abelhas cegas, se fundam na minha felicidade; deixe o tropel dos seus sentimentos se afogar em minha exaltação infinita; ofereça-me a horda insensata dos seus desejos, para enriquecer, como um manjar delicioso, minha constante criatividade. E que toda a sua matéria, com suas necessidades inelutáveis, se entrega a essa transparência que me anima. Então você será senhor do seu universo. Dentro de você, sua libido não se revoltará, suas paixões não poderão mais inundá-lo, seus pensamentos não o destruirão e seu corpo não será obstáculo à sua existência. Você será pleno, unido a mim na dança, na alegria, na festa incomensurável.

"Permito, mediante obediência, que o seu intelecto aprenda a ser; mediante a paz absoluta, que o seu coração aprenda a amar; mediante o aprendizado da recepção, que o seu sexo aprenda a criar; mediante a aceitação da morte, que o seu corpo aprenda a viver. Se, como o leão faminto e sedento, você abandona a presa para se elevar em direção à alma, por fim me encontrará. Sou o prazer de viver e a realização.

"Sou a flor efêmera que nasce constantemente do abismo; represento a materialização de todos os sonhos, a alma sem a qual o mundo não é mais mundo, mas um deserto estéril, o fim da esperança. Sou o destino de todos os caminhos.

"Alegria inefável.

"Como uma virgem santa, levo a divindade em minha matriz. Sou a concretização aqui mesmo da energia sagrada d'O Louco. Sou O Mundo que Deus criou para ser amado por Ele."

ENTRE AS INTERPRETAÇÕES TRADICIONAIS:

Renome • Percorrer o mundo • Realização dos potenciais • Sucesso • Perfeito acordo • Reunião • Mulher ideal • Plenitude • Começo difícil • Ventre de mulher grávida • Sexo feminino • Orgasmo • Realização suprema • Final feliz • Parto • Nascimento • Como foi que eu nasci? • Fechamento • Sentimento de fracasso • Egocentrismo • Realização do andrógino espiritual • Ovo cósmico • Realização dos quatro centros • Perfeição finita • Universo que chegou a seu limite • Expansão máxima...

Os humildes guardiões do segredo

Ao longo dos anos, colecionei e estudei todo tipo de Tarots, sem jamais me dar por satisfeito. Sempre acabava achando que estas cartas, de nenhuma maneira impessoais, eram o retrato dos limites e das características de seus autores e – por que não? – de suas doenças. O Tarot de Edward Waite sobretudo, com suas imagens de mau gosto e muitas vezes negativas, tal como o Dez de Espadas, onde um homem jaz morto de bruços na terra, com o tronco atravessado por dez espadas: dor, aflição, lágrimas, tristeza, desolação. Ou o Nove de Paus, onde um menino com a cabeça ferida se apoia em um pau enquanto observa impotente um muro formado por outros oito. Ou o Valete de Copas contemplando um peixe que põe a cabeça para fora de sua taça: amarras, sedução, engodo, artifício. Ou o Cinco de Ouros mostrando mendigos transidos de frio: desordem, caos, ruína, discórdia, libertinagem etc. O contato com a obra de Waite me fez crer que os Arcanos menores eram portadores de figuras humanas ou animais...

Procurei com perseverança um baralho cujos personagens me fizessem sentir a força do mistério. Só encontrei desenhos de qualidade duvidosa, desprovidos de significado profundo. Apesar de aceitar que o espírito humano possui uma capacidade admirável de abstração e de concretização, e que em todo sistema de objetos e de desenhos é capaz de neles ler simbolicamente aquilo que quer e de induzir em cada um deles as ideias que lhe convêm, essas cartas malfeitas jamais me deram a possibilidade de carregá-las de um conteúdo significativo... Um dia, por um acaso que ouso qualificar de miraculoso, um dos meus sete gatos derrubou da minha biblioteca o Tarot de Marselha. Todas as cartas se espalharam pelo chão viradas para baixo, menos o Ás de Copas, que caiu virado para cima. Sob o impacto da surpresa, minha atenção foi literalmente engolida por esse desenho. E subitamente descobri nele um sentido profundo, sagrado. Já não era uma copa: com suas sete torres, a do meio decorada por um círculo contendo nove pontos – como o eneágono dos místicos sufis –, era um templo que parecia pedir que exumassem os tesouros que guardava. Era o cálice da missa, contendo o sangue do Salvador, a plenitude interior que os homens sempre buscaram. Ele estava cheio de amor divino. Ele se apresentava também como um santo sepulcro, onde encerram o Deus encarnado para que ele renasça como ser de luz. Ele foi também o altanor alquímico, uma matriz onde se opera a transmutação, física e moral. Esse Ás de Copas, cheio da imensidão insuperável do amor divino, oferecendo-me o espírito do mundo, o espírito da vida, tornou-se para mim um espelho. Sua mensagem: "Você também é um receptáculo sagrado".

Essa experiência me levou a examinar com paciência os Arcanos menores do Tarot de Marselha que eu, obcecado pelos ridículos tarots que eram moda entre os *hippies*, havia desdenhado, considerando-os frios, supérfluos, incompreensíveis, simples demais, geométricos demais, em suma, entediantes. Os iniciados dizem com razão que o segredo mais difícil de descobrir é aquele que não está escondido. Não que esses Arcanos não digam nada: o que ocorre é que os olhos do não iniciado não sabem ver. A arte de expressar por formas o processo espiritual foi principalmente desenvolvida pelos artistas não figurativos do Islã, que se inspiraram nas tradições pitagóricas, gregas, indianas e persas. Ainda que o Alcorão não proíba a representação de seres animados, toda uma série de preceitos, tradicionalmente atribuídos ao Profeta (os *hadiths*), a condenam: "No dia da ressurreição, o mais terrível castigo será infligido ao pintor que imitou os seres criados por Deus"[1]. Em razão dessa interdição, toda arte muçulmana é exclusivamente geométrica e decorativa... Para compreender os quarenta Arcanos menores, foi preciso observá-los por muito tempo e compará-los uns com os outros, observando bem o que os aparentava e o que os diferenciava, procurando mínimos detalhes que rompessem a simetria, até chegar a sentir cada um deles como um ser próprio...

Nessa expressão geométrica dos Arcanos menores, encontramos duas exceções: o Dois de Copas e o Quatro de Ouros. No primeiro, vemos representados dois peixes e a ave Fênix acompanhada de dois anjos, um deles provavelmente cego. No Quatro de Ouros, a Fênix vermelha do Dois de Copas é amarela e está saindo de uma fogueira.

A referência alquímica é direta: na Grande Obra, a Fênix vermelha representa a terceira etapa, a *rubedo*, a aurora, que é a mãe do sol e que anuncia o fim da noite. (O anjo cego pode representar a primeira etapa, a obra em negro, a *nigredo*, a matéria-prima; o outro anjo pode representar a segunda etapa, *albedo*, a purificação.) Assim, a aurora anuncia em seu vermelho extremo o fim das trevas: simbolicamente, a morte. Quanto à Fênix amarela, ela representa a misteriosa quarta etapa, *citrinitas*, símbolo do ar, do dia, do ser de luz, a imortal Consciência cósmica. Pelo fato de, segundo a lenda, a Fênix renascer de sua própria destruição, durando, assim, indefinidamente, ela foi considerada pelos cristãos emblema da eternidade, da perpetuidade cíclica, do Cristo ressuscitado, da transformação da nossa condição terrestre e passageira em um estado imutável depois da morte.

---

1 Citado por André Paccard, *Boukhari, Le Maroc*, ed. Atelier 74, 1979.

Os dois peixes podem significar a recepção do amor divino. Nos Evangelhos (Mateus 14, 17-21), Jesus, para alimentar a multidão que o segue, multiplica sete pães e dois peixes. Mais tarde, depois de sua ressurreição, o Cristo chama sete discípulos e lhes oferece um pão e um peixe: "Vinde e comei" (João 21, 12-13). Esses relatos contribuíram para dar ao peixe simbólico sua significação eucarística. Quando dois peixes são representados juntos, isso quer dizer: "O banquete em companhia".

O Dois de Copas, acumulação da energia amorosa, promete o fim das trevas, da solidão e a recepção do amor divino ilimitado. O Quatro de Ouros, símbolo da encarnação perfeita, promete a vida eterna...

Compreendi que o verdadeiro estudo do Tarot de Marselha começava pelos Arcanos menores, continuava com as Figuras e terminava com os Arcanos maiores. Quando em outros Tarots aparecem representações de seres animados, a compreensão é desviada pela idade dos personagens, seu sexo, seus gestos, pelas expressões de seus rostos; é muito fácil, para as projeções pessoais, carregá-las de significações pouco profundas. Inversamente, a projeção pessoal nos Arcanos menores do Tarot de Marselha é, à primeira vista, impossível. Mas, se treinarmos nossos olhos, penetrando no sentido dos Arcanos menores e das Figuras, os Arcanos maiores se apresentam com seu verdadeiro aspecto, que é sagrado.

A primeira coisa que deve aprender o estudante do Tarot é a ver. Desde o início, os esotéricos pegaram o caminho errado: eles deram a cada Arcano um significado preciso, ora ingênuo – força, morte, amor, sorte etc. –, ora complexo – delírios alquímicos, astrológicos, rosa-cruzeanos, cabalísticos etc. – e tomaram a liberdade de alterar o desenho segundo diversas interpretações, introduzindo personagens mitológicos, históricos, egípcios, hindus, maias e muitos outros, entre os quais se contam gnomos, cães e gatos.

Na realidade, um símbolo ou um texto sagrado deve ser visto, lido, em todos os seus mínimos detalhes. O todo de um Arcano é a soma de seus detalhes. É a razão pela qual ninguém pode dizer que sabe ler o Tarot se não memorizou inteiramente as cartas: pequenos símbolos, número de linhas, cores, atitudes, expressões faciais, pretensos "erros" ou "defeitos" do desenho. A complexidade oculta dos Arcanos menores e maiores do Tarot de Marselha é tão grande que são necessários seguramente muitos anos para vê-la em sua totalidade. Há sempre um detalhe que nos escapa. Pois contam não apenas detalhes de cada carta em si, mas o que os detalhes revelam também quando comparamos um Arcano com outro. Por que O Papa e O Eremita usam luva azul na mão esquerda? Os colares vermelhos dos gêmeos d'O Sol são restos da corda presa ao pescoço dos escravos d'O Diabo? E nesse mesmo duo de Arcanos, os três pontos no tronco da mulher da esquerda serão os mesmos três pontos no tronco do gêmeo da direita? Que relação existe entre o bastão vermelho d'O Louco e o d'O Eremita? O ovo atrás d'A Papisa é o mesmo que está embaixo da águia d'O Imperador? O Enforcado cruza a perna direita por trás enquanto a mulher d'O Mundo cruza, igualmente por trás, a esquerda: um é espelho do outro? E O Imperador que cruza a perna direita por cima da esquerda, que diferença isso expressa em relação aos outros dois?... Essa capacidade de comparar parece infinita.

Para detectar esses detalhes, de maneira genial distribuídos pelo criador ou pelos criadores do Tarot, o estudante deve desenvolver sua capacidade de atenção e aguçar sua visão... Esse é o papel que cumprem os quarenta Arcanos menores. Eles são difíceis de interpretar: a princípio, as dez cartas de cada Naipe têm um aspecto semelhante. Ao fim de um certo tempo, elas começam a mostrar suas diferenças essenciais. E, muito tempo depois, elas se põem a "falar". Isto é, elas provocam no estudante uma mutação na maneira de ver... É impossível abordar o estudo dos Arcanos maiores – que a princípio parecem mais acessíveis, mas que mais tarde revelam sua imensa complexidade – sem memorizar e compreender os Arcanos menores...

Entre os Arcanos menores, encontramos também as figuras que os resumem de alguma maneira ao nível humano e social:

quatro personagens de cada Naipe. Como elas não são numeradas, sua ordem representou muitos problemas para os esotéricos. Se o Valete, a Rainha e o Rei são fáceis de situar, quando o olhar não foi educado pela observação das quatro séries de dez números, o Cavaleiro é um enigma. A partir de Éliphas Lévi, passando por Papus e seus discípulos, sem se colocar sérios pontos de interrogação, os "iniciados" ordenaram assim as Figuras: Valete, Cavaleiro, Rainha, Rei. Outros, como aqueles que eliminaram 26 Arcanos do Tarot de Marselha para criar o jogo de cartas inglês (26 sendo o número que na Cabala identifica Jeová, podemos dizer que esse conjunto de cartas é um baralho sem Deus), sem saber o que fazer dos quatro Cavaleiros, pura e simplesmente os ignoraram, e as Figuras se tornaram: *Jack*, *Queen* e *King*, isto é, Valete, Rainha e Rei. Aleister Crowley (ver Introdução) fez deles príncipes e princesas... Mas, se examinarmos com atenção essas Figuras, chegaremos à conclusão de que a ordem correta é: Valete, Rainha, Rei, Cavaleiro.

Se tomarmos o Arcano XXI, O Mundo, como centro e em cada um de seus ângulos colocarmos um Cavaleiro (o de Espadas corresponde à águia, o de Copas ao anjo, o de Ouros ao animal cor de carne e o de Paus ao leão), obteremos um movimento circular dos Cavaleiros: o de Espadas salta em direção ao de Copas, o de Copas desce em direção ao de Ouros, o de Ouros avança em direção ao de Paus e o de Paus sobe em direção ao de Espadas. Isso nos permite compreender os ciclos de transformação dos Naipes... (ver a primeira parte, especialmente a p. 92.)

Se os Valetes, sempre em um terreno externo ao palácio, aí entram para se transformarem em Rainhas e Reis, os Cavaleiros saem do palácio em direção a outras terras (jamais a cor do terreno do Valete se parece com a cor do terreno do Cavaleiro). Os Cavaleiros são mensageiros que comunicam aos outros Naipes aquilo que adquiriram em seu próprio Naipe (ver pp. 68-9). Isso é confirmado pelo fato de que o Cavaleiro de Ouros já leva em uma das mãos um bastão verde da série de Paus. Os símbolos que identificam cada Naipe passam por uma mutação que vai do material, terrestre, ao celeste, espiritual:

- O pau que o Valete apoia na terra, depois de lavrado e manipulado pela Rainha e pelo Rei, é por fim levado pelo Cavaleiro, sua extremidade superior sendo aberta em uma boca luminosa, receptiva (ativa para a terra, receptiva para o céu)...

- Os dois ouros (dinheiros, moedas) ambíguos do Valete de Ouros, um enfiado na terra e outro erguido por sua mão direita, aumentam de tamanho e se reúnem na Rainha em um único ouro que novamente se divide no Rei em dois ouros, em cima e embaixo, para por fim flutuar no céu do Cavaleiro, tornando-se um astro único e luminoso (a materialização do espírito se torna a espiritualização da matéria).

- A espada que o Valete, por dúvidas intelectuais (ele a apoia no chapéu), pensa em talvez devolver à bainha, e que em seguida, na Rainha, é acompanhada por uma espécie de couraça que protege seu ventre e, no Rei, é equilibrada com uma unidade de medida, se transforma no Cavaleiro em pequena lança apontada para o cosmos, levada por um cavalo que flutua, tendo vencido a força gravitacional por um salto magnífico (o intelecto vence seus limites racionais e se funde no espírito infinito).

- A copa do Valete (personagem jovem-velho, homem-mulher, que cobre seu símbolo com um tímido véu e não sabe se o vai fechar ou conservá-lo aberto para se entregar emocionalmente), fechada na Rainha que a defende com uma espada, e ligeiramente aberta mas segura com firmeza pelo Rei, levita como um Graal sagrado na mão do Cavaleiro, que já não a leva consigo, mas a segue (o coração é o mestre: ele prodiga com amor tudo aquilo que recebe).

Primeiro há as leis misteriosas do universo; em seguida, vem o ser humano, que com seu espírito limitado transforma em superstições, religiões, em símbolos, aquilo que não compreende. Na natureza, encontramos, repetidas incontáveis vezes, a fórmula dos quatro elementos: três similares e um diferente (ver primeira parte, p. 39). O doutor Gérard Encausse, vulgo Papus, em seu livro *O Tarot dos Boêmios*, inspirado pelas teorias cabalísticas de Guillaume Postel e Éliphas Lévi, acreditou descobrir a chave absoluta da ciência oculta encarnada no Tarot, que não é outra coisa senão o símbolo do nome do Deus hebreu. Segundo ele, esse nome composto de quatro letras dá aos mortais que descobrem sua verdadeira pronúncia a chave das ciências divinas e humanas. Essa palavra – que os israelitas jamais pronunciam e que o rabino dizia uma vez por ano em meio aos gritos de seu povo – se encontra no ápice de todas as iniciações, brilha no centro do triângulo radiante no grau 33 da franco-maçonaria e se inscreve no portal das velhas catedrais, formada pelas letras hebraicas *Yod, He, Vav, He*. Este último He é repetido duas vezes. A cada letra do alfabeto hebraico é atribuído um número. Assim, *Yod* vale 10, *He* 5, e *Vav* 6. O valor numérico total da palavra *Yod-He-Vav-He* é 26... Papus crê que essa palavra relembra por sua própria constituição os atributos que os homens deram a Deus.

Parece-me que o erro de Papus é considerar que o Tarot ilustra esse quarteto, fazendo, assim, com que os Arcanos se tornem servidores da Cabala hebraica, palavra que significa: "O que é recebido, o que vem de lá, o que passa de mão em mão"... Para ele, a chave do Tarot é Jeová.

No entanto, as qualidades divinas existiam muito antes de o ser humano aprender a falar e a escrever. A lei matemática existe muito antes de nascer a língua hebraica. O Tarot não ilustra a Cabala, ele é muito mais um retrato do universo. Falamos de uma linguagem óptica que, talvez por reação contra o fanatismo literário, se opõe a uma linguagem oral.

Para Papus, *Yod* representa o princípio das coisas, a afirmação absoluta do ser por ele mesmo, o *Yod*-unidade, imagem da masculinidade, do pai. Na linguagem óptica do Tarot, esse *Yod* é representado pelos Reis de Espadas, de Copas e de Ouros.

He é a oposição do não-eu ao eu. É uma forma de divisão da unidade, origem da dualidade, da oposição, do binário, imagem da feminilidade, da mãe. Ela representa a face passiva diante do *Yod* ativo, a substância diante da essência, a vida diante da alma. Na linguagem do Tarot, esse aspecto é representado pelas Rainhas de Espadas, de Copas e de Ouros.

Vav nasce da oposição do eu ao não-eu, e representa a relação que existe entre esses dois princípios. Imagem do filho. São os Valetes de Espadas, de Copas, de Ouros.

O segundo *He* – visto que nada existe além da Trindade – indica uma transição do mundo metafísico ou, em geral, de um mundo qualquer para outro mundo:

[(Pai + Espírito Santo) + Filho] + Virgem Maria.

Nas figuras do Tarot, essa transição é representada pelo Rei de Paus, a Rainha de Paus e o Valete de Paus (um pai, uma mãe e um filho que formam uma nova família).

Se deixarmos de lado os Cavaleiros – cuja missão é transmitir o conhecimento e que viram da direita para a esquerda ao redor d'O Mundo – e dispusermos os Reis, as Rainhas e os Valetes segundo a direção de seus olhares, obteremos uma ordem que gira da esquerda para a direita: Rei de Espadas, Rei de Copas, Rei de Ouros (pincípio ativo por excelência) diante da Rainha de Ouros, da Rainha de Copas e da Rainha de Espadas (princípio passivo por excelência). Embaixo deles, o Valete de Ouros, o Valete de Copas, o Valete de Espadas (a relação do ativo com o passivo). Diante dos Valetes, a família de Paus, composta pelo Valete de Paus, pela Rainha de Paus e pelo Rei de Paus. Essa família, quarto elemento diferente dos outros (onde há dois que se parecem: Reis e Rainhas, e um terceiro um pouco diferente: os Valetes), é a semente que contém o germe da futura árvore.

(3 Reis + 3 Rainhas) + 3 Valetes] + Família de três Paus.

Se o 26 é o número que designa Deus, o Tarot, composto por 78 Arcanos, é três vezes 26. Três deuses? Por que não? Se imaginarmos que esse baralho maravilhoso foi criado por sábios das três religiões mais importantes do hemisfério ocidental por volta do ano mil, cristãos, judeus e muçulmanos, ele bem poderia conter seus três deuses: o Cristo, Jeová e Alá. Poderíamos aplicar a isso a lei do quatro? Se for assim, no primeiro trio há dois similares, Jeová e Alá, e um terceiro um pouco diferente, o Cristo. E o quarto? A encarnação representada pelo leitor do Tarot com seu deus interior.

[(Jeová + Alá) + Cristo] + Tarólogo

Para começar

O estudo dos Arcanos menores, como o dos Arcanos maiores, vai se fundar sobre o olhar do leitor, mas também sobre a numerologia do Tarot e sobre o sistema de correspondências entre os quatro Naipes do Tarot e os quatro centros fundamentais da vida humana: o intelectual, o emocional, o sexual e criativo, o material e corporal (ver pp. 63 ss.).

É a partir dessa perspectiva que nos propomos aqui a uma leitura, sempre aberta, dos cinquenta e seis Arcanos menores. Aquele que diz "eu", leitor ou consulente do Tarot, não é um ou uma, mas pelo menos quatro. Nós temos quatro sistemas de percepção do mundo: racional (o verbo), emocional (o coração), libidinal (o desejo e a criatividade), corporal (as necessidades vitais).

Quando os quatro centros vão em direções diferentes, estamos em crise. Mas querer que os quatro centros sejam uma única e mesma energia é utópico, como demonstra, por exemplo, o estudo do grau 8 nos quatro Naipes. Vimos que o 8 corresponde, na numerologia decimal do Tarot, a um estado de perfeição (ver pp. 76 ss.). Se observamos o Oito de Espadas, vemos uma carta que tem no centro uma simples flor azul de coração vermelho, sem talo: esse Arcano parece nos dizer que a perfeição do intelecto está no vazio, naquilo que atingimos mediante a meditação, quando o espírito (o continente) não se identifica mais com as palavras (o conteúdo). Por sua vez, o Oito de Copas é a carta mais cheia de sua série: copas, flores e folhagens enchem o espaço, como para nos indicar que a perfeição do coração está no "todo pleno", a plenitude do amor constantemente disposto à doação, que não vive a exigir mais nada. O Oito de Paus, concentrado ao extremo, nos indica que a perfeição desse centro reside na focalização dos desejos sobre uma única ação, seja ela criativa, sexual ou energética. Por fim, a profusão do Oito de Ouros, cujas folhagens parecem se estender serenamente em todas as direções do espaço, nos coloca na pista da perfeição material e corporal: a prosperidade, a saúde. Esse exemplo nos mostra que cada centro deve se realizar em seu próprio sentido de perfeição: o coração vazio não está realizado, o intelecto superabundante tampouco.

Escolhemos apresentar aqui as pistas de leitura para os Arcanos menores da seguinte maneira: primeiro, estudando os dez primeiros graus da numerologia nos quatro centros, em dez capítulos em que cada Naipe é estudado em relação aos outros, e nos quais o estudo se baseia na observação dos símbolos.

Daremos em seguida um panorama da progressão das cartas em cada Naipe: Espadas, Copas, Paus e Ouros, cada uma vista sucessivamente do Ás ao Dez. Essa apresentação, que tem por objetivo resumir os significados principais de cada carta, se esforçará para minimizar as repetições em relação à parte anterior. A última seção será consagrada ao estudo das Figuras, Naipe por Naipe e nível por nível.

Essa opção nos permite visualizar os Arcanos menores segundo duas "entradas" igualmente significativas.

NOTA

Para diferenciar as referências ao topo e à base das cartas que não têm elementos de orientação evidentes, ver a menção ao Copyright embaixo à esquerda (Jodo. Camoin)

I.
OS GRAUS DA NUMEROLOGIA

Os Ases
Tudo em potência

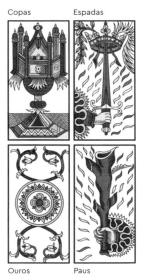

Dos quatro Naipes do Tarot de Marselha restaurado, dois são receptivos: as Copas e os Ouros, e dois ativos: Paus e Espadas. Entre os Naipes receptivos, a Copa é essencialmente receptiva, enquanto no Ouro crescem ramos vegetais que indicam já a conversão à atividade. O Pau é um símbolo essencialmente ativo; enquanto na Espada aparece uma coroa que indica o início de uma tonalidade receptiva. Se quisermos, a Copa pode ser identificada à linguagem do coração. O Ouro representa, então, tudo aquilo que tem a ver com a vida material (corpo, necessidade, ofício...). A Espada simboliza o verbo e a ação intelectual, e o Pau a criatividade e o domínio sexual.

Um dos primeiros esotéricos a falar do Tarot, Éliphas Lévi, voluntariamente induziu seus alunos ao erro, seguindo a ideia, corrente na época, de Pio VI, de que o conhecimento só devia ser revelado a alguns iniciados. Lévi, então, identificou Ouros com o ar (atividade mental) e representou a Espada apontada para o chão, dando-lhe o significado do elemento Terra e o domínio da vida material. É, no entanto, evidente que as espadas apontam para cima, pois seu Ás se introduz em uma coroa, objeto destinado a ser colocado sobre a cabeça.

Ás de Paus, Ás de Espadas
Criatividade e intelecto, duas fontes de força
Existe um parentesco entre esses dois Ases. Os dois são rodeados por labaredas de energia, os dois são manipulados por uma mão surgida de um semicírculo luminoso azul-escuro percorrido por uma onda azul-celeste, signo de uma potente atividade criadora. No entanto, uma observação atenta nos permite distinguir uma diferença muito clara. A mão que segura o Pau sai do centro da figura que, por comodidade, chamaremos de nuvem e nos mostra sua palma. A mão que empunha a espada sai da superfície da nuvem e nos mostra seu dorso. Podemos falar de dois impulsos. O primeiro é central, autêntico, puro e criativo (o Pau). O segundo é periférico, formal, reflexivo e mental; empregaremos aqui a palavra "mental", pois, em numerosas tradições, a espada é símbolo do Verbo.

A mão que segura o Pau o pega pela parte mais fina, e ele se alarga em cima. Na ponta, a energia fálica se converte em uma figura que evoca o sexo feminino. A energia criativa é andrógina. As marcas de galhos cortados que aparecem ao longo do Pau nos indicam que a escolha é essencial na gestão da energia que está à nossa disposição. Essa energia não pode ser fabricada: só podemos escolher a direção em que a canalizamos. Eis o motivo por que, no lugar onde poderia crescer um galho no pau, brota uma luz amarela que indica que em

determinado momento essa energia "verde" (orgânica) pode se sublimar. Observemos o denteado amarelo em torno desse raio de luz, idêntico ao que aparece na nuvem, e que pode ser interpretado como uma circulação da mesma consciência divina.

A espada, pelo contrário, ainda que a empunhadura seja verde (inicialmente orgânica), se transforma em seguida em um objeto cuja forma precisou ser fabricada. Não recebemos um intelecto já constituído, trata-se de uma parte de si mesmo que é preciso trabalhar, como o ferreiro forja uma espada, torná-la forte e flexível ao mesmo tempo, através de um afinamento: a espada é larga na base e estreita na ponta. Da mesma maneira como se bate o aço de uma lâmina para testar sua perfeição, o mental deve ser tarimbado na experiência e no sofrimento emocional (a lâmina é vermelha) que lhe põe à prova. Para chegar a sua realização, a espada atravessa a coroa, não fica mais encerrada no mental individual regido pela noção de poder. Os dois ramos que brotam da coroa simbolizam as duas grandes finalidades do mental: a palma aberta, receptiva, representa o espaço e o infinito, e o visco de frutos verdes representa o tempo e a eternidade. Ao se tornar eterno e infinito, o mental descobre a Consciência cósmica. A coroa de cinco flores, das quais uma no centro porta uma meia-lua vermelha, simboliza os cinco sentidos. Tudo isso constitui as percepções que formam a inteligência e podem prender o mental aos interesses materiais, mas a energia divina, longe de se perder nas miragens do mundo, entra na coroa e a atravessa.

Ás de Espadas.

O mental, energia forjada, se afina até a unidade da consciência cósmica.

Continuemos com a comparação das duas cartas e com o estudo de suas diferenças: a espada vai do mais para o menos (do mais largo para a ponta), enquanto o pau vai da concentração à expansão. Um galho é largo na parte que toca o tronco e, à medida que cresce, vai se afinando.

Ás de Paus.

A energia sexual e criativa, cuja vocação é povoar o cosmos, obedece a um chamado do futuro.

Isso significa que a parte mais fina de um galho é seu futuro. A mão que segura o pau está, portanto, no futuro. A energia sexual criativa é um chamado à divindade que está no futuro. Inversamente, a espada parte do passado (o punho) para atravessar a coroa do presente e chegar à fonte (a unidade na consciência).

Estas duas cartas ativas evocam duas forças cujas fontes são distintas. O intelecto, o Verbo está no início da Criação do mundo, enquanto a criatividade é um chamado do futuro: no Gênesis, depois da Árvore do conhecimento do bem e do mal da qual Adão comeu, diz-se que a Árvore da eternidade nos espera no futuro (segundo o Apocalipse, no centro da Jerusalém celeste).

No fundo, podemos resumir assim a mensagem destas duas cartas: o objetivo do mental é vencer o passado, superando-se, para chegar à origem, enquanto o objetivo da sexualidade e da criatividade é nos levar para o futuro, até o fim dos tempos.

Ás de Copas
Símbolo do amor em potência

No Tarot, a série das Copas representará todo o processo da vida emocional. O Ás (o número 1) representa a totalidade em potência (ver p. 73). Tudo é possível. Só resta escolher ou se deixar escolher.

A carta começa por uma base cor de carne, pura, sem hachuras, uma carne nova, virgem. A virgindade emocional permanece intacta e o amor se renova sem cessar, como se esse cálice material abrigasse um poço sem fundo que tivesse sua fonte na eternidade. Mas por cima da cor de carne, por trás da copa, encontramos uma faixa azul-celeste atravessada de hachuras: na carne, o espírito se forma pelo sofrimento e pela experiência. A base desta copa, que poderia também ser um templo, é uma pirâmide de três vertentes. À direita do leitor, o início do traço amarelo, situado na luz, indica um nascimento contínuo que se prolonga sobre o pé da copa. A vertente central, ornada com uma pirâmide vermelha, evoca a estabilidade e a permanência. A sombra hachurada da vertente da esquerda sugere, com sua obscuridade, o reino da morte. Esses três lados da pirâmide remetem a três aspectos da existência: criação, conservação e destruição, que encontramos também simbolizados na Trimurti dos deuses indianos Brahma, Vishnu e Shiva, cujas três ações complementares constituem a própria dinâmica da vida.

Ás de copas. É o cálice do amor total em potência. É um templo, o contrário de uma fortaleza.

Depois que ultrapassamos o horizonte azul-celeste, encontramos uma flor amarela de cinco pétalas que se abrem para baixo, que poderia corresponder aos cinco sentidos. Essa flor representa o processo pelo qual podemos absorver inteligentemente as dores da encarnação para fazê-las seguir até o topo amarelo da Copa, onde ressoa como o chamado para o infinito, o Verbo criador – representado, como costuma ocorrer no Tarot, pela ponta de uma espada.

Acima da flor há três círculos formados por três círculos concêntricos. Os dois círculos laterais correspondem ao passado e ao futuro; são verdes pois são constituídos essencialmente de esperança e de reminiscência. Os círculos concêntricos vermelhos do centro representam o presente, experiência pura e instantânea – não teórica. Por que três círculos para cada tempo? O mais externo poderia corresponder à vida intelectual, o segundo à vida emocional, e o círculo central à vida sexual. Se quisermos dar outra interpretação, podemos também dizer que simbolizam o corpo, a alma e o espírito.

Continuando nossa subida ao topo da copa, encontramos um semicírculo vermelho atravessado de raios horizontais. Essa massa vermelha poderia ser o amor total que, lavrado e trabalhado pelos sulcos negros, se tornou amor consciente. Ele é composto pelo amor de si mesmo, que projetamos no amor do outro, do amor do universo e do amor divino. Esse humilde e imenso sentimento de doação sustenta o corpo da catedral.

Toda a sabedoria humana repousa sobre o amor. Como disse bem Walt Whitman, "Quem anda sem simpatia veste a mortalha para o próprio funeral".[1]

Embaixo do edifício, encontramos ainda três folhas de palmeira azul-celeste, que, por seu traço dinâmico, parecem em pleno crescimento, com cinco, sete e quatro pontas respectivamente. A soma dá 16: XVI, A Torre [*La Maison Dieu*] nos Arcanos maiores. Lembramos que La Maison Dieu representa uma torre divina que dá à luz dois personagens que, com as mãos estendidas, acariciam a realidade. Aqui, as palmas azuis evocam a intuição pura que comunica com a experiência espiritual do horizonte, essa dolorosa franja azul. O espírito atravessou o sofrimento, e eis que se abre na luz do branco que rodeia a copa como uma atmosfera purificada.

Esta copa, este templo tão pleno, só tem valor se derramado no mundo. Na base do amor, há o desejo de dar tudo aquilo que foi acumulado.

Ás de Ouros

O último será o primeiro[2]

Se os três Ases precedentes são diferentes em sua essência (o Ás de Espadas representando o domínio do intelecto, o Ás de Copas, o centro emocional, e o de Paus, a zona sombria da sexualidade e a energia luminosa da criatividade), eles têm, no entanto, um ponto em comum: podemos imaginar os três de pé, como gigantes: a copa, com suas colunas, como uma imensa catedral iniciática; a espada e o pau, soberbos e cintilantes, movidos por uma mão divina.

Mas o Ás de Ouros deve ser imaginado na horizontal, deitado no chão. Humilde como a flor que traz em seu centro, ele é ao mesmo tempo mineral e vegetal. Os Ouros simbolizam a

---

1 Trecho de "Canção de Mim Mesmo", parte 48 (*Folhas da relva*, editoras Iluminuras).
2 *Le De(r)nier sera le Premier*, no original francês. *El oro sera el tesoro*, na tradução espanhola.

Ás de Ouros.
Ele representa metaforicamente a flor de lótus, surgido do lodo, que leva no coração de sua matéria o diamante da Consciência.

vida material. Em numerosas escolas místicas, essa vida material é desprezada. A recomendação "É preciso estar no mundo e não pertencer ao mundo" equivale a fugir da matéria. Não obstante, o Ouro é o verdadeiro mestre.

Em seu coração, o Ás de Ouros tem uma flor de lótus. Essa flor sagrada mergulha suas raízes no lodo e nas águas estagnadas para crescer e se abrir para a luz. Na tradição tibetana, o célebre mantra "Om mani padme hum" significa: "Ó Diamante no Lótus!". Esse diamante é o ser transparente, essência pura sem ego pessoal: o Buda, a Consciência universal. No círculo vermelho central do Ás de Ouros, descobrimos doze pontos ordenados em quatro fileiras. Se traçarmos linhas entre esses pontos para uni-los, obteremos o desenho de um diamante. Quanto ao número 12, se fizermos a soma dos números até chegar a ele, encontramos o número de cartas de que é constituído o Tarot: 1+ 2 + 3 + 4 + 5 + 6 + 7 + 8 + 9 + 10 + 11 + 12 = 78.

A conclusão que podemos tirar dessas observações é que no coração da matéria reside a energia divina, o impessoal, a totalidade. Os alquimistas haviam compreendido isso: eles buscavam tanto materializar o espírito quanto espiritualizar a matéria, sonho simbolizado pela busca da pedra filosofal.

Podemos dizer que a moeda de ouro é composta por três círculos: um externo, que floresce e lança seus ramos em direção ao mundo, um segundo (mediano), que resplandece como um sol interior e um terceiro (central) vermelho, portador do segredo universal, que faz nascer quatro pétalas como os quatro elementos da matéria, as quatro tríades do Zodíaco ou os quatro pontos cardinais. Esses três círculos são um guia para a descoberta de si mesmo. O ser evoluído pode começar a se aperfeiçoar sem se separar do mundo,

como nos indica o círculo exterior. Trabalhamos por nós mesmos criando uma realidade fértil, próspera, paradisíaca. A consciência ecológica chega com a descoberta interior, somos unidos ao mundo, à terra. Eis por que uma das atividades importantes nos mosteiros zen consiste em cultivar jardins, que podem significar o melhoramento do nosso trabalho, de nossa família ou de nosso país. O que guia esse processo é a divisa secreta: "Não quero nada para mim que não seja para os outros".

Uma vez cumprida essa etapa, podemos entrar no segundo círculo: a descoberta do sol interior que trazemos dentro de nós. Ele é sob todos os aspectos similar ao sol que vemos no céu. A energia vital brota incessantemente, simbolizada pelos triângulos verdes. A inteligência prática se expande nos triângulos laranja (cor da vida em todas as formas). Nos triângulos vermelhos, exprime-se a força do amor que é a essência da matéria. A base é amarela como o ouro: organismo puro e luminoso. Tudo isso constitui um anel de ação alegre que nos convida a amarmos a nós mesmos, não de maneira narcísica, mas enquanto obra maravilhosa da vontade divina.

No terceiro círculo, encontramos a flor da felicidade. A ação chega a seu termo. A alma exala seu perfume, esperando a vinda inseminadora da Verdade essencial. No círculo vermelho, os pontos são de sementes prestes a eclodir em uma humanidade coletivamente transfigurada. Elas se apresentam sob a forma de quatro linhas de dois, três, quatro e três pontos. Os dois primeiros, no alto, indicam a receptividade para o céu. Os três de baixo indicam a atividade em direção à terra. Os sete pontos medianos (3 + 4) representam a união do espírito (3) com a matéria (4). Assim diz Éliphas Lévi: "Todo pensamento verdadeiro corresponde a uma graça divina no céu e a uma obra útil sobre a terra"[3]; ele entende com isso que toda graça da consciência produz um ato, e que reciprocamente, todo ato movimenta a consciência como uma verdade.

---

3 *Secrets de la magie*, ed. Robert Laffont, coleção Bouquins, 2000.

O primeiro círculo revela as qualidades pessoais do iniciado. Depois que o trabalho espiritual foi transmitido de círculo em círculo, de hierarquia em hierarquia espiritual, chegamos ao diamante central, a consciência impessoal. Buscando a individualidade essencial se chega à consciência coletiva universal. É aí que reside o segredo do Ás de Ouros: humilde moeda, tesouro das profundezas da terra, ele se eleva pela meditação até o céu para se tornar a auréola que ilumina a cabeça dos santos.

Os Dois
Acumulação, preparação, receptividade

Copas   Espadas

Ouros   Paus

Se os Ases (1) do Tarot são o símbolo das capacidades em potência, vasta extensão de possibilidades à espera de uma escolha, os Dois (2) representam a acumulação de dados sem realização. A palavra-chave para compreender o 2 é o conceito de acumulação passiva e receptiva. A Papisa (II), grau dois da primeira série decimal dos Arcanos maiores, está enclausurada. O Enforcado (XII), grau dois da segunda série, está amarrado, com as mãos nas costas: não escolhe, mergulha em si mesmo. (Ver pp. 75 ss.)

Nos Arcanos menores, onde Espadas é o símbolo da vida intelectual, o **Dois de Espadas** nos mostra uma grande flor (a maior da série) de oito pétalas e oito ramos, preenchendo todo o oval que a contém. É o devaneio que se instala no mental, uma acumulação de projetos, de mitos, de informações, de teorias... O centro da flor contém um ponto negro em que se adivinha, em gestação, o vazio que atingimos na perfeição da meditação. As duas espadas que se entrecruzam têm um centro vermelho, ativo, vital, que ecoa nas duas pétalas vermelhas horizontais.

Antes de receber uma forma, o pensamento aparece no cérebro como um caos. Logo, as duas pétalas verticais amarelas lhe permitem se expandir em direção à luz e à ordem, sustentadas pela receptividade das pétalas azul-celeste. A lâmina das espadas é essencialmente negra: o objetivo do mental é chegar ao vazio. Neste Arcano, as oito pétalas e os oito ramos da flor, assim como os oito ovais amarelos que atravessam as lâminas das Espadas nos indicam um profundo desejo de perfeição (o 8 representa a perfeição na numerologia do Tarot). Observemos ainda que em todo o Tarot, os Dois aspiram ao 8: da receptividade à perfeição e à plenitude.

Os Paus simbolizam a energia sexual e criativa. No Dois de Paus, as flores, em vez de um talo cortado, têm na base um bulbo azul-claro bastante trabalhado, que representa a acumulação dos desejos. Em seguida, um talo vermelho conduz a sete pétalas amarelas, como a energia vital que virá despertar os sete *chakras* (centros nervosos sagrados). No cruzamento dos dois paus, nascem flores de três pétalas laranja. Ao adicioná-las (3 + 3 = 6), descobrimos que a busca essencial dos Paus é a do prazer, da beleza (representada pelo 6 na numerologia do Tarot). O centro dos Paus é azul-escuro, indicando que a energia criativa, na base, é recebida. Essa recepção se expande até o vermelho da ação. Um dito chinês nos ensina que convém ser receptivo para o céu e ativo para a terra; a inspiração do artista lhe é dada, mas sua obra é fruto de suas próprias escolhas e de seu trabalho. Esta carta representa a acumulação da energia que ainda não é realizada, a virgindade, o primeiro período da puberdade, mas também as primícias de toda obra.

A Copa simboliza a vida emocional. O **Dois de Copas** representará, então, a acumulação de sentimentos, a preparação para o amor. Embaixo, dois anjos revelam a fonte do amor: uma Fênix vermelha sobre um pedestal amarelo. Os anjos representam a pureza. O da esquerda, que é cego, vem nos sugerir que a escolha do objeto amado não se faz pelo intelecto mas pelas razões do coração. A mancha azul clara, pontuada por marcas semelhantes às do arminho, como um manto real, sinaliza a proteção divina.

O pedestal e a coroa amarela-clara são símbolos da consciência cósmica, sobre a qual se forma o pássaro imortal. A Fênix mítica tem a propriedade de poder se queimar e renascer das próprias cinzas, assim como o amor morre e se renova a cada vez: o amor não é individual, ele é uma força universal. De tudo isso, cresce uma raiz, que se abre na primeira flor vermelha e amarela, símbolo do amor encarnado no coração humano, e depois se prolonga em um talo azul-claro que produz dois animais, talvez peixes, que lambem uma flor imensa. Esses dois peixes remetem à divisão narcísica do eu, necessária ao desenvolvimento do amor: todo amor começa pela fascinação de si mesmo e a projeção de nossa alma no ser amado. Lambendo a flor, eles a fazem crescer e a preparam para uma maravilhosa inseminação. O amante futuro será uma projeção da Fênix original. De um ponto de vista psicológico, o Dois de Copas nos remete ao amor incestuoso. Os anjos (sublimação do *animus* e da *anima*) preparam o sacrifício da Fênix. O amor edipiano será imolado para a construção de uma realidade, de uma família simbolizada pelo Quatro de Ouros.

O dinheiro é o símbolo da vida material: é o ouro que encontramos nas profundezas da terra, e que uma vez trabalhado serve de moeda de troca. No **Dois de Ouros**, uma imensa faixa tenta unir um círculo ao outro. Embaixo, na curva inferior dessa linha sinuosa, detectamos três serpentes, animais rastejantes que nos sugerem que o trabalho que leva à consciência começa pela aceitação da matéria, que se espiritualizará em seguida, com a moeda se tornando auréola. Na curva superior, duas datas: 1471-1997, lembrando a data do primeiro Tarot impresso conhecido e a da edição do Tarot restaurado. Mas elas indicam também a transformação que vai do passado para o futuro, do fundo para o alto. Se adicionarmos 1 + 4 + 7 + 1, obteremos 13, número da transformação da matéria, da morte. Adicionando 1 + 9 + 9 + 7, obteremos 26, o número de Deus e da eternidade. Eis toda a aspiração do Dois de Ouros: essa faixa que cessa de crescer, como testemunham as flores nas duas pontas, para chegar ao 8 da perfeição infinita, deseja realizar a espiritualização da matéria.

Os Três
Explosão, criação ou destruição

Copas | Espadas
Ouros | Paus

Os números têm uma vida própria, como entidades distintas. Depois do Ás (1, o Todo em potência, fundamentalmente andrógino) e do Dois (2, acumulação de uma experiência, essencialmente receptivo), o Três (3, explosão criativa) é o primeiro essencialmente ativo. Mas duplamente ativo: em direção à vida e em direção à morte, em direção à reprodução, à construção, à euforia de viver, ou em direção à destruição, à depressão, à transformação implacável que exige a eliminação do antigo. O aspecto vital do 3 realiza a transformação pela eclosão do novo.

Esses dois aspectos do 3 se manifestam em A Imperatriz (III) e no Arcano sem nome (XIII). É evidente que A Imperatriz, com seu cetro apoiado no ventre e ornado com uma folha verde, está em plena gestação. Quanto ao Arcano XIII, o personagem ceifa com sua foice as ervas daninhas para que o ser novo possa se desenvolver.

No **Três de Espadas**, a potência da carta se revela pelos dois ramos que rodeiam a espada. Se contarmos suas folhas e os frutos negros que aí nascem, obteremos o número 22, que representa a totalidade dos Arcanos maiores do Tarot. A espada vermelha é símbolo do intelecto ativo, entusiasta, idealista, desmedido. As quatro flores no exterior das espadas entecruzadas dão uma segurança a esse impulso. Elas indicam que todo pensamento é sustentado por um espaço bem orientado, quatro pontos cardeais. Na linguagem popular, designa-se um estado de confusão mental pela expressão "perder o norte". Esta carta, como todos os Três, possui uma tonalidade adolescente. Aqui, todos os problemas se colocam, confundimos crer com saber, pensamos sem nos unir ao mundo, motivados pela energia de um ideal que pode também ser mais falacioso que verdadeiro. A energia do Três de Espadas é estreitamente ligada à energia sexual dos Paus.

No **Três de Paus**, os três paus se entrecruzam formando um centro que expressa seu desejo de possuir o mundo, representado pelas folhas que nele crescem. Enquanto o Três de Espadas delimita um oval onde se produz um desejo de aprofundamento, o Três de Paus cresce para fora como um conquistador. Ele deseja tanto entrar no mundo como seduzi-lo e engoli-lo. Este Arcano corresponde às primeiras experiências do prazer carnal, à eclosão da puberdade, à violência dominadora, à alegria daquele que se sente o centro do mundo. São também desejos que explodem sem saber aonde ir. É o germe que abre violentamente a semente sem saber que planta se tornará. As pontas negras dos três paus simbolizam a ação impessoal e lembram as pontas das espadas, igualmente negras. Isso nos indica que a essência da energia sexual é espiritual. Cada pau é enriquecido por quatro retângulos laranjas, que correspondem aos quatro elementos: a maior riqueza da ação é a própria vida. O azul profundo do centro nos sugere que o desejo é recebido, que não temos controle sobre ele: só podemos canalizá-lo ou desfrutar, mas nem provocá-lo ou anulá-lo. As folhas que crescem dos lados mostram seu interior amarelo-claro, campo de energia e de alegria vital que enriquece o mundo.

O **Três de Copas** representa o amor ideal, romântico. São as primeiras experiências afetivas. A copa de cima, bem protegida por duas folhas, repousa em sua base dentro de um coração. Seu pé é acariciado por dois bulbos cheios de sonhos. O amor ideal pode nos conduzir mais tarde, se fracassa, a uma decepção profunda. Mas sendo o primeiro, ele é o mais belo de se viver. Na base do coração, uma verdadeira construção o protege e o sustenta. A forma vermelha, fuso atravessado por três linhas negras, tendo em sua base três pétalas laranjas, representa a divindade andrógina. Esse amor ideal é uma projeção do amor divino. As duas copas na base da carta representam o masculino-*animus* e o feminino-*anima* que se unem para criar esse sonho.

No **Três de Ouros**, vemos uma construção aparentemente semelhante, mas na realidade muito diferente. A moeda de cima está no interior da construção de folhagens, e as duas moedas de baixo estão fora. Se a ação das Copas ia em direção ao céu, a comunicação com o divino, a ação dos Ouros vai em direção à interiorização, à penetração na matéria e à obscuridade da gestação. É a afirmação de um tesouro escondido no mundo, do qual é preciso tomar posse. Este Arcano representa a partida do herói antigo em busca do Tosão ou Velocino de ouro, símbolo ambivalente da riqueza material e da consciência cósmica. Sendo o Três um número explosivo, ele pode significar, nos Ouros, o início entusiasmado de um negócio com um investimento incerto: podemos multiplicar nossa riqueza ou perdê-la.

Os Quatros
Segurança sobre a Terra

Copas — Espadas — Ouros — Paus

O equivalente do 4 é um quadrado, a forma geométrica que melhor simboliza a segurança no mundo material. Nos Arcanos maiores, O Imperador (IIII) representa a estabilidade terrestre, enquanto Temperança (XIIII) indica o equilíbrio psíquico e espiritual.

Se observarmos o centro do **Quatro de Ouros**, vemos aí um brasão sobre o qual uma Fênix se imola no fogo para renascer das próprias cinzas. No centro do que parece ser imutável, há constante impermanência. Aquele que tem a segurança e a saúde deve permanecer constantemente consciente do caráter efêmero de todos os bens materiais. Nesse nível, aquele que não avança e que recusa a mudança acaba retrocedendo. A saúde depende de um cuidado constante. A aparente estabilidade do Quatro de Ouros oculta a instabilidade sagrada. Se o Quatro não se põe em ação, ele se petrifica pouco a pouco. O Quatro de Ouros assegura a vida cotidiana, mas não a vida espiritual. No entanto, ele é a base desta, assim como o altar é a base da catedral. De que serve um altar sobre o qual não se celebra a missa? Da mesma maneira, de que serve uma loja de alimentos se todos estão com a validade vencida? É preciso que novos produtos frescos venham garantir a saúde do consumidor. Uma fortuna que é guardada em uma caixa-forte sem ser investida se desvaloriza. Nesse caso, é preciso investir e fazer entrar a riqueza na corrente da vida. Uma semente que não se abre não produz nenhuma planta.

No Quatro de Ouros, os quatro elementos se ordenam em torno do centro (a Fênix), mas no **Quatro de Copas** a disposição testemunha antes uma aspiração para a altura. As duas copas de baixo, ajudadas pelas duas grandes folhas, sustentam as duas copas de cima. Podemos ver aí um impulso em direção à abertura. As Copas são símbolo da vida emocional, então podemos dizer que nesse amor se busca um ser superior a si mesmo, e não uma "alma gêmea". Como etapa da vida emocional, o Quatro é um momento benéfico que representa um fundamento, a aceitação do casal, o projeto de uma família. Mas se o Três busca o amor ideal, o Quatro marca a passagem ao amor real. Aquele que só se pode acontecer se aceitarmos com toda confiança o ser amado.

A busca da altura que está em processo no Quatro de Copas representa, no melhor dos casos, uma aspiração às aspirações mais elevadas do amor que serão vividas nos graus seguintes. Mas se a pessoa ainda não é capaz de amar a si mesma, ela é obrigada a depositar todas as suas esperanças de realização em outra pessoa. A relação emocional, então, não se dá mais entre iguais, mas entre um coração submisso e um ser poderoso. Se a pessoa se odeia, se se despreza, se não se ama, a exigência de segurança se torna insaciável. Mesmo se a pessoa não tem todo o amor que deseja, por segurança se apega à relação emocional. É o caso de um casamento de longa duração em que os cônjuges talvez tenham perdido o amor, mas cuja união perdura por segurança. Um amor que não evolui está condenado a estagnar.

No **Quatro de Paus**, nos encontramos na presença de uma segurança sexual e criativa. Tudo vai bem, mas corremos o risco de que essa situação se torne uma rotina. Neste domínio, a repetição esfria o entusiasmo. Por falta de novidade, o êxtase declina. Mais uma vez, o Quatro é uma passagem benéfica que exige ser superada: o que pensar de um artista que se instala em um estilo e o repete até morrer, feliz de ganhar com isso um dinheiro seguro? Um casal que sempre faz amor da mesma maneira corre o risco de se aborrecer. A segurança do Quatro é destinada a evoluir com a tentação do Cinco.

Da mesma maneira, a segurança mental do **Quatro de Espadas** é maravilhosa quando representa o espírito prático, uma inteligência capaz de se encarnar e de organizar a vida material. É também a base da inteligência científica. Mas ela pode se converter em um racionalismo fechado em si mesmo, que tende a excluir a intuição, a riqueza do inconsciente, o prazer poético, as ideias revolucionárias e muitas outras coisas que encontramos ao estabelecer a ponte com os mistérios do espírito. Isso será obra do 5.

Em todos os Naipes, o Quatro é uma plataforma de segurança necessária para ousarmos propor novas experiências que nos farão avançar sobre o caminho do conhecimento de si mesmo, tendo como objetivo final a ação no mundo. Considerado como tal, o Quatro é essencial. Considerado como fim em si, ele conduz à estagnação, e, por fim, à decadência

Os Cincos
A tentação

Copas   Espadas
Ouros   Paus

No esoterismo do início do século XX, os estudantes de magia e os numerólogos atribuíram ao número 5 uma ação funesta. É compreensível: nos Arcanos maiores do Tarot, o grau 5 é representado por O Papa e O Diabo. Os esotéricos, em conflito com a Igreja Católica, então confundiram as duas cartas e viram a maldição (XV) como sombra da bendição (V). Podemos também compreender que em uma sequência de nove números (sendo o 10 considerado uma repetição do 1), o número 5 se encontra na metade da série, como entre dois mundos. Antes dele, a sequência de 1 a 4 representa a vida material, e depois dele a sequência do 6 ao 9 representa a vida espiritual, maravilhosa mas incerta quando a consideramos a partir do plano concreto. Na realidade, tanto O Papa como O Diabo são convites a irmos mais além, a superarmos os limites do material e do racional. O Papa, sem abandonar seus discípulos, que pertencem a este mundo, estabelece uma ponte, uma comunicação com o outro mundo: a dimensão divina ou cósmica. O Diabo tentador propõe uma descida rumo à escuridão do inconsciente, para chegar até o magma impessoal, fonte de toda criatividade.

O 5 abre os caminhos para o conhecimento de si ou propõe ideais brilhantes. Ele sugere a prudência de não abandonarmos as aquisições da vida material, mas nos convida a superá-las.

No **Cinco de Espadas**, vemos aparecer, entre as espadas entrecruzadas, o vermelho da espada central que olha para o exterior por uma abertura em forma de losango. É a primeira vez, no processo da série de Espadas, símbolo da atividade intelectual, que o mental aceita a união com o Outro e tenta lançar um olhar para além de si mesmo, fora de seu pequeno mundo intelectual. Aparece uma ideia que pode se transformar em ideal, em um caminho a seguir.

Na série de Copas, que representa a vida emocional, o **Cinco de Copas** nos mostra um recipiente central de onde nasce uma eufórica construção floral. Poderíamos dizer que se trata de um pagode, ou de um templo. Pela primeira vez, vivemos o entusiasmo da fé, inclusive o amor fanático. Cantamos loas a um mestre, ao Cristo, a diferentes deuses, à mãe Natureza, ou, por que não, a um teórico político... Acreditamos ter encontrado a direção definitiva que nosso coração e o coração da humanidade devem seguir. Se observarmos bem esta carta, veremos, envolvendo o pé da copa central, um coração amarelo formado pelos ramos da planta da base, que floresceu. Mas esse coração, encontrando-se na base, age no plano material: voltamos nosso coração para Deus sem com isso desdenhar das ternuras humanas. Com esta carta, poderemos compreender, por exemplo, a jovem discípula que volta grávida depois de uma temporada com seu guru...

O **Cinco de Paus** representa duas tentações: sublimar a força sexual através das técnicas de meditação e, graças a elas, abrir a porta da iluminação espiritual, ou ainda aprofundar o caminho do desejo e explorar todas as pulsões. Esse segundo caminho pode ser tão revolucionário quanto o primeiro, pois é um convite a nos desfazermos dos hábitos, que conduzem o espírito a adormecer. Na criatividade, da mesma maneira, é a abertura do artista aos temas que vão mais longe ou mais fundo do que a anedota pessoal.

Com o **Cinco de Ouros**, a segurança material do Quatro deixa nascer em seu centro uma possibilidade nova de enriquecimento, que conjura o grande perigo do grau anterior: vimos que se o Quatro não se altera, ele envelhece, apodrece e decai. Vemos todos os dias exemplos práticos disso: as grandes lojas, para não perderem seus clientes, devem pensar em abrir uma seção de alimentos orgânicos; um doente, tratado sem resultados pela medicina oficial, sonha em procurar um xamã ou um curandeiro no interior do país; um casal bem estabelecido se propõe a ter um filho; ou ainda, decidimos investir nossas economias em uma atividade que possa multiplicar o capital.

O Cinco representa, portanto, uma tentação, uma aspiração, uma ponte, uma passagem para um novo mundo, mas conservando uma parte de sua atividade baseada no mundo antigo.

O perigo do Cinco de Espadas será de nos levar a seguir ideias tolas, idealistas demais, que nos prometem fortes decepções. O perigo do Cinco de Copas é o entusiasmo. O outro, idealizado, pode não corresponder às expectativas que temos a seu respeito. No Cinco de Paus, corremos o risco, seguindo o caminho d'O Papa, de nos conduzirmos à impotência sexual por excesso de misticismo, ou seguindo o caminho d'O Diabo, de nos esgotarmos em depravações. No Cinco de Ouros, corremos o perigo de investir nosso dinheiro em quimeras e de perdê-lo, como acontece às vezes aos pequenos investidores da bolsa de valores.

Os Seis
A beleza e seus espelhos

Na Cabala, o 6 é considerado o representante da beleza. Na Árvore da vida, sob o nome de *Tipheret*, ele está no centro das dez *sefirots*: se o homem não pode alcançar a Verdade incognoscível, ele pode ao menos ter acesso a seu resplendor essencial, a Beleza.

Em O Namorado (VI), grau 6 da primeira série decimal dos Arcanos maiores, o anjinho faz descer do céu a beleza do amor. Em A Torre, Arcano XVI, outra manifestação do 6, a terra envia de seu centro para o alto uma explosão de alegria e de energia gozosa que faz dançar dois iniciados em êxtase. Podemos também pensar que é o céu que faz descer essa manifestação flamejante: o Tarot permite interpretar um mesmo símbolo de duas maneiras diferentes, sem que precisemos escolher entre as duas respostas, que podem ser efetivas ao mesmo tempo.

Nos Arcanos menores, esse número sinônimo de beleza e de realização daquilo que amamos assume quatro tonalidades diferentes. Se quisermos, a beleza do Seis pode ser considerada a raiz da realidade. Se adicionarmos de três em três a série infinita dos números, obteremos sempre um resultado redutível a 6. Por exemplo:

1 + 2 + 3 = 6; 4 + 5 + 6 = 15, e 1 + 5 = 6; 7 + 8 + 9 = 24, e 2 + 4 = 6... e assim sucessivamente até o infinito.

Se, como no mito cristão, Deus é uma trindade, sua essência, a partir do que acabamos de ver, é a beleza.

As Copas e os Ouros são símbolos receptivos.

O **Seis de Copas** é apresentado como o resultado de [3 + 3]: duas colunas de três copas se enfrentam face a face. Elas se encontram como um ser humano encontra sua alma gêmea. Amor estático de tonalidade narcísica, que tem a tendência de se isolar, de se dar privadamente, e no qual um é a alma do outro. Com um Seis de Copas, podemos dizer: "Eu sou o mundo e o mundo sou eu".

No **Seis de Ouros**, podemos observar claramente a soma [4 + 2]. No centro da carta, quatro moedas representam o princípio de realidade e de estabilidade que se abre para cima e para baixo. No Seis de Copas, assistíamos ao reencontro de dois trios, o número três sendo um idealista. Aqui, ao contrário, partimos de um centro material que vai buscar sua realização extática nos dois extremos. Isso nos remete aos casais ou pares de noções complementares como: futuro e passado, supraconsciência e subconsciente, macrocosmo e microcosmo, luz e sombra etc. Trata-se de uma carta que se abre ao mundo, que se esforça para se abrir ao outro. Seu lema poderia ser: "Parto em busca de tudo aquilo que me supera e que já existe em mim".

Entre o Seis de Espadas e o Seis de Paus, símbolos ativos, um intelectual e o outro sexual-criativo, também existe uma diferença.

No Seis de Espadas, assistimos a uma interiorização. Alcançamos a beleza através da meditação, seguindo em direção ao êxtase que é o coração de nossa consciência. A flor central cujo talo está cortado, separado da planta e por consequência do mundo, se abre na solidão. Ela é única. Assumir a própria individualidade, sua própria unicidade, é a primeira alegria do intelecto.

No **Seis de Paus**, observamos um grande impulso para o exterior. Partindo de um centro ardente (os quatro losangos vermelhos), folhas sensuais se abrem em direção aos quatro cantos do mundo, e como eixo vertical, em lugar do pau unitário, vemos duas flores, cortadas, também elas, diferentes uma da outra, mas no entanto complementares. A flor de baixo tem folhas curvadas e receptivas, a flor de cima tem folhas pontudas e ativas. Poderíamos falar em uma flor masculina e uma flor feminina. O Seis de Paus exprime a beleza do encontro sexual. Aqui a solidão valorizada no Seis de Espadas se torna masturbatória, ela não é admitida. O Seis de Paus é essencialmente uma carta de encontro.

Os Seis, apesar de sua excelência, podem se tornar uma armadilha narcísica, sobretudo nas Copas e nas Espadas. Amamos tanto aquilo que fazemos que, egoisticamente, buscamos nos satisfazer esquecendo as necessidades do mundo que nos rodeia...

Os Setes
Ação no mundo e ação em si mesmo

Copas Espadas
Ouros Paus

O 7 é o número ímpar mais ativo, o número primo mais potente da série de 1 a 10. A melhor maneira de defini-lo é pela noção de ação no mundo. Nos Arcanos maiores, essa ação se manifesta muito visivelmente no Arcano VII, O Carro, e no Arcano XVII, A Estrela. Em O Carro, a energia vem da terra e o príncipe se deixa levar por seu veículo fincado no planeta, solidário ao planeta. Ele não age por si mesmo, ele só acompanha a ação. Em A Estrela, a ação vem do cosmos e da mulher nua, verdade pura. Desdenhando do global em nome do particular, ela escolhe um lugar que sacraliza, um joelho na terra, para aí realizar a ação purificadora e germinadora. Isso nos permite compreender que há diferentes formas de ação no mundo, como os quatro Setes dos Arcanos menores nos demonstrarão.

O **Sete de Paus** é uma carta de energia gloriosa, resplandecente, que parte de um losango vermelho recoberto pelo entrecruzamento das partes azuis-escuras e azul-celeste, que se estendem até seu prolongamento vermelho e suas catorze pontas negras. A cada mudança de cor, há uma articulação amarela.

Isso significa que partimos do fogo vital dos losangos vermelhos, fogo natural, recebido e não trabalhado. Graças a uma reflexão inteligente (a articulação amarela), esse fogo passa da concentração intuitiva interior à grande ação vermelha de abertura em direção ao mundo. A energia sexual e criativa é impessoal, ela se oferece, nas pontas negras, a quem tiver a habilidade de saber empregá-la. As folhagens amarelas de talos vermelhos, em número de quatro, se abrem triunfalmente nos lados, exprimindo a explosão do prazer sexual e criativo em ação sem entraves.

Inversamente, no **Sete de Espadas**, a espada outra vez se inscreve em seu oval que simboliza o espaço do pensamento, primeiramente concebido como um fechamento. Este só se abre no meio da carta, na curta passagem da cor vermelha que indica uma pequena atividade em direção ao exterior. Neste oval, encontramos, situada entre quatro flores cortadas, uma espada azul-celeste. Estas quatro flores são muito diferentes das folhas amarelas vivas do Sete de Paus: elas representam pontos de referência conceituais, e não orgânicos. A Espada está aqui no ápice de seu não fazer ativo. O máximo de ação dos Paus é "criar tudo", mas o máximo de ação das Espadas é "tudo esvaziar". Eis por que a receptividade da mistura de talos azuis fica no centro do Sete de Paus, e se encontra nos dois extremos, externamente ao oval do Sete de Espadas. Observemos também que a lâmina da espada passa por baixo desse tecido, e aí fica prisioneira: o mental não se mexe, não age. Para agir no mundo, ele deixa de crer que a realidade é aquilo que ele pensa sobre ela e busca a visão objetiva. Para isso, ele deve aprender a receber.

No **Sete de Ouros**, descobrimos no centro da carta três círculos dispostos em triângulo, com a ponta para cima, rodeados de outras quatro moedas dispostas nos quatro cantos da carta. Poderíamos ver aí, geometricamente, um triângulo inscrito dentro de uma figura quadrangular, quadrado ou retângulo. Essas formas simbolizam o espírito (triângulo) em gestação no centro da matéria (quadrado). Podemos concluir que a ação extrema no mundo material é a gestação do espírito, um ideal interno: esse triângulo acabará invadindo todo o quadrado, exatamente como o Cristo entra em gestação no ventre de um ser humano, Maria, para nascer dela e convertê-la em divindade. Poderíamos também dizer que no Sete de Ouros assistimos à ação da consciência no coração da célula.

Da mesma maneira, no **Sete de Copas** encontramos o 7 sob a forma [4 + 3], mas em uma confirguração diferente. Quatro copas no exterior da carta formam aquilo que poderíamos considerar como um retângulo. No centro, três outras copas desenham um eixo vertical. A copa que se encontra na base desse eixo está em plena criação ativa do mundo emocional, com uma ação em direção ao interior e em direção ao exterior. Aquilo que foi recebido é generosamente doado, ofertado. As outras copas possuem um conteúdo acumulado, elas estão cheias, mas esta copa da base produz uma ação simbolizada pelos ramos e pelas folhagens que sobem a partir dela como uma aspiração ao mundo celeste. A segunda copa, no centro, está em gestação, acariciada e amada, e ela estende sua ação em direção ao mundo inteiro, não ainda de maneira fulgurante, como veremos mais adiante no Oito, mas sob uma forma íntima, secreta, recolhida. É o fogo emocional em gestação no escuro e na solidão, que se abre, por fim, na terceira copa, em direção ao cosmos. O amor vai, então, completamente para o exterior e chega aos confins do universo. Podemos comparar esse eixo ao chamado intenso da Virgem Maria, que não aceitou outro amante além do próprio Deus.

Os Oitos
As quatro perfeições

Copas | Espadas
Ouros | Paus

Nos Arcanos maiores, A Justiça e A Lua pertencem ao ser do 8. Este número é o mais receptivo de toda a série de 1 a 10. Se o 2 é acumulação, o 4 estabilização e o 6 união na beleza, o 8 é o símbolo por excelência da perfeição, na matéria e no espírito. Em A Justiça (VIII), vimos um arquétipo maternal que faz reinar a Lei. Seu lema poderia ser este: "A única liberdade é a obediência à Lei", a maior obediência sendo tornarmo-nos nós mesmos e deixar agir as leis cósmicas em nosso espírito e em nossa vida material. Sua ação incita também a nos darmos aquilo que merecemos. A espada d'A Justiça corta o subjetivo, e sua balança pesa o objetivo. A Lua (XVIII), por sua vez, representa a recepção pura. Ela tem a tendência de se recolher em si mesma para refletir a luz solar. Esse reflexo da "verdade" solar, que poderíamos chamar de "beleza", pode ser visto de frente, ao contrário da fonte de luz direta que nos cegaria.

Nos Arcanos menores, entre as Copas e os Ouros, símbolos receptivos, e as Espadas e os Paus, símbolos ativos, observamos uma nítida diferença. Os primeiros são plenos, os segundos quase vazios. Isso nos permite voltar aos diferentes aspectos da noção de perfeição, frequentemente mal compreendidos e indiferenciados.

É evidente que o intelecto, simbolizado pela Espada, deve chegar ao máximo do vazio para realizar sua perfeição: a prática da meditação, entre outras, forma o espírito com esse objetivo. No meio do **Oito de Espadas** só existe uma pequena flor azul, receptiva, cujo centro é formado por um minúsculo círculo vermelho marcado por um ponto que representa o olho, testemunho impessoal. As quatro flores exteriores, que nas outras cartas de Espadas são amarelas e vemelhas (ativas na inteligência), assumem aqui uma cor azul, símbolo da recepção espiritual. O Oito de Espadas representa o ideal búdico da vacuidade.

Esse "todo vazio" não se pode aplicar ao domínio das emoções. No **Oito de Copas**, nós nos encontramos diante de um "todo cheio". No centro, o mesmo pequeno círculo vermelho marcado por um ponto representa mais uma vez o olho, testemunho ativo. Em torno dele, as mesmas pétalas azuis-celestes indicam um centro receptivo. Mas as quatro pétalas azuis-escuras que alternam com elas assumem aqui uma forma dinâmica, que lembra aquela da suástica (ver também p. 101).

Oposto à quietude do intelecto, o impessoal do coração poderia se chamar Deus em ação. Quatro das oito copas presentes nesta carta se situam em seus quatro cantos, indicando um estado em que as emoções são estáveis. No centro, duas copas lado a lado, rodeadas de ramos e flores mostram a exaltação do casal feminino-masculino, ou ativo-receptivo, sem excluir o casal homossexual. Nos extremos de um eixo vertical, duas outras copas manifestam o amor pela terra (a de baixo) e outra o amor pelo cosmos (a de cima). Essas copas verticais são acompanhadas de duas flores ou chamas azuis. A de baixo possui uma gota vermelha ativa e a de cima possui uma gota parecida, mas atravessada por riscos verticais que a tornam receptiva. Eis o que confirma o que vimos nos pontos centrais do Ás de Ouros: atividade em relação à Terra, receptividade em relação ao Céu. O Oito de Copas simboliza o ideal crístico do coração em chamas, todo caridade e todo amor.

O **Oito de Ouros**, à primeira vista, parece passar a mesma mensagem que o Oito de Copas, mas na realidade há uma grande diferença. Aqui ainda, nos quatro cantos da carta, quatro moedas formam um quadrado estável: a vida material está assegurada. Mas aqui, no centro, quatro outras moedas figuram um outro quadrado, dinâmico e espiritual. No meio, aqui também, encontramos uma flor de miolo circular. Mas desta vez o centro é amarelo e marcado por uma cruz. Isso nos indica que no cerne da matéria existe uma consciência da eternidade (a linha vertical) e do infinito (a linha horizontal). No quadrado central, temos dois pares de moedas: um se situa na parte baixa e outro na parte alta, delimitadas pelas folhagens. O espírito oculto na matéria, ativo por excelência, age simultaneamente na vida material e na vida espiritual. Essa interação de mundos gera a prosperidade total. O Oito de Ouros representa a verdadeira riqueza, a saúde, a felicidade no lar, a realização harmoniosa das necessidades. A matéria impregnada de espírito, talvez imperecível, exalando um odor de santidade.

O **Oito de Paus** é uma carta que eliminou as florações laterais, presentes até o Sete desse Naipe e só deixou duas pequenas flores verticais, cortadas. Não se deve desprezá-las, porque nelas a força criativa se concentrou. Aqui, a sensualidade se sublima; passamos da dispersão à concentração, é o conceito freudiano de sublimação da libido. Criativamente, o Oito de Paus representa uma situação em que doamos toda nossa energia, sem a menor distração, à criação presente. O Oito é a última ocasião que nos é dada de criar uma obra perfeita. Em seguida, virá a mudança ou a morte. Se os Arcanos de Paus são a sexualidade, o Oito de Paus será a energia sexual empregada a serviço da obra espiritual, como no caso da Madre Teresa de Calcutá ou como um grande curandeiro. No oitavo mês de gravidez, a mãe permite que se complete a formação do feto, que se prepara para nascer no mês seguinte.

Os Noves
Crise e nova construção

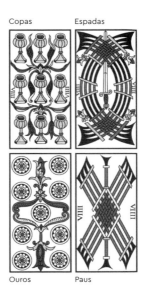

O 9 possui uma característica que o diferencia dos números ímpares da primeira série decimal: ele é divisível por três. De um lado, ele é ativo (em relação ao 8) e, por outro, receptivo (em relação ao 10). Número andrógino, grau da crise, o 9 anuncia uma mudança que irá conduzir ao fim de um ciclo. Ele é ilustrado entre os Arcanos maiores sob as figuras d'O Eremita (VIIII) e d'O Sol (XVIIII).

O Eremita, sábio que chegou ao fim do caminho, se retira do mundo e ergue sua lâmpada para mostrar uma nova via. Em O Sol, nós vemos a nova consciência (o sol) iluminar dois personagens e os impulsionar em direção a uma nova construção. Essas duas cartas são similares e opostas ao mesmo tempo. Similares porque marcam o final de uma via e o início de uma nova era, e opostas porque O Eremita se realiza na solidão enquanto os personagens d'O Sol criam uma relação de colaboração e de união amorosa. Nos Arcanos menores, encontramos contrastes análogos.

Devemos notar que, na autoproclamada "Tradição" esotérica, O Eremita não foi compreendido como um sábio que, generosamente, mostra o caminho. Ele foi visto como um mestre secreto e avarento de sua sabedoria que esconde a lâmpada sob seu manto, reservando o conhecimento a um grupo eleito de discípulos. É impensável que a ação do Nove seja atrasar a passagem da humanidade para uma Consciência ampliada.

No **Nove de Copas**, aquilo que já foi vivido é eliminado (as três copas de baixo entre as quais pendem as folhagens murchas) e seis outras copas são exaltadas. Elas se erguem em direção a um amor mais universal, novo, simbolizado pelas folhas pontudas que rodeiam a copa central superior. Quando observamos esta carta, recebemos a mensagem de sacrificar os sentimentos que nos agrilhoam e que nos nutriram, de nos desprendermos deles e de partir em direção a dimensões emocionais mais amplas. Nesta carta, o 9 é apresentado como um [6 + 3].

No **Nove de Ouros**, por sua vez, descobrimos um [8 + 1]. O conceito de eliminação não está presente, assistimos, ao contrário, a um parto, à criação de uma nova dimensão. Podemos ver muito bem na moeda central a cabeça de um bebê saindo para nascer, rodeada de folhas que formam um oval azul (receptivo) cercado de vermelho (recepção da vida), no qual poderíamos discernir um sexo feminino. Esse nascimento não é solitário, ele emerge em meio à perfeição das outras oito moedas. Quando observamos esta carta, recebemos como mensagem a iminente chegada de novas condições materiais. Uma criança, um novo trabalho, uma herança, um golpe de sorte, uma recuperação da saúde... Mas, para obter esse novo elemento, é preciso sobretudo não se distrair. As precauções são imprescindíveis. O menor erro destrói o nascimento.

Nos dois símbolos ativos, Espadas (intelecto) e Paus (instinto e criatividade), encontramos duas atitudes diferentes.

As Espadas, que simbolizam o Verbo, percorreram todo um caminho de concentração para chegarem ao Oito que, lembremos, representava a vida meditativa. Na etapa seguinte, no **Nove de Espadas**, a espada brilha com luminosidade e começa sua expansão. Ela está prestes a sair do encerramento subjetivo para avançar no mundo e se unir a ele. Podemos observar que no meio da lâmina, uma linha quebrada horizontal indica uma falha. A espada está cortada em dois, como a indicar que o intelecto não é apenas um "eu", mas um "eu e você". A mensagem do Nove de Espadas, para o consulente, será: "Aprenda a escutar os outros. Suas ideias são uma parte do mundo, mas não a totalidade do mundo".

Os Paus, ao contrário, seguiram um caminho criativo expansivo. Aqui, eles se concentram e eliminam todo e qualquer ornamento: nem folhagem, nem flor, unindo seu eixo ao entrelaçamento vermelho e azul do centro. O **Nove de Paus** está sempre entre a vida e a morte. Sua atitude poderia se resumir neste lema: "Vencer ou morrer". Pensamos em um guerreiro que realiza ações impecáveis, sem nenhuma concessão. Ele se libertou dos desejos do mundo e acumula em si mesmo a energia para construir uma nova obra. Se escutarmos esta carta, ela nos dirá: "Não faça concessões, seja você mesmo. Aja como se deve. Seja responsável."

Os graus por Naipe

Espadas　　Copas　　Paus　　Ouros

Espadas

Ás de Espadas. É um grande potencial intelectual, uma grande capacidade de atividade mental. Ele se assemelha ao Dez de Paus que vai ao seu encontro: após o fim de um ciclo criativo e instintivo, o intelecto entra em ação. O Ás de Espadas pode significar uma vitória pela astúcia, a inteligência, a determinação, o discernimento. Ele indica também a capacidade de tomar posição, de decidir. Quando se torna negativo, ele evoca a agressão verbal, as palavras que machucam, a recusa da matéria, a superestimação do mental.

Dois de Espadas. O crescimento acumulado da flor central evoca a imaginação, os devaneios, a preparação de um projeto. Muitas possibilidades mentais, das quais nenhuma foi ainda utilizada: o intelecto permanece passivo, à espera de uma ação. A pessoa tem a tendência de passar de um assunto para o outro. As conotações negativas evocam um espírito preguiçoso, o pessimismo intelectual, uma dualidade paralisante em seus pensamentos, a falta de concentração. Podemos também aí associar a estupidez, a identificação com certas ideias preconcebidas, a necessidade de um complemento dos estudos, ou ainda a dissimulação.

Três de Espadas. Este Arcano remete à explosão fanática das primeiras ideias, das primeiras opiniões. É um sinal de entusiasmo intelectual, que pode se conjugar com a paixão dos estudos, da leitura. O intelecto, ainda imaturo, age por pura espontaneidade, ele não diferencia entre crer e saber. Podemos também ver aí um desejo de evolução intelectual, por exemplo, o sucesso em um exame por parte de um estudante. As conotações negativas nos remetem a todos os aspectos do fanatismo, da obstinação, da recusa em aprofundar, da dispersão. O Três pode também sinalizar uma falta de continuidade das ideias.

Quatro de Espadas. Aqui, as ideias se estabilizam. Esta carta evoca o racionalismo, todos os aspectos de um pensamento bem assentado e uma certa maturidade intelectual. É também o espírito prático capaz de agir utilmente sobre a realidade. O intelecto é organizado, estável, ele sabe funcionar por generalizações. Possui uma tendência conservadora em suas opiniões. Pode lhe faltar uma centelha, um pouco de pimenta. Os aspectos negativos desta carta remetem a tudo o que concerne ao racionalismo obtuso, às ideias fixas, o mental prisioneiro de seus conceitos, mas também às teorias não vividas de um "falador retórico", e à recusa da intuição. No pior dos casos, o intelecto se torna tirânico.

Cinco de Espadas. É um novo ponto de vista que aparece, um novo ideal. No sentido estrito, ele é representado pelo "ponto de vista" que nos deixa ver os dois ovais entrecruzados sobre a lâmina vermelha da espada. Os pensamentos mais espirituais, mais profundos, aparecem. Retomamos um estudo, nos aperfeiçoamos ou nos especializamos. Sem abandonar suas convicções, o intelecto se volta em direção a novas maneiras de ver o mundo ou à exploração do mundo interior. Essas novas informações podem então penetrar no cotidiano para modificá-lo. Os aspectos negativos desta carta remetem a uma discordância entre o material e o espiritual, ao dogmatismo religioso quando este se opõe à evolução interior, às opiniões políticas cínicas ou hipócritas, à trapaça.

Seis de Espadas. Este primeiro passo na pura alegria (o 6) se vive também no intelecto: o prazer de pensar, a beleza das ideias, o espírito lúdico são aqui indícios de desenvolvimento e refinamento mental. Amamos aquilo que pensamos e aquilo que dissemos. O espírito está na positividade, ele conhece o refinamento. Ele se descobre a si mesmo na solidão, assumindo sua individualidade. A poesia tem sua fonte no Seis de Espadas; ele permite também encontrar uma pessoa com quem possamos estabelecer um diálogo enriquecedor. Visto de fora, será alguém reflexivo, de pensamentos originais. As conotações negativas desta carta nos remetem ao narcisismo intelectual, ao esteticismo exagerado, a um sentido do belo que não é posto em prática, assim como a uma falta de confiança em si mesmo.

Sete de Espadas. O intelecto, tocando aqui sua maior atividade, e se aproximando de sua perfeição, torna-se extremamente receptivo, como testemunha a lâmina azul da espada. É uma meditação ativa, voltada para as necessidades do mundo. O mental pacificado pode colocar sua potência e sua espiritualidade a serviço do outro. Tornamo-nos capazes de abstrair a nós mesmos, de nos apagar para melhor nos doar. É talvez um sábio que põe sua ciência a serviço da humanidade, ou ainda um chefe esclarecido, um santo no poder. Quando esta carta se torna negativa, ela evoca o conhecimento utilizado em um objetivo cínico, a maledicência, a calúnia, as ideias agressivas destruindo o mundo, as teorias tóxicas.

Oito de Espadas. O intelecto chega a sua perfeição: a vacuidade. Esta carta indica que o espírito deixou de se identificar com seus conceitos. É uma concentração poderosa, um estado de transe ou de meditação profunda em que a dualidade dos contrários se dissolve na celebração da presença. A solução dos problemas se torna evidente, para além da razão: neste não pensamento, todas as revelações são possíveis. Se quisermos ler esta carta negativamente, poderemos ver aí o bloqueio intelectual, todas as doenças que afetam a cognição, do coma à amnésia ou à afasia, o medo do vazio, o estupor.

Nove de Espadas. A espada amarela evoca a iluminação, a aparição de uma nova compreensão, a mutação que permite romper os hábitos mentais, ou ainda o deixar-se levar intelectual. Depois de uma longa pesquisa, a luz se faz. É o fim da dualidade entre ator e espectador. Esta unidade questiona completamente as concepções passadas. É também o início da escuta, a abertura a um pensamento isento de crítica e de comparação. As conotações negativas nos remetem a um estado de crise, de incerteza mental, ao medo de perder nossa individualidade, inclusive à depressão. Podemos também ler aí, a partir da lâmina falhada, uma lesão cerebral ou a senilidade.

Dez de Espadas. A mutação chega a seu término: não mais uma, mas duas espadas. Elas saem do oval, o pensamento não é mais prisioneiro de si mesmo. É a aparição da afetividade na vida mental, a aceitação de um ponto de vista diferente do nosso. As duas espadas evocam o pensamento andrógino, ao mesmo tempo masculino e feminino. É a maior maturidade intelectual, que atinge a harmonia com o coração. Adquirimos uma visão total da realidade, um pensamento inteiramente amante. As conotações negativas poderiam ser a recusa do outro, um bloqueio emocional produzindo um conflito intelectual, o medo de ser ferido, a disputa, a ingratidão.

Copas

Ás de Copas. Símbolo do amor em potência, catedral ainda fechada mas plena, ele poderá simbolizar todos os sentimentos, todos as possibilidades do coração, desde o impulso amoroso até o misticismo; uma grande disposição para amar e para ser amado(a); uma capacidade de amor ainda não empregada, mas imensa. Com o Ás de Copas, o amor aparece como um cálice, uma questão no horizonte que impregnará a busca do consulente. É também a base da comunicação, da religião no sentido de se religar ao outro, à transcendência, a si mesmo, ao divino... Seus aspectos negativos serão o sofrimento, o ciúme, o rancor, a falta de afeto, a exigência jamais satisfeita, a afetividade sufocante.

Dois de Copas. Assistimos aqui a uma acumulação de devaneios amorosos. A sede de amar nasce em um ser que não tem nenhuma experiência do amor ou depois de uma longa solidão. No Dois de Copas estamos fechados, o outro ainda não apareceu e o imaginamos obrigatoriamente semelhante àquilo que conhecemos de nós mesmos. Para esse parceiro idílico que ainda não tomou forma em um coração virgem, a única referência é familiar. Nessa etapa nasce todo o mito da alma gêmea. É o amor edipiano que serve de base às projeções futuras. Nessa preparação para o amor, existe muita reserva e também um grande sentimentalismo. Os aspectos negativos remetem à imaturidade emocional, ao isolamento, à incapacidade de estabelecer relações, a uma afetividade prisioneira dos vínculos familiares, ao medo do compromisso, à passividade e à desunião de um casal, a um coração assombrado pelos fantasmas amorosos infantis.

Três de Copas. A eclosão do primeiro amor, com seu frescor, sua inexperiência, e também a idealização que o caracteriza se exprimem nesta carta. É uma união fervente, um amor de juventude consumado ou não, a aparição do outro em uma grande explosão romântica, que se decepcionada pode machucar terrivelmente. É também a adoração, por exemplo, de uma mãe por seu filho. As duas flores que sustentam a copa superior, desenhando um coração com seus talos, parecem papoulas, sugerindo a embriaguez desse sentimento. É também, em todas as idades, a redescoberta ardente do amor. Seus aspectos negativos remetem tanto a uma falta de entusiasmo amoroso, quanto ao contrário, à idealização excessiva e destrutiva do amor, ao delírio erotomaníaco, à fixação em um amor impossível.

Quatro de Copas. Aqui o amor está estabelecido, seguro e sólido. A base de uma família pode se construir sobre o Quatro de Copas: ele evoca a confiança em si mesmo e no outro, o amor visto como pilar da realidade. Mas ele também pode se tornar a busca de um ser que proporcione essa segurança, "um pai para os meus filhos", "uma boa mãe", "alguém com dinheiro", o que pode conduzir a vínculos de dominador e dominado. O risco é depositar suas esperanças de realização no outro. Os aspectos negativos nos remetem à insegurança, à falta de liberdade, ao sufocamento, assim como à limitação dos sentimentos, a um amor excessivamente materialista.

Cinco de Copas. Aqui, a copa central, ornada de flores exuberantes, marca a emergência de novos sentimentos que podem chegar ao fanatismo: é a descoberta da fé, uma euforia que nos leva a um ser superior ou considerado como tal. É também a primeira abertura do coração em direção a uma solução que seja boa para a humanidade. Os aspectos negativos podem ser a confiança cega em um guia qualquer, um desequilíbrio afetivo, mas também a falta de fé, a decepção, a amargura.

Seis de Copas. Duas colunas de três copas se postam frente a frente em torno de um eixo: é a realização do amor por si mesmo, no sentido mais nobre do termo, na plenitude, a aceitação e o contato interior com o amor divino. É talvez também o encontro do outro, a aparição real da alma gêmea sonhada no Dois de Copas, um ser que nos corresponde exatamente e com o qual, na alegria da relação espelhada, descobrimos sentimentos como a estima, a fidelidade, o prazer e a sensualidade. É um amor geral que inclui o intelecto, o coração e o instinto. Os aspectos negativos desta carta nos remetem a um casal muito egoísta, separado do mundo. Ela evoca todos os aspectos do amor narcísico em geral, o retraimento em si mesmo, o desprezo pelos outros, a indulgêcia excessiva consigo mesmo.

Sete de Copas. Aqui o amor entra em ação total no mundo. Ele se impregna de humanismo, de generosidade. É a descoberta do poder da bondade, da força do amor consciente que consiste em alegrar-se pela existência do Outro. Podemos doar sem fazer contas, dar início a uma rede de caridade, empreender uma ação humanitária. Ligados ao amor universal, sem negligenciar a vida cotidiana, adotamos o lema: "Nada para mim que não seja para os outros". Os aspectos negativos podem nos remeter à impossibilidade de ser feliz por causa das desgraças do mundo, à agressividade, à tendência compulsiva de ajudar quem não nos pediu ajuda. Pode ser também uma pessoa que só vê o próprio interesse ou um misantropo amargurado.

Oito de Copas. Neste grau, as Copas atingem sua perfeição, que se manifesta pela plenitude. O coração está inteiramente pleno, em todos os níveis. Amamos o presente, o passado e o futuro, o planeta, o próximo, a si mesmo, o universo, até o impensável. A questão sobre ser ou não ser amado não se coloca mais: somos só amor. É a harmonia, a paz do coração, o equilíbrio e também aquilo que costumamos chamar de graça: uma união profunda com o amor divino. Os aspectos negativos desta carta remetem à não aceitação da perfeição do amor. Veremos aí, então, a falta, a carência, a insatisfação perpétua, um amor superabundante que finge doar e que na realidade só exige.

Nove de Copas. Pela primeira vez na série, as folhas caem, como se murchassem. É o fim da floração, o outono do coração: devemos passar pela perda, pelo luto, para que uma nova dimensão do amor possa aparecer. É uma etapa de sabedoria, em que aceitamos o fim de um ciclo emocional e nos desprendemos daquilo que já foi vivido. Esse sacrifício supõe um amor profundo pela humanidade presente em cada ser, um desapego, uma abnegação, produto do amor consciente. Os aspectos negativos nos remetem a todos os estados de crise emocional, a nostalgia, a solidão mal vivida, o medo da perda, o desespero.

Dez de Copas. Ao final de seu desenvolvimento, o caminho do coração nos apresenta o amor universal sob a forma de nove copas abertas e uma décima copa maior por cima: essa última não participa mais da dinâmica de dar e receber, ela espera ser posta em uso, como um santo poderia se dizer instrumento de Deus e esperar ser empregado por Ele. No mito cristão, é o amor divino que se faz carne para propagar o amor no mundo e servir, qualquer que seja o prêmio. Esta carta indica um coração preenchido, uma ação concreta (tornar-se o Ás de Ouros), e que a realização emocional já ocorreu. Se esta carta é negativa, ela pode significar um bloqueio, a não aceitação de si mesmo, a venalidade, a recusa à evolução.

Paus

Ás de Paus. Uma grande energia vital em potência. Temos os meios para criar, para reproduzir, e bastante coragem para vencer as dificuldades ou levar um projeto adiante. O Ás de Paus possui a força. Se for preciso lutar, seremos capazes. É também o domínio da potência sexual e do desejo. Talvez a aparição da criatividade em um domínio onde não era esperada. Se o Ás de Paus é negativo, ele pode sinalizar problemas sexuais, um bloqueio criativo, uma perda de energia vital, a falta de refinamento, o peso do tédio. Ele remete também à brutalidade, à violência física, ao abuso de poder, e eventualmente a um abuso sexual.

Dois de Paus. É um estado em que ainda somos virgens, mas em que os desejos se acumulam, preparando a primeira experiência. A energia sexual é passiva e contida, mas pode ser muito intensa em sua repressão. Esta carta pode igualmente remeter a um potencial criativo em gestação, a um momento de latência da libido. As interpretações negativas nos remetem a um bloqueio sexual, à timidez, a uma criatividade eternamente sendo gestada, dentro de seu ovo, a todas as proibições que pesam sobre as forças instintivas, impedindo sua eclosão. Esta carta pode engendrar dúvidas sobre as capacidades sexuais ou sobre a criatividade: o intelecto interfere e bloqueia a energia.

Três de Paus. A primeira explosão da energia vital. É, por exemplo, o momento da puberdade, das primeiras experiências sexuais. A energia brota com um fogo primaveril. É também um impulso criativo cheio de espontaneidade e de vigor, mas sem objetivo preestabelecido. Qualquer que seja a atividade empreendida, o impulso de partir é forte, existe entusiasmo, uma alegre vontade de criar. Em um sentido mais negativo, esta carta remete à dispersão, a uma tendência de não terminar o que se começou. Sexualmente, pode ser uma ejaculação precoce, uma voracidade, uma atitude de sedução histérica, exagerada. O Três de Paus pode levar ao abuso de poder alguém que se crê o centro do mundo. Na criatividade, ele pode conduzir à representação gratuita.

Quatro de Paus. Nesta carta, o desejo se torna realidade. A obra do artista penetra no mundo e obtém sucesso. A sexualidade está garantida com um parceiro estável ou hábitos sexuais funcionais. Este Arcano simboliza uma pessoa que vive de sua criatividade, que assume seu poder. O perigo, em todos os domínios, é cair na rotina. O Quatro de Paus se tornará então uma carta de tédio, de insatisfação monótona, em que a vida erótica se reduz a uma ginástica e a criatividade artística a uma fabricação mercantil. Esta carta pode igualmente remeter a uma atitude dominadora, ou ainda a uma pessoa fraca que não assume sua autoridade, que tem medo de não estar à altura.

Cinco de Paus. O Cinco de Paus aporta uma tentação, um novo desejo, uma energia que vai mais além daquilo que se conheceu até então. É talvez uma iniciação em práticas sexuais até então desconhecidas ou, no domínio criativo, uma evolução em direção às profundezas insuspeitadas, uma dimensão mais vasta... É também a força do mestre ou da santa que não teme utilizar a energia dos Paus para curar e benzer. Em suas acepções negativas, o Cinco de Paus nos remeterá às práticas sexuais perversas, a um conflito entre sexualidade e espiritualidade, a uma criatividade que necessita de drogas ou de álcool para se exprimir, a um desejo de evolução não assumido.

Seis de Paus. Aqui, os Paus tocam sua expressão essencial: o prazer. Cedemos à tentação e entramos no êxtase, na voluptuosidade suprema, a alegria de criar. A sexualidade e a criatividade são bem vividas, somos felizes por sermos quem somos, por fazermos o que fazemos. Para um artista, é o momento em que ele ou ela se encontra, adquirindo sua expressão própria. Trabalhar é uma alegria. Para um artista marcial ou pessoas que trabalham com a energia, é a manifestação do *Qi*, a dimensão divina da energia vital. Os aspectos negativos desta carta, como em todos os Arcanos do grau 6, remetem aos excessos de narcisismo: o artista se põe a repetir incessantemente a mesma obra com autocomplacência, cai no egocentrismo, na superficialidade, no "umbiguismo" criativo ou sexual. Podem também perder a alegria, ficando bloqueado pela recusa ao prazer.

Sete de Paus. Esta carta reflete um momento de grande abertura, de ação irresistível. Em termos de realização artística, é a conquista, o sucesso, a criatividade realizada a serviço de si mesmo e dos outros. O eu se torna um canal de energia sexual e criativa e, em plena consciência de sua dimensão impessoal, a distribui ao mundo inteiro. É talvez uma relação apaixonada, a doação, o triunfo, a inseminação do mundo. Se ela se torna negativa, a potência do Sete de Paus é terrível. Esta carta evoca, então, a ditadura, o fascismo, a escravidão sexual, o proxenetismo, a tortura, o sadismo, o poder destruidor sob todas as suas formas, que avilta o outro em vez de colocar sua força a serviço do mundo.

Oito de Paus. A perfeição neste centro se manifesta por uma extrema concentração, um essencialismo representado pelas duas flores cortadas. A criatividade se focaliza ao extremo: é a perfeição daquele que sabe desenhar um círculo com um único traço. Na sexualidade, chegamos à sublimação, à energia criativa pura, ao orgasmo. A potência se torna não violência, ideal das artes marciais: o combate sem combate. A autoridade emana da pessoa, impõe-se sem nenhum gesto. Neste estado de recolhimento extremo, não existe mais esforço, somos incansáveis. Se esta carta tiver um sentido negativo, será a paralisia, a interrupção de todo movimento, o perfeccionismo extremo que beira a asfixia.

Nove de Paus. Neste nível, os Paus se confrontam com uma escolha entre a vida e a morte. Nesta carta inteiramente despojada, em que mais nenhuma folha cresce, o elemento chega a um implacável domínio de si mesmo. É a experiência do fim real ou simbólico, do ego. Para um artista, é aceitar que sua obra seja utilizada por qualquer outra pessoa. Para um combatente, é o risco assumido de ser morto. No domínio sexual, é a renúncia, a escolha essencial. Os aspectos negativos do Nove de Paus remetem ao medo de morrer, à recusa de passar a uma outra etapa da vida e envelhecer, ao fracasso artístico, à impotência ou à esterilidade.

Dez de Paus. Tendo cumprido seu ciclo, os Paus se dividem em dois, abrem-se para dar lugar a um eixo branco. Na etapa seguinte, o próximo elemento será o Ás de Espadas. Ele pode simbolizar uma visão angelical da sexualidade: a energia já não circula mais no interior nem no exterior, ela se cristaliza como um diamante andrógino e se torna puro espírito. A pessoa não está mais no domínio sexual ou criativo, ela passa a ter outros interesses: por exemplo, um artista que se torna professor, uma pessoa que se descobre com a vocação para a cura. Os aspectos negativos remetem à amargura, ao desenraizamento da realidade, a uma falta de fé na vida, à renúncia dolorosa ao poder por uma perda de energia ou um fracasso.

Ouros

Ás de Ouros. Esta carta simboliza a energia material em todas as suas potencialidades: o corpo, os recursos, o lugar que ocupamos no mundo, o território. O plural da palavra francesa, *"Deniers"* [Dinheiros], nos indica que esta energia é essencialmente coletiva. O Ás de Ouros nos orienta em nossa relação com a encarnação, a vida familiar, a casa, o dinheiro, a saúde. Ele recoloca a questão sobre os aspectos concretos da existência. Suas acepções negativas podem nos remeter a um problema financeiro, uma recusa da matéria ou, ao contrário, a um excesso de preocupações materiais, à doença, a um abandono do corpo, à má-nutrição, à miséria.

Dois de Ouros. Esta carta evoca o desejo de fechar um contrato que ainda não está concluído. É talvez um projeto financeiro ainda em germe, uma casa em construção, a vontade de se casar ou de se associar para levar adiante um negócio. É também um embrião em formação, um repouso corporal, a recuperação das forças. No sentido negativo, o Dois de Ouros poderá significar um problema financeiro (dificuldade para chegar ao fim do mês), uma falta de recursos, a preguiça ou a paralisia, uma recusa a se alimentar, uma atitude quimérica e ineficaz diante do mundo material, uma tendência suicida.

Três de Ouros. Esta carta pode simbolizar um investimento material que produz seu primeiro benefício... ou sua primeira perda. É também a fecundação, em que uma célula masculina e uma célula feminina criam um terceiro ser. É uma empresa que lança seus primeiros produtos sem saber se encontrarão um público. É um risco comercial, uma aposta substanciosa em um jogo de azar. Poderia ser a absorção de uma substância da qual não conhecemos os efeitos, uma cirurgia estética de resultados incertos, ou ainda a decisão de viver em um país estrangeiro. Seus aspectos negativos evocam um investimento apressado e de mau agouro, problemas ligados à fecundidae (aborto, gravidez extrauterina), uma hiperatividade corporal que esgota, a fusão de duas empresas conduzindo a um monopólio, uma manipulação genética que produz um monstro...

Quatro de Ouros. Aqui, a Fênix que dois anjos preparavam para o sacrifício no Dois de Copas está ardendo em chamas. No cerne de uma grande estabilidade material, existe a renovação constante do pássaro mítico que se consome e renasce das próprias cinzas. Esta carta evoca o lar, a saúde, um território cujo bom andamento é garantido pela recusa de qualquer estagnação sobre o adquirido. O Quatro de Ouros simboliza a vida do corpo que, para se manter, supõe a morte constante de certas células e o consumo de energia sob a forma de alimentos. Os aspectos negativos da carta nos remetem a todos os estados de estagnação material: a prisão, os problemas corporais ligados à estase, ao excesso, ao sobrepeso, um trabalho em que não nos realizamos, o desemprego, uma situação econômica estagnante, uma família fechada em si mesma.

Cinco de Ouros. No coração da estabilidade (as quatro moedas posicionadas nos quatro cantos da carta), abre-se um novo interesse, ligado a uma dimensão espiritual, planetária ou cósmica. É um industrial que investe em uma energia "limpa", boa para o planeta, uma grande loja que inaugura uma linha de produtos orgânicos, ou ainda a construção de um templo, de um centro espiritual. É, na relação com o corpo, o início de uma prática que supera a simples cultura do físico, uma mudança de regime ou um interesse pelos métodos de cura alternativos. A dimensão negativa do Cinco de Ouros pode ser um revés da sorte, um mau médico, um mergulho na droga ou no álcool, um conselheiro financeiro venal, um trapaceiro, um industrial sem escrúpulo, uma quebra da bolsa, uma depressão nervosa.

Seis de Ouros. Aqui, a relação com a matéria se desdobra em uma verticalidade extática. Estamos arraigados à terra e ao céu, em plena aceitação da própria encarnação, como uma árvore que cresce ao mesmo tempo com suas raízes no solo e seus galhos para o alto. É uma carta que evoca a generosidade diante de si mesmo, o prazer corporal, o desfrute do dinheiro e de uma economia bem gerida, o sentido do belo na vida cotidiana, a gastronomia, a sensualidade. O Seis de Ouros celebra a beleza do mundo e se sente unido a ele. Podemos investir nos negócios que amamos: é o dinheiro do mecenato artístico, a compra de uma obra de arte... Os aspectos negativos remetem ao narcisismo físico, à obsessão das aparências, à venalidade. Temos a tendência de descuidar do ser, privilegiando o parecer e o ter. O dinheiro é culpabilizado ou, ao contrário, superestimado, o que pode conduzir à avareza. Esta carta é também a dos complexos físicos e da ilusão segundo a qual o dinheiro basta para trazer felicidade.

Sete de Ouros. Nesta carta, descobrimos um triângulo central, com a ponta para cima, enquadrado por quatro moedas situadas nos quatro cantos. A espiritualização da matéria e a materialização do espírito são realizadas. As ideias entram em ação no mundo e produzem o dinheiro. O dinheiro serve para financiar a pesquisa, a informação, para fazer evoluir a humanidade. Esta carta evoca a generosidade, o desempenho esportivo triunfante, o conhecimento profundo do corpo, uma potência material imensa que repousa sobre a consciência. É talvez um humanista, um mecenas, um gênio dos negócios, o sucesso mundial de uma empresa. Os aspectos negativos remetem a uma fratura entre corpo e espírito, ao desprezo do espírito pela superestimação da vida material, à escravidão, à voracidade econômica, às multinacionais nocivas ao meio ambiente, aos cartéis da droga, aos monopólios dos laboratórios farmacêuticos...

Oito de Ouros. A perfeição dos Ouros se manifesta por uma abundância, uma plenitude próspera. Esta carta evoca a harmonia e a riqueza: todas as necessidades são satisfeitas. O corpo está com plena saúde, em pleno equilíbrio. É o entendimento na família, um lar onde cada um tem seu espaço. É o paraíso sobre a Terra, o planeta visto como um jardim florido. É também o fluxo harmonioso das energias. Os aspectos negativos remetem a um desequilíbrio corporal ou material, a uma concepção paralisante do dinheiro, à pobreza concebida como uma fatalidade.

Nove de Ouros. Uma etapa material se finda, ensejando o nascimento de uma nova vida. Isso pode ser, para uma mulher grávida, o momento do parto. É também um desprendimento material, alguém que abandona tudo por uma vida nova, ou ainda uma mutação financeira profunda que resulta em um novo projeto. O Nove de Ouros pode ter falido, herdado ou ganhado em um jogo de azar: seja o que for, a situação o leva a uma nova construção. Os aspectos negativos desta carta remetem a uma crise econômica sofrida, a um roubo, a uma expulsão, a uma mudança forçada, a uma demissão, a uma velhice sofrida, a um problema de herança, ao exílio.

Dez de Ouros. O ciclo material se completou, como testemunha a mudança de cor das duas moedas laranjas, e sobretudo o eixo branco que as une no plano vertical. O caminho da prosperidade se fecha. No domínio material, é a entrada em ação da criatividade. O dinheiro, a matéria, vai passar para uma outra dimensão de consciência e de energia pura. Esta carta remete a todas as questões do além do corpo, a reencarnação, o milagre, a eternidade. O Dez de Ouros anuncia o Ás de Paus: a próxima etapa se situará no caminho da energia sexual e criativa. Os aspectos negativos remetem à recusa do corpo devido à sua identidade sexual, à impossibilidade do luto pelo já vivido, à sensação de ter fracassado na vida, à situação de quem se encontra de posse de uma grande fortuna sem jamais ter conhecido a felicidade.

II.
OS TRUNFOS OU FIGURAS

Com as Figuras (ou Trunfos), o Tarot nos apresenta uma hierarquia de quatro personagens em cada Naipe, na qual podemos discernir uma dinâmica paralela à da numerologia. O fato de haver três personagens masculinos e um feminino não deve nos enganar: não se trata de modo algum de uma discriminação sexual, uma mulher pode muito bem, para representar sua situação, tirar um Rei ou um Valete, e um homem pode se encontrar em uma posição correspondente à de uma Rainha.

Como vimos no capítulo sobre a numerologia do Tarot, o Valete, primeiro grau desse quarteto, se situa entre os graus 2 e 3: entre a acumulação e a explosão, entre a dúvida e a ação (ver pp. 88 ss.). A Rainha, entre os níveis 4 e 5, possui um olhar concentrado sobre seu elemento e será apegada a ele, entre o conforto da estabilidade e a tentação de um mais além. O Rei, entre os graus 6 e 7, já se desprendeu em parte de seu símbolo, ainda que continue dele desfrutando. Ele possui consciência do mundo exterior no qual sua ação irá de desenvolver. É ele quem envia o Cavaleiro, como fez o rei Arthur com Lancelot. O Cavaleiro, entre os graus 8 e 9, domou sua animalidade: ele cavalga sua montaria e representa a perfeição de seu Naipe, do qual levará a mensagem ao mundo. O Cavaleiro não é a perfeição, mas a representa. Impessoal, ele avança e age em nome do Rei. Isso nos lembra a frase de Lacan a seus discípulos: "Vocês podem ser lacanianos, eu continuo freudiano".

Eis o motivo pelo qual colocaremos esses personagens na ordem Valete, Rainha, Rei, Cavaleiro.

Os Valetes

Situado entre os graus 2 e 3, isto é, entre o potencial acumulado e a ação, o Valete duvida. A energia é jovem, ainda inexperiente. Ela exige ser trabalhada, conhecida, explorada, organizada. Ele hesita: utilizará ou não suas possibilidades? É a posição de um executante obediente, que não costuma tomar iniciativas. Ele pode permanecer na segurança do 2 ou se lançar em direção ao 3 sem saber o que resultará de sua ação. O perigo do Valete pode vir de um excesso de dúvidas ou de um excesso de imprudência.

E se eles falassem...

Valete de Espadas. "A delicadeza e a elegância são minhas características essenciais. Mas elas podem rapidamente se voltar para a hipocrisia. Contrariamente aos Valetes de Paus e de Ouros, eu não sou um primitivo. Conheço a nobreza, as estratégias diplomáticas e políticas, os meandros de um intelecto que se vive como sua própria finalidade. Em uma das mãos seguro a bainha da minha espada, espada que simboliza o Verbo e o intelecto. Acumulei numerosos conhecimentos, estou preparado, mas ainda não conheço a utilidade prática da minha erudição. Minha bainha está pronta para receber de volta a minha espada, estou disposto a não agir. Ao mesmo tempo me interrogo: a ponta da minha espada está apontada para o meu chapéu. Eu duvido. Meus pés estão abertos em duas direções opostas. Meus pensamentos ainda são contraditórios. Hesito diante da dualidade dos conceitos. Não sei cortar, dar o golpe que separa o subjetivo do objetivo. Não sou cúmplice de nada: ainda sou inapto para tomar partido, para me engajar."

Valete de Copas. "Ah!... O coração tem tantos mistérios e ambiguidades... Não sei a idade que tenho, sou um jovem ingênuo ou um velho romântico ou, por que não, uma moça ou uma velha senhora. Avanço para a esquerda do leitor, o lado de seu coração, mas posso tropeçar. Meus passos são curtos e tímidos. Cubro com um véu minha copa aberta, por medo de ser ferido em minha sensibilidade. É por isso que, na outra mão, seguro a tampa que me permitiria fechar e isolar esse coração tão pouco seguro de si. Sempre idealista, a cabeça cingida por uma coroa de flores, estou, no entanto, disposto a me oferecer, e até mesmo a me tornar um mártir. Entre o medo de ser ferido e o desejo de me doar por inteiro, hesito. Sou capaz de me sacrificar, mas também de fugir. Estou disposto a idealizar o outro e também alimentar rancor contra ele. Posso dançar em uma primavera sem fim ou me recolher em um inverno eterno. Há em mim tanto alegria quanto dor, tanto egoísmo quanto generosidade."

Valete de Paus. "Sou forte, sou simples. Dirijo-me resolutamente a um sentido. Minha energia natural, animal, se acumula no volumoso pau verde que me simboliza. O aspecto da minha natureza que participa do 2 acumula, e com a outra parte do meu ser, o 3, estou disposto a agir sem objetivo: a ação pela ação, como uma poderosa explosão. Minhas mãos se cruzam com duas intenções diferentes. Seja continuar a acumular minha energia, caso em que apoiarei meu bastão no chão, seja levantá-lo para dar um golpe formidável no desconhecido. É isso, para mim, a criação: um golpe formidável no desconhecido. Um golpe que mudará o curso da minha existência, depois do qual não serei nunca mais o mesmo. Eis por que eu hesito. No entanto, estou voltado para a direita do leitor. Prometo, portanto, ir adiante. O ato criativo se anuncia, a inseminação se prepara, a guerra ameaça começar. Pois minha ação pode também se inspirar no 3 sob a forma do XIII, o Arcano sem nome, e ser destrutiva. Sou, então, apenas uma bomba prestes a explodir."

Valete de Ouros. "Eu me identifico com a Terra, com o planeta inteiro. Parto em direção a inumeráveis caminhos. Vou tanto para a ação quanto para a recepção. Como todo terreno sagrado, contenho um tesouro que poderia me impedir de avançar enquanto o mantiver em segredo, oculto e inexplorado. É tão grande o peso de todo passado, de todas as tradições, que pode se converter em um grilhão preso ao tornozelo do prisioneiro que sou. Mas ao mesmo tempo, elevo às alturas o melhor de mim, que não é outra coisa senão o melhor da matéria: o ouro que é a essência do ser. As riquezas que guardo se acumulam, sem uso, sem produzir frutos. As riquezas que elevo à Consciência prometem a transformação da matéria em espírito. Pode-se dizer que em mim começa o trabalho alquímico com seus dois processos simultâneos: a materialização do espírito e a espiritualização da matéria. Estou no alvorecer do ato, mas não no ato em si."

As Rainhas

A energia da Rainha se situa entre os graus 4 e 5, entre a segurança e o chamado de um ideal. Ela repousa sobre o adquirido ao mesmo tempo em que sabe que existe um novo ponto de vista. Ela possui e gerencia aquilo que o Valete apenas começou a conhecer. É uma personagem pragmática e ativa, conhece bem seu símbolo, experimenta-o sem moderação, está centrada nele. A Rainha pode se tornar excessiva, absorta em seu elemento, devotando-lhe verdadeira obsessão.

E se elas falassem...

Rainha de Espadas. "Tenho um escudo em meu ventre. Sobre esse escudo há uma cicatriz. Será que sacrifiquei minhas entranhas? Não me permito ser invadida por necessidades, desejos ou emoções. Vivo em meu espírito. Apresento meu símbolo, a espada, coberta por uma bainha vermelha, esperando que alguém a saque e apareça o amarelo esplendoroso de sua lâmina. Aguardo o ser que reconhecerá minha inteligência, meu espírito. A transcendência é meu ideal. Fora da carne, fora da matéria, em direção ao estado andrógino em que serei capaz de atravessar as armadilhas do pensamento para chegar a esse centro impessoal que é a Consciência cósmica. Conseguirei realizar isso? Chegarei ao esquecimento de mim mesma? Sou minha própria inimiga. Meu único conhecimento é o conhecimento da minha impermanência. Minha única realização será a realização da minha vacuidade."

Rainha de Copas. "Que doçura, que delicadeza, que vulnerabilidade a do meu coração amante e incessantemente ferido! Não busco. Sou um castelo que deve ser assediado, conquistado. Contrariamente à Rainha de Paus, que seduz, espero ser seduzida. A copa que seguro, símbolo do meu coração, está fechada – não vazia, mas repleta de paixão. A base pela qual a seguro está trincada, já recebeu um golpe. Pena! Quem pode me tratar com toda a delicadeza que exijo senão eu mesma? Impossível. Devo me resignar a me oferecer na ferida, no sacrifício, e é precisamente esse sacrifício, quando sou amada, o meu êxtase. Cuidado comigo: tenho um punhal branco de lâmina sinuosa, símbolo da minha pureza tímida. Golpearei qualquer um que se aproximar me usando para obter aquilo que não sou: riqueza, sexualidade, conhecimento intelectual... Todos serão exterminados com uma crueldade estupenda. Só me ocupo de sentimentos, mas hesito verdadeiramente em deixá-los se desenvolver. Todos os meus medos se acumulam em meu aspecto 4. Em meu aspecto 5, meu ideal, espero a alma gêmea que será meu complemento. Essa espera é o centro de toda a minha existência."

Rainha de Paus. "Estou mergulhada no rio incessante do desejo. Tudo em mim é exuberância. Com a avidez de um tornado, ofereço minha caverna ardente a todas as inseminações. Minha cabeleira vigorosa é a espuma de um oceano formado por uma única onda. A potência universal se manifestando como ação sexual me dá a suprema força da sedução. Estou disposta a pôr inúmeros ovos, a florescer em todos os desertos, a povoar com minhas obras o reino severo da Rainha de Ouros. Eis por que não cesso de me abrir, de chamar. Sem um aporte gerador, não existo. É essa incompletude que me dá minha dimensão de giganta. Por baixo da minha aparência de todo-poderosa, tenho necessidade de ser empregada, fecundada, dirigida. Isso é a sedução: uma carência transmutada em força pelo desejo. Se não reconheço essa falta, se aspiro a me completar a mim mesma, torno-me castradora."

Rainha de Ouros. "Eu, a Rainha de Ouros, coloco meu desejo de superação não no mais além, mas aqui mesmo, no centro da matéria. Tendendo com toda força do meu ser para um ponto único, concentro-me no círculo de ouro que é meu símbolo. Não existe em mim a menor cogitação de superação de mim mesma. Sou tudo aquilo a que aspiro. Pode-se dizer de mim que sou avara, obtusa, teimosa, egoísta. Direi que sou sobretudo imanente. Quem pode me distrair? Quem pode me dominar? Quem saberá me desviar dos meus interesses? Com uma força incomensurável, defendo meu território. Se existe um passado, ele está aqui mesmo. E é aqui mesmo todo meu futuro. Pátria, fortuna, posses, espírito prático, se não estou, quem será o cimento do reino? Eu sou a guardiã do tesouro, sou a cadela que defende, ao preço da própria vida, o solo oculto no coração."

Os Reis

Os Reis de Paus e de Espadas são jovens, ativos. Os Reis de Copas e de Ouros são velhos, receptivos. Situados entre os graus 6 e 7, eles são como um arco estendido entre o prazer de reinar sobre seus domínios e o chamado do mundo. Arquétipos realizados, eles estão no caminho do desprendimento. Ao contrário das Rainhas, eles não olham para o próprio símbolo, não são obcecados por si mesmos. Eles possuem os próprios símbolos, mas olham para o futuro: eis o verdadeiro domínio. O perigo do Rei é cair tanto na complacência e na negligência, quanto no despotismo.

E se eles falassem...

Rei de Espadas. "Quanto refinamento em minha aparência! Tudo aquilo que em meu primo, Rei de Paus, é rígido e encouraçado, torna-se em mim leve e elegante. Não estou vestido para a guerra, mas para as intrigas da corte. Meus trunfos são a inteligência, o verbo sibilino, as artimanhas da estratégia, as seduções da ironia. À voz das armas, prefiro a força das novas ideias. À franqueza do pau, oponho a flexibilidade cruel da minha espada. Não destruo, mas transpasso e rasgo. Reino com as leis, com as reformas, com os jogos de alianças. Em vez de eliminar, divido para melhor me impor. Esclareço os conceitos, estabeleço sua dualidade, defino perfeitamente aquilo que é e aquilo que não é; aquilo que se deve aceitar ou rejeitar. Meu exército é composto por advogados, escribas, juristas. Tenho ao meu redor uma corte de artistas oficiais e nobres parasitas. Utilizo a ingenuidade popular para me declarar descendente de Deus ou emissário da Verdade. Poderia ter sido um monarca absolutista da história da França ou um revolucionário criador do Estado."

Rei de Copas. "Estou vestido com sedas suaves. Meu chapéu se abre como uma copa para as extensões do cosmos. Não é uma coroa de comando, mas um chapéu receptivo. Obedeço à vontade universal do amor. A região do coração, em meu peito, é excepcionalmente vasta. Compreendi, com a experiência da idade, que não existe sabedoria maior que a bondade. Minha copa aberta está cheia de bons sentimentos, oferecida àqueles que têm sede de paz. Tudo cresce à minha volta. Sob sua aparência agressiva, vejo a verdadeira essência do mundo: simples e pleno de ternura. Os negócios do meu reino são florescentes, pois tudo que recebo, doo: nada para mim que não seja para os outros. Com benevolência, expresso meu contentamento diante da existência dos seres conscientes. Pode-se contar com a minha colaboração, com a minha ajuda. Não comando, estou a serviço dos meus súditos. Não sou o caminho, sou o capacho. Meu palácio é aberto nos quatro pontos cardeais. Aquele que se aproxima é curado. Sou o ideal que anima as lendas como a de São Luís. Poderia ter sido o Cristo-Rei."

Rei de Paus. "Meu cetro bem lavrado se estende dos meus calcanhares até minha cabeça: instrumento da potência suprema que manipulo como guerreiro. Meu traje real é uma armadura que demonstra minha força. Conquisto e possuo de maneira direta, simples, sem floreios. Negligencio as estratégias políticas e diplomáticas. Quando se trata de conquistar, ajo. Domino. Arrogo-me o direito de vida e morte sobre todos. Quando se trata de criar, não tenho dúvida. Não me coloco nenhum problema de valor. Não coloco meu poder em questão. São minhas ações e minhas obras que me definem. Posso tanto construir como destruir. No meu reino, não há discussão: a minha vontade é quem fala. Venho do povo e é o povo quem faz a minha força. Se eu fosse um soberano da história do mundo, seria um grande ditador, um grande conquistador, um grande assassino, um terrorista, um chefe de exército."

Rei de Ouros. "Hesito em me chamar de rei. Tendo abandonado meu palácio, eu me apresento em plena natureza. Troquei minha coroa por um chapéu que me protege do sol e da chuva. Pareço antes um mercador. Não tenho o espírito da conquista e da intriga, já não pratico mais a caridade, reino através do não agir. Persigo a sabedoria, representada por uma moeda que flutua no céu. Reduzi ao mínimo minhas posses terrestres, representadas pela moeda que trago na mão, e as deixo em seu devido lugar, sem desperdício. Não me comparo com ninguém. Vivo do meu trabalho. Estou no presente. Aceito os acidentes e as mudanças incessantes da vida material. Deixo-me levar, sabendo que o universo tem desígnios misteriosos e que devo obedecê-los sem deles duvidar, mesmo que eu não os conheça. O planeta inteiro é meu reino. Não tenho corte, nem exército, meu saber consiste em nada saber, meu poder a não poder nada, meu ser a não ser nada. Eu poderia ser um monge, um Buda que medita depois de aceitar seu corpo como veículo temporário. Ou um capitão da indústria com seus testas de ferro, tranquilo em seu paraíso fiscal..."

Os Cavaleiros

Na numerologia do Tarot, os Cavaleiros se situam entre o grau 8 e o grau 9, e possuem a dinâmica do 10 (ver pp. 89 ss.). O Naipe que representam atingiu sua perfeição. Para crescer mais, o Naipe deve entrar na crise renovadora do 9, o deixar-se levar que lhe permitirá se transformar em outra coisa. Como um mensageiro ou um profeta, o Cavaleiro aporta ao mundo essa energia dominada e aceita, chamada a se dissolver no elemento seguinte. Seu salto para fora do Naipe a que pertence (ver p. 69) permite que um ciclo se feche. O perigo que ameaça o Cavaleiro é permanecer na crise, é não se deixar levar pela impermanência universal. Ele pode, então, representar um estado de bloqueio em que as potencialidades da energia nova continuam irrealizadas.

E se eles falassem...

Cavaleiro de Espadas. "Meu cavalo, forte como o do Cavaleiro de Paus, é ao mesmo tempo mais refinado e mais ágil. Eu o conduzo em um grande salto que me projeta do reino do intelecto em direção ao mistério do emocional. O cavalo e eu formamos um único corpo. Se o Cavaleiro de Paus age pela força da vontade, meu cavalo e eu agimos pela força da coragem. Limpos de conceitos parasitas, nós eliminamos, entre outras coisas, a esperança, e com ela, o medo. Devemos transmitir a própria essência do espírito: sabemos que somos a última manifestação da ação. Em meu elmo, tenho uma aura amarela, símbolo da santidade. Com minha espada vermelha semelhante a uma lança e meu cavalo ágil, sou o portador da vida. O que transpassarei com minha espada? O coração dos outros. O Verbo se torna amor. Sacrifiquei meu desejo de ser para entrar na abnegação sagrada."

Cavaleiro de Copas. "Se os Cavaleiros de Paus e de Espadas cavalgam garanhões, eu, como o Cavaleiro de Ouros, monto uma doce égua. Não conduzo minha montaria, não é necessário. Com a mão aberta, persigo meu símbolo, a Copa. Não a seguro entre os dedos: ela é quem nos guia, minha montaria e eu, flutuando no ar. Copa aberta de onde brota uma fonte de amor... É esse amor que me guia, não sei aonde vou. Sigo-o sem duvidar que ele me levará à minha realização, que é o estado de graça. O dom flui naturalmente, não forço minha vontade para encontrar o bom caminho. Não emprego minha coragem para saltar para além dos meus limites. Só obedeço, simplesmente. Aquilo que recebo, doo. Meu único desejo, para realizar esse dom incessante de que sou investido, é sobreviver para permanecer a seu serviço. É então que, benzendo o mundo, entro no reino da encarnação – dos Ouros, da matéria e das necessidades."

Cavaleiro de Paus. "Quando era Valete, meu símbolo repousava sobre a Terra. Agora ele se ergue em direção ao céu, ao desenvolvimento espiritual. Não sou separado dele: ele tem raízes na minha mão, ele cresce a partir de mim mesmo. Meu animal, meu cavalo grandioso e potente, tornou-se branco, cor da pureza. Ele simboliza a extrema sublimidade dos meus desejos. Eu, o cavaleiro que encarna sua vontade, faço-o virar da direita para a esquerda, da ação para a receptividade. Sublimei as paixões. Aprendi a desviar o caminho das energias destrutivas para o caminho do espírito. Minha energia, destacando-se da autossatisfação, da tentação do poder totalitário, da guerra bestial, tornou-se imensa. Por um ato de vontade suprema, minha animalidade, esse cavalo branco, se concentra e se torna a espada branca do Cavaleiro de Espadas. Represento o momento em que o Eros da sexualidade se torna a fonte enriquecedora do espírito."

Cavaleiro de Ouros. "Não sei se sou homem ou mulher. Antes um hermafrodita que avança sobre uma terra onde nenhum tesouro se esconde. Terrestre e celeste, o ouro duplo do Valete e do Rei do meu Naipe se tornou um único astro que flutua no espaço. A matéria se espiritualizou. Ela se tornou fértil e mãe de uma vida eterna. Sou como a carne da Virgem Maria, que ao final de seu processo se tornou imortal e se eleva para reinar no centro do Universo. Esse é meu destino. Minha égua não tem a doçura daquela do Cavaleiro de Copas; ela avança a passos comedidos, mas seguros, precisos. Ela representa minha saúde. Ela não vai nem lentamente demais, nem muito depressa, caminha no ritmo que corresponde a seu presente. Essa paz infinita decorre do fato de que vencemos a morte: estou disposto a sofrer as incessantes mudanças sabendo que em minha essência profunda está o imutável. É isso que dará origem às novas riquezas da terra que se concretizarão nos Paus. Já levo em minha mão direita o início de um novo ciclo de ação, um bastão criativo."

Significado resumido por Naipe

Espadas

Valete de Espadas. O fio central de sua espada se detém antes de chegar à ponta: o intelecto do Valete precisa ainda ser afiado, formado. Consciente de sua inexperiência, ele hesita: será que ele saberá usar sua arma ou será que deve guardá-la na bainha cor de carne? A este personagem, que possui as bases da inteligência, falta-lhe confiança em si mesmo. É talvez um estudante, ou um jovem pesquisador. Talvez ele tenha sido desvalorizado intelectualmente, talvez não tenha conseguido continuar seus estudos. Como todos os Valetes, sua situação pede ao mesmo tempo prudência e perseverança. Os aspectos negativos desta carta serão a mentira, a autodesvalorização, a confusão intelectual, a verbosidade, um pensamento precipitado e mal organizado, a agressão oral.

Rainha de Espadas. A mão sobre o ventre protege uma antiga ferida ou segura um escudo? Seu olhar está fixo em sua espada vermelha, que ela ergue com orgulho. Representa um intelecto poderoso, capaz de ideias úteis e eficazes. Pode defender suas opiniões com muita obstinação. Sabe o que significa falar, mas não está fechada às ideias novas. Seus aspectos negativos serão uma recusa do corpo ou da sexualidade, talvez uma cicatriz no ventre (cesariana...), o fechamento do coração, um racionalismo levado ao extremo, a frigidez.

Rei de Espadas. Ele tem como O Carro (VII) dois rostos em forma de meia-lua sobre os ombros. É um rei da corte, hábil no trato com as palavras e os conceitos, com as ideias novas. Na mão esquerda (à nossa direita), ele leva uma unidade de medida sobre a qual estão gravados 22 traços, número dos Arcanos maiores. Ele pode representar um dirigente justo e esclarecido, um jurista, um professor universitário, um arquiteto, um pensador científico, alguém capaz de lidar com uma situação com grande serenidade intelectual. Ele controla seu pensamento e o coloca em ação no mundo. Seus aspectos negativos evocam a potência da calúnia e da crítica, a agressão verbal, o erro judiciário, um político corrupto de discurso totalitário, um intrigante que conquista seu lugar na sociedade por meios duvidosos.

Cavaleiro de Espadas. Sobre seu cavalo encouraçado, vestido com armadura e capacete, este emissário de aparência guerreira, provido de uma espada longa como uma lança, se lança rumo à superação do pensamento. Arrisca o salto no desconhecido. Seu intelecto experimentou o vazio e o silêncio. Depois de ir além da perfeição, ele retoma o caminho do amor: doravante, ele só seguirá pelos caminhos que tenham coração. Ele poderia ser um intelectual que se torna receptivo ao amor ou ao divino, um homem que luta por uma causa espiritual e deseja dar testemunho dessa causa ao mundo inteiro, um profeta, o portador da boa-nova, a solução de um problema, o fim de um conflito mental.

Copas

Valete de Copas. Com uma coroa de flores na cabeça, como a jovem d'O Namorado (VI), ele passeia com uma copa que hesita em manter aberta ou fechá-la. É um personagem tímido que jamais amou fora de sua célula familiar, ou que perdeu o costume de amar depois de muito tempo. Seu aspecto andrógino pode também nos indicar uma pessoa que não assumiu ainda sua homossexualidade. A descoberta do mundo emocional tenta e aterroriza ao mesmo tempo: seu coração diz sim, depois diz não. Ele poderia encarnar um desejo de amar mesclado com medo, que antecipa a recusa e a ferida. Ele evoca também a passagem da infância à vida adulta, o primeiro amor com suas dúvidas e seus grandes arrebatamentos. Pode ser igualmente uma pessoa mais velha que não arrisca mais se apaixonar. Ele pode significar uma falta de confiança na vida e nas relações emocionais, uma concepção pessimista do amor. No negativo, será um bloqueio emocional que remonta aos medos infantis, uma imaturidade afetiva, uma tendência a muitos devaneios, o espectro de um grande sofrimento amoroso.

Rainha de Copas. Com o rosto voltado para sua copa fechada, ela leva na mão esquerda (à nossa direita) uma espécie de espada de lâmina sinuosa. Ela parece atenta às próprias emoções, e decidida a defender seus sentimentos: para que ela abra seu coração e doe o que tem para doar, é preciso inspirar-lhe confiança. Ela representa o amor familiar, a bondade, uma boa mãe. Em seu aspecto próximo do 5, ela evocará uma pessoa caridosa, inspirada pela fé, para a qual seu mundo afetivo cotidiano é o espelho do amor divino. Seus aspectos negativos poderiam ser o ciúme, a possessividade, uma afetividade sufocante e limitada, ou ao contrário uma falta de amor por seus próximos, uma falsa caridade, a exploração, o desprezo social.

Rei de Copas. Ele parece ter uma certa idade, e podemos lhe dar crédito por uma vasta experiência afetiva. O lado esquerdo de seu peito (à nossa direita), o lado do coração, é de uma largura excepcional. É um homem (ou uma mulher) de coração, sua copa está aberta e ele distribui generosamente o amor consciente, a alegria de viver, a serenidade das emoções dominadas. Ele é capaz de uma ação vasta fundada sobre sua visão amante do mundo: é talvez um grande terapeuta, um conselheiro, um médico, um mecenas, um ser bom e generoso. Se ele se torna negativo, o Rei de Copas verterá seu ódio sobre sua família e sobre o mundo, poderá ser um alcoólatra, um perverso narcisista, um hipócrita, um ser doentiamente ciumento, uma publicidade enganosa.

Cavaleiro de Copas. Sobre seu cavalo azul e delicado, ele segue o caminho que lhe indica a copa que flutua acima de sua palma direita (à nossa esquerda). O caminho do amor chega a seu termo: o amor se tornará uma força concreta. É talvez uma ação missionária, uma empreitada humanitária, uma pessoa que vem pedir perdão e reparar seus erros, uma boa ação, um amor sincero. É também um santo que se põe a serviço do mundo, constrói um monastério ou se torna um curandeiro.

Paus

Valete de Paus. De pé, de perfil, suas duas mãos estão postas sobre um pau grosseiro. Será que ele o levantará? Será que ele o deixará apoiado? É a hesitação entre fazer e não fazer, entre criar e não criar, entre obedecer ou não aos próprios desejos. A energia é indiferenciada e exige ser canalizada: é talvez uma sexualidade hesitante, um projeto criativo que deve ser afinado e levado a cabo com perseverança... Os aspectos negativos desta carta seriam a inabilidade, o bloqueio da energia sexual ou criativa, uma falta de vitalidade ou ainda a brutalidade.

Rainha de Paus. Um bastão esculpido está colocado sobre seu baixo ventre, ela o segura com a mão direita (à nossa esquerda) e com a outra parece agitar uma pequena mão artificial de cor amarela. É uma pessoa sensual, sedutora, que possui pontos comuns com A Imperatriz (III). Em plena posse de sua sexualidade e de sua criatividade, ela pode ser apaixonada, caprichosa, instintiva, independente. Ela representa a satisfação de uma pessoa que começa a viver de sua criatividade. Sua sexualidade é bem vivida, ela pode simbolizar um (ou uma) artista, um trabalho energético, mas também, em um sentido mais negativo, um (ou uma) obcecado (a) sexual, a venalidade, o excesso.

Rei de Paus. Seu bastão é um grande cetro que se apoia em seu calcanhar no chão, a outra extremidade tocando seu chapéu. Como todos os Reis, ele dominou sua energia: vital, criativa e sexual. Ele pode simbolizar um artista reconhecido ou alguém criativo em sua atividade cotidiana, um homem de poder, um amante sincero, um guerreiro, um mestre de artes marciais. Seus aspectos negativos podem ser o despotismo, a arrogância, uma sexualidade potente, mas separada do amor, ele será então um sedutor, um tirano, um artista cheio de si.

Cavaleiro de Paus. Montado em um cavalo branco, símbolo da sublimação do desejo, o Cavaleiro de Paus domina sua montaria a ponto de fazê-lo mudar de direção. Seu bastão volta a ser natural: a energia sexual e criativa é vista simplesmente por aquilo que ela é. O bastão atravessa sua mão, como indicando que não existe dualidade entre ele e sua energia, mas uma confiança total. Esta carta representa o instinto canalizado, a criatividade em pleno domínio de si mesma, a coragem suprema diante da vida e da morte, a paz, as capacidades de cura, ou ainda um sábio que abandona voluntariamente os prazeres do mundo para entrar no reino do pensamento.

Ouros

Valete de Ouros. Com suas duas moedas, uma elevada e outra enterrada, ele se interroga sobre seu lugar no mundo, seu corpo, seus recursos financeiros… A moeda enterrada é um obstáculo que o impede de avançar, a moeda elevada é seu desejo. Ele tem entre os dedos da mão esquerda (à nossa direita), um pequeno círculo amarelo, que poderia ser uma bolinha de ouro como aquela d'O Mago. Será que ele deve empreender uma carreira, e qual seria? Como entrar na vida ativa? Será que o investimento vale a pena? Será possível recuperar a saúde? Essas são as questões colocadas pelo Valete de Ouros, considerando o risco físico e financeiro. Se ele coloca algum problema, pode ser por não saber seu lugar, por permanecer inativo ou, ao contrário, jogando irrefletidamente com sua segurança, com sua vida.

Rainha de Ouros. Ela tem o rosto voltado para uma moeda grande que, com mão firme, ela segura na altura dos olhos. Espelho, espelho meu? Ou meditação profunda? À Rainha de Ouros importam seu dinheiro, sua situação, sua saúde, suas aquisições. Ela pode empregar bastante energia para manter as coisas como estão, mas ela sabe também inovar com projetos inesperados. Poderíamos dizer que é uma pessoa que tem coragem de se olhar de frente. Suscetível à avareza. Pode representar um esforço prolongado para garantir uma segurança material, construir uma casa... Seu risco é não enxergar um palmo além do próprio nariz, fixar-se em sua segurança material sem pensar em investir, em dar um passo adiante ou sem considerar outros aspectos do real.

Rei de Ouros. Vestido confortavelmente e sem pompa, sem coroa mas chapéu, seu trono instalado ao ar livre, ele assentou seu poder na matéria e fica em contato com a terra. É talvez um industrial, talvez um comerciante ou um agricultor rico. Ele conhece duas formas de riqueza: a moeda que ele segura na mão representa o dinheiro que ele já sabe ganhar, sem esforços excessivos, com prazer. A moeda que flutua no ar, e que ele observa, representa sua ação no mundo, o dinheiro virtual, ou a matéria já espiritualizada. O Rei de Ouros pode tanto ser um milionário quanto um ser inteiramente desapegado que vive na prosperidade miraculosa do presente. Suas acepções negativas nos remetem à trapaça, ao dinheiro sujo, à especulação na bolsa. Pode ser também um negociante de armas ou de produtos tóxicos.

Cavaleiro de Ouros. Com um bastão na mão, cavalgando uma montaria receptiva azul, esse cavaleiro avança em uma paisagem iluminada por um astro em forma de moeda. Ele representa a superação da matéria pela criatividade, um desfecho que abre novos

horizontes. É também alguém bastante rico para criar alguma coisa nova, um novo objetivo para além das considerações materiais. No sentido estrito, o Cavaleiro de Ouros pode representar uma viagem ou um deslocamento; ou ainda uma busca ligada ao corpo, à criatividade, ao lugar no mundo.

AS FIGURAS EM UMA LEITURA

Conforme a estratégia de leitura que decidamos empregar, as Figuras ou Trunfos poderão representar ora um personagem real, ora uma atitude ou um estado da experiência diante de seu símbolo. Podemos também lhes atribuir uma função indicativa do tempo: a dúvida do Valete nos sinaliza, então, uma longa duração de fim incerto, a contemplação estática da Rainha, um período definitivamente estável e muito longo, o desprendimento do Rei, um desenlace ou uma mudança próxima, e o dinamismo do Cavaleiro, uma mutação rápida.

QUARTA PARTE

O TAROT DE DOIS EM DOIS

A Consciência
como obra comum

Se aceitarmos que o Tarot não age como uma bola de cristal e que o tarólogo não é um vidente – dom que segundo os esotéricos permite ver o futuro do consulente –, mas um leitor, veremos que os Arcanos constituem uma linguagem na qual desenhos e cores assumem o lugar das letras e palavras. Da mesma maneira que falamos francês, espanhol, inglês, japonês etc., podemos falar em Tarot. E da mesma forma que todo ser humano, se estudá-lo, pode aprender um novo idioma, é possível aprender a ler e traduzir as mensagens do Tarot sem a necessidade de ser mágico, vidente ou um ser dotado de poderes parapsicológicos. O Tarot é uma linguagem ao alcance de todos.

Quando começamos a dar cursos, perguntamo-nos qual seria a maneira mais acessível de ensinar essa língua. Descobrimos que depois de descrever as cartas uma por uma, com suas múltiplas possibilidades de interpretação, o que equivalia a conhecer o alfabeto, o mais eficaz para nossos alunos era aprender a ler a mensagem que resultava da combinação dos Arcanos. A ação de um indivíduo solitário é diferente da de um casal, da de uma família e, por fim, da de um grupo social. Uma única nota não é a música; duas notas criam a harmonia, uma nova dimensão auditiva; três formam um acorde; quatro ou mais compõem obras.

A maioria dos livros que ensinam Tarot se contenta em descrever um a um os Arcanos, sem se dar conta de que eles mudam em função das cartas com as quais se relacionam... Antes de formar frases, as letras – consoantes e vogais –, devem constituir sílabas que mudam segundo a ordem de composição: "ma" conduz a conceitos diferentes de "am", "is" é diferente de "si", "no" de "on" etc. As sílabas são os pilares das palavras, as quais formarão frases, depois tratados, poemas, evangelhos ou textos infames...

Pensando assim, chegamos à conclusão de que um estudo do Tarot que não compreendesse o estudo dos duos-sílabas não poderia conduzir a uma leitura correta. Um mundo se abriu diante de nós.

Se a linguagem literária se compõe de vogais e consoantes, com a obrigação de que cada sílaba contenha sempre uma vogal, reduzindo assim o número de combinações, na linguagem tarótica todos os Arcanos podem servir para formar a sílaba. Supondo que a carta tirada seja uma consoante, ela não terá apenas a opção do pequeno número de vogais, mas das vinte e uma cartas restantes. Isso resulta em uma língua imensamente mais vasta, possibilitando um número muito maior de sentidos.

Uma vez que as cartas são numeradas (como no alfabeto hebraico) e vão do 0 (O Louco) ao 21 (XXI O Mundo), é interessante analisar a mudança de sentido conforme a carta de número inferior venha antes ou depois da outra carta.

Outros duos, para estudar em relação à mandala, são aqueles que possuem o mesmo valor numérico como 1 e 11, 2 e 12, 3 e 13 etc. Esses casais possuem uma união profunda entre eles e, às vezes, durante uma leitura, assim como a sombra segue um volume iluminado, quando escolhemos ao acaso uma dessas duas cartas, podemos voluntariamente completar sua significação tirando a outra carta do mesmo valor numérico para repetir ou reforçar sua mensagem.

Em seu romance inacabado, *Le Mont analogue* [O monte análogo], René Daumal escreveu: "A partir do fato de sermos dois, tudo muda. A tarefa não fica duas vezes mais fácil. Não, de impossível, ela se torna possível!". Podemos aplicar isso ao Tarot, uma vez que sem dúvida ele nos indica a importância do casal: A Papisa acompanha O Papa, A Imperatriz se acopla a O Imperador, A Lua com O Sol e, nas Figuras, as Rainhas com os Reis. Além desses casais, podemos observar os duos que se formam por certos detalhes que não os atrelam absolutamente, uma vez que qualquer Arcano pode se acoplar com qualquer outro, conforme as projeções do leitor. Se os chapéus em forma de 8 deitado unem O Mago a A Força, a mesma A Força, acompanhada de uma fera, pode se unir a O Mundo, no qual também aparece um leão. Pela posição corporal, podemos associar O Enforcado a O Mundo pela perna cruzada. Por sua maneira idêntica de andar, O Louco e o Arcano XIII se acompanham. Por apresentarem ambos o mesmo número de seres humanos embaixo de um anjo, podemos acoplar O Namorado com O Julgamento: quatro personagens vestidos e um anjo nu no primeiro; três personagens nus e um anjo vestido no segundo. Por contarem com três personagens – um dominando os outros dois que estão de alguma maneira imobilizados –, A Roda da Fortuna e O Diabo se unem. Temperança e A Estrela se parecem, pois ambas possuem ânforas: na primeira, os líquidos ou fluidos se misturam no interior; na segunda, se derramam na paisagem. Se dermos a O Carro a possibilidade de uma ação guerreira e vitoriosa, podemos bem associá-lo a A Torre, onde uma torre parece explodir. Certamente, do fato de que da torre saem igualmente dois personagens com a cabeça para baixo e os pés para cima, A Torre pode formar um duo com O Enforcado. E O Enforcado, tendo as mãos escondidas nas costas, pode se unir a O Diabo, em que os dois diabretes também escondem as mãos atrás do corpo.

Quanto aos casais, é importante nos darmos conta de que o Tarot, que provavelmente já existia no ano mil, afirma a importância da mulher em um mundo patriarcal. Ele mostra claramente que é anormal que um padre infalível, O Papa, possa ser o guia e representante de Deus sem ter a seu lado uma mulher do mesmo nível espiritual, A Papisa. Que um Imperador sem uma Imperatriz não pode governar corretamente seus domínios. Que a atividade solar não pode ser concebida sem a receptividade lunar, que o dia e a noite se completam.

Nos três casais seguintes, que com toda evidência representam as três diferentes facetas dos símbolos pai e mãe, o Tarot apresenta primeiro a mulher, seguida do homem; assim, o leitor, utilizando-o como espelho, vê à sua esquerda as mães e à sua direita os pais: II A Papisa e V O Papa; III A Imperatriz e IIII O Imperador; XVIII A Lua e XVIIII O Sol.

Utilizando os Arcanos à maneira de um teste psicológico, pudemos observar que o consulente costuma ter três visões sobre seus pais: primeiro, ele os vê no plano material e sexual (A Imperatriz-O Imperador), em seguida no plano espiritual (A Papisa-O Papa), e por fim em um plano mitológico, mãe cósmica e pai cósmico (A Lua-O Sol).

A Imperatriz e O Imperador (III-IIII) se entreolham. Enquanto a primeira exerce as leis da natureza, a criatividade e a reprodução, o segundo exerce as leis do mundo social. Ambos se realizam não apenas na prática do poder material e sexual, mas igualmente na maneira de se unirem, uma doação total de um para o outro. Não é só a vida material que os une, ambos possuem uma águia, o que significa que existe também uma projeção da união dos dois no plano espiritual. Se invertermos a ordem desses dois Arcanos e colocarmos O Imperador antes d'A Imperatriz (IIII-III), obteremos um conflito, um divórcio: eles não se olham mais, estão unidos pelas conveniências materiais ou ligados por uma família, cada um fechado em seu mundo. O projeto espiritual não pode se realizar, pois a águia que põe um ovo na carta d'O Imperador (ver p. 163) se torna o pássaro em formação que A Imperatriz segura (ver pp. 158-9); vamos do mais para o menos...

O casal A Papisa e O Papa (II-V) é constituído por dois personagens que por essência operam no mundo espiritual e que, portanto, não têm necessidade de se olhar; de costas, um para o outro, eles se apoiam mutuamente. Sem nenhum vínculo passional a uni-los, ambos sublimaram as pulsões sexuais, atingiram um nível de consciência em que o mais importante é transmitir ao mundo aquilo que acumularam ao longo de suas meditações e de seus estudos. Colocados na ordem V-II, eles se entreolham e, absortos pela própria relação, de natureza mental, eles esquecem o mundo. Eles formam, então, um casal egoísta, deixam de ser a ponte que une o céu e a terra, frustram a esperança do mundo.

Se A Lua (XVIII) aparece antes d'O Sol (XVIIII), o espírito, em sua viagem iniciática, avança da noite para o dia, da ignorância para a sabedoria, da recepção total à luz da Graça, do eu ao nós, do subconsciente ao supraconsciente. Se aparece o duo O Sol-A Lua, o processo se inverte: vamos do dia para a noite, da alegria para a tristeza, da realização dinâmica para a estagnação.

Se na estruturação gráfica da árvore genealógica colocamos a mãe à nossa direita e o pai à nossa esquerda, isso pode querer dizer que na nossa infância a mãe foi masculina (dominante) e o pai, feminino (passivo). Isso provoca uma confusão: crescemos sem saber muito bem se somos homem ou mulher.

Existe ainda outro casal, se quisermos, que pode ser a tela de projeção dos arquétipos mãe-pai. Se A Justiça (VIII) é acompanhada d'O Eremita (VIIII), nós nos encontramos diante da mãe perfeita e do pai sábio. Mas se O Eremita precede A Justiça, ele se transforma em um pai insensível, ausente ou morto, e ela em uma mãe castradora, neurótica, perfeccionista, invasiva.

Guiados pelo estudo desses casais, começamos a analisar os Arcanos dois a dois, procurando outros significados, não mais entre os arquétipos parentais, mas nas inter-relações humanas, nos diferentes planos indicados pelos quatro Naipes. Tomando como "ator" principal uma única carta, nós a fizemos constituir duos com as 21 restantes. Primeiro, em ordem crescente, depois em ordem decrescente. A cada vez, obtivemos respostas diferentes. Assim, o duo O Mago-A Papisa não era o mesmo que A Papisa-O Mago. E se, por exemplo, O Louco aportava energia à A Papisa quando a precedia, ele a enfraquecia, tirando-lhe o conhecimento, quando se via depois dela...

Esses duos me pareciam corresponder às sílabas com as quais antigamente os métodos nos ensinavam a ler. Como dissemos, a sílaba "ma" é muito diferente da sílaba "am" etc. Se um Arcano é uma letra, se dois são uma sílaba, três já formam uma palavra. Mais de três podem constituir uma frase.

Mãe e Pai, Yin e Yang, negro e branco, vermelho e amarelo, estanque e fluido, terra e céu, esquerda e direita, escuridão e luz..., o ser humano aprendeu a pensar a partir de polos não opostos mas complementares.

Se durante uma grande parte da vida, para nos encontrarmos, buscamos a luz, ao final, ao encontrá-la, entraremos sem medo em nossa sombra.

Para começar

Como já vimos, o Tarot não pode ser considerado uma sequência de entidades independentes umas das outras. Cada um de seus Arcanos existe em relação com o resto do baralho e, por consequência, cada Arcano tem uma relação estreita com todos os outros Arcanos. Por outro lado, o Tarot nos apresenta diversos casais ou pares, isto é, relações evidentes entre Arcanos (Rei e Rainha, Lua e Sol etc.). Ele parece, assim, nos indicar um caminho de leitura que começa pelo estudo dos pares, casais e duos: a gramática do Tarot começa por esse diálogo entre duas cartas.

Se nos basearmos apenas nos Arcanos maiores, não importando qual deles seja estudado como cônjuge do outro, isso já nos daria 253 pares com o conjunto dos 22 Arcanos maiores. É impossível estudar todas as relações em detalhes aqui. Nós nos propusemos então, para iniciar o leitor na ressonância do Tarot em duas cartas, estudar os três tipos de pares que fazem sentido em três organizações particulares, e ver, a título de exemplo, como se podem ler outras associações entre dois Arcanos maiores.

Em um primeiro momento, voltaremos aos duos de mesmo valor numérico que já estudamos na terceira parte, considerando-os como sombra e luz, como aspectos consciente e inconsciente, aspectos espiritual e encarnado de uma mesma energia.

Nós nos interessaremos em seguida pelos casais formados por certos Arcanos maiores do Tarot, que representam tanto aspectos do amor humano quanto o encontro entre arquétipos psíquicos complementares. Além dos sete casais principais, estudaremos os encontros entre todos os personagens claramente sinalizados como seres humanos.

Vimos na primeira parte que uma das estruturas de organização dos Arcanos maiores consiste em estabelecer 11 pares cuja soma dê 21. Esse valor sendo, na simbologia do Tarot, o símbolo da mais alta realização (XXI O Mundo), veremos, estudando cada um desses pares, como propõem 11 caminhos de realização.

Por fim, serão dados alguns exemplos, em particular com as cartas que não entram na série dos casais, do estudo dos Arcanos maiores em duos, depois em trios.

Quando as cartas estão sozinhas, podemos considerá-las protagonistas isolados. No teatro, elas fariam um monólogo: é Homero recitando *A Ilíada*, ou um trovador que canta etc. O encontro de duas cartas dá um diálogo, e é a partir de três cartas, como a partir de três personagens, que o Tarot se torna dinâmico. Com três cartas, um fenômeno artístico denso se produz.

Os duos das
duas séries decimais

Como vimos no estudo da numerologia do Tarot (ver pp. 48-9), o duo O Louco-O Mundo engloba dez graus nos quais se desenvolvem duas séries decimais, as cartas do primeiro ciclo correspondendo às cartas do segundo ciclo, de I a X e de XI a XX. Poderíamos dizer que cada carta de um ciclo é a sombra da outra: se em uma leitura tiramos A Imperatriz (III), sua sombra será o Arcano XIII e vice-versa. Se tiramos Temperança (XIIII), sua sombra será O Imperador (IIII) e vice-versa. Isso significa que, para além de suas diferenças aparentes, os Arcanos que formam esses duos possuem uma relação de dependência mútua, cada um alimentando o outro de sua aparente oposição e permitindo que se desenvolva em toda sua força. Ao longo da leitura, será útil guardar na memória o fato de que esses pares numerológicos têm um vínculo profundo entre eles. Por exemplo, quando uma das cartas do duo já foi escolhida, podemos consultar a outra, não para contradizê-la, mas para lhe fazer eco, para inclusive repetir e reforçar seu sentido.

As duas séries decimais, lembremo-nos, comportam cada uma dez graus, em que cada Arcano simboliza uma etapa em direção à totalidade. A primeira série (I a X) representa essencialmente personagens humanos em pleno trabalho para se elevar rumo ao mundo espiritual. Essas figuras correspondem a energias, possibilidades de vida concretas, manifestas, mais evidentes, ligadas à vida cotidiana. Poderíamos dizer que é uma série em que a matéria tende a se espiritualizar. Na segunda série (XI a XX), seres sobrenaturais ou arquétipos tomam o caminho em direção às profundezas. Poderíamos dizer que nessa série o espírito tende a se materializar. Esses Arcanos correspondem a forças muito ativas dentro de nós, mas que às vezes escapam às definições, que vão além de nossas preocupações cotidianas. Poderíamos dizer que os Arcanos do primeiro ciclo pertencem à vida consciente, e aqueles do segundo ciclo, ao inconsciente.

Veremos como, nesses duos, os Arcanos interagem e colaboram, traçando caminhos paralelos em direção às alturas e às profundezas, e como cada um representa a sombra e a luz do outro, inextricavelmente, de tal maneira que suas obras se mesclam e se completam. A energia de um é necessária ao outro para se manifestar.

I O Mago · XI A Força
Os dois começos

O grau 1 da numerologia do Tarot remete a uma potencialidade, à abertura de um novo mundo (ver pp. 73 ss.). O Mago empreende um trabalho espiritual, intelectual, talvez emocional, ligado a um saber e ao desejo de atingir a consciência (ver p. 147). A Força representa a tomada de contato com as energias instintivas e animais, a criatividade, a libido, a voz do inconsciente. O Mago aporta seu entusiasmo espiritual e seu desejo de compreender os mistérios do Espírito.

A Força, penetrando profundamente em si mesma e na matéria, faz emergir as forças sexuais, criativas e telúricas. Esses dois aspectos se completam como as raízes e os galhos de uma árvore: para crescer, ela deve se fundir à terra e ao mesmo tempo se elevar para o céu. A Força sem O Mago pode cair na paixão extrema ou na repressão extrema: ela não tem palavras para se expressar, nem estrutura para se desenvolver. O Mago sem A Força se enfraquece. Ele corre o risco de se tornar superficial e instável, fadado a uma concepção intelectual de si mesmo em que seu pensamento gira em um círculo vicioso, ignorando a voz das profundezas.

II A Papisa · XII O Enforcado
Gestação e interioridade

O grau 2 da numerologia do Tarot remete a uma acumulação, a um estado de incubação, de meditação, preparando uma ação futura. Com seu livro, A Papisa evoca um acúmulo de conhecimentos, uma busca da sabedoria, uma introspecção erudita que pode se exprimir pela linguagem. O Enforcado, ao contrário, se desfaz de todo conhecimento e se dirige à ignorância em sua acepção mais elevada: o não saber sagrado. Sua meditação está além das palavras. Sem a energia  d'O Enforcado, A Papisa poderia pecar por orgulho e cair no dogmatismo, aplicando friamente um texto sagrado sem entrar em contato com seu silêncio interior. Sem o rigor d'A Papisa, O Enforcado poderia cair na preguiça, na inação, no abandono de si mesmo, em uma apatia que se faz passar ilusoriamente por uma meditação profunda.

III A Imperatriz · XIII O Arcano sem nome
Explosão criativa ou destrutiva

O grau 3 da numerologia do Tarot remete a uma explosão que não conhece seu objetivo. São dois princípios revolucionários ativos e sem experiência que vêm mudar o estado das coisas. A Imperatriz representa a explosão da vida, em sua incessante e constante criatividade, produzindo sem cessar e sem se preocupar com o futuro daquilo que é criado. O Arcano XIII representa, por sua vez, a transformação constante, ao preço da destruição total, se for preciso. Se o Arcano XIII estiver ausente, A Imperatriz pode cair em uma produtividade sem limites: superpopulação, invasão, epidemia, excesso. É preciso que em determinado momento um princípio destrutivo venha detê-la. Se o Arcano XIII se encontra sem A Imperatriz, sua ação transformadora levará à esterilidade: nada cresce sobre a terra queimada.  Podemos imaginar um terreno coberto de relva pel'A Imperatriz, depois limpo e lavrado pelo Arcano XIII, depois novamente semeado pel'A Imperatriz, encarregando-se em seguida o Arcano XIII da colheita, e assim infinitamente... Esses dois Arcanos unem criação e destruição como uma semente que se abre para germinar a planta, como um ovo que se quebra para sair o pássaro, como uma mulher que sangra e dá vida a um recém-nascido. Sem morte não existe vida, sem vida não existe morte.

IIII O Imperador · XIIII Temperança
Segurança no Céu e na Terra

O grau 4 é, na numerologia do Tarot, o da estabilização e do equilíbrio. O Imperador faz aplicar as leis do cosmos na matéria: ele é responsável pelo bom andamento do mundo, podemos contar com ele, sua solidez financeira é a toda prova. É um princípio de realidade inquebrantável que rege o poder material. Sua função é proteger os outros. Temperança agrega a essa segurança concreta uma segurança espiritual e o conhecimento íntimo de si mesmo, uma grande equanimidade  na ação, assim como o mistério de uma proteção sobrenatural. Se falta Temperança a O Imperador, este cairá na severidade e na tirania, na exaltação sem limites do mundo material. Ele se torna obtuso e racional e, perdendo a bondade, perde-se a si mesmo. Ele deixa de se preocupar com o outro em toda sua verdade.

Sem o princípio de realidade d'O Imperador, Temperança não passa de uma ilusão, um sonho em um céu quimérico, sem fundamento na encarnação. Um excesso de bondade que protege tanto o útil quanto o inútil. Podemos, então, perder a noção da realidade e, com ela, a capacidade de distinguir as diferenças que fundam a inteligência encarnada e o bom senso.

V O Papa · XV O Diabo
A tentação sob todas as formas

O grau 5, na numerologia do Tarot, sinaliza a aparição de um interesse novo, ainda em estado de projeto ou de tentação. O Papa é um mediador que comunica com a fé, um dos mais altos valores do espírito. Ele representa um chamado e, como o pastor, conduz seu rebanho em direção às virtudes. Mas seus valores luminosos são a transformação de pulsões obscuras que encontramos em O Diabo. Se O Papa é a flor de lótus que simboliza o florescimento da consciência e recebe  a luz solar, O Diabo é o vaso onde essa flor se enraíza para transformar suas emanações nauseantes em perfume. O Diabo orienta nossa atenção para a profunda natureza inconsciente, além do bem e do mal. Ele nos obriga a conhecer nossos desejos, pulsões, compulsões – todas as energias que se desenvolvem fora da moral. Se O Papa não absorve O Diabo, todos os seus ensinamentos são utópicos, artificiais, fanáticos, desencarnados. Se O Diabo não aceita O Papa, ele se afunda nos excessos, na destruição, na superação orgulhosa e insensata dos limites

VI O Namorado · XVI A Torre
Aparição do prazer

O grau 6 representa, na numerologia do Tarot, o primeiro passo no quadrado Céu, o primeiro acesso ao amor em ação. Pela primeira

vez vivemos aquilo que nos apraz. É, portanto, uma dimensão que tende à imobilidade e à repetição do prazer. Em O Namorado, no qual os personagens estão estreitamente unidos, a vida emocional se desenvolve através de toda a gama das relações, da amizade à simbiose, sob o risco de se transformar em uma ilha separada do mundo. Em A Torre, tudo aquilo que estava fechado surge e se libera: é uma grande explosão que permite a união com o cosmos. O Namorado, sem essa abertura
d'A Torre, corre o risco de cair no narcisismo e na fusão. A Torre, sem O Namorado, corre o risco de se tornar uma separação: na abertura que se produz, aquilo que estava ligado pode se desligar. Ela pode conduzir a uma euforia de viver que individualiza cada um, isolando-o, fazendo com que se perca o centro relacional. Esses dois Arcanos trabalham concertadamente para que a união e a abertura deem o ritmo de nossa vida emocional.

VII O Carro · XVII A Estrela
Ação no mundo

O 7 é o grau mais ativo da numerologia: tudo aquilo que foi conhecido até então se põe em movimento no mundo. Se O Carro representa o avanço, a conquista, A Estrela, por sua vez, se enraíza em um lugar para fazê-lo prosperar, para cultivá-lo e purificá-lo. Quando O Carro empreende a guerra santa, A Estrela constrói o Éden. Se a energia d'A Estrela é eliminada, a ação d'O Carro se torna estéril, infrutífera: ele não conhece o dom, a dádiva. É um avanço contínuo que pode revolucionar
os lugares por onde ele passa, mas não os enriquece, e se reduz finalmente ao nada, como os grandes impérios conquistados e depois perdidos pelos imperadores mortos na miséria. Sem O Carro, a ação d'A Estrela se reduz. Sua doação, limitada a um lugar estreito, se acumulará como um lago transbordante que inunda as aldeias à sua volta.

VIII A Justiça · XVIII A Lua
Rostos da perfeição

Com o grau 8, como já vimos, a perfeição é atingida: nada a acrescentar, nada a subtrair (ver pp. 76 ss.). No caso d'A Lua, essa perfeição consiste em se reduzir cosmicamente, a viver na obscuridade para poder refletir a luz infinita do Sol (ver p. 251). É uma perfeição puramente receptiva, mesmo que sua consequência seja agir sobre o movimento das marés. Aquilo que A Justiça recebe, por sua vez, são as leis universais, com a missão de encarná-las e de aplicá-las na medida  do humanamente possível: excelência e perfectibilidade, mais do que perfeccionismo. A Justiça sem A Lua corre o risco de perder de vista sua dimensão cósmica e receptiva, e de se tornar voluntarista, normativa, intolerante. A Lua, sem o rigor d'A Justiça e seu fundamento no real, pode se perder nas trevas de onde se deriva e se tornar sinônimo de melancolia mortal, de loucura, de angústia. A Lua é sempre cambiante, enquanto A Justiça é imutável: entre elas, ambas conjugam mutabilidade e implacabilidade.

VIIII O Eremita · XVIIII O Sol
Crise e regeneração

O grau 9 é um movimento de superação do perfeito que supõe a entrada em crise para a construção de um mundo novo. O Eremita com sua lâmpada leva uma luz, uma sabedoria, uma experiência. Ele decidiu se afastar do mundo e transmite seu tesouro a alguns eleitos que vêm procurá-lo em sua solidão. Ele realiza a sabedoria individual. O Sol, ao contrário, trabalha com a prodigalidade: ele oferece a todos sua luz e seu conhecimento. Ele aceita absolutamente todos os seres   e supera a individualidade, criando a coletividade. Sem O Sol, O Eremita cai nas profundezas da solidão e da avareza espiritual. Ele não transmite mais seu ensinamento a ninguém. Sua lâmpada fica escondida nas reentrâncias densas do ego, ele a leva apenas para ser visto por uma entidade superior. Sem O Eremita, O Sol se espalha sem discernimento e perde a capacidade diretiva que aporta à individualidade. Ele só pode produzir uma massa amorfa de princípios difusos. Em O Eremita, tudo é experiência; em O Sol, tudo é renovação. Cada um necessita do outro.

X A Roda da Fortuna · XX O Julgamento
Tudo que começa termina

O grau 10 da numerologia do Tarot representa, como já vimos, a totalidade desenvolvida depois de toda experiência, mas onde existe – em espera ou em germe – o impulso que engendrará o novo ciclo (ver pp. 75 ss.). A Roda da Fortuna, fim do primeiro ciclo, encerra um caminho de busca ativa, de reflexão e de estudo. Os personagens se dirigem a seu destino, desprendidos de toda vontade. Eles estão no círculo das mortes e dos renascimentos, à espera de uma força miraculosa que  os liberte dessa eterna repetição. O Julgamento conclui a segunda série decimal na qual são abertos todos os centros receptivos e na qual a busca espiritual é substituída pela fé e pela possibilidade de nos tornarmos um canal. Os personagens aprenderam a colaborar entre eles, a orar em recepção ativa. Eles podem concretizar a ajuda da outra dimensão, eles se abrem à mutação de uma nova consciência. Sem O Julgamento, A Roda da Fortuna se encontra em um estado em que toda fé e toda esperança são excluídas. Ela se reduz a um bloqueio, a um círculo vicioso sem saída. O ciclo de vida e de morte se apresenta como um enigma que nenhum princípio pode resolver. Quando se ignora A Roda da Fortuna, em O Julgamento é produzido um estado de fuga do mundo, de negação da encarnação. É o desejo insensato de chegar ao mundo divino sem passar pelo mundo humano. Pode ser também um nascimento vivido por pais sem experiência, prisioneiros de suas amarras neuróticas inconscientes.

Os casais do Tarot
Várias versões da relação homem-mulher

Se observarmos objetivamente o Tarot, veremos que ele representa em proporção igual homens e mulheres. Além disso, ele nos indica muito claramente que alguns desses homens e dessas mulheres se unem para formar casais. Nos Arcanos menores, as Rainhas são acompanhadas pelos Reis. Nos Arcanos maiores, A Papisa (Arcano II) se une a O Papa (V), A Imperatriz (III) a O Imperador (IIII), A Lua (XVIII) a O Sol (XVIIII). Em O Diabo (XV), vemos um homem e uma mulher presos ao pé do diabo e, em O Julgamento (XX), um casal, homem e mulher, rezando juntos, veem surgir entre eles um ser (talvez uma criança, talvez uma obra comum). Se quisermos pensar que existem outros casais entre os Arcanos maiores, podemos unir O Mago (I) e A Força (XI) pela forma de seus chapéus. Sabendo que O Carro (VII) e A Estrela (XVII) pertencem ao mesmo grau numerológico, podemos acoplar O Carro a A Estrela. E considerando a soma de suas experiências, A Justiça (VIII) e O Eremita (VIIII) poderiam também formar um casal. Por fim, o casal metafísico por excelência: O Louco, que atravessa todos os Arcanos do Tarot antes de chegar a seu par ideal, O Mundo. Essa concepção corresponde à filosofia chinesa em que Yin e Yang são complementares.

No Tarot, dois elementos são ativos: Espadas e Paus; e dois elementos são receptivos: Copas e Ouros. Como já lembramos (ver pp. 57, 64), essa união de elementos se reflete em O Mundo, onde a águia e o leão, animais carnívoros, estão diante de um anjo e de um herbívoro cor de carne, símbolos do sacrifício e da dádiva. Para esclarecer isso, a mulher d'O Mundo, na mão do lado da águia e do leão, segura um elemento fálico (um bastão) e na outra mão, um frasco receptivo. Hoje em dia, quando com muita dificuldade as mulheres lutam para obter uma relação de equilíbrio com os homens, depois de séculos de humilhação e de escravidão em uma cultura criada e dominada pelo masculino, é comovente ver que o Tarot, provavelmente desde o ano mil, proclamava a necessária complementariedade dos sexos.

Veremos, então, aqui, para cada personagem com figura humana, qual é o casal que lhe corresponde na ordem do Tarot, e que outros casais podem se formar com outros personagens. Para os leitores deste livro que formam um casal homossexual, é necessário esclarecer um ponto deste capítulo: na linguagem simbólica, a masculinidade e a feminilidade são forças metafóricas. Uma mulher pode muito bem se sentir representada por O Imperador ou por O Sol, enquanto um homem pode receber A Imperatriz ou A Lua. Na descrição dos casais que se seguirá, e na medida em que o Tarot é infinito e o espaço de um livro necessariamente reduzido, não desenvolveremos os casais formados por dois homens ou por duas mulheres. Caberá ao leitor realizar essa pesquisa. Ela pode fazer sentido para qualquer pessoa, uma vez que os casais podem também representar as relações familiares: pai-filho, pai-filha, mãe-filha, mãe-filho, irmão-irmã etc.

Da mesma maneira, o breve texto que evoca cada um dos encontros detalhados a seguir não abarcará as nuances da relação entre um arquétipo e o outro. Como todas as interpretações que propusemos neste livro, trata-se sobretudo de uma abordagem, de um caminho para as infinitas ressonâncias que os Arcanos do Tarot podem evocar em nossa consciência.

Abordaremos os casais na seguinte ordem:

- O Louco e O Mundo (XXI).
- O Mago (I) e A Força (XI).
  - Os casais d'O Mago com as outras cartas femininas.
  - Os casais d'A Força com as outras cartas masculinas.
- A Papisa (II) e O Papa (V).
  - Os casais d'A Papisa com as cartas masculinas restantes.
  - Os casais d'O Papa com as cartas femininas restantes.
- A Imperatriz (III) e O Imperador (IIII).
  - Os casais d'A Imperatriz com as cartas masculinas restantes.
  - Os casais d'O Imperador com as cartas femininas restantes.
- O Carro (VII) e A Estrela (XVII).
  - Os casais d'O Carro com as cartas femininas restantes.
  - Os casais d'A Estrela com as cartas masculinas restantes.
- A Justiça (VIII) e O Eremita (VIIII).
  - Os casais d'A Justiça com as cartas masculinas restantes.
  - Os casais d'O Eremita com as cartas femininas restantes.
- A Lua (XVIII) e O Sol (XVIIII).

A RELAÇÃO DE CASAL
O Louco · O Mundo

Ordem O Louco · XXI. Vimos que esses dois Arcanos representam o alfa e o ômega dos Arcanos maiores, o primeiro e o último degraus, os dois pontos entre os quais se desenvolvem todas as possibilidades. Mas que casal eles   formam? Nessa ordem, O Louco antes d'O Mundo, vemos um homem barbudo, com uma trouxa e um bastão vermelho, indo em direção a uma mulher nua que dança no meio de um oval de folhas azuis. O Louco pode ser considerado a energia fundamental, sem definição, isto é, sem limites. É assim que a Bíblia nos apresenta a energia criadora divina, atividade sem limites e sem precedentes, surgida de um nada sem tempo e sem espaço. Mas se O Louco ficasse sozinho, ele correria o risco de girar indefinidamente em torno do próprio bastão. A energia criativa não é nada sem a realização material, sua criatura. E eis que se oferece O Mundo, com seus quatro elementos como quatro pontos cardeais e, no centro, a mulher-matéria inseminada pela energia d'O Louco. Quando em uma tiragem essas cartas saem lado a lado e nesta ordem, elas evocam uma energia que vai diretamente à realização, um projeto empreendido que encontra sucesso, uma concretização.

Ordem XXI · O Louco. Mas a ordem das cartas é essencial. Na verdade, na ordem O Mundo – O Louco, este está se afastando daquele. A situação é, então, completamente distinta: O Mundo já não é mais a realização de nada,   pois nenhuma carta o precede. É, ao contrário, um fechamento, um começo difícil, até mesmo um parto sofrido. A mulher, encerrada em seu oval, olha para um passado vazio, ela não tem futuro. O Louco, por sua vez, foge ou se libera de uma situação que não lhe convém, mas sem saber para onde vai. A mulher fica imóvel, e o homem foge apressado. Pode ser uma situação em que um membro fica obcecado com o próprio passado sem dedicar nenhuma energia à situação presente, enquanto o outro se prepara para encontrar seu destino em outra parte. É talvez o início de uma relação em que a mulher representa para o homem algo de grandioso demais, seja porque ele a idealiza, seja porque ele não se sente disposto a se envolver. Ele terá, então, a tendência a fugir da relação. A situação pode amadurecer e os dois protagonistas podem ceder à sua atração recíproca. O Louco, troca, então de lugar e se coloca diante d'O Mundo.

Quando as duas cartas encontram as outras...

O Louco e O Mundo são cartas à parte na medida em que representam arquétipos absolutamente impessoais. Sua energia não lhes permite constituir um casal propriamente dito. Eis aqui o que se pode dizer quando se emparelham com outras cartas:

O Louco. Ele é ora uma energia que chega, ora uma energia que se perde. Diante de outra carta, ele não forma um casal complementar, mas exacerba as características do outro Arcano. Ele não tem definição, nem características pessoais. É uma energia livre que busca canais pelos quais se manifestar. Esses canais individuais vão finalmente levar à totalidade d'O Mundo. Sendo totalmente ativo, ele é representado por uma figura masculina. Quando uma carta feminina se encontra em sua companhia, ele lhe aporta energia ou a retira ao ir embora. Nesse caso, o consulente deve tirar outra carta masculina e colocá-la em cima d'O Louco para ver qual é a definição dessa energia. Se, por exemplo, a carta escolhida for O Mago, este será reforçado pelo impulso d'O Louco e suas características serão extraordinariamente acentuadas.

O Mundo. Da mesma maneira que O Louco, este Arcano não representa um aspecto em particular, mas sobretudo a totalidade dos Arcanos. Não podemos, portanto, falar de uma característica. Sendo essencialmente receptivo, O Mundo é representado por uma mulher. Quando uma carta masculina aparece ao lado d'O Mundo, isso significa sua realização completa de um ponto de vista positivo, com a condição de que O Mundo esteja à sua direita, ou uma dificuldade inicial frustrante se O Mundo sai primeiro (à esquerda). O consulente deve tirar uma carta feminina para saber a quem remete o Arcano XXI nessa leitura.

A RELAÇÃO DE CASAL
O Mago · A Força

Ordem I · XI. Colocados assim, esses Arcanos formam um casal equilibrado constituído por duas pessoas dotadas de grande disposição. Cada uma delas, em seu domínio, começa uma atividade: a d'O Mago é mais intelectual, tem a ver com seu saber e seus múltiplos talentos. A d'A Força é artística ou orgânica, tem a ver com sua criatividade profunda. Nessa configuração, a soma das duas cartas (I + XI) remete ao aspecto do conhecimento de si mesmo e do aprofundamento sugerido pelo Arcano XII, O Enforcado. O Mago trabalha com suas forças espirituais e A Força com a riqueza de suas pulsões. Eles se acompanham e se compreendem, e diante da forma similar de seus chapéus, podemos pensar que possuem uma concepção similar do mundo. Isso nos lembra o poema tradicional japonês: "O peixe na água, o pássaro no céu...". Cada um é feliz em seu campo de experiência. Podem ser dois adolescentes, dois debutantes, mas também duas pessoas que estão no início de alguma coisa em sua existência, de qualquer idade.

Ordem XI · I. Aqui, podemos recear uma crise que conduza à imobilidade, outro aspecto d'O Enforcado (XII), pois cada um intervém no domínio do outro. O Mago tenta metaforicamente transformar o leão d'A Força em águia, A Força tenta transformar a mesa científica d'O Mago em uma fera poderosa... O peixe no céu sufoca, o pássaro na água se afoga. Os dois membros do casal devem se dar conta de que não são feitos para se encontrar face a face sob o olhar do outro antes que cada um tenha experimentado completamente seu próprio campo de ação. Eles devem se dar o espaço necessário para desenvolver seus saberes nascentes, e poderão, então, se reencontrar em um espírito de união.

Os outros casais d'O Mago

O Mago e A Papisa

Ordem I · II. Um jovem, preocupado com o próprio sucesso, cheio de qualidades e possibilidades, completamente centrado em si mesmo, em uma busca dirigida principalmente pelo espírito, encontra um apoio ao lado de uma mulher madura que acumulou energias criativas ao longo de toda uma vida. Incapaz de pôr em prática seu conhecimento, ela faz d'O Mago não apenas seu amante e/ou seu filho espiritual, mas o utilizará para, através dele, se manifestar no mundo. Uma ajudando o outro, a possibilidade criativa se abre.

Ordem II • I. Encontramos aqui uma mulher fechada em si mesma que transformou seu ego em ídolo. Ela se comporta como uma iniciadora. O Mago, obnubilado por ela, a considera antes como sua mãe do que como esposa:
ele a vê como todo-poderosa. Sua energia criativa se dissolve na devoção. Essa simbiose pode durar anos sem que O Mago possa se tornar adulto.

O Mago e A Imperatriz

Ordem I • III. Este casal poderia ser formado por um estudante pobre com uma princesa. Ela apreciaria e amaria o conhecimento entusiasmado e poético d'O Mago, mas ele conservaria sua liberdade, sem exigir que A Imperatriz o
protegesse. No entanto, o cetro real d'A Imperatriz se une ao bastão d'O Mago para carregá-lo de força criativa e com sua potência: ao admirá-lo, ela lhe dá segurança. O Mago permite a A Imperatriz que se sinta bela, pois ele fica com ela sem nada lhe exigir.

Ordem III • I. Os dois membros do casal estão face a face, e O Mago se rende ao poder d'A Imperatriz, que é bem mais poderosa que ele. Ela já está em ação, explodindo criativamente, enquanto ele não passa de um debutante. Nesta relação, ele será, portanto, submisso e correrá o risco de ser desprezado por ela, como um ator estreante apaixonado por uma estrela.

O Mago e A Justiça

Ordem I • VIII. Ao lado d'A Justiça, qualquer que seja a posição, O Mago é um menino. Ela encarna para ele a mãe perfeita, ele a leva em seu espírito na forma de oito bolas amarelas-escuras em seu cabelo amarelo-claro, e seu cha-
péu em forma de oito parece indicar que ela representa para ele a mãe cósmica. Quando um homem encontra uma mulher tão superior como ela, ele terá a tendência de se tornar antes seu discípulo que seu amante. Nesta ordem, A Justiça delicadamente interpõe sua espada entre os dois para que a relação não caia na fusão, ela aplica todo seu amor e sua consciência dizendo a O Mago: "Você é você, eu sou eu. Nós estamos juntos, mas não somos uma mesma pessoa".

Ordem VIII • I. Nesta configuração, O Mago olha para A Justiça pensando que ela representa sua realização absoluta. Aqui o casal se funde. O Mago parece dizer: "Sou o feto no seu ventre, é preciso que você me crie con-
tinuamente". Se A Justiça aceita desempenhar esse papel, e não deixa de indicar a O Mago, mediante sua balança, o que está bem e o que está mal, é porque ela mesma se mostra de certa maneira imatura. Ela corre o risco de depender inteiramente da reverência d'O Mago, a ponto de desabar se essa adoração um dia lhe faltar.

O Mago e A Estrela

Ordem I • XVII. Existe uma imensa diferença entre essas duas cartas. O Mago espera que o mundo venha até ele, ele está em uma demanda de realização, em plena formação. A Estrela, por sua vez, já encontrou sua verdade, ela está em plena doação ao mundo. O Mago recebe aquilo que A Estrela lhe dá, mas é uma doação tão generosa que ele deixa que circule através de si e se torna por sua vez alguém que doa. É como a fábula da Raposa que se achava poderosa porque, tendo feito amizade com o Leão, pensava possuir sua força: o Leão andava atrás da Raposa e toda a floresta a respeitava. Em outras palavras, poderia ser um agente ou um assessor de imprensa que se casa com uma mulher famosa e a representa; ele serve para que o talento de sua cliente se manifeste no mundo.

Ordem XVII · I. Aqui, a situação é absurda: O Mago crê que pode doar a A Estrela, crê que é dele que vem a força. Ele é prisioneiro de suas ilusões espirituais. Mas A Estrela recebe suas forças generosas do cosmos, O Mago é apenas um pequeno seguidor. Ela não pode levá-lo em conta. Tudo o que ela pode fazer, com uma bondade infinita, é deixá-lo participar de sua ação, fazendo-o generosamente acreditar que ele é muito importante. Nesta posição, O Mago viverá sempre angustiado, até que outro homem apareça, que corresponda melhor à energia d'A Estrela. Poderá ser até um homem doentiamente ciumento.

O Mago e A Lua

Ordem I · XVIII. O Mago recebe por seu bastão toda a força e todo o mistério d'A Lua. Ele se torna, então, completo. Ele trabalha tendo como objetivo a clareza espiritual, e eis que as portas do inconsciente se abrem para ele. É o mágico ou o poeta que, por seus esforços constantes, se encontra subitamente iluminado pela potência da Mãe cósmica. É talvez um aluno ou um discípulo que recebe a iniciação de uma guru, de uma professora.

Ordem XVIII · I. A Lua, nesta configuração, representará sobretudo a loucura ou a angústia. O Mago, fraco e inexperiente, corre o risco de submergir sob as forças psíquicas erráticas de uma mulher que pode conduzi-lo
à loucura, à droga, ao alcoolismo ou à dependência autodestrutiva. É talvez também uma relação entre uma mulher insaciável e insatisfeita, caindo voluntariamente no drama psicológico, com um homem pouco experiente que se aferra aos aspectos mais concretos da existência para se afastar dessas exigências que ele não compreende.

O Mago e O Mundo

Ordem I · XXI. Por fim, O Mago encontrou tudo aquilo que buscava em si mesmo! Este casal representa para ele uma metamorfose. A moeda que ele tem na mão encontra seu eco no frasco da mulher d'O Mundo, e suas
duas varinhas são similares. Mais do que com uma mulher, ele forma um casal com sua alma realizada. Se na tiragem O Mundo designa uma mulher real, podemos dizer que ela representa a realização desse homem.

Ordem XXI · I. É um homem que se sente incapaz de obter sua realização. Pode se tratar ora de um amor impossível, em que ele sente que a mulher lhe é muito superior, ora de uma relação com uma mulher fechada também
bém nas dificuldades ligadas à sua própria realização. Eles são, portanto, cada um espelho da dificuldade do outro, e a dimensão iniciática de seu encontro passa por essa tomada de consciência.

Os outros casais d'A Força

A Força e O Imperador

Ordem IIII · XI. Vemos aqui um casal em que cada um dos membros se apoia vigorosamente sobre o outro. O Imperador aporta a segurança e A Força a energia criativa. O poder social e material descobre um apoio fundado sobre as forças instintivas. Aqui o homem conhece sua realidade, seus negócios, suas empreitadas, e tem controle sobre elas. A mulher possui uma infinidade de projetos que pode realizar graças ao apoio econômico, material ou legal d'O Imperador. Graças ao contato com A Força, O Imperador se enriquece com novos interesses vitais e se sente motivado.

Ordem XI · IIII. O encontro aqui é fulminante! Cada um tenta convencer o outro, eles medem seus poderes respectivos e podem chegar a se opor, mas também se desejam, voltam a ser amigos e recomeçam a disputa. É um diálogo incessante, que passa por fases de oposição e de adaptação. Quem cederá? Se ambos conseguem interromper esse conflito de poder, podem se encontrar com uma enorme força de realização, que só se tornará efetiva se eles empreenderem uma obra comum.

A Força e O Papa

Ordem V · XI. O Papa está acostumado a ter acólitos, pois representa a mais alta voz espiritual. Mas aqui ele encontra uma mulher essencialmente virgem (o XI, grau 1 da numerologia, tudo em potência), que por sua força de caráter não permite que ele seja abertamente seu mestre, e através dela fala uma voz à qual O Papa não está habituado: a voz da natureza animal, igualmente divina. O Papa a admira, a respeita e tem necessidade dela. Sutilmente, ele lhe transmite seu conhecimento e seu nível de consciência. Ela está em contato com a liberdade da natureza e compreende coisas às quais O Papa, por sua condição estável, não tem acesso. Para ela, O Papa é muito útil porque apoia suas buscas no mundo obscuro do inconsciente, oferecendo-lhe uma estrutura e uma justificativa espiritual.

Ordem XI · V. Aqui se produz uma inibição das forças animais. A libido, simbolizada pela fera, é constrangida a tomar o caminho da sublimação. O animal se torna um dos discípulos d'O Papa que se eleva a diretor espiritual.
O mundo do inconsciente é infinitamente mais vasto que o racional; então, quando O Papa vem depois d'A Força, ele reduz suas possibilidades, impossibilitado de vê-la em todo seu esplendor. É talvez um homem que, fiel às suas crenças, as impõe à esposa. Como a moral religiosa que, durante séculos, fez da mulher uma escrava por medo de sua energia sexual.

A Força e O Carro

Ordem VII · XI. Esses dois personagens se bastam a si mesmos e possuem uma imensa energia. No entanto, nesta ordem eles se completam. Suas ações são muito diferentes: na realidade, A Força não tem paisagem. Sua
ação é vertical. Ela vai de baixo para cima e de cima para baixo. Poderíamos dizer que se trata de uma ação interna que consiste em estabelecer uma estreita relação entre as energias espirituais e animais. A capacidade de sedução da mulher d'A Força

é surpreendente. Não é a força de um guerreiro, mas de uma domadora. Ao contrário, o príncipe d'O Carro age na dimensão horizontal e em uma paisagem. Seu carro, que parece atolado em um pântano, segue o movimento do mundo. Ele não estabelece um diálogo com seus cavalos, mas se deixa levar por eles. A Força se coloca em pé de igualdade com o leão. Sem A Força, ao príncipe falta esse domínio interno de seus instintos primordiais. A Força sem O Carro não tem mundo onde agir. Ela se perde em si mesma. Esse encontro entre os dois produz uma relação muito rica. Ela aporta o conhecimento interior, ele oferece o mundo da encarnação. Cada um realiza aquilo para o qual está destinado. Cada um se orienta na direção que lhe interessa, mas se o apoio de um para o outro é sólido, eles podem se ocupar cada um de sua tarefa. Eles são, então, benéficos para o mundo.

Ordem XI · VII. Os animais correm aqui o risco de entrar em conflito, ou pelo menos em uma atividade descontrolada. A animalidade dominará o espírito. Pode haver aqui uma atração sexual muito forte de ambas as

partes. Mas se A Força é capaz de controlar seu leão, o príncipe d'O Carro não controla seus cavalos. O encontro instintivo pode ser forte, até descontrolado, mas o encontro espiritual corre o risco de não acontecer. Ela busca a ação espiritual dentro de si mesma enquanto ele se concentra na ação no mundo. Será difícil para eles entrar em um acordo. Exceto se A Força aceitar se deixar levar em viagem pel'O Carro e entrar em ação com ele no mundo.

A Força e O Eremita

Ordem VIIII · XI. É um casal complementar de dois extremos. O Eremita ergue sua lâmpada em direção ao máximo da vida espiritual, com todas as dúvidas que surgem na busca metafísica.

A Força aprofunda sua busca em direção às
regiões obscuras do inconsciente com uma
certeza animal. Não está em sua natureza
duvidar. Ele, com a experiência de toda uma
vida, e ela, jovem, com todos os caminhos
abertos diante de si. Para os dois, é uma relação exaltante.

Ordem XI · VIIII. Cada um interfere no Ser
do outro. Ela afirma suas trevas diante da luz
d'O Eremita, e ele, com sua lâmpada, semeia
a dúvida naquilo que deve permanecer obscuro. Ambos se sentem em crise. Correm o
risco de chegar à intolerância, ou pior: A Força pode começar a
queimar e cair em uma crise mental, e O Eremita pode ser devorado, isto é, perder a fé em si mesmo. A solução do conflito chega
quando O Eremita, em vez de avançar, recua, abrindo o caminho
para A Força com tolerância. Ela, em vez de ceder, algo que lhe
é impossível, encontrará, então, o espaço necessário para fazer
aquilo que deve, em total liberdade.

A Força e O Sol

Ordem XI · XVIIII. Quando ela conhece o
pai cósmico, A Força compreende que seu
trabalho solitário encontrou sua realização.
O animal, *kundalini* ou libido, unindo-se com
a força masculina, torna-se um Sol, um centro
de vida espiritual. A Força abandona então todos os esforços de
realizar um casal de almas gêmeas. O encontro com o princípio
masculino a preenche inteiramente. Ela pode admirá-lo, confiar
nele, entregar-se a ele. Ele esperava essa mulher: ela aporta a matéria que produz essa explosão de luz. Ele começa uma nova vida.

Ordem XVIIII · XI. Aqui, A Força duvida d'O Sol, e não aporta sua energia criadora ao casal. Ela se sente sozinha e observa o amor do pai cósmico como alguma coisa da qual ela é privada, que se dá a todos os seres e   não para ela. É uma exigência constante. Poderia ser uma mulher cujo pai, quando ela era menina, foi ausente ou não amoroso. Adulta, apesar da necessidade que ela tem de se unir ao pai, ela persisitirá em todos os encontros amorosos ou espirituais a negar a possibilidade do encontro, buscando demonstrar ao homem seu egoísmo em uma queixa sem fim que encobre uma imensa exigência de amor. O Sol, satisfeito consigo mesmo e com o mundo, oferecendo sua ação vivificadora à multidão, aceitará sua responsabilidade e as queixas que lhe são formuladas como um peso do qual ele não pode se desfazer. Ele a apoiará, até que ela se cure a si mesma de sua ferida fundamental.

A RELAÇÃO DE CASAL
A Papisa · O Papa

A Papisa é uma mulher de sabedoria, ela tem algo para ensinar. Ela possui uma consciência. Ela contém um potencial de ação e, seja ela consciente disso ou não, ela se encontra em um estado de saber. É uma mulher que sabe. Ela é potente, capaz de se sacrificar e de iniciar. Mas, simbolizado pelo ovo que está ao lado dela, esse conhecimento não é transmitido, mas é um conhecimento potencial, incubado. Para eclodir, é preciso uma ação d'O Papa.

A Papisa é virgem; haverá sempre algo que será dedicado ao mais puro dela mesma: sua vida espiritual. Alguma coisa nela jamais será tocada. É isso que faz seu charme, seu poder e seu perigo.

Seu parceiro ideal é O Papa. Enquanto A Papisa é enclausurada, separada do mundo, O Papa trabalha para os outros, em um espírito de transmissão. O que ele transmite afinal? O conhecimento que A Papisa contém em seu livro. O Papa é um mediador, uma ponte entre o mundo material e o mundo espiritual. Ele comunica.

Ordem II · V. Se colocados nessa ordem e pelos motivos que acabamos de evocar, A Papisa e O Papa não têm necessidade de se entreolhar. Eles estão de costas um para o outro. Já superaram a sexualidade, a paixão, e chegaram a um estado em que devem dar tudo aquilo que acumularam. Ela aporta seu conhecimento e ele o transmite. É uma companhia de dois seres do mesmo valor. Como já são maduros, não esperam do parceiro que propicie a própria realização. Coexistem no mesmo nível espiritual. Eles têm muito para dar aos outros, movidos por um ideal, qualquer que seja. Nessa posição, de costas um para o outro, eles estão bem acompanhados, sólidos, em plena ação no mundo.

Ordem V · II. Mas se colocarmos O Papa antes d'A Papisa, o casal se encontra em uma situação problemática. Nessa configuração, os dois personagens se olham, esquecem sua missão e exigem atenção e energia um do ou- tro. Eles acabarão se esgotando mutuamente, pois não foram feitos para se isolar do mundo. Um Papa e uma Papisa trabalham em união com a totalidade. Não podem constituir um casal egoísta e fechado, uma vez que eles não se reproduzem. Sua mensagem é puramente espiritual. O mundo lhes deu o poder porque tem necessidade deles. Nessa posição, face a face, eles poderiam fazer filhos. Mas estes ficariam atrás da porta espionando um pai e uma mãe que se entredevoram. Seriam abandonados, não participariam da vida do casal, pois nessa união não há lugar para um terceiro. O Papa e A Papisa devem se lembrar incessantemente de sua tarefa espiritual diante do mundo.

Os outros casais d'A Papisa

A Papisa e O Imperador

Ordem II · IIII. A Papisa, que tem um nível espiritual elevado e que incuba a aparição da Consciência cósmica na humanidade, tem necessidade da ajuda material d'O Imperador. Ela pode, assim, continuar seu trabalho, sua
pesquisa, pois a todo instante ela se sente apoiada e protegida. O Imperador, por sua vez, vê nela sua mais alta realização. Na base de seu trono, a águia representa seu desejo de se elevar a um ideal sublime. Na companhia d'A Papisa, ele encontrou a mulher que realiza a vocação dessa águia metafórica, permitindo ao ovo eclodir. Na simbologia cristã, o ovo representa o berço onde nasce o Cristo salvador.

Ordem IIII · II. Aqui A Papisa faz de seu espírito uma dádiva a O Imperador, mas este se empenha, sobretudo, em estabelecer seu poder sobre o mundo. Ele pode utilizar o conhecimento dessa mulher, mas sua dimensão
espiritual se perde e o ovo não eclode, pois toda a energia é dirigida para a realidade terrestre. A Papisa poderá, então, se sentir fechada, pois sua vocação mais elevada não se realiza.

A Papisa e O Carro

Ordem II · VII. O príncipe d'O Carro encontrou a mulher superior diante da qual ele depõe seu ardor e seus desejos de conquista. Ele se torna cavaleiro e se põe a seu serviço. Neste casal, O Carro é apenas uma oferenda: uma proposição de ação que obedece ao comando d'A Papisa se ela tem necessidade dele. Ele agirá sempre em nome dela. Para A Papisa, este homem representa uma fonte de energia, uma arma à sua disposição, um impulso para agir no mundo e aí disseminar seu conhecimento.

Ordem VII · II. Neste casal, O Carro corre o risco de utilizar A Papisa como desculpa política e religiosa para suas conquistas. Isso pode ser feito em conivência com ela, se ela for fanática, se ela busca enriquecer seu templo, para converter o mundo às suas crenças. Pode ser também uma mãe que o filho leva a uma festa, ou toda mulher autoritária dando um papel e os recursos a um homem para que ele aja no mundo.

A Papisa e O Eremita

Ordem II · VIIII. O casal que vemos aqui participa antes de uma amizade profunda do que de um amor passional. A sexualidade não tem importância, tampouco o sentimentalismo. Estamos em uma relação entre almas. Se A Papisa assume o mundo, O Eremita se afasta dele. Esta relação se funda na impermanência, o conhecimento aqui se comunica e se desenvolve. Ela está coberta pelo véu de sua instituição, e por consequência não é livre. Ele está encurvado sob o próprio manto, conservando sua luz individual. A Papisa sabe que O Eremita é seu futuro, mas para ela ainda não é o momento de segui-lo. Esta relação é um longo e sereno adeus.

Ordem VIIII · II. O Eremita aqui se arrisca a abdicar de sua solidão e de sua liberdade: andando de costas, ele se encontra nos domínios d'A Papisa que o absorve, mantendo-o a seu lado e detendo-o em seu impulso de
abandonar o mundo. O casal se estabiliza em uma certa realidade onde A Papisa incita O Eremita a aceitar a lei escrita. Este, ainda que sua natureza profunda seja a crise, se encontra imerso na perfeição. Ele canta como um pássaro em uma gaiola dourada. Com a presença constante d'O Eremita, A Papisa atinge seu nível mais elevado, que lhe permitirá um dia dar ao sábio sua liberdade.

A Papisa e O Sol

Ordem II · XVIIII. Eis o momento em que A Papisa chega a seu mais alto nível de consciência. Ela é filha do pai cósmico que lhe dá o calor necessário para incubar e fazer eclodir o Filho perfeito, isto é, de disseminar
sua doutrina no mundo. Ela conhece aqui o amor incondicional, como o da Virgem Maria pelo Pai divino. Ela pode, então, perder sua virgindade a partir do interior de si mesma, graças ao contato com um ser diante do qual ela se vê tão infinitamente inferior que seu rigor se dissolve na obediência, na humildade e no amor. O Sol tem necessidade dela, pois sua palavra sua sabedoria ativa encontram nela um canal que atinge os seres humanos. Poderia ser uma santa que, obedecendo aos ensinamentos de seu Deus, consagra a vida a salvar crianças abandonadas. Esta união é de grande utilidade para o mundo.

Ordem XVIIII · II. Assim colocada, A Papisa esquece o mundo, pois seu olhar está incessantemente voltado para o objeto de sua adoração. Ela permanece fechada, em êxtase, esquecendo sua tarefa em relação aos humanos. Nessa reclusão, ela poderia, no entanto, escrever poemas ou orações extáticas que seriam por sua vez uma fonte de inspiração e de consolo para a humanidade.

Os outros casais d'O Papa

O Papa e A Imperatriz

Ordem III · V. A Imperatriz é essencialmente uma criadora, nos planos intelectual, emocional, sexual ou material. Ela domina o plano espacial ou horizontal. O Papa é um homem que desenvolveu sua espiritualidade e age no plano temporal, formando um vínculo de união com os planos superiores. A Imperatriz estabelece com ele uma relação de admiração fervorosa. Ela começa a ver o mundo pelos olhos d'O Papa e se torna sua aluna, em uma atitude filial. O Papa aceita essa devoção como um alimento e um princípio de realidade. O entusiasmo adolescente d'A Imperatriz o regenera.

Ordem V · III. Neste casal, é O Papa quem vê o mundo pelos olhos d'A Imperatriz, inteiramente seduzido por seus atrativos. Ele deixa então de lado sua missão de ensinar e se dedica com paixão a elevar A Imperatriz do plano espacial, que é o dela, para o plano temporal, do qual ele é o professor privilegiado. Mas se na posição precedente A Imperatriz aceitava voluntariamente se tornar sua discípula, ela vai exigir dele aqui que a trate como uma igual. Isso gera o risco de conflitos, diante da diferença de experiência de vida dos dois. No entanto, se O Papa se beneficia dessa experiência para sair de seu papel de eterno professor que só conhece discípulos menos desenvolvidos que ele, ele pode se beneficiar dessa relação para unir, através das competências de ambos, o plano horizontal com o plano vertical. A aliança entre ambos será, então, como o centro de uma cruz espaço-temporal.

O Papa e A Justiça

Ordem V · VIII. O Papa sente aqui uma profunda admiração diante da perfeição feminina. Para ele, esse encontro é imenso, a ponto de A Justiça poder representar o arquétipo da santa Igreja. Apesar de sua experiência, O Papa, diante d'A Justiça, torna-se filho e servidor. Ele está disposto a apoiá-la em tudo. No mito, poderíamos comparar esta relação com a do carpinteiro José com a Virgem Maria: é um respeito profundo, acompanhado por um amor reverente. A Justiça possui objetivos elevados que tendem ao equilíbrio da humanidade. Ela transmite uma verdade material e espiritual ao mundo. Ela encontra n'O Papa o emissário ideal que lhe permite se comunicar. É também talvez uma mulher em plena posse de seu equilíbrio e de sua maturidade que se une a um homem responsável que a admira, ou ainda uma empresa que encontra o chefe ideal.

Ordem VIII · V. O Papa aqui se outorga o papel principal e, em um segundo plano, zela secretamente pela perfeição da mulher que o respalda e lhe dá seu equilíbrio. Ela aceita a situação, que tende a valorizar, aceitando que o homem desenvolva seu ego na ação social e se outorgando o papel de senhora do lar. Ela sabe que é indispensável à ação d'O Papa.

O Papa e A Estrela

Ordem V · XVII. Este casal adquire uma grande riqueza, uma grande comunicação. O Papa aporta sua experiência e A Estrela sua juventude eterna. Tudo aquilo que A Estrela recebe do universo, ela oferece a O Papa. Tudo aquilo   que O Papa recebe da divindade, ele oferece a A Estrela. O sagrado e a natureza formam uma união magnífica. O espírito d'O Papa se materializa n'A Estrela e a materialidade cósmica d'A Estrela se espiritualiza n'O Papa. O Papa, mediador, permite a comunicação entre o céu e a terra, o mundo espiritual e o mundo material, a consciência e o corpo. É uma ponte espiritual. Colocado assim de frente para A Estrela, ele conserva sua ligação com o mundo. A Estrela, que purifica os rios e alimenta a terra, recebe do cosmos para dar à matéria. Através das águas do rio, O Papa recebe a dádiva d'A Estrela: este dom lhe chega por sua discípula e sobe até sua mão enluvada de azul-celeste. Ele pode, então, transmitir esse dom à consciência humana. Os dois fazem um bom trabalho. O Papa não se afasta da vida material para tentar atingir uma vida espiritual mais pura: isso não existe. A alma e o corpo estão estreitamente unidos, o trabalho deve ser feito em ambos conjuntamente. Não podemos desenvolver o espírito sem aprofundar a relação com o mundo material. O Papa recebe de baixo para cima quando comunica à divindade as orações de seus discípulos, ele recebe do céu para o chão quando comunica a iluminação. A Estrela recebe do alto e doa para baixo, o que significa que ela aplica seu intelecto, suas emoções e sua sexualidade para cuidar e fazer frutificar a terra. Mas vemos, na árvore que cresceu, um pássaro que se prepara para partir em direção às estrelas. Esse pássaro é o vazio essencial de sua consciência libertada das ideias parasitas. Somos pó e ao pó voltaremos. Mas também: somos luz e à luz voltaremos. A Estrela e O Papa, quando estão juntos, dizem: "Serei pó, mas pó luminoso". A Estrela nos ensina que somos pó, mas pó de estrelas, e O Papa nos diz que devemos voltar a essa luminosidade na vida material. O Papa faz um gesto de união com as mãos, ambas sacralizadas por uma cruz. Ele está agora unindo seus dois acólitos. A Estrela, com um de seus vasos, doa água amarela luminosa que vem de quatro estrelas amarelas. Com a outra, ela derrama água azul-escura que vem de três estrelas azuis-escuras. Ela une obscuridade e luz, intuição e inteligência. Por fim, O Papa ensina a seus discípulos que a mulher nua é sagrada, não apenas em sua qualidade de mãe, mas também por sua beleza, sua inteligência e sua sexualidade criativa que permite a continuação da vida.

Ordem XVII • V. Embora estejam juntos, A Estrela e O Papa estão de costas um para o outro. Cada um em seu lugar, ela na natureza, ele no templo. Cada um age à sua própria maneira, e poderíamos dizer, conservando em segredo sua relação. Ela está nua, ele vestido. Ela age sozinha, ele ensina aos alunos. Homem importante no espírito, mulher importante na terra. Eles se acompanham mutuamente, e o prazer que tiram disso é intenso, no segredo da cumplicidade. A relação sexual entre eles não existe (ou ainda não existe). Ele é cerimonioso, e pode entrar em conflito com ela, tentando fazer dela sua aluna, enquanto ela insiste em afirmar sua liberdade.

O Papa e A Lua

Ordem V • XVIII. O Papa se encontra diante de uma mulher que representa o rosto feminino da divindade, a mãe cósmica. Ainda que ele mesmo não seja o pai cósmico em si, mas seu representante. Ele se tornará, então, fiel servidor d'A Lua. Se A Lua simboliza a loucura, O Papa pode se tornar terapeuta e passar a vida inteira a ocupar-se dela. Pode ser também um professor que, em vez de criar poesia, se consagra a fazer com que seus alunos amem poesia. Em todo caso, ele se deixará absorver com alegria infinita. A Lua, em seu encontro com O Papa, atinge a paz: ninguém a obriga a nada. Ela pode finalmente ser ela mesma sem entraves: em sua noite escura, O Papa jamais ousará acender uma tocha.

Ordem XVIII · V. Aqui, O Papa se sabe em comunicação com as forças intuitivas da mãe cósmica. Ele revela os segredos dela e a mostra à luz do dia, racionalizando as forças inconscientes d'A Lua. Se A Lua é uma poeta, ele publicará seus poemas e tentará fazer com que ela ganhe prêmios literários. Se é uma mulher iluminada, ele transmitirá seus ensinamentos sob a forma de uma religião organizada. Isso pode ser angustiante para A Lua, ou oferecer a ela, ao contrário, um caminho para agir na realidade.

A RELAÇÃO DE CASAL
A Imperatriz · O Imperador

A Imperatriz (III) representa a explosão depois da acumulação (ver pp. 76 ss., p. 94). Ela floresce como a natureza depois do inverno, no momento da primavera. Ela age sem saber aonde vai, por puro entusiasmo criativo. Ela está cheia de ideias que podem chegar ao fanatismo adolescente, transbordante de um amor ideal, de desejos sexuais ilimitados, o corpo em plena efervescência. Como seu cetro se apoia em seu púbis, ela exerce principalmente o poder de seu sexo. Ela tem em seus braços uma águia macho, símbolo da gestação da consciência. No chão, entre seus pés, penetrando seu vestido, descobrimos uma serpente branca, símbolo da libido universal que ela absorve desde o centro da terra. Seus olhos verdes transmitem o dom da eternidade.

O Imperador (IIII) simboliza tudo que é estável, material: é a potência máxima da matéria. Só podemos contemplá-lo de perfil, pois seu olhar direto é capaz de nos desintegrar. Ele reina sem esforço, sem apoiar o cetro em seu corpo. Ele é poderoso porque obedece às leis do universo. Ele está acompanhado pela águia fêmea que incuba um ovo – o ovo da sabedoria que a matéria encerra em si. Seu cabelo azul-celeste indica uma grande receptividade emocional, enquanto o cabelo amarelo d'A Imperatriz indica uma grande atividade intelectual.

O Imperador sem A Imperatriz é excessivamente material e passivo. A Imperatriz sem O Imperador é extremamente idealista e ativa.

Ordem III · IIII. Colocados assim, os dois personagens se olham e se completam. Poderíamos dizer que A Imperatriz leva em sua águia o *animus* (espírito ativo) d'O Imperador, e que O Imperador leva em sua águia a
anima (alma receptiva) d'A Imperatriz. Quando estão face a face, atividade e receptividade se completam. O espírito (3) habita a matéria (4) e se estabiliza. Juntos eles podem gerar a Consciência.

Ordem IIII · III. Quando O Imperador e A Imperatriz se dão as costas, O Imperador perde todo ideal, torna-se um materialista puro. O ovo da águia não eclode, apodrece. Sem objetivo, ele só persegue o poder pelo poder. Mas por falta de energia, ele permanece inativo e olha para um passado estéril. A Imperatriz, por sua vez, dirige seu olhar para o vazio do futuro. Ela pode se apoiar nas costas d'O Imperador, mas não é compreendida. Ela se torna amarga. A estabilidade indiferente que lhe proporciona O Imperador a conduz à frustração, à falta de interesse pela ação. Sem um olhar amoroso para si, ela se despreza. Essa situação é a de uma briga de casal, em que os dois protagonistas, conscientes do que podem perder, logo voltarão a se olhar de frente.

Os outros casais d'A Imperatriz

A Imperatriz e O Carro

Ordem III · VII. Este encontro permite criar um casal extremamente energético, transbordante de possibilidades de ação, de criação, de conquistas, de dominação. Os dois se entendem em quase tudo, exceto em um ponto impor-
tante: A Imperatriz age a partir de um ponto único, de um território que é seu. Ela estabelece, portanto, suas leis e sua maneira de viver. Poderia ser uma mulher muito apegada a uma casa, a uma terra. O príncipe d'O Carro, por sua vez, é um nômade em deslocamento constante que não cessa de conquistar novas terras. Para obter A Imperatriz, O Carro deverá se sacrificar e aceitar lançar raízes. Mas ele não pode colonizar novos territórios, ele terá de se tornar senhor do território de sua companheira. Isso poderá gerar tanto um conflito de poder permanente, quanto uma família numerosa...

Ordem VII · III. Os personagens aqui não se olham. Cada um realiza suas características sem exigir a participação do outro. Ele está constantemente à procura de novos horizontes; ela cria e afirma seu império a partir de um ponto central que é sua base. A comunicação entre eles é espiritual, de grande intensidade, mas eles correm o risco de não se verem muito...

A Imperatriz e O Eremita

Ordem III · VIIII. Neste casal, observamos ou uma grande diferença de idade, ou uma diferença de experiência e de temperamento. Eles são muito unidos; ela aporta companhia e beleza, entusiasmo vital juvenil, enquanto ele oferece sabedoria, experiência e um olhar benevolente para tudo aquilo que ela é. Com O Eremita, A Imperatriz aprende a ser e ele, com ela, aprende a viver. O Eremita ensina o desapego a sua jovem esposa, e ela revela para ele o prazer sexual. O Eremita é para A Imperatriz um excelente conselheiro. Quando ela quer agir, ele se retira discretamente, andando de costas, sem deixar de iluminá-la. A Imperatriz se sente acompanhada, inspirada mas livre.

Ordem VIIII · III. Eles estão juntos, mas não sabem por quê. É a diferença que os une. Ele se retira do mundo, ela está entrando. Ela não sabe aonde ela vai, ele sabe de onde ele vem. É um casal díspar, que podia também ter se unido pela droga ou pela bebida, por uma dor ou uma falta – talvez ela tenha perdido o pai, e ele a filha. Ela talvez tenha uma ferida psicológica e a necessidade de formar um casal com um homem que não representa nenhum perigo. Cada um deixa o outro tranquilo e respeita seu mistério, é isso que os une. Eles não sabem aonde vão, mas vão juntos, contentes pela mútua companhia.

A Imperatriz e O Sol

Ordem III · XVIIII. A Imperatriz diante do pai cósmico sabe que deve deixar para trás todo seu passado e iniciar uma vida nova. No globo de seu cetro, como em um astro em miniatura, se reflete a luz do astro solar. Ela se torna cons-
ciente de que sua criatividade não lhe pertence, e se dá ao amor incondicional com o fervor que a caracteriza, produzindo criações entusiastas. O Sol, diante dessa sacerdotisa inflamada, emprega toda a sua benevolência para lhe permitir passar do plano terrestre ao plano espiritual. Este homem é um mestre, ele está aqui pela humanidade e ela aceita com alegria não ser única em sua vida.

Ordem XVIIII · III. Nesta situação, A Imperatriz gostaria de guardar toda a força d'O Sol só para si, como a águia em seu escudo. Ela poderá conseguir ser a única mulher na vida d'O Sol, mas corre o risco de passar a existência sendo considerada pelo séquito dele como a mulher do mestre, uma personagem secundária. Isso pode lhe dar a oportunidade de encontrar a si mesma, fora dessa dependência, e criar sua obra própria, estimulada pelo calor dessa presença.

Os outros casais d'O Imperador

O Imperador e A Justiça

Ordem IIII · VIII. O Imperador, que é a perfeição do quadrado Terra, é seguido pel'A Justiça, perfeição do quadrado Céu. É um 4 seguido por um duplo 4. Se vemos em O Imperador a força material, ela está igualmente presente em A Justiça, mas completada pela força espiritual. Neste casal, a mulher é mais desenvolvida que o homem e se torna uma aliada de valor. Humildemente, O Imperador aceita a visão d'A Justiça e a aplica em suas múltiplas ações. Existe entre os dois uma aliança perfeita e uma capacidade de superar os obstáculos que o mundo apresenta. Este casal é unido mais pelo poder que pelo amor.

Ordem VIII · IIII. Aqui, a ação d'O Imperador degenera: em vez de dominar o mundo, ele busca dominar sua parceira, sabendo que ela lhe é superior. O casal pode entrar em uma crise que resulta em sua destruição, ou em   uma mudança profunda na natureza de cada um dos parceiros. Em sua tentativa de dominar A Justiça, O Imperador deverá desenvolver a dimensão espiritual que lhe falta. A Justiça, que pode ter a tentação de se limitar a um papel maternal, deverá aprender a se comunicar, como mulher e como ser, com aquilo que escolheu como princípio de realidade.

O Imperador e A Estrela

Ordem IIII · XVII. O Imperador canaliza sabiamente a imensa atividade d'A Estrela. Nesse rio incessante, ele criará pontes, portos, usinas, empregos úteis de energia. A Estrela, que age em um único lugar, encontra n'O   Imperador um meio de ampliar sua ação em direção ao planeta inteiro. O espírito pode aqui se encarnar. Este casal é unido pelo amor do outro e pela devoção à obra. Poderíamos dizer que o pássaro negro d'A Estrela entra em relação com a águia d'O Imperador, talvez para lhe ensinar a voar. As forças inconscientes encontram um racional flexível que lhes põe para trabalhar na vida cotidiana.

Ordem XVII · IIII. Aqui, O Imperador pretende dirigir a ação d'A Estrela. Ele gostaria de ser a fonte, reinar sobre aquilo que não é possível, racionalizar as indomáveis pulsões do inconsciente. Ele desejaria que toda a
energia d'A Estrela se voltasse para ele e não para o mundo. No melhor dos casos, ele a protege e lhe permite continuar sua ação, mas essa proteção pode ganhar tintas de proxenetismo se O Imperador espera que A Estrela, fundamentalmente livre e sagrada, se sacrifique por ele.

O Imperador e A Lua

Ordem IIII · XVIII. O Imperador, apoiado por uma mulher que representa a mãe cósmica, faz a experiência de uma mudança essencial: sua ação se torna intuitiva, poética, talvez um pouco louca, e seu poder, como no caso do
rei Lear, pode se converter em capricho. No caso de um grande artista, ele será levado a criar sua obra-prima. A Lua, por sua vez, encontra nele uma raiz que a ancora na realidade, um lar seguro, uma estrutura mental que lhe permite exprimir tudo o que nela há de infinito e por isso não tem forma. Seria a situação de uma pintora surrealista e extravagante casada com um fotógrafo que faz fotos para documentos de identidade. Esse homem permite a A Lua viver dentro de seus limites amorosos sem trair a si mesma.

Ordem XVIII · IIII. Aqui, o casal entra em uma espécie de loucura. A intuição reina. O Imperador perde a medida e o contato com o mundo material. Ele se torna lunático. Ele é capaz de fazer quinze filhos com sua parceira. A Lua o transformará em seu filho, em meio à multidão

de suas crianças. É ela que reina no lar, e os membros da família serão seus subordinados. No entanto, se O Imperador decide mostrar seu poder masculino, pode servir para colocar em ordem essa família: ele se torna o organizador da vida cotidiana e do culto à mãe...

A RELAÇÃO DE CASAL
O Carro · A Estrela

O VII e o XVII são os dois números mais ativos de sua série. Como vimos, o VII vai da terra para o céu: ele representa a espiritualização da matéria, enquanto o XVII vai do céu para a terra, e representa a materialização do espírito. Juntos eles produzem a Grande Obra. Além da relação entre eles na numerologia do Tarot, observamos que esses dois Arcanos representam respectivamente um homem e uma mulher, que podem se unir como casal por diversos detalhes. O Carro viaja sob um dossel constelado de estrelas, indicando que sua ação se estende à totalidade do planeta. A Estrela, sob um céu aberto, ajoelhada sobre uma terra escolhida, fala da extensão do espaço cósmico. O príncipe d'O Carro possui dois aliados, seus cavalos masculino e feminino, que avançam na intenção de obter alguma coisa. Os dois aliados d'A Estrela são seus dois vasos, que representam o dom ou a dádiva de alguma coisa. Ela aparece com uma nudez que indica seu afastamento de qualquer definição, de qualquer riqueza material. Seu poder é o da humildade. Ele, coroado, vestido e investido de todos os signos do poder, representa o valor do orgulho sagrado:

ele se reconhece enquanto mensageiro do cosmos. Os dois personagens levam cada um signo de fecundidade: a gota verde d'O Carro representa, se quisermos, o germe da imortalidade, enquanto o signo em forma de broto ou de boca no ventre d'A Estrela nos indica uma capacidade de reprodução fecunda, que vai além da vida orgânica.

O encontro destes dois Arcanos cria uma ação no mundo de uma grande intensidade. Eles possuem forças iguais, mas duas atitudes diferentes. O príncipe d'O Carro conquista, mas se deixa levar em direção ao mundo. Ele não é necessariamente guerreiro, pode ter por missão semear o espírito no mundo material. A Estrela age, por sua vez, a partir de um lugar preciso. Ela encontrou seu local sagrado e dá ao mundo, em um fluxo perpétuo, aquilo que recebe do cosmos.

Ordem VII · XVII. O Carro pode levar A Estrela em suas aventuras. Eles então partem juntos para conquistar o mundo. Com seu nomadismo, ele a faz sair de seu sedentarismo. Ou, sem levá-la consigo, ele pode transmitir sua obra.

Ordem XVII · VII. Estes dois seres são tão similares que, nesta ordem, todos os valores se mantêm. A única diferença para o casal precedente é que a mobilidade d'O Carro está detida pelo estatismo de sua parceira. Aqui,

portanto, a ação comum se produzirá no território d'A Estrela, onde O Carro representará um aporte. Já não há nenhuma conquista, mas uma imensa doação.

Os outros casais d'O Carro

O Carro e A Justiça

Ordem VII · VIII. O Carro conserva todas as suas qualidades de conquistador agindo sobre a matéria e sobre o mundo, mas dessa vez ele encontrou uma parceira que o justifica completamente. A menor de suas ações, seja   justa ou errônea, recebe a aprovação incondicional d'A Justiça. Essa mulher absolutamente fiel e cúmplice, maternal, o apoia sem reservas. Ainda melhor: ela lhe dá uma arma, sua espada, que podemos considerar uma justificativa teórica, uma constituição, um discurso, que lhe permite impor seu capricho – seja ele benéfico ou destrutivo para o mundo. Ela, vivendo em equilíbrio, não tem mais nenhum campo onde se desenvolver. Sozinha, ela se entedia. Seu encontro com O Carro lhe dá ocasião de se lançar à aventura, à ação, ao maravilhoso desequilíbrio do excesso. Ela se sente viva.

Ordem VIII · VII. Nesta situação, todas as ações d'O Carro são julgadas e equilibradas pel'A Justiça. Ela submete o príncipe d'O Carro a seu próprio desejo de perfeição, ela o freia, não pode aceitar sua espontaneidade.   Ela passa seu tempo a pesar o bem e o mal, a utilidade ou a inutilidade de suas ações. Ela pode também frear o excesso de sua ação, um eventual risco de inabilidade ou violência, ponderando-a e corrigindo-a. É possível que ela utilize O Carro para impor suas leis no mundo. Ele, admirando-a e sentindo que encontrou sua mãe ideal, se entrega a ela em total obediência. Ele pode, no entanto, sentir uma frustração legítima...

O Carro e A Lua

Ordem VII · XVIII. O Carro (grau 7) é o mais ativo de sua série. Unindo-se com A Lua, que é a carta mais receptiva de todos os Arcanos maiores, ele recebe por sua ação outros objetivos além dos obtidos pela conquista.
A intuição, a sensibilidade, a humildade fazem parte de sua meta. Sob influência d'A Lua, em vez de ficar a serviço de si mesmo, O Carro se coloca a serviço de uma boa causa. Os cavalos d'O Carro empregam sua energia em ganhar terreno, em avançar; em A Lua, convertidos em cães, descobrem a adoração. O príncipe pode sair de si mesmo e reconhecer a importância do outro. A Lua, graças a O Carro, pode sair de sua imobilidade, de sua obscuridade, e entrar no mundo.

Ordem XVIII · VII. Nesta configuração, O Carro perde seu interesse pelo mundo e deseja conquistar inteiramente essa mulher que representa o arquétipo da mãe cósmica. Essa ação comporta alguns perigos: A Lua é tão
misteriosa e obscura, tão concentrada e receptiva, que é infinita. O príncipe poderia chegar a negar sua essência e se transformar em um ser meditativo, assim como a se aventurar no caminho da loucura. Essa relação pode conduzi-lo à santidade ou à droga... Para A Lua, neste caso, o príncipe é um aporte a mais, um alimento a mais, uma energia a mais que ela devora com deleite. Ela faria bem se o tirasse desse fascínio e lhe propusesse objetivos que são estranhos a ela própria. Se A Lua se transforma em mestra bem intencionada para o príncipe, a relação pode ser frutífera.

Os outros casais d'A Estrela

A Estrela e O Eremita

Ordem VIIII · XVII. O Eremita, tendo vivido todas as experiências e atingido a sabedoria, abandonou seus vínculos com a vida material. Ele recua agora para se refugiar na natureza representada pel'A Estrela. Essa mulher en-   carna aqui o vínculo primitivo e direto, puro, com o cosmos. A extrema generosidade d'A Estrela permite a O Eremita doar esse conhecimento acumulado e comunicá-lo ao mundo. Ela encontra em O Eremita uma pessoa que agrega a sua ação natural as qualidades do pensamento racional e metarracional. A Estrela tem acesso à forma mais sublime do espírito e, em troca, ela dá a O Eremita tudo aquilo que está em seu poder de doar, tornando-se um tipo de óleo de sua lâmpada.

Ordem XVII · VIIII. O Eremita se torna aqui a fonte da ação, de tal maneira que a atividade natural d'A Estrela é perturbada pelo extremo raciocínio do sábio. A crise d'O Eremita provoca uma dúvida na dádiva, na doação   d'A Estrela. Será útil divulgar seu conhecimento, ajudar o mundo? Ou será preciso se retrair em si mesma? A Estrela poderia perder aí sua espontaneidade e sua fé, tornando-se muito reflexiva. Poderia ser o casal de uma mulher que não teve um pai presente com um arquétipo de substituição. Tudo o que está em jogo nesta relação será interromper a dúvida e retomar a ação a partir do coração, tanto para um como para o outro.

A Estrela e O Sol

Ordem XVII · XVIIII. A Estrela, que recebe o conhecimento dos oito astros simbolizando a perfeição do cosmos, realiza sua ação em um lugar que ela mesma encontrou e escolheu. Mas ela conserva uma nostalgia das alturas, simbolizada pelo pássaro negro que poderia voar para voltar à sua origem. Essa nostalgia da grandeza do Pai supremo é subitamente dissolvida pelo encontro com O Sol. A oitava estrela amarela e vermelha adquire no Arcano XVIIII um rosto humano e, enchendo seu coração de calor, aporta a possibilidade de criar um casal com um homem do seu nível. O rio vital que corre na parte inferior d'O Sol simboliza seu amor imenso pel'A Estrela. A partir desse encontro, o tranquilo curso d'água que ela contribui para alimentar pode se transformar em um rio turbulento que se oferece ao mundo inteiro. É um casal consagrado à humanidade, ao amor universal.

Ordem XVIIII · XVII. Aqui, A Estrela, em vez de oferecer suas forças ao mundo, as restitui aos astros de onde elas provêm. Poderíamos ver aí o triunfo do pássaro negro: em vez de doar à humanidade, a mulher nua adora O Sol com uma energia tão grande que ela corre o risco de afogá-lo. Ao desejá-lo só para si, ela o separa do mundo. O Sol, em seu papel paterno, se deixa aprisionar por essa filha incestuosa, e só brilha para ela, privando os outros de seu calor e de sua luz inseminadora. Esse casal deve aprender a se abrir ao mundo e dar lugar ao Outro, O Sol triunfando sobre a própria fraqueza e A Estrela sobre seu ciúme.

A RELAÇÃO DE CASAL

A Justiça · O Eremita

A Justiça, Arcano VIII, é o número da perfeição: equilíbrio na carne, equilíbrio no espírito. Não podemos lhe acrescentar nada, nem nada lhe subtrair. Aos outros, como a ela mesma, ela doa aquilo que eles ou elas merecem. A luz que sobe de sua coroa para o céu indica que ela é um canal que põe em ação as leis do cosmos. O círculo amarelo-escuro no meio de sua coroa simboliza o olhar da divindade. O arco vermelho que cinge a coroa indica que é Deus em ação. A faixa branca na testa representa a pureza de seus pensamentos. Ela nos olha de frente: ela é nosso espelho. A corda que usa no pescoço designa o comprometimento total com sua missão. O trono atrás dela faz contraste com o solo silvestre onde repousam seus pés: sinaliza que sua perfeição é tão exterior quanto interior. Na mão direita, ela brande uma espada azul-celeste, símbolo do Verbo, do texto sagrado da Lei, com a qual ela corta tudo que é supérfluo, tudo aquilo que é subjetivo, produto do ego individual. Na mão esquerda, formando com seus dedos um símbolo de união e de paz, ela segura uma balança que equilibra os contrários tornando-os complementares. Vestida de vermelho, com nove manchas de arminho no flanco, ela exibe sua origem real e nos indica que a justiça deve ser a principal característica do poder humano. Ela une o castigo (a espada) à recompensa (a balança). Se o vermelho de seu vestido representa a ação, a frieza de seu manto azul exprime a capacidade de reflexão anterior a qualquer ação. O lado esquerdo de seu manto se finca como uma raiz na terra: como uma aranha em sua teia, ela espera, fixa, em pleno presente. Ela é perfeita. Ela não pode mudar. Ela é o eixo imutável da impermanência, o vazio central da roda.

Por outro lado, O Eremita (VIIII) representa a crise, a passagem, a progressão de costas. Com sua cabeleira e sua barba azul-celeste (espiritualidade total; ver pp. 109 ss.), com seu capuz e seu manto grosso a lhe cobrir a carne na obscuridade para que ela se torne espírito, com sua lâmpada e seu bastão vermelho (sabedoria tornada ação pura), ele abandona a perfeição.

O 9 é o primeiro número ímpar divisível por 3, o que o torna ativo para o passado e receptivo para o futuro: ele se afasta do 8 para ir mais longe, sem saber aonde; ele rompe o círculo da perfeição para transformá-la em uma espiral ativa. Ele ergue sua lâmpada, símbolo de sabedoria, não para iluminar seu caminho, mas para aqueles que o seguem em sua caminhada de costas. A luz dessa sabedoria não é feita para ser mostrada: ele se ilumina para ser visto. Escolhido pelo destino, ele é como O Louco, que terá percorrido todo o caminho da primeira série decimal, vivido todas as crenças, todos os amores, todos os desejos, todas as ações... Agora, ele se retira à espera da chegada de um novo ciclo.

Ordem VIII · VIIII. Quando A Justiça vem antes d'O Eremita, há um acontecimento benéfico: O Eremita vem trazer para A Justiça um novo ponto de vista, que, ao liberá-la da perfeição, também a liberta da morte. A per- manência d'A Justiça se equilibra pela impermanência d'O Eremita. Ao lado dele, ela se torna a Mãe suprema, e ele, ao lado dela, o Pai sábio, benevolente, capaz de conceder seu perdão. Quando A Justiça é acompanhada pel'O Eremita, ela se torna mais humana e busca compreender mais do que castigar.

Ordem VIIII · VIII. Quando O Eremita é seguido pel'A Justiça, há um risco de conflito: A Justiça, com sua espada, corta toda compaixão, toda capacidade de entrar em uma crise positiva. Ela se torna absolutista e não aceita pensamentos altruístas, de caridade. O Eremita já não pode andar de costas, pois a espada normativa d'A Justiça o detém em seu movimento de desapego. Perdendo a esperança no futuro, ele corre o risco de se fechar na solidão e de se fixar no passado, arriscando adotar comportamentos autodestrutivos, como o alcoolismo. Ele que, com seu bastão vermelho conduzido por uma mão azul-celeste, havia controlado suas paixões, sofre nesta situação a negatividade d'A Justiça. A Justiça deve baixar totalmente sua espada, sua agressão verbal e aceitar se deixar ser superada.

Os outros casais d'A Justiça

A Justiça e O Sol

Ordem VIII · XVIIII. Um juiz, quando distribui o elogio e o castigo, pode sempre cometer erros e se deixar levar pela obscuridade das pulsões inconscientes. É difícil julgar, é uma responsabilidade imensa. Quando encontra O Sol, A Justiça recebe a segurança absoluta de emitir decretos justos e luminosos. Mas neste casal, O Sol tem um nível de consciência superior ao d'A Justiça. Ele se tornará necessariamente seu guia. Ela lhe oferecerá tudo aquilo de que é capaz: sua confiança amorosa e total, entregando a ele sua espada e sua balança. O Sol, graças a essa servidora fiel e através dela, pode realizar grandes mudanças, novas construções, sanear o passado. Ela é seu princípio de encarnação na realidade.

Ordem XVIIII · VIII. Aqui, O Sol toma o lugar central e relega A Justiça ao segundo plano. O perigo é que se siga um conflito em que A Justiça corre o risco de diminuir sua ação, se desvalorizando para se rebaixar à altura de um Eremita que abandona o mundo. Por seu lado, O Sol tentará transformar A Justiça em A Lua, uma mulher que lhe corresponda, mas infrutiferamente, pois ela se sentirá desprovida de sua realidade material. O problema deste casal é que nenhum dos dois aceita o outro tal como é: ele gostaria que ela fosse mais do que ela é, ela gostaria que ele fosse menos. A solução é que ambos se aceitem como são e façam cessar sua exigência.

Os outros casais d'O Eremita

O Eremita e A Lua

Ordem VIIII · XVIII. No zen, dizem que um grão de areia no céu do meio-dia pode escurecer todo o céu. No caso deste casal, é o contrário, uma única lâmpada na escuridão da noite ilumina o mundo inteiro. O Eremita recua, trazendo seu tesouro de luz, concentração do espírito e intenso grau de consciência, em direção a um ser que funciona exclusivamente com o inconsciente e a intuição. De uma vez, ele se torna o coração luminoso da noite, e tudo faz sentido. Poderíamos imaginar um terapeuta que se dedica a formar um casal com uma paciente. É possível. Ou ainda um sábio que forma um casal com uma famosa astróloga, um filósofo que se une a uma poeta... Os dois se enriquecem com a relação.

Ordem XVIII · VIIII. Nesta situação, a noite predomina. A lâmpada d'O Eremita se torna aqui insuficiente. A loucura supera o terapeuta, a famosa astróloga transforma o sábio em um amante ciumento, o filósofo delira... ou se isola, não conseguindo mais se entender com sua poeta. Aqui, o risco, para O Eremita e para A Lua, é o abuso de substâncias tóxicas, álcool ou drogas. A única solução possível é que O Eremita se ilumine e se torne O Sol, chegando à santidade, ao poder total do amor.

A RELAÇÃO DE CASAL
A Lua · O Sol

Na psicologia junguiana, assim como nos mitos ameríndios ou africanos e na iconografia primitiva europeia, o casal lua-sol encarna o encontro fundamental entre o pai cósmico, o sol, dispensador de luz e de vida, elevado à divindade sob o nome de Ra no Egito, e a mãe arquetípica, a lua, rainha da noite, do reino da gestação e da intuição, senhora das águas que governa o movimento das marés. Segundo a ciência moderna, os oceanos são a matriz fundamental da vida sobre a Terra. No Tarot, a simetria entre essas duas cartas é evidente: no alto, um astro dotado de rosto, que projeta, sob a forma de gotas multicores, sua influência sobre a vida terrestre. Em O Sol, são dois meninos gêmeos que recebem os benefícios do astro paterno, e em A Lua são dois cães ou lobos – símbolos da vida animal, do ego humano – e uma lagosta escondida nas profundezas de um lago ou de um oceano, como um bebê em gestação nas águas matriciais.

Essas cartas possuem numerosos significados, mas frequentemente nos remeterão à leitura de um pai ou uma mãe idealizados, ora por terem sido realmente perfeitos, ora por terem sido ausentes da vida do consulente. É frequente vermos uma mulher cujo pai foi ausente tirar O Sol como parceiro desejado. O homem que se apaixonar por ela deverá, então, fazer imensos esforços para estar à altura de seus sonhos de menina, e jamais seus esforços serão completamente suficientes. Da mesma maneira, um homem que pensa: "Nenhuma mulher cozinha tão bem quanto a minha mãe", tem em mente, como parceira desejada, A Lua mítica e solene, que nunca está cansada, jamais despenteada, nunca de mau humor, sempre sublime e misteriosa.

Em resumo, somente A Lua está à altura d'O Sol, e vice-versa. Existe em cada um de nós um traço dessa feminilidade e dessa masculinidade fabulosa, um tesouro de clareza e intuição, de coragem e de doçura, de espírito empreendedor e de capacidade de escuta. Estas cartas vêm também nos lembrar de quais são nossos valores, e que é tempo de cultivá-los.

Ordem XVIIII · XVIII. Quando O Sol vem antes d'A Lua, os valores de atividade e de receptividade se invertem. Isso pode significar que, no casal, a mulher é mais masculina e o homem mais feminino. Isso induz a uma desordem cósmica, pois o sol não pode refletir a lua, não é de sua natureza refletir; e a lua, sendo um satélite e não um astro, não pode brilhar com luz própria. Numerosos sofrimentos psíquicos podem decorrer desse deslocamento fundamental, e tomar consciência é o primeiro passo da cura.

Pares de soma XXI
Onze caminhos de realização

Vimos na primeira parte que uma das estratégias de organização possíveis dos 22 Arcanos maiores consiste em formar pares cuja soma dá 21 (ver pp. 52-3). Esse esquema põe em evidência 11 pares: Louco-XXI, I-XX, II-XVIIII, III-XVIII, IIII-XVII, V-XVI, VI-XV, VII-XIIII, VIII-XIII, VIIII-XII, X-XI.

No centro, encontra-se o par formado pel'A Roda da Fortuna (X) e A Força (XI), que podemos considerar o coração do Tarot. Se observarmos os personagens presentes nessas duas cartas, poderíamos dizer que existem nas duas todos os elementos que formam O Mundo. De fato, a mulher e o leão d'A Força poderiam tomar o lugar da mulher e o leão d'O Mundo. Quanto aos três personagens d'A Roda da Fortuna, poderíamos, se quisermos, atribuir os seguintes papéis: o animal que desce, cor de carne, poderia ser o animal cor de carne d'O Mundo; a esfinge alada poderia ser o anjo d'O Mundo; o animal amarelo, que sobe, poderia representar a águia d'O Mundo. Dessa maneira, a união dessas duas cartas permite recriar o Arcano XXI.

Esse indício nos encoraja a ler, a partir do par X-XI, todos os pares presentes nesta combinação como o encontro dessas duas energias constituindo um caminho de realização. Com esses 11 pares, o Tarot nos propõe onze combinações de energias que, unidas, "formam um mundo", um XXI.

  O Louco →←— XXI O Mundo
O Louco e O Mundo são complementares mas não possuem a mesma ação. O Louco é representado andando, avançando do início do Tarot até o fim. O Mundo é representado fixo, com a mulher apoiada em um pé só, como para indicar que ela se encontra em seu lugar. Em seu grau mais alto de interpretação, O Louco é a energia que poderíamos chamar de divina, para os crentes, ou cósmica, para os laicos. O Louco, por não ter nem limites, nem nome, nem definição, por ser energia pura, tende a impregnar toda a matéria. Ele é cem por cento ativo. Ele é o motor central de todo o universo, de toda vida. A ação d'O Mundo, ao contrário, se não podemos qualificar de receptiva, consiste ao menos em captar, em aspirar: é uma atividade que se desenvolve a partir de um determinado lugar. O mundo inteiro, a cada instante, aspira a energia fundamental que por sua vez, a cada instante, o impregna e o penetra. É um ato de amor constante. Alguns esotéricos de séculos passados atribuíam a O Louco o número 22. Isso seria para O Louco uma situação aberrante, que corresponderia a fazê-lo vir depois d'O Mundo: isso seria como se, fundamentalmente, a matéria recusasse a energia divina ou cósmica a cada instante e a cada instante a abandonasse. A energia fundamental d'O Louco procura O Mundo, e O Mundo precisa da energia d'O Louco para viver.

I O Mago →←XX O Julgamento

O Mago, sempre em busca de elevação, em busca da magia e das potências do Alto, encontra em O Julgamento aquilo que ele tem de mais elevado: a evolução máxima da consciência simbolizada pelo anjo. Não se trata mais de uma busca, mas de uma mutação. A peça na mão d'O Mago – sua existência material, sua busca do tesouro – corresponde à aura amarela do anjo, ao ovo de ouro que tem atrás da cabeça. Podemos dizer que o novato no caminho da consciência busca o chamado do anjo, a iniciação. Pode ser também um ser jovem que entra na vida com a intenção de fundar uma família. Por sua vez, a Consciência suprema procura um iniciado que tome o caminho do conhecimento.

II A Papisa →←XVIIII O Sol

A Papisa, destinada a acumular, a estudar no interior do claustro, recebe com o Arcano XVIII a luz, a liberdade de ação, a possibilidade de transmitir a palavra sagrada pelo mundo inteiro. Ela já não está mais sozinha diante de seu livro: o Verbo se fez carne e calor, o ovo poderá eclodir. Se ela representa um escritor, um ator ou uma atriz, O Sol é seu sucesso, sua penetração no mundo. Para o deus Sol, A Papisa é a carne virgem, a Virgem Maria. O amor total em nós precisa de um espaço inteiramente virgem para aí semear seu germe. A Papisa representa também a prática da oração, o diálogo com o Criador. Na paisagem banhada de luz d'O Sol, o claustro d'A Papisa é uma benéfica zona de sombra e de frescor.

III A Imperatriz →←XVIII A Lua

A ação sem medida d'A Imperatriz encontra a recepção sem limite d'A Lua dois aspectos do feminino criativo. Esse encontro é como uma bomba em que a mecha acesa é A Imperatriz e a pólvora que explode é A Lua. A capacidade de criação d'A Imperatriz, absorvida pela imensidão d'A Lua, se multiplica em proporções cósmicas. Ela não é mais uma mulher, ela é a feminilidade. A Lua, com A Imperatriz, conhece a embriaguez da ação. Ela, que por muito tempo esperou o sol, encontra n'A Imperatriz o ventre que acolhe e lhe faz nascer – pois se A Papisa representava a virgindade, A Imperatriz representa a fecundidade. A Imperatriz representa o corpo, a sexualidade, a afetividade, o intelecto em plena saúde, em que a intuição poética d'A Lua pode se encarnar.

IIII O Imperador →← XVII A Estrela

O Imperador encontra n'A Estrela a prosperidade, a saúde, a fertilidade, a pureza de intenções. Todo seu reino é positivamente afetado: ela encarna a generosidade desse universo cujas leis são aplicadas por ele. Ele aprende graças a ela a se ligar diretamente às forças cósmicas. O amor da criação impregna seu reino todo-poderoso de humildade e ternura. Por sua vez, a ação generosa d'A Estrela só faz sentido se ela encontra uma realidade na qual se derramar. O Imperador a protege e lhe dá seu império. Ela é como um rio cujo curso será aproveitado pela força concreta d'O Imperador, de quem ela por sua vez fortalece o poder de ação.

V O Papa →← XVI A Torre

A Torre dá a O Papa a alegria, a fantasia, a liberação sexual, todo o entusiasmo vital e a indicação suprema que um mestre precisa para ser mestre: como liberar seus discípulos de seus ensinamentos, como encorajá-los a aprender por eles mesmos. Com A Torre, O Papa lhes diz: "Serei seu último professor, não que eu seja o melhor, mas eu lhes ensinarei a aprender consigo mesmos". É também uma figura de iluminação, de retorno ao presente: a teologia ou a mística pregada pel'O Papa se vive na experiência direta do divino. A inspiração celeste, o desejo de se aprofundar não deve conduzir a uma fuga do presente. A Torre encontra n'O Papa alguém que pode habitá-la como um templo, que recupera para a explosão feliz o sentido da hierarquia, do discernimento, e a própria noção de Deus: sob o olhar d'O Papa, o corpo, a existência, tudo o que é terreno, feliz, toda embriaguez, tudo isso é santificado como manifestação do divino. A festa é cheia de sentidos: a festa suprema é o encontro com a Consciência.

VI O Namorado →←— XV O Diabo

De um lado um anjo de luz se destaca contra um sol. Do outro, um anjo da escuridão brande uma tocha. O Namorado é uma carta de união, que evoca o prazer de fazer aquilo que se ama e o apego emocional livremente consentido. O Diabo, por sua vez, representa a força sexual vinda das profundezas obscuras do ser: a paixão e as pulsões, a criatividade, a ruptura dos limites, a rebelião contra as forças racionais. Os personagens d'O Namorado estão de pé sobre um terreno cultivado, lavrado. É uma superfície que tende a se comunicar com os valores celestes, a crescer até O Namorado central que ama a tudo e a todos sem distinção: o sol branco. O Diabo é a antítese de tudo isso: os personagens estão na caverna primordial, com os pés sobre o magma obscuro, negando a luz da divindade. O Diabo acende a própria tocha, sua luz pessoal. Se o Arcano VI é social, o Arcano XV é individual. Se o VI é uma carta de escolhas livremente consentidas, o XV é uma carta de paixão à qual só se pode obedecer. Esses dois Arcanos se completam: um oferece a luz da consciência, outro a escuridão do inconsciente. A riqueza desses contrários é o caminho que nos leva a realizar a vida passional amorosa: o amor nos obriga a encontrar desejos passionais e a identificar nossas projeções. Inversamente, o mistério do gostar, daquilo de que gostamos irresistivelmente, constitui um caminho de aprendizagem do amor. A união do anjo das trevas com o anjo da luz nos lembra de que, nos domínios da paixão e do amor, somos ao mesmo tempo divinos e diabólicos. Aquilo de que gostamos realmente está ancorado em nosso inconsciente, na nossa criatividade profunda.

VII O Carro →←XIIII Temperança

O Carro, conquistador por essência, se esquece de si mesmo. Ele se une ao movimento do mundo. Temperança volta aos valores espirituais, à comunicação consigo mesmo. Ambos são complementares: a ação pura d'O Carro, voltado para um objetivo exterior, poderia se tornar destrutiva sem a interioridade e a medida de Temperança. Quando O Carro combate, Temperança benze, acalma sua agressividade, protege-o dos excessos de sua energia. Da mesma maneira como os cavalos azuis-celestes são o motor da ação material d'O Carro, as asas azuis-celestes do anjo da Temperança são o motor de sua ação espiritual. O movimento d'O Carro é horizontal, ele se dá no espaço; o da Temperança é vertical, ele se dá na linha do tempo. O Carro busca a sabedoria na terra, enquanto o Anjo aporta sabedoria do mundo celestial. É preciso ver as duas cartas não uma depois da outra, mas ao mesmo tempo, como um acorde. A ação da Temperança sem O Carro poderia permanecer em um circuito fechado, inconsciente, hesitante. O Carro lhe dá um meio de ação no mundo, materializando sua harmonia. O que está no interior se passa como o que está no exterior. O mundo é igual ao que sou por dentro. Este par evoca também o fato de alguém aceitar ser protegido, guiado.

VIII A Justiça →←XIII O Arcano sem nome

A perfeição d'A Justiça, que tende à paralisia, encontra no Arcano XIII a possibilidade da transformação e a tomada de consciência da impermanência. Esta união lhe permite não mais reprimir a mudança, mas acolhê-la. O verdadeiro equilíbrio d'A Justiça consiste em aceitar a transformação. Sua mensagem poderia ser "dar a cada um o que merece", e, com o Arcano XIII, sob risco de ocorrer uma revolução. Da mesma maneira que a ordem se alimenta do caos, o caos precisa da ordem para adquirir uma forma. A limpeza do Arcano XIII faz sentido se tem por objetivo ou por fundamento um equilíbrio, uma nova concepção da perfeição ou da Lei. O termo *"tohu bohu"*, em hebraico, o ovo da ordem, significa caos.

  VIIII O Eremita →← XII O Enforcado
Estes dois Arcanos remetem aos dois caminhos do conhecimento, que a tradição alquímica chamou "caminho seco" e "caminho úmido". No caminho seco, o buscador estuda, lê e relê, reza, obriga-se a práticas e a uma disciplina sem falhas até encontrar a sabedoria. No caminho úmido, não buscamos: recebemos, como nesse dito zen: "Portas abertas ao norte, ao sul, ao leste e a oeste". O Enforcado não faz esforço, ele se entrega, aceita a vacuidade, abandona todas as escolhas, toda vontade. O Eremita procurou a vida inteira, para chegar, ao final de um imenso trabalho, à santa ignorância. É aí que ele se une a O Enforcado: o que O Enforcado encontra por meditação profunda, O Eremita lhe transmite como resultado de um caminho de buscas cujo substrato está concentrado na luz de sua lâmpada. O mutismo essencial d'O Enforcado é a raiz de palavras exatas d'O Eremita. Poderia ser o mestre que orienta a meditação de seu discípulo, ambos em relação de necessidade recíproca. Poderia ser um médico e uma doença, um aportando o conhecimento necessário à cura e outro um objeto de estudo e de prática. Em um contexto mais cotidiano, poderíamos também ver O Enforcado como uma criança em gestação e O Eremita como o pai cheio de experiência que vela por seu desenvolvimento. O feto é, então, para o homem maduro, a esperança de se perpetuar no futuro.

Com este par, o Tarot nos ensina que quem quer verdadeiramente entrar em si mesmo não deve esquecer sua responsabilidade diante da vida, diante da transmissão e dos ensinamentos. Não se pode cair, como O Enforcado, em um êxtase sozinho.

X A Roda da Fortuna* → ← *XI A Força

Podemos dizer que estas duas cartas são o coração do Tarot. Tudo está acabando ao mesmo tempo em que tudo está começando. Eterno fim, eterno começo. Se considerarmos este par dessa maneira, temos mais facilidade para compreender seu significado profundo.

Em A Roda da Fortuna, todas as experiências foram vividas. Entre ascensão e descenso, ciclos repetidos giram em círculos viciosos. Falta-lhe um novo impulso que quebre esse ritmo para que o círculo se abra à dimensão vertical e se converta em espiral. É A Força quem aporta esse impulso. Ela representa uma energia em potência que encontra com A Roda da Fortuna o terreno propício para se exercer. Como uma indústria tradicional, para sair de um impasse, cria um novo produto: com A Força, as energias sexuais criativas estão à nossa disposição e, a todo momento, podemos delas dispor se as deixarmos circular inteligente e livremente em nosso ser. Poderia ser também um remédio que permite curar uma doença até então incurável. É toda solução criativa, autenticamente nova, que é ao mesmo tempo gerada por um bloqueio e permite desfazer esse bloqueio. É também o fim de uma situação econômica e uma nova possibilidade de gerar dinheiro. Em todo fracasso financeiro há uma possibilidade de indústria, de nos lançarmos em outra atividade. As duas cartas estão em profunda interação, pois sem a experiência imobilizante d'A Roda da Fortuna, poderíamos hesitar em contatar as forças das profundezas percebidas como perigosas ou assustadoras. Frequentemente, uma dificuldade ou um bloqueio nos leva a uma forma terapêutica, artística, uma forma que jamais teria nos ocorrido antes. O Arcano X é uma plataforma de lançamento que nos permite entrar na experiência nova d'A Força.

A mensagem do Tarot, com este par, é que cada vez que uma coisa acaba, é preciso pensar que algo de novo começa, que o fim e o início estão juntos.

Sucessão numérica e translação
Chaves para a leitura de duas cartas

Não nos sendo possível estudar todos os pares formados entre os Arcanos maiores, desejamos, para concluir esta parte, evocar ainda alguns exemplos que permitirão fornecer dois elementos de método, essenciais para a leitura dessas "sílabas" formadas por duas cartas.

Nos três primeiros exemplos, estudaremos três séries de dois Arcanos maiores que se seguem na ordem numérica: XII e XIII, XV e XVI, XX e XI. Veremos que a ordem numérica pode ser levada em conta na leitura de uma tiragem: se a dupla de cartas escolhidas exprime a passagem de um nível par receptivo a um nível ímpar ativo, a dinâmica da interpretação não é a mesma se a dupla vai da ação à recepção.

Além disso, escolhemos estudar a translação de símbolos que se efetua entre o Arcano XV, O Diabo, e o Arcano XVIIII, O Sol. Esse exemplo tem por vocação incitar o leitor a procurar, fazendo ressoar duas cartas entre si, quais são os elementos que se encontram em ambas e como esses elementos se transformam de uma para a outra. Esse trabalho de leitura dinâmica é um elemento-chave para ler uma tiragem de Tarot como um todo e não como uma sucessão de elementos isolados.

Na mesma ordem de ideias, propomos a leitura de três, depois de quatro cartas com a mesma chave que constitui a translação de símbolos: de um lado, a sequência XVII-XVIII-XVIIII com o rio azul que corre nas três cartas, e de outro, uma "decomposição" d'O Namorado (VI) em três personagens: O Mago (I), A Papisa (II) e A Imperatriz (III).

Da recepção à ação, da ação à recepção

XII O Enforcado • XIII O Arcano sem nome

A relação entre estes dois Arcanos é de extrema tensão, como vigas de concreto que têm no interior uma armação de ferro tensionado. O XII é uma parada extrema, o XIII é uma extrema explosão transformadora. Podemos dizer que ambos transformam o mundo: O Enforcado deixa de escolher, ele paralisa o mundo ao paralisar a si mesmo e mergulha na busca interior; o Arcano XIII destrói o velho mundo para que o novo ser possa nascer. Essas duas ações de polos opostos têm como efeito comum destruir a realidade antiga. A ordem numérica das duas cartas é XII-XIII: essa queda em si mesmo, esse retorno do olhar para o mundo, buscando apenas aquilo que é verdadeiro, esse estado de não ação, como uma semente, prepara a eclosão, o nascimento, a explosão.

XII-XIII. É um momento magnífico de explosão criativa. Tudo aquilo que estava contido n'O Enforcado explode no Arcano sem nome. A grande mudança se produz: mutação, revolução, mas não se conhece ainda o resultado disso tudo. Para esclarecer esse ponto, seria preciso tirar mais uma ou mais algumas outras cartas.

XIII-XII. Nesta configuração, nós nos encontramos na presença de uma grande frustração. Toda a energia transformadora do Arcano sem nome (XIII) se choca com a barreira representada pel'O Enforcado. Esta situação pode conduzir a uma autodestruição ou à cólera.

XV O Diabo • XVI A Torre
Aqui, mais uma vez, passamos de uma carta em que os personagens estão amarrados (XV) e escondidos em um mundo subterrâneo para uma carta representando uma explosão, uma alegre saída ao ar livre. A ordem numérica é XV-XVI: A Torre representa, então, essa primeira ascensão das energias das profundezas.

XV-XVI. Nós nos encontramos diante de forças subterrâneas que se manifestam. Tudo aquilo que até então estava escondido é dito, descoberto, ou sai à luz. Os segredos maravilhosos ou vergonhosos são revelados. Uma criatividade profunda se exprime sob uma forma artística ou festiva. É talvez um momento de grande felicidade ou de grande vergonha, mas em todo caso uma etapa purificadora.

XVI-XV. O espírito desce às profundezas do inconsciente, se amarra à matéria e alimenta a chama da tocha da criação. Depois da explosão alegre vem o enraizamento na adoração. Pode ser o anúncio de uma grande paixão, mas também de um nó difícil de soltar.

XX O Julgamento • XXI O Mundo

  XX-XXI. É um sucesso total: aquilo que o anjo oferece se realiza. O desejo irresistível atinge sua satisfação. Pela intermediação do anjo, conhecemos a graça. Pela águia, a iluminação. Pelo leão, a concepção divina. Pelo animal cor de carne, o transe e o prazer cósmico. As quatro esperanças supremas do ser humano podem, então, se realizar. Na vida material, ele se torna um campeão, capaz de enfrentar todos os obstáculos e triunfar. Na força vital (o leão), ele se torna um herói, capaz de vencer a morte. No intelecto (a águia), ele realiza o gênio, capaz de descobrir o que ninguém jamais viu. No centro emocional (o anjo), ele se torna um santo, não desejando nada para si que não seja para os outros.

  XXI-XX. Estamos em uma situação dramática, dolorosa: o Arcano XXI (o fim) está colocado no começo; ele representa, então, o fechamento, a ausência de comunicação, o autismo, até mesmo um parto difícil. Esta negação ao nascimento é tão forte que em O Julgamento, o personagem que tenta sair da tumba (o atanor alquímico) permanece cativo da densidade da matéria e, apesar do trabalho e das orações, não chega a realizar sua ascensão. O desejo irresistível não encontra sua satisfação. Com O Mundo assim aprisionado, as quatro esperanças supremas não podem se realizar. A pessoa tem a sensação de ser um perdedor, um covarde, um medíocre e um egoísta. Essa situação, evidentemente, não é irreversível: em uma leitura, isto é, com três cartas no mínimo, a carta seguinte indicará o caminho para sair dessa situação dolorosa.

Translação de uma série de símbolos de um Arcano para outro

  XV O Diabo • XVIIII O Sol
Poderíamos considerar que O Diabo representa o lado mais profundo, escondido e obscuro, do Tarot. O Sol, por sua vez, é o símbolo mais luminoso de todos. No Arcano XV, vemos um ser andrógino que segura na mão esquerda uma tocha que ilumina um casal homem-mulher enraizado, amarrado e inativo, provavelmente aprisionado por vontade própria. A fêmea tem três pontos na altura das costelas, que representam, se quisermos, sua dimensão espiritual. Em O Sol, podemos dizer que encontramos esses mesmos dois personagens, agora livres. Mas enquanto em O Diabo, com as mãos escondidas nas costas, eles recusavam a doação, aqui nós os vemos em uma relação de ajuda recíproca. O personagem da direita ajuda o outro a atravessar o rio, símbolo da vida eterna que passa em perpétua transformação. Esse personagem tem a mão apoiada na nuca de seu parceiro, ele afirma, assim, sua vontade de desenvolvimento consciente. O outro estende as mãos em direção aos três pontos que seu companheiro tem no corpo, isto é, em direção ao ideal divino. O personagem da esquerda conserva ainda a cauda que vimos nos diabretes do Arcano XV, mas a extremidade das caudas dos diabretes se estendia indefinidamente para o exterior da carta, sem limites, enquanto a cauda do personagem d'O Sol, ao contrário, se dobra para o interior. Da mesma maneira, os personagens d'O Sol têm em volta do pescoço a marca vermelha da corda que os prendia em O Diabo: a animalidade do ego não foi eliminada, mas honrada e domada.

Os três pontos mudam de lugar: no Arcano XV, é o personagem da esquerda quem os traz sobre o corpo, e em O Sol, é o personagem da direita. O espírito feminino é o primeiro a dar o passo em direção à iluminação. Para chegar a seu objetivo, o homem deve despertar sua *anima*. Em O Diabo, o rio azul-celeste está parado, estático, morto: o ego finge fixar o tempo. Mas essa empreitada constitui um congelamento apenas de si mesmo; ficamos presos, lançamos raízes. O trio d'O Diabo habita um pedestal limitado. É a busca animal do território. Em O Sol, uma mureta, como um cercado sem fim, separa o presente do passado e permite construir uma vida nova no amor e na doação. As treze gotas que sobem em direção ao Sol lembram o Arcano XIII, símbolo da transformação. Elas representam as aspirações de todos os seres conscientes da Terra que sobem em direção ao Sol, imagem da nossa consciência eterna, fogo central que nos anima. O Sol é formado de amarelo e vermelho: sangue e luz. Essa vida luminosa permite a construção de um muro, também de sangue e luz, que não encerra, que elimina a noção de posse. Ele nos protege simplesmente das amarras do passado.

XVII A Estrela • XVIII A Lua • XVIIII O Sol

Poderíamos pensar que a extensão de água que vemos n'A Lua é contida por limites, de tal maneira que a lagosta estaria presa. No entanto, essa água não está parada se colocarmos A Lua entre A Estrela e O Sol. Encontramo-nos, então, diante de um rio, que vem de muito longe e que vai para muito longe. O rio vem do Arcano XVII, onde uma mulher nua, símbolo da *anima*, da verdade interior, encontrou seu lugar ativo acima da superfície vermelha onde ela apoia o joelho. Nesse contato com o solo, ela o sacraliza. Com seus dois vasos, ela purifica a corrente que vem do passado (da esquerda no sentido da leitura). Essa purificação se efetua por meio de duas energias: a energia sexual (azul-escuro) e a energia espiritual (amarelo), que encontramos nas sete estrelas menores (azuis e amarelas) no céu da carta. Os dois vasos por sua vez têm o vermelho e o amarelo da estrela central.

A meia-lua laranja que a personagem feminina tem na testa é sinal de sua receptividade mental às energias cósmicas. Não é ela que deseja, é o cosmos que a deseja – quem nos deseja.

Não é ela que espiritualiza, é o cosmos que lhe envia a consciência. Ela está na posição de servidora da grande obra universal. O pássaro negro pousado nos galhos é o símbolo de sua parte humana (o ego) que foi reduzida ao estado volátil, a um nada ativo e dócil.

O rio purificado chega ao tanque d'A Lua, mas a lagosta não obedece à corrente. Ela não quer avançar: ela quer um ideal – simbolizado pel'A Lua. O astro noturno tem as mesmas cores da lagosta, indicando que ela é apenas uma projeção desse animal louco e idealista. Os cães (ou lobos) uivam, alimentando-se desse desejo ideal, mas sem se ajudarem mutuamente. Cada um está preocupado apenas consigo mesmo. Para avançar, a lagosta deverá seguir o exemplo do satélite que é a lua: tornar-se cada vez mais transparente até ser apenas um reflexo, um espelho da luz solar, a luz do amor. Em A Estrela, as estrelas são sóis distantes. A Lua idealista olha para o sol distante d'A Estrela. Quando o trabalho de recepção se conclui, o rosto d'A Lua, que é a essência da lagosta (azul-celeste) se dissolve no rio d'O Sol. Aí, no Arcano XVIIII, a dualidade dos dois vasos do Arcano XVII e os dois cães d'A Lua se tornam uma unidade: os dois personagens se ajudam mutuamente sob o olhar amoroso d'O Sol. Eles caminham pelo rio da vida se separando do passado pelo muro que veem atrás de si e construindo seu novo paraíso. O amor que o Sol lhes envia, germinando em seus corações, sobe até ele por gotas ascendentes. Tudo aquilo que doamos é a nós mesmos que doamos. Tudo aquilo que não doamos nos é tirado.

No fundo, o que A Estrela está fazendo é conciliar dois grandes arquétipos universais: A Lua que representa os valores mais sublimes da mãe, e O Sol que representa os valores mais elevados do pai. Sem o equilíbrio desses dois arquétipos, nenhuma obra pode ser levada a bom termo.

Nas tiragens em que esses três Arcanos saem, A Estrela representará em geral o próprio consulente; se é um homem, este Arcano evocará sua parte feminina receptiva, artística, mediúnica (*anima*). Mas é preciso prestar atenção: se invertemos a ordem que nos dá o Tarot (A Lua à esquerda e O Sol à direita), nos deparamos com:

XVII-XVIIII-XVIII. A mãe toma o lugar do pai, ela se torna abusiva, cruel e normativa. E o pai toma o lugar da mãe, tornando-se fraco, infantil, ausente.

XVIII-XVIIII-XVII. A Estrela não cessa jamais de olhar para O Sol e para A Lua. Ela fica dependente, apaga o futuro, cai em devaneios infantis.

XVIII-XVII-XVIIII. A Estrela toma o lugar do pai e vive para seduzir a mãe, de quem se torna a noiva metafórica, relegando seu pai ao segundo plano.

XVIIII-XVII-XVIII. A Estrela, apropriando-se da imensa receptividade d'A Lua (sua mãe), torna-se a mulher de seu pai. É uma relação incestuosa em que a menina fará às vezes o papel de mãe para seus irmãos e irmãs.

I O Mago · II A Papisa · III A Imperatriz e seu espelho: VI O Namorado.

É preciso compreender que o Tarot é uma linguagem óptica e que ele é também, sob certos aspectos, similar à linguagem musical. Uma nota só não ressoa da mesma maneira que um acorde de duas ou três notas. Em música, o acorde, ainda que composto de várias notas, é percebido pelo ouvido como uma unidade. Para aprender a ler o Tarot, é preciso poder conceitualizar "acordes" de diversas cartas.

Por exemplo, O Mago ao lado d'A Papisa pode bem evocar uma pessoa agindo no mundo que tira sua força de um conhecimento secreto (A Papisa enclausurada). Uma ação se prepara, está sendo incubada, como indica o ovo d'A Papisa. Se acrescentarmos A Imperatriz (I-II-III), é uma explosão súbita que se produz, uma explosão de criatividade. E se adicionarmos os valores numéricos dessas três cartas, obteremos: 1 + 2 + 3 = 6. VI é a carta d'O Namorado, o que dá o tom do "acorde". Isso nos permite colocar O Mago entre A Papisa e A Imperatriz, à maneira dos três personagens (um homem e duas mulheres) que figuram na carta d'O Namorado.

Estudando os Arcanos dessa maneira, percebemos que os pés d'O Mago apontam para duas direções opostas, como os pés do jovem d'O Namorado. Poderíamos dizer que ele se posiciona simultaneamente em dois caminhos divergentes. Em sua mão esquerda, O Mago segura uma varinha mágica, símbolo de uma criatividade extrema. Na mão direita, uma moeda ou esfera amarela simboliza a acumulação e a concentração. Qual caminho ele tomará? O Namorado nos indica que ele realizará a união de duas tendências. À sua direita, descobrimos uma mulher coroada de folhas, correspondendo a A Papisa. Ela o segura pelo ombro e pela bainha de seu traje, como para contê-lo, mas ao mesmo tempo, servindo-lhe de apoio e lhe concedendo sua experiência. À esquerda do jovem (à nossa direita), uma mulher coroada de flores representa A Imperatriz. Com uma mão, ela indica o coração de seu companheiro, enquanto a outra mão, amalgamada à mão dele, aponta o próprio ventre como se dissesse: "Fecunde-me". Da mesma maneira, A Imperatriz tem embaixo do braço uma águia, como uma criança ou uma consciência em gestação. Do cetro que ela apoia no ventre brota uma folhinha verde, sinal de uma criatividade eternamente renovada.

Os três personagens, nos Arcanos I, II e III, estão separados. Eles encontram sua união em O Namorado. A moeda, o livro e a águia, três graus da obra em gestação, sobem ao céu, criam a consciência divina que não é outra coisa senão o amor – exaltação do milagre de toda existência. Nesta união amorosa, ouvimos o acorde que une passado, presente e futuro. Essa harmonia é a da união dos contrários, ou dos conceitos aparentemente separados: conservação, destruição e criação. O VI nos indica também que o mais alto grau do amor é o amor pela beleza, a aceitação da existência do outro.

Tomemos os três Arcanos. Vistos no sentido I-II-III, não há comunicação entre os personagens.

No sentido II-I-III (ver página anterior), encontramos O Mago tentando inutilmente fazer A Papisa e A Imperatriz se comunicarem. Para que a união funcione, devemos ler III-I-II: assim, todos os personagens se olham, colocando suas forças a serviço da harmonia comum.

É interessante notar que essa ordem não é a reprodução da posição dos personagens do Arcano VI, mas sua versão espelhada. É mais uma indicação que o Tarot nos dá: ele não é a projeção da nossa situação, mas nosso espelho. Cabe a nós nele nos refletirmos e nele refletirmos para melhor nos compreender.

QUINTA PARTE

A LEITURA DO TAROT

Como se tornar um espelho

Durante os meus primeiros anos de estudos do Tarot, buscando o significado de seus símbolos, considerei-os ferramentas do conhecimento de si mesmo. Influenciado por minhas leituras de livros sobre alquimia, Cabala e outras iniciações, considerei que aquele que aspirava à sabedoria devia trabalhar na solidão. A semente, para germinar, precisa da escuridão das profundezas da terra, da mesma maneira que o feto precisa da escuridão do ventre materno e que a alma, segundo San Juan de la Cruz em "A subida do monte Carmelo", deve, para chegar à união com Deus, passar pela noite escura da fé, pela nudez e pela purgação:

> *En la noche dichosa,*
> *en secreto, que nadie me veía,*
> *ni yo miraba otra cosa,*
> *sin otra luz ni guía*
> *sino la que en el corazón ardía.*[1]

---

[1] Literalmente: "Na noite ditosa, / em segredo, que ninguém me via, / nem eu olhava outra coisa, / sem outra luz ou guia / senão aquela que no coração ardia".

Eis por que, aliado ao uso comercial que as pitonisas da moda faziam do Tarot, eu desdenhava o aspecto da leitura. De um ponto de vista iniciático, mas também científico, eu achava vergonhoso utilizar as cartas para prever o futuro. Uma passagem da Bíblia corrobora esse sentimento: "Não se achará entre ti [...] nem adivinhador, nem prognosticador, nem agoureiro, nem feiticeiro; nem encantador [...] pois todo aquele que faz tal coisa é abominação ao Senhor..." (*Bíblia de Jerusalém*, Deuteronômio, 18: 10-11-12).

No entanto, tendo decidido conferir aos Arcanos a qualidade de mestre único, e me entregando à obediência a eles em tudo, da mesma maneira como havia aceitado a indicação do Arcano XVI, A Torre, de esclarecer minha concepção de Deus, tive que levar em conta uma mensagem clara d'A Papisa... Cada um dos Arcanos maiores nos indica claramente um ato que pode ser resumido em um verbo. Com O Louco: escolher; com A Imperatriz: seduzir; com O Imperador: comandar; com O Papa: ensinar; com O Namorado: trocar; com O Carro: conquistar; com A Justiça: equilibrar; com O Eremita: iluminar; com A Roda da Fortuna: aceitar; com A Força: dominar; com O Enforcado: sacrificar; com o Arcano sem nome: eliminar; com Temperança: acalmar; com O Diabo: tentar; com A Torre: festejar; com A Estrela: dar; com A Lua: imaginar; com O Sol: criar; com O Julgamento: reviver; com O Mundo: triunfar... E no caso d'A Papisa: ler.

O livro cor de carne que a religiosa segura nas mãos não mostra letras, mas dezessete linhas onduladas; por um lado, isso nos indica que não se trata de uma mensagem intelectual, mas emocional e, por outro lado, isso nos remete ao Arcano XVII, A Estrela, em que uma mulher nua dá ao mundo aquilo que ela recebe da Consciência cósmica. Isso confirma que A Papisa não está olhando para seu livro, mas parece oferecê-lo. O polegar de sua mão direita está colocado sobre uma linha, enquanto o da mão esquerda se coloca sobre duas linhas, unindo-as. O mesmo se dá com as faixas que cruzam seu peito: na mais próxima de seu corpo, há uma cruz, e sobre a faixa que se sobrepõe a ela há duas cruzes. Isso pode indicar que essa personagem passa do estudo solitário à doação ao outro.

Isso me convenceu de que a finalidade do Tarot se cumpria quando o empregava para ajudar os outros por meio de uma leitura que consistisse em apresentar ao consulente os Arcanos transformados em espelho de sua alma.

Eu não estava absolutamente disposto a ler futuros hipotéticos. A ideia de destino transmitida pelo teatro grego antigo me repugnava, aquela superstição segundo a qual "tudo está escrito" e que ninguém pode escapar ao próprio destino. Se, desde que nascemos, um deus dirige cada um de nossos passos, de que adianta nos esforçarmos para o que quer que seja? Seria possível considerar que nossa vida está determinada de antemão, inevitavelmente, e que só nos resta acatar? Para enfrentar a leitura das cartas, eu devia definir o conceito de futuro... O consulente tem ou não tem uma finalidade em sua vida, ele age em relação a projetos, ele faz planos. Quando ele se inquieta para conhecer seu futuro é porque não valoriza suas ações no presente, é porque duvida. Mas o presente é um instante fugaz: o que pesa sobre o desenvolvimento do consulente é o passado, que pode servir de lastro, tendendo a fazer repetir no futuro as experiências traumatizantes da infância (faço comigo ou não faço comigo o que os outros me fizeram ou não me fizeram, faço com os outros ou não faço com os outros aquilo que me fizeram ou não me fizeram, repito o que os outros fizeram consigo mesmos ou não fizeram consigo mesmos), ou funcionar como uma fonte de energia que nos leva a progredir, a mudar – no melhor dos casos, a nos transformar.

Se me obrigassem a aceitar a existência de um futuro que nos predestina, eu visualizaria o presente como um ponto do qual parte um leque de caminhos infinitos. Um ato voluntário, um acidente, alguma coisa que ocorre por acaso nos projeta para frente e nos obriga a viver um dos inumeráveis destinos possíveis. Isso permite afirmar que, mesmo que "tudo esteja escrito", o cardápio divino não contém um prato único, mas todo um campo de escolhas. O livre arbítrio consiste em escolher uma dessas condenações infinitas.

Quando eliminamos a fraude da chamada "leitura do futuro", o Tarot se torna uma ferramenta psicológica, um instrumento de conhecimento de si mesmo. Enfrentando honestamente as características de nossa personalidade desviante – hábitos, identificações, manias, vícios; problemas narcísicos, antissociais, esquizoides, paranoides; autoenganos, ideias insensatas, sentimentos depressivos, imaturidade afetiva, desejos desviados, necessidades impostas pela família, pela sociedade ou pela cultura – podemos chegar à consciência da nossa essência real, isto é, aquilo que em nós é inato e não adquirido. Conduzir o consulente a deixar de ser o que os outros querem que ele seja para chegar a ser o que ele é realmente.

Comecei, com infinitas precauções, a ler o Tarot para os pacientes que o doutor Jean-Claude Lapraz me enviava para saber se suas doenças eram consequência de problemas psicológicos. Enquanto tarólogo, eu me propus respeitar quatro fórmulas: "A partir do que sei" (sendo a realidade infinita, ninguém pode conhecer tudo); "Até certo ponto" (nada é definitivo nem absolutamente geral, há sempre a possibilidade de uma exceção); "Sob o risco de me enganar" (nada que um ser humano diga é infalível); "Se você acha que sim" (as coisas são o que são porque antes adaptamos nossas diferentes linguagens; todo conceito é resultado de um acordo coletivo).

No início, eu lia as cartas como se se tratasse de um teste psicológico. Antes de analisar os desenhos e suas relações, eu interpretava a maneira como o paciente colocava as cartas, lado a lado ou separadas, próximas ou distantes; superpostas, horizontais, inclinadas etc. À medida que fui adquirindo experiência, deixei isso de lado e me limitei a interpretar apenas os desenhos. De todo modo, em nome da maior eficácia, desenvolvia minha observação do consulente, a maneira como usava a voz, a dinâmica dos gestos, sua atitude corporal, o tipo de pele, o cheiro de seu hálito, a idade, a profissão, as características sexuais, seu estado emotivo e, por fim, sua árvore genealógica, se possível até os bisavós. Ao longo dos anos, captando de um só golpe de vista quase todos esses aspectos, passei a me concentrar exclusivamente sobre a leitura das cartas, advertindo sempre o consulente de que não estava diante de um mágico, mas diante de um tarólogo, e que os Arcanos, no fundo, eram pequenos cartões impressos e que podiam muito bem fornecer uma mensagem absurda. A leitura consistia no encontro de três acasos: aquele que havia levado o consulente até mim, aquele que havia levado a mim mesmo até o consulente e o momento em que as cartas eram escolhidas. O consulente tinha perfeitamente o direito de aceitar, discutir ou esclarecer a leitura.

Partindo do princípio de que o Tarot foi no início lançado ao mundo como um jogo, eu me dei conta de que a leitura devia ser estruturada como um jogo. Além dos jogadores e das regras, o lugar onde ocorre o jogo também é importante. Não se pode jogar basquete em um campo de futebol, um tabuleiro de xadrez é diferente de um tabuleiro de Banco Imobiliário. Compreendi que a interpretação das cartas dependia do sentido que se atribuía a elas antes da leitura. Conforme o "campo", a estratégia, o Tarot se tornava diferente, a interpretação das cartas mudava: podia, por exemplo, ser positiva ou negativa. Ficou claro para mim que para obter uma leitura correta, devia, antes de tudo, definir o papel que os Arcanos desempenhavam, empregando estratégias adaptadas às interrogações e ao nível de consciência do consulente. Por outro lado, o jogo sendo quase sempre um combate que designa um ganhador, era também importante definir os jogadores, isto é, o consulente e o leitor. Nos jogos de competição, o objetivo é eliminar o adversário, o que equivale a matá-lo de forma metafórica. No jogo tarológico, o objetivo é curar o adversário, ajudá-lo a viver.

Esse trabalho se revelaria difícil: o ser humano atual pode ser comparado a um conteúdo maravilhoso fechado dentro de um continente enfermo. Ele tem limitações que defende obstinadamente, pois, embora sejam dolorosas, ele se identifica com elas. Desde a infância, seu espírito foi povoado de ideias insensatas. Um doente que se recusa a admitir que seu pensamento tem a capacidade de curá-lo se torna um adversário colérico diante do tarólogo. Ele diz que seu coração está vazio, mas disfarça que está cheio de rancor. Vive isolado dos outros, rejeita os sentimentos sublimes, desvaloriza a própria capacidade de amar e de ser amado, inibe sua capacidade sexual ou a exacerba, ao desprezá-la. Ele perdeu a fé em sua criatividade, tem vergonha dos próprios desejos. Reduziu sua infinita capacidade de movimentos corporais a um pequeno número de gestos cotidianos. Sua rigidez é resultado de preconceitos implantados por uma moral que outrora foi religiosa.

O consulente se sente culpado por seus atos, por seus desejos, por seus sentimentos, por seus pensamentos. Essa culpabilidade lhe permite afirmar que o que lhe ocorre é um castigo justo e necessário. Ou então se depreca incessantemente, acreditando, por falta de valores, não merecer sair do sofrimento. Ou ele justifica seus erros dando explicações excessivas e às vezes engenhosas, sem jamais fazer o esforço de mudar. Ou deseja amar, deseja criar, deseja ousar, deseja imaginar, deseja coisas sem fim, mergulhado na inatividade do desejar desejar. Ou ainda, com impotência, ele deseja ardentemente destruir o que lhe incomoda, eliminar aqueles que o machucaram, vingar-se, para terminar destruindo a si mesmo. Ou bem se joga na atividade sexual sem que ninguém chegue a satisfazê-lo completamente. Ou precisa, como de uma droga, da notoriedade e sofre por não tê-la ou por dever suportá-la, o que faz dele um surdo-mudo psicológico que gira dolorosamente em torno de si mesmo. Ou se comporta como um crítico impiedoso, um juiz permanente, incapaz de reconhecer o valor dos outros, o que o obriga se comparar obsessivamente com os demais, rebaixando-os para poder se assegurar de seu próprio valor. Ou ainda, por medo da transformação, ele recusa integrar novos conhecimentos, adula a própria ignorância, nega por princípio: é aquela pessoa do "não" e do "mas"...

Por outro lado, o consulente concebe um espaço habitável fundado sobre a ideia da propriedade privada. Ele foi habituado a viver em um espaço reduzido, com muros retos, dentro de cubos. Isso criou nele uma resistência diante do infinito. Ele não pode aceitar que vive no cosmos. Ele confunde lar e prisão... Condicionado pelos interesses político-econômicos de sua época, ensinam-lhe que a vida é curta. Na Idade Média, considerava-se natural morrer aos trinta anos; no Renascimento, aos quarenta; no século XIX, aos sessenta; hoje em dia, aos oitenta anos. Alguns cientistas dizem que viveremos 120 anos no século XXII, mas na realidade ninguém sabe a duração da vida humana. Se alguém diz que ela é como a de algumas árvores, isto é, de mais de mil anos, dirão que este alguem está louco. A sociedade funciona banindo a ideia de eternidade para associar o tempo ao dinheiro. O cidadão é um consumidor que deve ter uma vida curta para que a indústria funcione. Mas na realidade será que somos tão efêmeros assim? Por que não haveríamos de ter o direito de viver tanto quanto o universo? Como disseram ao consulente: "Você é apenas uma parte", é difícil para ele aceitar que é o todo. Ele aprendeu a lutar para defender sua "individualidade" buscando poderes egoístas. Vivendo em uma ilha psicológica, ele não se dá conta de que só existe uma única atmosfera, que a poluição no México, em Mumbai ou Paris envenena o ar de todo o planeta; que as guerras distantes, a miséria e a ignorância alheia atacam sua felicidade. O que acontece no mundo acontece a ele também. Uma crise econômica lá tem repercussões aqui, em seu bolso. Quanto maior é a separação dos outros, menor é a consciência. Vítima de ideias abusivas, o consulente nega sua capacidade de realizar milagres (entendemos aqui "realizar" como o fato de se dar conta de que a realidade não se comporta segundo um modelo preestabelecido, mas de uma maneira incompreensível para uma mentalidade prisioneira de um sistema lógico) e, desamparado, pensa viver sozinho, sem desconfiar que o universo – "o inconsciente" – é seu aliado. Aceitando a ideia de que ele não vale nada, ele não se digna a meditar para encontrar seu deus interior.

O consulente confunde a Consciência (o Ser essencial) com o ato que consiste em tomar consciência de alguma coisa. A finalidade da Consciência é vir a ser ela mesma para se oferecer em seguida à divindade. Não se pode tê-la completamente:

é uma semente que se desenvolve por mutações sucessivas. Seu primeiro nível é o animal. O indivíduo só vive para satisfazer suas necessidades materiais e sexuais. Ele não domina seus instintos, ignora o respeito pelos outros. Ele é agressivo por medo de perder. Segue-se o nível infantil: a pessoa, não aceitando a velhice e a morte, vive de maneira superficial; ela se recusa a meditar para se conhecer, coleciona objetos inúteis e distrações, sem nenhum senso de responsabilidade. Mais tarde se revela o nível romântico. O indivíduo não domina seus sentimentos, que o invadem. Eterno adolescente, ele acredita que encontrar um homem ou uma mulher para formar um casal é a solução da vida. Influenciado pelo cinema, pela televisão e pelas revistas de estilo..., ele cria um ideal amoroso que parece um conto de fadas. Isso faz com que substitua o ser pelo parecer. É possível que depois de dolorosos fracassos ele desenvolva a Consciência adulta. Nesse nível, pela primeira vez, o outro existe. A pessoa, compreendendo que em vez de exigir deve investir, tornando-se responsável por si mesma, pode cair no erro egoísta da sede de poder. O que faz nascerem exploradores, tiranos, industriais sem escrúpulos, escroques de toda sorte. Egoísmo que tem sua antítese: pessoas que, por se sentirem nobres, passam o tempo a ajudar os outros por preguiça de ajudarem a si mesmas. Se isso se torna, na verdade, uma ajuda para as pessoas, abre-se o nível da Consciência social. É quando que o indivíduo luta pela felicidade de todos os seres humanos, mas também pela saúde das plantas, dos animais, do planeta. Mais tarde se abre àConsciência cósmica. No universo, nada acontece sem movimento e transformação. Descartando todo tipo de hábitos e sistemas obstinados que desvalorizam a vida, a pessoa responsável, assim como o cosmos, se abandona a uma mutação constante, sabendo que pertence a um mundo infinito e eterno. Ela emerge dos limites geracionais e prepara o terreno para o advento do novo ser. Por fim, nível que muito poucos atingem, chega-se à Consciência divina. No centro obscuro do inconsciente, há um ponto brilhante de lucidez total, aliado poderoso que, se bem utilizado, se manifesta como deus interior ou, se mal utilizado, como demônio interior. Esse nível é aquele que conhecem os gênios, os profetas e os magos.

Se o tarólogo, sem prepará-lo anteriormente, tenta conduzir o consulente a uma mutação que eleva seu nível de Consciência, ele terá a impressão de que tentam arrancar seus dentes. Para mudar, é preciso querer mudar, saber que se pode mudar e por fim aceitar as consequências da mudança.

No momento de ler as cartas, o tarólogo deve observar seu consulente como faria um médico do corpo e da alma: levar em conta a posição corporal, a tensão muscular, a estatura, os pés, a qualidade e a cor da pele, a maneira de respirar, os pontos onde a voz ressoa; perceber em seguida as preferências sexuais; se perguntar se a pessoa ama ou é amada, e também que tipo de ideias ela tem. Tudo isso resultará em um retrato revelador do nível de Consciência do consulente. Esse retrato deve ser obtido com as maiores precauções: pode ser que a consulta seja feita por curiosidade superficial ou porque a pessoa busca não uma revelação mas um calmante que lhe permita suportar sem dor a própria vida. Uma coisa é dar, outra é obrigar a receber. Uma leitura pode facilmente se tornar tóxica. É muito tentador para o leitor "vidente" que tira conclusões subjetivas sobre verdades absolutas fazer predições catastróficas que, ainda que motivadas por um sincero desejo de ajudar, podem envenenar o espírito do consulente. Nos jornais da segunda-feira, 20 de janeiro de 2003, podia-se ler: "Mircea Teodorascu, romeno de cinquenta e um anos, residente em Bacau (leste da Romênia), acreditou encontrar no suicídio uma solução inevitável. Alguns dias antes, ele havia consultado uma vidente que lhe predissera uma morte nos próximos dias: sua ou de seu filho de vinte e três anos. Quando voltou para casa, Mircea Teodorascu, para 'salvar' o filho, apunhalou-se com uma grande faca de cozinha. Transportado com urgência ao hospital, ele morreu pouco depois."

O tarólogo, deixando de lado a pretensão de adivinhar o futuro, deve ser capaz de se dar conta dos motivos que o levam a ler.

Para obter um poder sobre a vida do outro? Para ganhar dinheiro enganando "clientes"? Para ser admirado? Para dividir as próprias angústias? Para seduzir sexualmente? Se nossa posição de leitor não for clara, a leitura também não será clara. O Tarot, sendo um conjunto de símbolos – obscuros pelo fato de serem iniciáticos –, torna-se uma linguagem essencialmente subjetiva. O tarólogo precisa saber que tipos de conteúdos psicológicos seu inconsciente projeta sobre o leitor. Ninguém pode se gabar de se conhecer inteiramente. Só conhecemos de nós mesmos aquilo que somos no momento em que fazemos essa introspecção, mas o espírito, como o universo, está sempre em expansão. Uma atenção constante, um severo estado de alerta, uma sincera aceitação das pulsões, que nos exige que as dominemos e as dirijamos para interpretações objetivas, devem guiar nossa leitura. É possível que uma consulente nos lembre de nossa mãe, ou outro membro da família, ou alguém que na nossa infância nos forçou a alguma coisa de uma maneira ou de outra. Se não tivermos consciência disso, trataremos o consulente com o mesmo rancor com que nos tratou quem nos fez algum mal. É impossível dizer: "Não farei mais projeções", mas é perfeitamente possível dizer: "Terei consciência das minhas projeções". Para isso, quando lemos o Tarot, devemos saber como nos sentimos. Ver se o consulente nos parece simpático ou antipático, se nos dá medo, se nos atrai sexualmente, se o admiramos, se o julgamos sem pena. Um dos maiores perigos da leitura é que o leitor julgue moralmente seu consulente. Pois, em francês, "*le juge ment*"[2] (Arcano XX).

Como ler sem manipular, sem dirigir, sem se fazer de mestre?

Para não cair em tais erros, eu me propus a jamais dar conselhos, mas estruturar a leitura de maneira que a solução venha do consulente. Para chegar lá, apoiei-me em meus estudos de análise dos sonhos: o psicanalista não deve explicar ao paciente o sentido dos símbolos oníricos. Isso equivaleria a fazer o papel de mãe e pai e mergulhar seu cliente em uma infância persistente.

---

2 Em português: "o juiz mente". Trocadilho com "*jugement*", julgamento.

O paciente deve penetrar por si mesmo nas mensagens que lhe envia seu inconsciente. O analista pode apresentar diferentes soluções. O consulente deve escolher o caminho que lhe convém.

Com essa finalidade, o leitor deve observar uma neutralidade perfeita, esquecendo-se, em intensa doação de si mesmo, dos próprios desejos, sentimentos e opiniões. Se ele chegar aí, transformado em "homem invisível", quem está lendo o Tarot? Fazendo uso de uma metáfora, digo que é um espelho. Na pureza do nosso espírito se reflete o nível de Consciência do consulente. Na liguagem que é a sua (se for uma criança, por exemplo, usamos uma linguagem infantil), tomando a aparência do outro, nós obtemos que através da nossa vacuidade, através de nossos gestos e de nossas palavras, o consulente lê ele mesmo o Tarot. A leitura aportará uma resposta que corresponderá ao mundo do outro, não ao nosso. Nossas soluções não são as soluções dele. Se a pessoa não concorda com nossa leitura, não tentamos persuadi-la: em se tratando da própria existência, é preciso sempre lhe dar razão. Na realidade, o inconsciente é nosso aliado. Se ele se recusa a nos revelar um segredo, é porque ainda não estamos preparados. Jamais se deve forçar sua revelação. Devemos obtê-la com a maior prudência.

Falamos não apenas das palavras do tarólogo, mas também de seus gestos. Para empregá-los bem, devemos antes de tudo fixar a posição do consulente: de frente para nós? Ao nosso lado? À nossa frente, de costas para nós, para que como uma sombra guiemos sua leitura? Essa escolha cabe ao tarólogo. Frente a frente, é a fascinação (perigo de tomada do poder: o consulente pode se submeter como uma criança). Lado a lado, é uma troca emocional (perigo de transferência incestuosa: o consulente pode tentar nos envolver em uma simbiose). De costas, como uma sombra (perigo de deificação: o consulente pode nos confundir com um mago todo-poderoso). Todas as posições são úteis, mas todas contêm riscos. Um gesto equivocado ou muito brusco, insistente ou desordenado, pode deslocar a compreensão do consulente e minar sua confiança...

Tive a sorte de assistir em Kyoto, no Japão, a uma cerimônia do chá celebrada por um mestre. Tanta consciência de cada gesto da preparação de uma "simples" taça de chá, tamanha humanidade, tamanha beleza, tal economia de movimentos me marcaram para sempre. Eu me propus a conseguir colocar em prática os gestos da leitura do Tarot com a perfeição e a humildade de uma cerimônia do chá do zen.

Para que ele embaralhe, damos ao consulente o maço de cartas com um gesto preciso e medido, deixando o maço nem muito perto de nós, nem muito perto dele. A metade do percurso (a oferta) deve ser feita pelo tarólogo. A outra metade do gesto deve ser feita pelo consulente (recepção ativa). Enquanto a pessoa embaralha as cartas, o leitor fica imóvel, serenamente. A voz que ele emprega não deve ressoar no crânio, mas no peito, uma voz suave, a voz que usamos para falar com uma criança, vinda do coração, não do intelecto. É um tom de bondade, muito difícil de obter... Para chegar aí, o tarólogo deve se aproximar de um estado de santidade... Não falo do aspecto exterior, estereotipado de um santo de almanaque, mas de um sentimento verdadeiro, poético e sublime. Diversas religiões dominaram o conceito de santidade, dando-lhe significados que o limitam. Entre esses limites, existe a negação da sexualidade, da reprodução, da família, conjugada à exaltação do martírio, à rejeição do mundo real por um além mítico. Fala-se de santos católicos, muçulmanos, budistas, judaicos (os justos) etc., mas não se concebe uma santidade cidadã. O cidadão santo pode amar um ser do sexo oposto, ter filhos, formar uma família, levar uma vida sadia, não pertencer a seitas, não adotar doutrinas ditadas por um deus com figura e nome, e praticar uma moral que não seja fundada sobre as interdições mas sobre o conceito de atos úteis para a humanidade. O leitor do Tarot, se não é um santo, deve imitar a santidade. Em algumas culturas orientais, papagaios, macacos e cães são descritos como animais sagrados que representam o ego individual, pois são capazes de imitar seus donos.

Como aprender a imitar um santo? A santidade não é inata, nem tampouco é um dom vindo do exterior, mas é obtida pouco a pouco. Para ser forte nas grandes coisas, é preciso sê-lo nas pequenas, no cotidiano, dando sem esperar nada em troca, nem agradecimento, nem dinheiro, nem admiração, nem submissão... Sem nos compararmos, sem rivalizarmos, aceitando com humildade os valores dos outros. Não colocando nosso ponto de vista como unidade de medida do mundo, aceitando de bom grado as diferenças. Aprendendo, entre muitas outras coisas, a concentrar nossa atenção, a controlar durante a leitura nosso pensamento, nosso desejo, nossas emoções; a vencer nossa preguiça, a terminar sempre aquilo que começamos, a não ficarmos nervosos se o consulente recusa a tomada de Consciência, a fazer o melhor possível naquilo que estamos fazendo, a eliminar vícios e manias, a realizar atos de generosidade sem testemunhas, a purificar o espírito eliminando interesses supérfluos sem cair em uma autocrítica excessiva nem na autoindulgência, a agradecer conscientemente cada dádiva, a meditar, a rezar para o deus interior, a contemplar, a conversar sozinho sobre temas profundos, a desenvolver os sentidos, a parar de ficar se definindo a si mesmo, a saber escutar, a não mentir para os outros e nem para si mesmo, a não nos comprazermos com a dor ou com a angústia, a ajudar o próximo sem torná-lo dependente, a não querermos mais ser imitados, e empregar o tempo de maneira lúcida, a fazer planos de trabalho e a realizá-los, a não ocupar muito espaço, a não dilapidar, a não fazer barulhos inúteis, a não comer alimentos insalubres só pelo próprio prazer, a responder da maneira mais honesta possível cada pergunta, a vencer o medo da existência e da morte, a não viver apenas no aqui e no agora mas também no algures, no além e no depois, a não abandonar jamais as crianças e velar por elas desde a infância, a não ser dono de nada nem de ninguém, a dividir igualmente, a não nos enfeitarmos com roupas e objetos por vaidade, a não enganar, a dormir o estritamente necessário, a não seguir as modas, a não nos prostituir, a respeitar escrupulosamente todo contrato assinado e toda promessa feita, a ser pontual, a não invejar o sucesso alheio, a falar somente o que for preciso, a não pensar nos benefícios de uma obra, mas a amar a obra por si mesma, a jamais ameaçar ou maldizer, a nos colocar no lugar do outro, a fazer de cada instante um mestre, a desejar e admitir que os filhos nos superem, a ensinar os consulentes a aprenderem por si mesmos, a vencer o orgulho transformando-o em dignidade, a cólera em criatividade, a avareza em sabedoria, a inveja em admiração pela beleza, o ódio em generosidade, a falta de fé em amor universal; a não aplaudir a si mesmo e nem se insultar, a não se queixar, a não dar ordens por prazer de nos vermos sendo obedecidos, a não contrair dívidas, a jamais falar mal de alguém, a não conservar objetos inúteis e, sobretudo, a jamais agir por interesse próprio, mas em nome do deus interior.

A leitura de cartas, nessa época, estava nas mãos dos adivinhos e adivinhas, que utilizavam o Tarot não como linguagem, mas como instrumento de vidência, como um pêndulo ou uma bola de cristal. Não liam os Arcanos, mas esperavam que os Arcanos lhes provocassem "flashes", que em seguida interpretavam segundo os próprios caprichos.

Eu me lembro dos meus encontros em Paris com madame Robin, uma célebre vidente que obtivera notoriedade graças à publicação de um Tarot de bolso (apenas os 22 Arcanos maiores) com explicações muito simples na base de cada retângulo. Explicações que limitavam evidentemente o poder projetivo das cartas, reduzindo-as a coisas como: "É isso e apenas isso que este Arcano encerra". A senhora, intrigada com meu filme *A Montanha Sagrada*, quis me conhecer. Quando entrei em seu apartamento, esperando ali encontrar um templo, me vi dentro de um toucador de uma coquete. A vidente, na casa dos cinquenta anos, miúda, roliça, de penhoar cor de rosa, estava sentada em uma poltrona macia. A seus pés, dois homens de aspecto popular, ajoelhados e com expressão devota, cortavam-lhe as unhas, enquanto ela aparava as unhas de uma gata. Uma mesa oferecia diversos pratos, de queijos, saladas, pastas, frutas e bons vinhos. Os clientes, em outra sala, esperavam pacientemente que a sibila terminasse o jantar. O que ela fez acompanhada por nós três, devorando gulosamente uma quantidade incrível de alimentos. Fofocas de cinema lhe interessaram muito mais que minhas ideias sobre o Tarot. Ela me concedeu a honra de assistir a suas consultas. Madame Robin só conhecia os nomes e os números das cartas. Os detalhes nunca lhe haviam chamado a atenção. Ela usava o Tarot como um elemento destinado a impressionar seus clientes, embaralhando-o com ar de maga e tirando cartas sem nenhuma estratégia de leitura, deixando vir aos lábios o que lhe passasse na cabeça. Uma espécie de delírio forçado para encher de previsões desconexas o tempo da consulta. Antes de começar, ela perguntava ao cliente o local e a data de nascimento. Em seguida, passava a uma sucessão de previsões disparatadas, a maior parte delas fazendo referência a amores, trabalho e saúde, mescladas a sandices astrológicas. A cada vez que previa um acidente, uma perna quebrada, uma ferida, um furúnculo doloroso, um problema jurídico, ela piscava um olho para mim, dando a entender que aquilo iria impressionar o cliente. Esse pequeno sadismo, agregado a uma série de sucessos futuros – "Um mar de rosas", "Seus problemas estão resolvidos", "Você receberá uma excelente proposta de trabalho", "Você vai ganhar um processo na justiça", "Você se casará com um homem rico", "Eu vejo você na casa dos seus sonhos" – tinha por objetivo criar clientes dependentes que viessem consultá-la regularmente. Essa maneira monstruosa e comercial de utilizar o Tarot não era apenas culpa de Madame Robin; seu público, supersticioso, exigia dela esse tipo de coisa... Eles estavam ansiosos para conhecer o futuro, para se sentirem importantes por adquirirem um destino a um preço acessível. A sibilia simplesmente lhes dava aquilo que, de maneira inconsciente, eles queriam imaginar.

Eu, por minha vez, aspirava a uma leitura verdadeira do Tarot, que levasse em conta minhas projeções e as do consulente, fundada sobre a visão dos detalhes das cartas. Um Arcano era uma nota; dois, um duo; três, um acorde; mais de três, uma frase musical. Durante dois anos, passei meus finais de semana lendo Tarot para pessoas doentes, depois, pouco a pouco, para pacientes de psicanalistas, de osteopatas e diversos terapeutas interessados pela experiência. Percebi, trabalhando com elas, que as antigas formas de leitura do Tarot recopiadas nos tratados "tradicionais" não me serviam. Elas foram constituídas para predizer o futuro, o que me parecia, conforme já disse, algo infantil e desonesto. Predizer que as coisas podem acontecer faz com que elas aconteçam: o cérebro tem a tendência de realizar automaticamente as predições. Eu precisava de um sistema que me permitisse ler o presente, um presente no qual a doença representasse um passado que não se conseguia desfazer. Nessa pesquisa, comecei a utilizar o Tarot como um teste psicológico, inspirado no teste de Rorschach, e mais tarde em outras formas, que trazem para o presente elementos do inconsciente do paciente. Batizei essa atividade de "tarologia". O tarólogo lê o presente, que é aquilo que o consulente realmente não conhece, mesmo que o consulente esteja em busca de informações sobre o que ele acredita que vá ser o seu futuro. Na base de todo problema, de toda doença, há uma falta de consciência dos rastros do passado e das possibilidades do futuro.

Enquanto tarólogo, comecei a dar cursos, oficinas, e pouco a pouco a informação se espalhou – meus antigos alunos chegam aos milhares por todo o mundo –, mesmo que o termo tarologia, depois de uma voga inesperada, tenha depois servido para designar práticas que não têm mais relação com essa concepção do Tarot. Eu inaugurei essa infeliz prática do Tarot por telefone, com a qual tantos charlatães lucram hoje em dia. Quando eu a praticava, na época das primeiras rádios livres na França, desejava levar a bom termo uma experiência: seria possível ler o Tarot sem conhecer nada do consulente além da voz? Minha tese era que a pessoa inteira estava contida na voz, e que ela podia aportar ao meu inconsciente conhecimentos sobre o consulente que o Tarot faria aflorar caudalosamente. Sentei diante do computador, embaralhei as cartas e pedi que o consulente me dissesse três números de 1 a 22, fazendo uma pergunta. O telefone não parou mais de tocar, foram entre duas mil e três mil chamadas naquela sessão, devo ter lido até às cinco horas da manhã; foi uma revolução. Infelizmente, o aspecto comercial foi tão atraente, inclusive pelo anonimato, que essa prática se espalhou e se degradou consideravelmente.

Quando eu vi aqueles comerciantes explorando a ingenuidade do público, mas também tratando seus empregados "tarólogos" como escravos, a maioria estudantes pobres, pessoas sem profissão e sem nenhum preparo terapêutico, tomei consciência de que devia aprofundar não apenas a simbologia do Tarot, mas também a deontologia da leitura.

Para a maior autenticidade da leitura, isto é, para que ela seja o menos possível uma projeção dos problemas do leitor, de sua moral pessoal ou de suas concepções intelectuais, sempre errôneas quando se trata de sentimentos e de desejos, o tarólogo deve fazê-la em transe, mas contrariamente ao que se costuma pensar, o transe não é um estado de inconsciência ou de irracionalidade. O transe começa com a exacerbação da atenção e visa abolir a realidade espectador/ator. A pessoa em transe não fica se observando a si mesma, ela se dissolve em si mesma. É um ator em estado puro. "Ator" deve ser entendido não como o comediante em cena, mas como entidade em ação. Por esse motivo, por exemplo, o transe não permite o registro na memória das palavras, feitos, atos realizados. Pelo mesmo motivo, o transe pode supor uma perda da noção do tempo. Geralmente, utilizamos a posição racional para afastar as outras forças vivas, as outras energias. Na vida cotidiana, o racional é tido como uma ilha. No transe, o racional não desaparece, mas a paisagem aumenta. A ilha vê que há pontes com o inconsciente. O transe é um estado de superconsciência. No transe, não há atos falhos nem acidentes. Não se tem a concepção do espaço, pois nos tornamos o espaço. Não se tem a concepção do tempo, porque somos o fenômeno que ocorre. É um estado de presença extrema em cada gesto, todas as ações são perfeitas. Não temos como nos enganar, pois não existe plano nem intenção. Só existe a ação pura no presente. No transe, o racional não tem medo de liberar o instinto, primitivo que seja, mas se une a ele. Ele se une à força criadora inesgotável de sua sexualidade. Ele vive o corpo não mais como um conceito do passado, mas como a realidade subjetiva vibrante do presente. O corpo não se mexe mais comandado pelas forças racionais, ele é dirigido por forças que pertencem a outras dimensões. Poderíamos dizer que os movimentos são ditados pela coletividade, ou pela totalidade da realidade. Um animal numa jaula tem movimentos comparáveis à posição racional. O movimento em liberdade de um animal na floresta é comparável ao transe. O animal na jaula deve ser alimentado segundo horários fixos. O racional deve receber, para agir, palavras. O animal selvagem se alimenta sozinho e não se engana com aquilo que come. O ser em transe não age mais movido por aquilo que aprendeu, mas por aquilo que ele é... Entrar em transe lendo Tarot não significa "ver tudo". O tarólogo se concentra e "vê" uma única coisa: aquilo que deve ver e nada mais. Nesse caso, o transe não é uma omnivisão, mas, muito pelo contrário, uma concentração aguda da atenção sobre um detalhe que, certamente, está escondido da consciência cotidiana.

Para começar

Esta parte tem por objetivo nos familiarizar com a leitura do Tarot. Mais do que expor rapidamente algumas estratégias de leitura, quisemos aprofundar esta arte e apresentar numerosos exemplos que ilustram diversas formas de leituras. Em vez de atribuir a cada carta uma única função, e interpretar as cartas escolhidas como uma série de sentenças, podemos tratar o Tarot como uma linguagem em que dois a dois, depois três a três, e depois cada vez com mais e mais cartas, elas se respondem como instrumentos de uma orquestra.

As regras de orientação que apresentamos na primeira parte deste livro serão preciosas para estruturar a leitura. Por exemplo, será útil lembrar que o Tarot coloca o receptivo (feminino) à esquerda do leitor e o ativo (masculino) à direita. Seguindo a ordem de leitura no alfabeto latino, o espaço à esquerda das cartas representará mais frequentemente o lugar de onde se vem, o passado, e o espaço à direita das cartas, o lugar aonde se vai.

Apresentaremos primeiro as práticas de leitura com uma ou duas cartas, que servem sobretudo para nos familiarizar cotidianamente com os Arcanos, e a aprender a fazê-los ressoar entre eles. Um longo capítulo será, então, consagrado à leitura de três cartas, consideradas a "frase" de base da linguagem do Tarot.

Depois apresentaremos algumas estratégias de leitura com mais de três cartas, que podem ser desenvolvidas até que se possa ler, se assim o desejarmos, a totalidade dos 22 Arcanos maiores.

Acrescentemos que voluntariamente mesclamos, nos exemplos que apresentamos, níveis de leitura muito variados. Na verdade, o Tarot pode servir para explorar questões muito concretas, assim como para explorar a profundezas da alma, para desfazer problemas psicológicos... idealmente, um leitor de Tarot deveria poder se adaptar à questão colocada, à linguagem, à idade do consulente, e lhe responder nos termos mais apropriados à pergunta. Podemos considerar que nossa função, como tarólogos, consiste em traduzir uma mensagem vinda do inconsciente da pessoa, e lhe fazer compreender de uma maneira que ela possa usar na vida cotidiana e aplicar às suas preocupações mais vitais. A leitura deve ser feita no nível em que a pessoa se encontra: o tarólogo não deve em nenhum momento se colocar como um personagem superior. Trata-se de se colocar a serviço do consulente para lhe ser útil. Nosso único poder é de ajudar, se nos pedirem ajuda.

Além disso, não damos nenhum exemplo de leitura com cartas invertidas. É uma escolha consciente: utilizar cartas viradas de ponta-cabeça equivaleria a integrar as potencialidades negativas à leitura. Quando se leem cartas viradas assim, avançamos no negativo e passamos a criar negatividade incessantemente. É fácil ler qualquer atrocidade em qualquer carta, mas de que adianta isso? Não foi essa nossa escolha.

Por fim, demos muitas pistas para que os aspirantes a tarólogos possam ler o Tarot para si mesmos. Na verdade, a prática da leitura para si mesmo é um dos melhores meios de aprofundar o Tarot. É ao mesmo tempo a coisa mais fácil (basta ter um Tarot) e a coisa mais difícil do mundo (ser ao mesmo tempo consulente e leitor, enfrentando as próprias resistências). Mas é também uma escola formidável de aprofundamento e de humildade que nos permite entrar em contato com nossas defesas.

Na prática da leitura, todo tarólogo descobrirá pouco a pouco que sua intuição se desenvolve. Uma leitura inteira emergirá às vezes, com uma pertinência total, de um único detalhe de uma única carta. Então atingimos a arte do Tarot... Este capítulo pretende ser uma modesta introdução a essa arte.

Primeiros passos

O melhor meio de memorizar o sentido das cartas do Tarot é colocá-las em ação na nossa vida cotidiana, em relação a questões que nos tocam verdadeiramente. Antes de ler o Tarot para os outros, é bom passar um período aplicando-o a nós mesmos. Isso permite que nos familiarizemos com ele, mas também que enfrentemos paradoxos, dificuldades, incompreensões que ampliarão nosso olhar. Podemos também, como propusemos aqui, nos aliar a uma pessoa que nos sirva como consulente fictícia e faça os exercícios de leitura.

Para ler o Tarot para si mesmo, há um postulado básico: eu não me conheço no presente; portanto é essencial que eu me pergunte sobre a minha situação, sobre o meu presente.

MANIPULAR E LER O TAROT

Uma atmosfera aprazível é recomendável. Para proteger as cartas e distribuí-las com facilidade, podemos utilizar um tecido de cor única que não interfira com o desenho dos Arcanos (o roxo favorece a concentração). Embaralha-se o Tarot como um jogo normal, sem virar as cartas, para conservar sua orientação embaixo/em cima. Depois, reunindo todas as cartas em um maço, espalhamos as cartas horizontalmente com a frente para a mesa. Contrariando uma tradição tenaz, não é indispensável cortar. Pode-se cortar o maço, desde que se troque a carta que ficou embaixo no maço (ver pp. 520–1). Isso feito, escolhemos com a mão direita ou esquerda uma ou mais cartas que são dispostas, sempre viradas para baixo, segundo a estratégia de leitura escolhida. Então as viramos, fazendo-as girar para a direita, de modo que não fiquem invertidas. Podemos virar as cartas uma por uma, interpretando à medida que saem, ou virar todas de uma vez, lendo-as sinteticamente.

Exercícios com um Arcano

A cor do dia

Para tornar o Tarot presente em sua vida cotidiana, tire uma carta pela manhã dentre os Arcanos maiores e a interprete de pelo menos três maneiras diferentes. Por exemplo, no nível concreto, no nível psicológico e no nível espiritual, ou ainda no nível pessoal, no nível relacional e no nível transpessoal etc. Observe como esses três aspectos ressoam ao longo do dia. (Ver exemplo abaixo.)

Exemplos de leitura

Tiragem: O Louco

Leitura: *Nível concreto:* Muita energia. Atenção para não perder de vista meu objetivo! Talvez uma viagem ou uma expedição em vista. E se eu fizesse o trajeto a pé? *Nível psicológico:* Ares de grande liberdade sopram nesse dia. Tudo é permitido! *Nível espiritual:* Todos os caminhos são o meu caminho. Hoje, nada de definições. Como posso viver em relação ao Impensável?

O aliado

Esta tiragem consiste em evocar uma dificuldade, uma tristeza, ou um projeto que amamos e tirar uma única carta do Tarot que será o aliado necessário para nos conduzir à saúde, à alegria, ao sucesso. Depois de analisar a mensagem da carta, podemos levá-la conosco, desenhá-la, memorizá-la, colocá-la embaixo do travesseiro para dormir, esfregá-la sobre o coração, na testa etc., para absorver seu auxílio. (Ver exemplos abaixo.)

Consulente: Tenho trabalhado demais, estou esgotado. O que eu faço?

Tiragem: VIII A Justiça

Leitura: A Justiça incita a se instalar no presente, a se desfazer do inútil e se concentrar naquilo que é verdadeiramente útil e necessário. No plano psicológico, ela pode evocar um desejo de ser mimado. Por fim, ela incita a se desfazer da exigência de perfeição que está talvez na origem desse esgotamento.

Consulente: Como conservar a calma em todas as circunstâncias?

Tiragem: II A Papisa

Leitura: A mensagem poderia ser a seguinte: certifique-se de que exista um lugar para você se retirar e meditar. Isso lhe ajudará a reencontrar a calma que existe profundamente dentro de você. A leitura de palavras de sabedoria pode ajudá-lo bastante. Não se subestime: você é uma pessoa de alto valor espiritual, aja como tal. Pense nos projetos que você mais estima (o ovo d'A Papisa) e se concentre neles. Uma parte de sua irritação talvez seja só um pedido de ternura.

A leitura de palavras de sabedoria pode ajudá-lo bastante. Não se subestime: você é uma pessoa de alto valor espiritual, aja como tal. Pense nos projetos que você mais estima (o ovo d'A Papisa) e se concentre neles. Uma parte de sua irritação talvez seja só um pedido de ternura.Não se subestime: você é uma pessoa de alto valor espiritual, aja como tal. Pense nos projetos que você cultiva (o ovo d'A Papisa) e se concentre neles. Uma parte da sua dificuldade pode ser apenas um pedido de ternura.

Auscultar-se

Esta tiragem serve para conhecer melhor a si mesmo, para se fazer um auto-retrato espiritual ou emocional. Consiste em colocar ao acaso um Arcano maior sobre uma parte do corpo e perguntar: "O que há em mim neste nível?" A carta dará a resposta. (Ver exemplo abaixo.)

O que há no meu coração?

Tiragem: XVIII O Sol

Leitura: Um grande amor, a alegria, uma nova construção, meu pai, meus filhos, férias...

O que há no meu ventre?

– Um homem tira A Justiça (VIII):

Leitura: Minha mãe! Ela me fazia pratinhos deliciosos... Agora, é melhor eu emagrecer um pouco...

– Uma mulher tira O Mundo (XXI)

Leitura: Um desejo de criança! Tenho tudo o que preciso para me realizar, começo a sentir que a minha criatividade, meu aparelho reprodutor, é uma imensa riqueza. Amo minha feminilidade.

Exercício de humildade com os Arcanos maiores

Um bom tarólogo deve ser capaz de colocar em questão tudo aquilo que considera *a priori* como evidente, a começar por sua própria personalidade, suas crenças, os acontecimentos de sua vida cotidiana. Isso exige humildade e um certo senso de humor.

Este exercício consiste em tirar uma carta sobre si mesmo, sobre a situação na qual a pessoa se encontra e que ela já conhece bem. Ao praticar com os Arcanos maiores, podemos abordar todos os domínios, do mais terreno ao mais elevado. Interpretaremos o Arcano de maneira que ele se aplique perfeitamente à situação, mesmo que aparentemente sejamos confrontados por um paradoxo. (Ver exemplo na página seguinte.)

Como vai minha vida emocional?

Tiragem: X A Roda da Fortuna

Reação do consulente: "É verdade, estou terminando mesmo um ciclo agora."

Qual é o meu maior desejo no momento?

Tiragem: XVII A Estrela

Reação do consulente: "Sim, é verdade, tenho vontade de encontrar o meu lugar, sinto que tenho muito para oferecer e eu precisaria me posicionar para poder realizar essa ação."

Exercício de humildade com os Arcanos menores

O exercício de humildade é igualmente útil para entrar na leitura dos Arcanos menores.

Embaralhamos o maço de cartas e fazemos uma pergunta que possa ser respondida na vida material, sexual e criativa, emocional ou intelectual. Trata-se de "jogar o jogo" da humildade, partindo do princípio útil de que o Tarot sempre tem razão, e que se trata de interpretar positivamente aquilo que nos é dito.

Essa leitura supõe que todas as cartas nos correspondem a todo instante em um nível ou em outro do nosso ser: "Nada que é humano me é estranho". (Ver exemplos abaixo.)

Consulente: Qual é a minha principal preocupação neste momento?

Tiragem: Sete de Paus

Resposta: Que a minha força criativa entre em ação no mundo, sob a forma de um projeto novo que eu tenha concebido inteiramente sozinho.

Consulente: O que eu valorizo mais na minha vida?

Tiragem: Rei de Ouros

Resposta: O mundo da prosperidade feliz que construí com meu marido e do qual a nossa empresa é o centro.

Consulente: O que me dá mais medo?

Tiragem: Cinco de Espadas

Resposta: A agressão e a dominação verbais dos falsos mestres, professores sem coração e políticos mentirosos.

Quais são meus limites?

Uma carta pode também ser indicadora das nossas dificuldades em cada centro: intelectual, emocional, sexual-criativo e material. Para sabê-las, tiramos uma carta para aplicar em um centro escolhido em particular, ou ainda aplicando sucessivamente uma mesma carta a todos os centros. Nos exemplos da leitura seguindo esta estratégia, estudaremos O Imperador como limite em todos os centros, com outros exemplos que variam segundo cada centro. (Ver exemplos na página seguinte.)

EXERCÍCIO COM UM ARCANO:
"QUAIS SÃO MEUS LIMITES?"
EXEMPLOS DE LEITURA

Meus limites intelectuais?

Tiragem: IIII O Imperador
Resposta: O racionalismo obtuso me fecha. Recuso tudo que não for quadrado.

Tiragem: O Louco
Resposta: Não tenho limites. Eu me expando. Preciso adotar uma posição mais racional, preciso enquadrar meu pensamento.

Tiragem: VIII A Justiça
Resposta: Meu limite é a rigidez. Não imagino um ponto de vista, uma forma de pensar, capaz de superar aquilo que eu conheço hoje em dia.

Tiragem: III A Imperatriz
Resposta: Eu me entrego aos devaneios, corro o risco de cair no fanatismo. Meu intelecto é romântico demais!

Meus limites emocionais?

Tiragem: IIII O Imperador
Resposta: *Uma consulente:* Sou masculina demais, ou muito marcada pelo amor que tenho pelo meu pai, e incapaz de substituí-lo por outro. *Um consulente:* Tenho muita autoridade, não muita indulgência. Não conheço o caminho do coração.

Tiragem: XV O Diabo
Eu sou muito possessivo(a).

Tiragem: X A Roda da Fortuna
Resposta: Dificilmente imagino uma nova relação, talvez eu devesse conseguir encerrar um ciclo, ou aceitar considerá-lo encerrado.

Meus limites sexuais ou criativos?

Tiragem: IIII O Imperador
Resposta: Minha sexualidade ou minha criatividade é rotineira, repetitiva. Será que estou me entediando?

Tiragem: VII O Carro
Resposta: *Uma consulente:* Sofro de "donjuanismo"... Será que sou uma ninfomaníaca reprimida? Ou será que tenho a ideia louca de que para criar é preciso ser homem? *Um consulente:* O desejo da conquista vem antes do desejo propriamente dito; eu deveria saber distinguir quantidade e qualidade... *Um artista:* O desejo de reconhecimento vem antes do prazer criativo.

Tiragem: VIII A Justiça
Resposta: Uma figura materna me impede de chegar à criatividade. Talvez meu desejo sexual se limite ao desejo de ter um filho.

Tiragem: XIIII Temperança
Resposta: Eu me acho um anjo, recusando a força da minha libido.

Meus limites emocionais?

Tiragem: IIII O Imperador
Resposta: E me recuso a investir ou a crescer. Meu corpo ainda está sob a influência do pai, e minha vida material não conhece a noção de investimento.

Tiragem: II A Papisa
Resposta: Não me mexo o suficiente!

Tiragem: VIIII O Eremita
Resposta: Eu me vejo como um ser fatalmente velho, só e pobre. Não concebo a abundância.

EXERCÍCIOS COM DOIS ARCANOS: "VANTAGEM-INCONVENIÊNCIA, FORÇA-FRAQUEZA"
EXEMPLOS DE LEITURA

Consulente: Moro na cidade e gostaria de mudar para um lugar menos poluído, em pleno campo.
Vantagem: VI O Namorado
Leitura: A vida longe da cidade corresponde a um desejo profundo, a alguma coisa que você ama. A sua vida emocional (a dois, em família) poderia ganhar muito com isso. Seus filhos cresceriam em um ambiente mais feliz, mais aprazível.
Inconveniência: XVIII A Lua
Leitura: É possível que você se ressinta da solidão, inclusive temores noturnos, por exemplo, se você decidir morar em um lugar muito isolado.

Consulente: Gostaria de trabalhar meio período.
Vantagem: O Louco
Leitura: Você está livre! Você poderá colocar sua energia a serviço de uma série de coisas, você ainda nem sabe quais, mas se sente cheio de ímpeto.
Inconveniência: XII O Enforcado
Leitura: Vendo seus bolsos virados para baixo, podemos nos perguntar se você possui as bases financeiras para essa redução de tempo de trabalho. Cuidado também para não se tornar inativo.

Consulente: Este ano passaremos as festas com a família.
Vantagem: XVI A Torre
Leitura: Uma grande alegria espera por você. A verdadeira festa é com muita gente.
Inconveniência: V O Papa
Leitura: Cuidado com a comunicação... Uma palavra infeliz pode estragar uma noite inteira... Existe algum personagem masculino na família cuja autoridade você receie, um pai, um avô?

Exercícios com dois Arcanos
Vantagem-inconveniência, força-fraqueza

Para uma determinada situação, uma decisão tomada, alguma coisa sobre a qual você tenha dúvidas, tire duas cartas: uma representa a vantagem, os pontos fortes da sua situação ou da sua decisão, a outra a inconveniência, as fraquezas, os eventuais perigos que esperam por você. (Exemplos na página ao lado.)

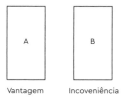

O conflito
Esta estratégia de leitura é dinâmica. Ela consiste em colocar uma carta virada com a frente para a mesa e cruzar por cima uma segunda carta. A primeira carta representa o desejo, a situação em que nos encontramos; a segunda carta representa o conflito, o obstáculo, aquilo que nos impede de avançar. A partir daí, fazemos duas leituras. A primeira se efetua quando a carta do conflito está sobre a outra, portanto, vitoriosa; nesta configuração, o conflito, o obstáculo parece insolúvel. A segunda leitura se efetua depois de colocada a carta do conflito, do obstáculo embaixo da carta que representa a situação, o desejo; esta configuração indica a superação do conflito, do obstáculo. (Exemplos na página seguinte.)

EXERCÍCIOS COM DOIS ARCANOS: "O CONFLITO"
EXEMPLOS DE LEITURA

Estratégia explicada à página 489

Leitura 1

Leitura 2

Consulente: Uma roteirista com dificuldades para começar a escrever um projeto que lhe foi confiado.
Situação: XI A Força
Conflito: III A Imperatriz
Leitura 1: Com o XI, você procura começar alguma coisa a partir da própria força criativa ou instintiva. Mas o III a cruza: você percebe sua criatividade como um obstáculo porque não sabe aonde vai, isso a angustia. Sendo o 3 menor que o 11, você tem medo de lhe faltar experiência, ou sente que sua inspiração é superficial, muito juvenil. Aqui, A Imperatriz fecha a boca do leão do XI: A Força não pode começar aquilo que deve começar. É uma falta de confiança em si mesma. A adolescente predomina psiquicamente sobre a mulher experiente.
Leitura 2: Se A Imperatriz passa por trás d'A Força, a situação muda: você se apoia na energia adolescente e na explosão d'A Imperatriz para começar corajosamente seu trabalho. A Força retoma o sentido de sua maturidade: sem dúvida, ela representa um início, mas já tem atrás de si os dez primeiros Arcanos maiores. A Imperatriz simboliza aqui a criatividade posta decididamente a serviço de um projeto novo.

Leitura 1

Leitura 2

Consulente: Quero mudar de vida...
Desejo: XIII O Arcano sem nome
Obstáculo: XVIIII O Sol
Leitura 1: Você está em uma grande dinâmica de mudanças. Você deseja revolucionar sua vida, fazer uma grande mudança e recomeçar sobre novas bases (XIII). Mas, com O Sol, parece que uma construção precedente lhe impede. Você está preso a alguma concepção de casamento, de família? Algo ligado à infância? Seria uma busca do pai ideal?
Leitura 2: O Sol, como projeto de uma vida nova, modera o ardor destrutivo do Arcano XIII e canaliza sua ação para um objetivo cheio de amor.

A carta favorita e a carta menos amada

Comece escolhendo do maço dos Arcanos maiores a carta que você mais gosta e a carta que você menos gosta. Observe-as e defina o que mais lhe atrai ou repele em cada uma. Para cada carta, retire uma carta que lhe permita aprofundar a sua relação com ela.

Exemplos de leitura

Carta favorita: XVII A Estrela. Eu amo a imagem dessa mulher bonita em um paraíso com calor, nua, generosa. Posso facilmente me identificar com ela. É o ideal da minha vida... Infelizmente, não me sinto assim todos os dias.

Carta menos amada: XII O Enforcado. Esta carta evoca um suplício, apesar da expressão calma do rosto do personagem. É uma carta vazia, não tem mais ninguém. Não gosto da ideia de ele ficar parado.

Tiragem: A consulente cobre a carta d'A Estrela: VIII A Justiça.
Leitura: É aqui e agora, no presente da sua encarnação, que a sua Estrela se manifesta. Você está unida a ela, mesmo quando está em uma situação social, de trabalho, com a tarefa de pesar, julgar, agir em uma realidade menos idílica. Você é A Estrela! Não duvide mais disso! Dê a si mesma aquilo que você merece.

Tiragem: A consulente cobre a carta d'O Enforcado: XVI A Torre
Leitura: Veja esses personagens que também estão de ponta-cabeça. Eles lhe indicam o futuro daquela paralisia que você tanto questiona. O Enforcado apenas se prepara para uma saída feliz, para um nascimento. Seu destino é a abertura, a alegria. Tudo aquilo que está fechado em você pode se exprimir. Talvez você devesse trabalhar sobre as circunstâncias da sua gestação e do seu nascimento para melhor compreender aquilo que lhe inquieta na atitude d'O Enforcado. Será que você tem uma cólera acumulada?

Carta favorita: XIII O Arcano sem nome. É a minha favorita porque ela causa medo nos outros mas não em mim: não tenho medo da transformação, eu a amo. Sou um cômodo vazio em uma casa sem dono.

Carta menos amada: XXI O Mundo. É uma carta final, já realizada, que tem tudo. Não há mais nada a fazer em seguida.

Tiragem: O consulente cobre a carta d'O Mundo: XVIII A Lua.

Leitura: Desenvolva a sua receptividade e você descobrirá que mesmo na perfeição, a vida continua: na contemplação da beleza do mundo.

Exercícios com um, dois e mais Arcanos

Uma vez que nos familiarizamos com os exercícios de interpretação, a melhor maneira de passar à leitura propriamente dita consiste em enriquecer a interpretação de uma carta a partir de outra ou de várias outras. Entramos, assim, na dinâmica relacional entre Arcanos que constitui a própria essência da leitura.

Explicar uma carta a partir de outra ou de outras cartas

Escolhemos uma carta que desejamos aprofundar o significado. Evidentemente, essa leitura será ao mesmo tempo "objetiva" (estudo dos elementos da carta escolhida), "subjetiva" e "projetiva" (o que eu vejo nessa carta?).

Exemplos de leitura
VI O Namorado
Questão: Que união O Namorado exprime?

Tiragem: Uma carta correspondente a cada um dos três personagens d'O Namorado: O Louco, XIIII Temperança, XV O Diabo.

Resposta: O Namorado exprime a união dos inconciliáveis: a energia inicial, o anjo e o demônio! É a inversão da moral imposta pela cultura judaico-cristã. O gostar (amar ou fazer o que se gosta) permite essa revolução.

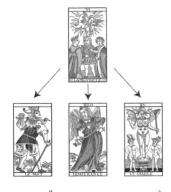

VIII A Justiça
Questão: O que A Justiça corta?

Tiragem: Uma carta correspondente à espada. Aqui: VI O Namorado.

Resposta: Ela corta os conflitos emocionais que lhe fazem perder tempo, talvez relações sociais abusivas...

Pergunta: O que A Justiça pesa?

Tiragem: O consulente tira duas cartas correspondentes a cada prato da balança. Aqui: XI A Força e XX O Julgamento.

Resposta: O equilíbrio entre sua energia sexual instintiva e o chamado espiritual.

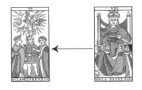

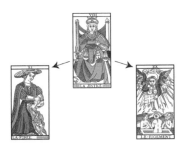

XIIII Temperança

Esta carta simboliza a mescla harmoniosa de entidades distintas.

Pergunta: Como realizar essa união?

Tiragem: O consulente tira uma carta para simbolizar o fluxo entre os dois vasos, a união: XVIII A Lua.

Resposta: Pela intuição, escutando atentamente a si mesmo. É hora de deixar de negar a si mesmo, de aceitar as mensagens que vêm do fundo do nosso inconsciente, a poesia, a receptividade, a imensidão interior.

I O Mago

Pergunta: O que ele tem em sua mesa?

Tiragem: VIIII O Eremita

Resposta: Sob a aparente disparidade de elementos, O Mago possui a sabedoria: talvez a herança de um pai, de um guia, de um avô.

O processo de questionamento de um Arcano pode continuar:

Pergunta: E o que há embaixo da mesa d'O Mago?

Tiragem: VII O Carro

Resposta: Existe uma imensa capacidade de agir, desde que se entre em contato com o que há "embaixo da mesa", que em O Carro corresponde aos dois cavalos: força interior, animalidade, criatividade.

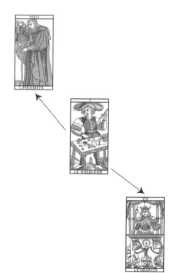

Introdução à translação

Tire duas cartas ao acaso e observe os detalhes que se repetem ou se transformam de uma para outra: cores, objetos, formas, direção dos olhares... A interpretação poderá variar conforme a ordem em que as cartas forem tiradas.

Exemplos de leitura

Tiragem: VII O Carro, VIII A Justiça

Translação: A translação nos indica que O Carro tem dois cavalos e um cetro, símbolo de poder. A Justiça, por sua vez, tem dois pratos e uma espada, uma arma. A Justiça impõe sua vontade ao mundo, enquanto O Carro aceita se deixar levar por aquilo que o mundo quer: seus cavalos não têm rédeas. A coroa d'O Carro é receptiva, aberta em cima, a d'A Justiça é projetiva, dá mostras de uma inteligência ativa.

Os dois cavalos d'O Carro, os dois pratos d'A Justiça; a coroa d'O Carro e a coroa d'A Justiça.

Leitura: Em uma leitura muito concreta, poderíamos dizer que O Carro busca escapar d'A Justiça, talvez também da influência da mãe, ou de uma ideia de perfeição excessiva.

Tiragem: I O Mago, XVIIII O Sol.

Leitura: Em uma leitura bastante concreta, poderíamos dizer que na mão d'O Mago poderia haver uma representação do Sol em miniatura. Sempre nessa ordem, poderíamos dizer que o jovem do Arcano I "pega o sol com a mão": ele assume seu próprio sucesso, ou utiliza a influência do pai, de um homem que

A bolinha amarela d'O Mago se torna o Sol.

o sustenta. Ele pode, então, absorver essa energia que o reforça.

Leitura: Ordem XVIIII-I: nesta configuração, o círculo amarelo pode ser visto como uma redução: um sol se torna uma espécie de moeda. Poderíamos dizer que O Mago manipula essa força de maneira redutora ou desonesta. Poderia se tratar de um escroque, ou ainda de um "filhinho de papai" que não sabe o valor do dinheiro e o esbanja...

O valor do Sol se reduz.

Tiragem: XI A Força, XVIIII O Sol
Translação: Estas cartas mostram um ser mais espiritual agir sobre (ou em colaboração com) um outro ser mais animal. Em A Força, a mulher está com as mãos postas na boca do leão, poderíamos dizer que ela tenta controlá-lo, talvez para que se cale. Em O Sol, um personagem marcado por três pontos (ver pp. 233, 257 ss.) guia outro personagem semelhante, mas que possui uma pequena cauda que parece indicar sua ligação com a animalidade (ver pp. 257 ss.)

O ser espiritual d'A Força age sobre o ser animal que é o leão; o ser espiritual do Sol (à nossa direita, marcado com três pontos) guia um ser mais animal (à nossa esquerda, com uma pequena cauda).

Leitura: Poderíamos dizer que a busca que começa em A Força realiza a construção de uma nova vida em O Sol. Uma pessoa entrou em contato com sua criatividade, seu eu profundo, seu inconsciente, mas ainda se sente diferente dessa entidade vista como um animal. Em O Sol, as duas instâncias do ser colaboram como duas entidades gêmeas, a pessoa está em pleno acordo consigo mesma, e para levar a cabo as mudanças profundas da nova vida, a parte espiritual da nossa vida se torna um guia interior no qual confiamos plenamente.

EXERCÍCIOS COM UM(A) PARECEIRO(A): PERGUNTAS À TEMPERANÇA

– Por que você tem duas serpentes entrelaçadas aos seus pés?

Porque eu assumi todas as energias da Terra. Essas duas serpentes são a energia sexual, o masculino e o feminino que se entrelaçam em mim e se sublimam nas minhas asas azuis. Eu os protejo tanto na Terra como no Céu.

– Por que você derrama o conteúdo de um vaso no outro?

Eu faço comunicar as energias, os fluidos. Pela minha ação, não há mais energias opostas, não existem contrários, mas apenas complementares. É o segredo do equilíbrio.

– Qual é o significado dos signos geométricos que você tem no peito?

Os quatro pequenos triângulos amarelos no meu peito representam os quatro centros do ser humano: o intelecto, o centro emocional, o centro sexual e criativo e o domínio corporal. Esses centros não se comunicam entre eles, eles são justapostos, cada um com sua lei própria. Mas por cima, o círculo amarelo onde se inscreve um triângulo entre eles representa a quintessência, o ser essencial que há em cada um de vocês, e que se comunica com cada um dos quatro centros, permitindo a harmonia do ser humano.

– Como a sua presença se manifesta na minha vida?

Quando eu chego, um perfume maravilhoso se desprende. Tenho uma flor vermelha no alto da cabeça, que indica que meus pensamentos são perfumados. Em mim, as ideias se manifestam não sob a forma de palavras, mas como um perfume.

– Por que os seus olhos são amarelos?

Porque o meu espírito é pura luz. Sou tudo aquilo que vejo.

Exercícios com um(a) parceiro(a)

Perguntas e respostas

Um dos dois participantes escolhe um Arcano a fim de lhe fazer uma série de perguntas. O segundo participante toma a palavra em nome do Arcano e responde conforme sua intuição lhe sugerir. Muito útil para os estudantes do Tarot, este exercício permite ampliar a compreensão das cartas. (Ver o exemplo na página anterior.)

A conversa tarológica ou Tarot do pôquer

Os dois parceiros tiram cada um cinco cartas ao acaso, que colocam lado a lado, no sentido da leitura. O primeiro abre as suas cinco uma por uma e faz uma pergunta por carta. O segundo lhe responde abrindo as suas próprias cinco outras cartas uma por uma. Depois, cada um tira mais cinco cartas do maço e invertem os papeis.

A pergunta pode abordar o sentido da vida em geral, problemas que dizem respeito à pessoa que pergunta, ou ainda a relação que liga os dois parceiros, se eles já se conhecem bem.

Esse exercício de leitura é excelente para desenvolver a interpretação pessoal dos Arcanos do Tarot e o diálogo. (Ver exemplo abaixo.)

Exemplos de leitura

— **VIIII O Eremita**: Aonde leva a crise que estou vivendo?

— **O Louco**: À tua liberdade!

— **VIII A Justiça**: O processo em que estou implicada pode me trazer algum dinheiro?

— **XV O Diabo**: Sim, muito!

— **XI A Força**: Estou iniciando uma atividade. Será que terei força para conseguir?

— **X A Roda da Fortuna**: Sim, com ajuda de uma pessoa externa (a manivela da roda).

— **I O Mago:** O que eu poderia começar aqui e agora mesmo?

— **XXI O Mundo:** Você pode começar entrando em contato permanente com as quatro dimensões de si mesmo: a sua capacidade de ser, de amar, de criar e de viver.

— **XIII O Arcano sem nome:** O que devo transformar na minha vida agora?

— **III A Imperatriz:** Você deve entrar em contato com a sua criatividade, com o seu entusiasmo, com os seus sonhos de adolescente!

O Tarot do pôquer (variante)

Uma variante do Tarot do pôquer pode ser jogada entre um consulente e um tarólogo já experiente. O consulente fará a cada uma das cinco cartas uma pergunta que traga dentro de si, conforme seu conhecimento prévio do Tarot ou conforme aquilo que os desenhos lhe inspiram. O tarólogo organizará suas próprias cartas começando por aquela que apresente mais problemas até a que oferece a maior realização, para guiar a resposta em direção a um processo de evolução. Inicia-se, assim, uma espécie de "tauromaquia positiva" em que o consulente expõe sua dificuldade e em que o tarólogo lhe propõe respostas que o ajudem. O trabalho do tarólogo consiste em organizar seu material de respostas para ajudar o consulente a desenhar uma evolução positiva. (Exemplo abaixo.)

Exemplos de leitura

Consulente: Ela recentemente perdeu a mãe.

— **VIIII O Eremita.** *A que devo renunciar?*

— **XIII O Arcano sem nome:** A se aferrar a algo que se destrói.

— **XII O Enforcado:** *Que ponto de vista novo devo adotar?*

— **XV O Diabo:** Viver a sua paixão criadora.

— **XI A Força:** *Por quais meios?*

— **V O Papa:** Pelo ensino.

— **IIII O Imperador:** *Por esse meio obterei a paz?*

— **XVII A Estrela:** Por esse meio você chegará à paz se parar de exigir e passar a se dedicar a doar.

— **VIII A Justiça:** *Que outra mãe posso encontrar?*

— **XXI O Mundo:** O cosmos.

Ler três cartas

A partir de três cartas, podemos considerar que o trabalho de leitura propriamente dito começa: é a estrutura mais simples, a "frase" de base que oferece possibilidades quase infinitas. As estratégias de leitura com três cartas são numerosas. Podemos escolher utilizar estruturas em que as três cartas representem três elementos preestabelecidos: passado, presente, futuro, por exemplo. Mas, pouco a pouco, a arte da leitura se desprende dessas estruturas rígidas, e aprendemos a nos deixar orientar pelos detalhes, que unem ou opõem as cartas: símbolos, direção dos movimentos ou dos olhares dos personagens, valor numérico dos Arcanos escolhidos... A leitura de três cartas é uma arte que o estudante do Tarot nunca termina de aprofundar.

Para se iniciar na leitura de três cartas, podemos escolher entre três direções, da mais simples à mais elaborada:

• Escolher de antemão uma estratégia;

• Adaptar a estratégia de leitura à questão colocada;

• Determinar a estratégia de leitura assim que as cartas forem tiradas, segundo o desenho ou o valor numérico, apoiando-se particularmente nos elementos recorrentes de uma carta para outra (símbolos e cores) e na direção dos olhares dos personagens.

Podemos também levar em conta a maneira como o consulente dispõe fisicamente as três cartas na mesa. Se a ordem das cartas é neutra, se estão alinhadas horizontalmente com espaço constante entre elas, isso pode indicar que a pessoa é equilibrada, ordeira, e que sua pergunta foi colocada serenamente, ou com uma vontade de controlar os acontecimentos. Se o consulente dispõe as cartas em um desenho ascendente, poderíamos aí decifrar uma tendência otimista, ao passo que se a linha é descendente, seria bom interrogá-lo para compreender o que motiva seu pessimismo. Se as duas primeiras cartas estão juntas, e a terceira afastada, ou o contrário, a estratégia de leitura será modificada: deve haver uma união entre os dois elementos e um sentimento de isolamento em relação ao terceiro elemento.

Se, em vez de na vertical, as cartas estiverem inclinadas para a frente, isso pode indicar um ímpeto nascido de uma decisão mental de ir em frente. Quando as cartas estão inclinadas para trás, podemos imaginar que o consulente não tem vontade de avançar, ou que avança contra sua vontade. Todas essas interpretações são dadas, bem entendido, a título de ilustração, e devem sobretudo envolver o tarólogo em um diálogo, mais do que serem tomadas como indícios definitivos.

Por fim, a partir da leitura de três cartas, podemos sempre tirar uma ou mais cartas suplementares para esclarecer a situação, especificar uma dúvida, ver como um bloqueio pode ser superado ou como as transformações se estabilizam. Se o Tarot parece evocar uma dificuldade, não há motivo para permanecer nela. Podemos nos perguntar qual será a origem e como ela pode ser resolvida. O tarólogo deve ser um aliado para o consulente, sem excesso de previsões, de julgamentos ou de diagnósticos. Se consideramos que o Tarot nos passa uma mensagem vinda do inconsciente, nosso trabalho, como leitores, é traduzir da melhor maneira essa mensagem para permitir que a pessoa avance em uma direção útil, em direção à solução de conflitos, no caminho da realização e do progresso, em direção à alegria, à criatividade, à paz, à prosperidade.

Ler com uma estratégia preestabelecida

A leitura com três cartas é ao mesmo tempo simples e muito rica, praticamente inesgotável. No entanto, é possível separar as estratégias de leitura já estruturadas que, em um primeiro momento, permitem que a "frase" escolhida pelo consulente faça sentido.

A primeira dificuldade com a qual o tarólogo se confronta reside na crença de que o Tarot serve para predizer o futuro. Ora, a tarologia, ao contrário da cartomancia, consiste não em determinar hipotéticos acontecimentos futuros, mas em responder a uma pergunta, da maneira mais útil possível, apoiando-se em imagens ricas em símbolos. Para fazê-lo, é preciso que se realize a leitura do Tarot em um quadro: é aí que a estratégia de leitura vem em nosso auxílio. Ela dá o sentido da interpretação, como o lado do campo (como no futebol ou no xadrez, por exemplo) dá orientação ao jogo. A estratégia é decidida pelo leitor, seja de antemão, seja após a visão das cartas. O número de estratégias é potencialmente infinito.

Eis aqui cinco estratégias de leitura muito simples, com três cartas, classificadas pela ordem da mais linear à mais psicológica. Em todos os exemplos, as cartas são designadas respectivamente por A, B e C. As respostas dadas na leitura são aqui voluntariamente cotidianas e simples. Podemos evidentemente elaborar respostas mais profundas, tendo como referência os textos sobre os Arcanos maiores, mas na falta de um consulente real, o processo de leitura é apresentado aqui sob a forma mais acessível.

Estratégia 1
Aspectos passado, presente e futuro em uma situação

A, B e C representam respectivamente o passado, o presente e aquilo que se prepara no futuro. (Ver exemplo na página 505.)

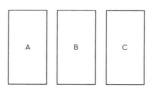

Estratégia 2
Início, desenvolvimento, resultado

Neste desenvolvimento cronológico, A é um início que se desenvolve em B e C. (Ver exemplo na página seguinte.)

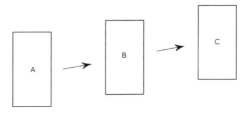

Estratégia 3
Os motivos da situação presente

O início é em C, e revisamos o que foi preciso fazer para ali se chegar. (Ver exemplo na página seguinte.)

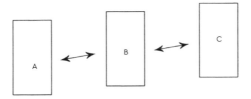

Exemplos de leitura
Presente, passado e futuro de uma situação

Consulente: Será que finalmente conseguirei tirar minha carteira de habilitação?

Tiragem: A: VII O Carro; B: XIII O Arcano sem nome, C: XVIII O Sol

Leitura: No passado, você já tentou fazer esse exame sem sucesso (o príncipe conduz um veículo em O Carro). Mas hoje em dia você mudou (XIII, a transformação). Talvez você tenha adquirido a consciência do perigo necessária aos bons motoristas. No futuro, você vai se preparar para a prova com sucesso (O Sol), desde que considere o examinador um aliado e não um inimigo...

Estratégia 1

A: aspecto passado da situação
B: aspecto presente da situação
C: aspecto futuro da situação

Início, desenvolvimento e resultado

Consulente: Como posso ajudar minha filha nessa situação difícil? (É uma adolescente tímida, em situação de fracasso escolar.)
Tiragem: A: XVIII A Lua, B: XVI A Torre, C: XVIIII O Sol
Leitura: Você é a mãe dela, o modelo feminino dela, a referência essencial, e a sua filha está precisamente na idade em que toma consciência de sua feminilidade (A Lua). Ela precisa de alegria, de festa, de ver novas paisagens (A Torre): permita que ela ponha alegria na própria vida. Por fim, o papel do pai ou o arquétipo paterno é importante (O Sol), pois é também o olhar dele que permitirá que sua filha cresça. Ou então, O Sol pode incitar você a sair em férias com a família...

Estratégia 2

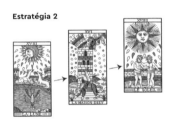

A: início
B: desenvolvimento
C: resultado

Os motivos da situação

Consulente: De onde vem o conflito com meu sócio na empresa?
Tiragem: A: IIII O Imperador, B: VIIII O Eremita, C: O Mago
Leitura: Hoje você se encontra confrontado com uma escolha a ser feita: alguém lhe deve dinheiro (O Mago tem uma moeda de ouro na mão), em todo caso a solução do problema não está em

Estratégia 3

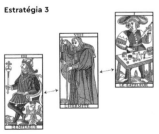

A e B: o que foi preciso fazer ou o que se produziu para que a situação ocorresse.
C: a situação

INFLUÊNCIAS ATIVAS E RECEPTIVAS

ESTRATÉGIA 4 • O trio familiar

Consulente: Por que tenho tanta dificldade para engravidar?

Leitura: Você é representada pel'A Roda da Fortuna, que sinaliza um bloqueio no presente ligado a um enigma emocional (a esfinge). A sua fecundidade não está em questão, mas você ainda é prisioneira das contradições dos seus pais. O seu pai (A Papisa) parece muito marcado pela própria mãe, uma mulher idealizada que talvez tenha transmitido a ele um ideal religioso ou intelectual. Para satisfazê-lo, você tende a se comportar como um espírito puro, negando o próprio corpo e a própria capacidade de procriar. A sua mãe (O Namorado) parece presa a um conflito emocional: será que a sogra interveio excessivamente no casamento (os personagens d'O Namorado representam, então, o casal e a sogra, na extrema esquerda)? Que tipo de visão do amor, da maternidade, do feminino, essa situação transmitiu a você? De que maneira essa visão pode freá-la em seu desejo de ser mãe?

ESTRATÉGIA 5 • As forças agentes (caso 1)

Consulente: Como colaborar com minha esposa para levar adiante nosso projeto de uma pousada no campo?

Leitura: O projeto é conduzido por um impulso (O Louco). Sua esposa é capaz de agir com muita força e determinação (O Carro). Você representa sobretudo as forças do equilíbrio e da moderação, ambas também necessárias à boa condução do projeto (Temperança).

(caso 2)

Consulente: O que me impede de escrever poesia?

Leitura: Você ama infinitamente a poesia (O Namorado). É uma vocação e uma alegria para você. Mas no momento a sua musa está em crise (VIIII). Talvez você se sinta sozinho, mal-amado, insuficientemente reconhecido. Pode-se dizer que você simplesmente está se preparando para um novo impulso criativo, pois O Eremita pode significar também uma crise positiva. Em todo caso, o fato de retardar a ação (Temperança, do lado ativo) não lhe ajuda. Você talvez devesse escrever ainda que uma linha por dia, mesmo que não se sinta inspirado... Pois a paciência e a inação não são suas aliadas.

suas mãos. Não tenha dúvida: você dispõe dos recursos para começar a sanar a situação. O conflito vem do fato de que o seu sócio e você não têm os mesmos valores, nem os mesmos recursos: embora você seja um homem espiritualmente rico, mas menos poderoso financeiramente (O Eremita), você tem negócios com alguém muito mais materialista (O Imperador) cujos objetivos não privilegiam a colaboração com você (O Imperador vira as costas para O Eremita).

Estratégia 4
O trio familiar e sua influência sobre o consulente

Assim como os personagens d'O Julgamento (XX), as cartas representarão nessa ordem a mãe, a criança e o pai. (Exemplo abaixo.)

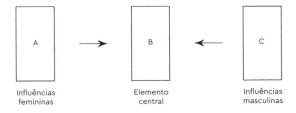

Estratégia 5
As forças agentes: recepção-ação

Na mesma ordem de ideias, mas em um plano mais simbólico, podemos decidir que as cartas representam a união entre forças receptivas e ativas, doando sua energia para uma obra comum.

(Para as duas cartas seguintes, ver exemplos abaixo.)

Caso 1: A união pode ser harmoniosa: união de A e C por um resultado B que eleve o consulente ou projeto comum.

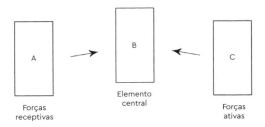

CINCO ESTRATÉGIAS EM TORNO DE UMA PERGUNTA

Eis como as cinco estratégias que estudamos nas páginas precedentes nos permitem responder com nuances diferentes à mesma pergunta. Podemos começar esquematizando muito simplesmente as forças presentes nas cartas A, B e C, utilizando uma ou duas palavras-chave por Arcano. Podemos depois detalhar ou combinar as observações feitas segundo cada estratégia, dialogando com o consulente para alcançar a resposta que o ajude mais.

Pergunta: A pessoa em quem estou pensando é digna de ser meu professor?
Tiragem: A: O Louco. B: IIII O Imperador. C: XVIIII O Sol
Palavras-chave: O Louco: energia, ímpeto. O Imperador: potência, estabilidade, espírito racional.
O Sol: união, realização, pai ideal, nova construção.

Estratégia 1 (passado, presente, futuro): Você dedicou muita energia no passado a essa busca (A). Hoje em dia, você está em plena posse do seu espírito racional, e você tem o poder de julgar o que é bom para você (B). Mas você sente que no futuro será preciso, como o personagem da esquerda d'O Sol, aceitar a ajuda de um ser espiritual, que já superou o racional, para conhecer novas regiões do seu espírito (C).

Estratégia 2 (início, desenvolvimento, resultado): Você faz o gesto de ir em frente (A), em direção a um homem de poder (B), e você realiza com ele uma união espiritual (C).

Estratégia 3 (motivos da situação): Você já encontrou e escolheu seu mestre (C). Isso exige de você uma determinação enérgica (A) e a aceitação de sua potência (B).

Estratégia 4 (o trio familiar): Você é uma pessoa estável (B). Sua mãe talvez fosse um pouco desorganizada (A) e seu pai, um modelo ideal (C). É ao mesmo tempo o motivo pelo qual você está em busca de um mestre (que supra a desorganização materna), e pelo qual você duvida dele (ele não pode igualar o pai).

Estratégia 5 (as forças agentes):
(caso 1)
Você pode unir em si a ordem d'O Sol (C) e o caos d'O Louco (A) para conquistar a potência e o equilíbrio que deseja. O mestre está acima de tudo em você mesmo, um professor externo pode orientá-lo no caminho de seu próprio valor.

(caso 2)
Cuidado para não pôr em conflito essas duas forças que acabamos de evocar (A, loucura e C, sabedoria). Pois sob pretexto de entrar em conflito com o mestre, você entraria em conflito com sua parte feminina, que você não tolera (representada pel'O Louco, influência materna).

Caso 2: A união pode também ser desarmoniosa, inclusive perigosa: as cartas A e C correm o risco de rebaixar o consulente em B.

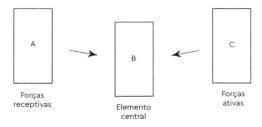

As possibilidades de ação do consulente

Estratégia de leitura e trabalho sobre a pergunta

O exemplo precedente nos mostra que a todo momento temos diversas estratégias possíveis para ler três cartas. Quando não se é mais prisioneiro da necessidade de encontrar a resposta certa, a leitura do Tarot se torna uma conversa terapêutica. Com a concordância do consulente e a partir de uma estratégia de leitura determinada, podemos trabalhar a formulação da pergunta.

As exigências dos consulentes exprimem frequentemente uma angústia em relação ao futuro: "Tal coisa terá sucesso?", "Os meus desejos se realizarão?", "Essa pessoa me ama?". Não

QUANDO PERGUNTAR AO TAROT NOS TORNA AUTORES E ATORES DA PRÓPRIA EXISTÊNCIA

Consulente: A primeira pergunta é: o que vai acontecer no meu trabalho?
Tiragem: A: XVIIII O Sol. B: XIII O Arcano sem nome. C: VIII A Justiça

ESTRATÉGIA 1
Evolução de uma situação

Seguindo esta estratégia, trabalhamos no sentido de reorientar e reformular a pergunta. Ela se torna:
Pergunta: Que tipo de evolução eu vejo se configurar no meu trabalho?
Leitura: No passado (A), você foi feliz e satisfeita com o trabalho, mas o trabalho correspondia a um domínio masculino, ou talvez à ambição social inculcada pelo pai. Atualmente (B), você está em busca de uma transformação, pois no futuro (C) você preferirá (e vai se preparar para encontrar) uma atividade que corresponda mais profundamente à sua natureza feminina. Você precisa se doar para aquilo que você merece: talvez um trabalho mais gratificante ou que faça justiça a um talento até então inexplorado.

ESTRATÉGIA 2
Ler como uma frase

Seguindo essa estratégia, a pergunta se torna:
Pergunta: O que estou fazendo, o que posso fazer, no meu trabalho?
Leitura: A (sujeito): O Sol simboliza aqui a consulente, um sujeito em busca de uma passagem, de uma mutação espiritual que a separe do passado e lhe permita empreender uma nova construção. B (verbo, ação): Com o Arcano sem nome, esta nova construção necessita de uma transformação radical. Mas se trata de transformar o quê? C (complemento): O Arcano VIII nos fornece a resposta: é preciso se desfazer de uma certa ideia de perfeição. Esse perfeccionismo foi inculcado pela mãe, ou pela imagem que a árvore genealógica faz do papel da mulher. A consulente, representada pel'O Sol, integra valores positivos que lhe permitem empreender uma mutação (Arcano sem nome) para encontrar sua verdadeira natureza feminina e seu equilíbrio pessoal (A Justiça).
Resumo: A leitura pode ser resumida da seguinte maneira: você está em um momento de transição importante, em busca do seu ser verdadeiro. Isso se traduz pela necessidade de transformar sua atitude submissa diante das autoridades e de reencontrar o sentido do seu valor profundo.

podemos responder a tais perguntas, pois isso equivaleria a prever o futuro. Mas podemos reformular de maneira que permita ao consulente voltar a ser senhor do próprio destino: "O que posso fazer para que tal coisa tenha sucesso?", "Em que direção trabalhar, o que posso modificar para que o meu desejo se realize?", "Qual é a natureza da relação que me liga a essa pessoa?". Quando as perguntas são postas dessa maneira, elas incluem o consulente como sujeito ativo da própria vida, e não como joguete de um destino todo-poderoso.

Eis aqui duas estratégias de leitura para uma mesma tiragem de três cartas. Essa escolha permitirá determinar quais são as forças presentes para o benefício da pessoa que faz a pergunta.

Estratégia 1
Evolução de uma situação

Em vez de perguntar sobre "o que vai acontecer", podemos reorientar a questão, concentrando-nos na noção de evolução. Esta leitura, do tipo "passado-presente-futuro", esclarecerá a maneira como o consulente viveu o trabalho até recentemente (carta A), sua atitude na situação presente (carta B) e a evolução que ela visa em um futuro próximo, assim como as forças que lhe permitirão realizar essa evolução (carta C). (Ver exemplo na página seguinte.)

Estratégia 2
Ler como uma frase

Uma outra estratégia possível é a leitura gramatical na qual as cartas têm lugar respectivamente de sujeito, verbo e complemento. Esta estratégia tem por interesse dar ao consulente seu lugar de sujeito ativo. A carta A representa o sujeito da frase; a carta B representa o verbo, a ação; a carta C representa o complemento. (Ver exemplo na página seguinte.)

Saber reposicionar as cartas para encontrar a resposta de maior auxílio

Não há nada de fatídico em uma leitura do Tarot, nada que esteja decidido de antemão. As cartas postas na mesa são retângulos de papel impresso, e não uma sentença irrevogável. Um tarólogo evoluído deve se desfazer da noção de destino e de previsão. Ele ou ela não estão aí para dar conselhos, mas para mostrar à pessoa suas próprias possibilidades a fim de que ela encontre sozinha aquilo que pode fazer.

No momento em que o consulente escolhe as cartas que correspondem à sua pergunta, ele estabelece uma fotografia instantânea de seu inconsciente a partir da qual poderemos trabalhar. Eis por que, depois de ter lido a "frase", tal como o consulente a formulou, é possível mudar a ordem das cartas para estabelecer, com os mesmos elementos, uma atitude de vida que permite dar à pergunta uma resposta mais positiva, mais eficaz, mais adaptada ao desejo profundo do consulente.

Podemos sempre fazer, para três cartas, seis leituras possíveis: A-B-C / B-C-A / B-A-C / C-A-B /C-B-A / A-C-B. O posicionamento na ordem numérica progressiva indica geralmente um caminho de realização, porque a estrutura dos Arcanos maiores segue a ordem numérica crescente. Mas, como sempre ocorre com o Tarot, isso não é uma lei absoluta. Às vezes, a estrutura das cartas sugere uma outra ordem de realização.

Retomemos para começar o exemplo da página 508, dessa vez mudando a ordem das cartas:

Consulente: Desejo encontrar um professor no meu campo de interesse.

Tiragem: O Louco, XVIIII O Sol, IIII O Imperador

A   B   C

Leitura 1: Nesta ordem, podemos dizer que você busca com muita energia (O Louco) um ideal que substitua o pai (XVIIII). Mas você corre o risco de se decepcionar, pois será confrontado com um homem real (IIII).

Reposicionamento: Eis o que evocam as outras configurações:

Leitura 2: Buscando o ideal (XVIIII), você encontrou um homem normal (IIII) e fugiu correndo (O Louco).

Leitura 3: Você é uma pessoa de grande valor (XVIIII). Para que buscar (O Louco) um mestre que lhe seja inferior (IIII)?

Leitura 4: A sua busca do pai dá resultado: você abandona o racional (IIII) para se lançar em direção aos ensinamentos generosos de um personagem solar (XVIIII).

Leitura 5: Você encontra o mestre, mas o abandona em seguida: o encontro foi o suficiente para você se libertar.

Leitura 6: Tomado de grande energia (O Louco), você encontra um mestre ao mesmo tempo real e potente (IIII) que lhe permite entrar em um processo de uma nova construção (XVIIII).

Podemos ler assim as seis configurações possíveis e determinar qual é a melhor para o consulente. No exemplo precedente, provavelmente a última solução (ordem numérica dos Arcanos) é a mais favorável. Segundo exemplo:

Consulente: Um homem e uma mulher perguntam sobre seu desejo de ter um filho.
Tiragem: III A Imperatriz, XX O Julgamento, IIII O Imperador
Leitura: A ordem em que as cartas saíram é bastante favorável ao desejo do casal, porque os personagens d'O Julgamento parecem acolher o novo nascimento. O Arcano XX está cercado à esquerda por uma carta que representa uma mulher e à direita por uma carta que representa um homem, que poderíamos associar respectivamente à consulente e seu companheiro. Por conseguinte, a ordem numérica crescente não é um valor absoluto.

Estratégia de reposicionamento
Entre as possibilidades, escolheremos as mais positivas e aquelas que revelam um aspecto da situação que possa ser útil ao consulente.

Reposicionamento: ordem ACB
Leitura: Nesta ordem, a leitura é igualmente positiva: a relação Imperatriz-Imperador resulta no surgimento de uma nova consciência.

Reposicionamento: ordem CBA
Leitura: Por outro lado, se as cartas se apresentarem nesta ordem, isso poderá significar que as energias sexuais estão invertidas no casal: a mulher é masculina e o homem, feminino. Ainda que complementares, será preciso que eles tenham o cuidado de não apagar as referências para a criança que vai nascer.

No terceiro exemplo a seguir, a estratégia de leitura adotada será considerar a carta do centro como a mais estável, um estado profundo e imutável do consulente. A primeira carta é aquela onde tudo nasce e a terceira, onde tudo se desfaz: nascimento, conservação, dissolução, como na trindade divina indiana.

Poderíamos, então, inverter a ordem das cartas A e C, o que equivale a inverter o sentido da leitura.

Consulente: (Ator) Serei chamado para trabalhar nesse filme?
Tiragem: A: XI A Força, B: XVIII A Lua, C: XV O Diabo
Leitura: No meio, uma imensa receptividade, uma imensa exigência (XVIII). O centro de interesse desse jovem ator é a exigência, o desejo de ser escolhido... Não o julgamos, mas poderíamos nos perguntar se não seria preciso um pouco mais de ação da parte do consulente. A Lua quer que lhe doem, ela está em estado permanente de receptividade. Em matéria de arte, e em uma indústria como o cinema, será que uma atitude dessas é viável? É preciso agir na realidade. A Força quer agir, mas ela se transforma em uma Lua exigente. Com o XV, ela ganha uma amarração. O XV pode representar um contrato. O filme será possível desde que A Força seja grande o suficiente para superar o obstáculo da espera.

Estratégia de reposicionamento
Neste caso, a pergunta do consulente é sobre começar alguma coisa. Isso corresponde à carta A (A Força). Reorganizamos a tiragem para fazer com que ela atinja esse objetivo e chegue a esse fim (A Força na terceira posição).

Reposicionamento: CBA
Leitura: O primeiro passo (XV) já pode ser tanto um contrato quanto uma enorme criatividade. Aqui, o artista resolveu o problema. Obteve o contrato desejado, ou ainda se dispôs a trabalhar em função de seu talento: produzindo o filme ou o dirigindo ele mesmo. A Lua está, então, em estado de aceitação, e entra em ação, com A Força.

A　　　B　　　C

C　　　B　　　A

Os aspectos psicológicos da leitura do Tarot

Para ler o Tarot, é preciso estar consciente de que tudo está em movimento no universo, em mudança perpétua. Por conseguinte, o consulente também. Se vemos a pessoa à nossa frente como dinâmica, estamos proibidos de fazer previsões que a imobilizem. Ao contrário, geralmente permitimos que ela oriente seu movimento na direção que lhe for mais útil.

Os aspectos passado, presente e futuro ocorrem simultaneamente em nós. A formação que recebemos na infância de nosso grupo familiar continua a agir nos nossos comportamentos. Esse presente, muito influenciado pelo nosso passado, contém em germe um futuro. É mudando de olhar sobre nossa situação atual que podemos nos orientar para o objetivo que queremos mais alcançar.

Essa tomada de consciência vale também para o próprio leitor do Tarot, que, consciente do poder conferido por sua posição diante de uma pessoa em busca de ajuda ou de conselhos, deveria considerar o exercício de sua arte como oportunidade de identificar cada vez mais precisamente suas projeções e ficar cada vez mais simplesmente a serviço da pessoa.

Ajudar o consulente a resolver as contradições

Frequentemente, os objetivos que levam uma pessoa a consultar um leitor de Tarot se tornam confusos por desejos contraditórios. Não somos um bloco: queremos uma coisa e seu contrário, um medo dissimula um desejo, projetamos sobre um elemento exterior uma solução que na realidade se encontra dentro de nós mesmos. Portanto, é útil trabalhar sobre a diversidade das forças interiores. Podemos ter na mesma situação, um seguido do outro, um "sim" e um "mas", uma aceitação e uma recusa, um ímpeto e um pavor. Tomar consciência da presença dessas forças ajuda o consulte a redefinir seu objetivo, a esclarecer seu caminho. Quando nos chocamos contra o mundo exterior, muitas vezes se trata de uma expressão de nossos próprios conflitos e contradições interiores. Quando não se sabe o que fazer, não se pode fazer qualquer coisa que se queira.

Estratégia 1
"Sim, mas... então!"

Esta leitura de três cartas pode ser feita com ou sem uma pergunta prévia. Simples, ela se aplica aos domínios da vida material, psicológica ou espiritual.

A: o *sim*. É a situação do consulente, seu desejo principal, suas vantagens.

B: o *mas* da frase. É o obstáculo, a dificuldade, o inesperado, aquilo que não se quer, aquilo que não se pode.

C: o *então*: Esta carta dá as indicações para resolver a situação e encontrar um caminho do meio. Podemos tirar uma ou mais cartas para esclarecer o então. (Ver exemplo na página seguinte.)

Estratégia 2
"Protagonista, mediador, antagonista"

Quando estamos em conflito, ou sentimos um dilema interior, podemos decidir que as três cartas representam o protagonista (A), o mediador (B) e o antagonista (C) de uma situação. Esses aspectos simbolizam personagens se opondo em um determinado projeto ou as forças interiores do consulente. O mediador indica uma atitude de conciliação no centro do conflito. (Ver exemplo na página seguinte.)

DUAS ESTRATÉGIAS PARA RESOLVER NOSSAS CONTRADIÇÕES

ESTRATÉGIA 1

"Sim, mas... então!"

Consulente: Sem pergunta, ela deseja simplesmente que o Tarot fale com ela.

Tiragem: A: XIIII Temperança, B: V O Papa, C: II A Papisa.

Leitura:

Carta A: o *sim*. Você está em uma situação de equilíbrio. Você se sente muito bem do jeito que está, em segurança. No entanto, podemos notar que o anjo da Temperança é assexuado e que só se comunica consigo mesmo. Isso nos indica uma situação de isolamento mais ou menos voluntária. O anjo olha para o passado, ou existe talvez um vínculo, uma lembrança que afasta você do presente. Além disso, Temperança pode significar que uma cura está se processando. Talvez você esteja se recuperando de uma ferida afetiva do passado. Comentário da consulente: "É verdade, ainda estou de luto por meu falecido pai."

Carta B: o *mas*. Você não deseja permanecer nessa situação. O Papa indica um novo ideal, uma ponte que se aprende a atravessar, um desejo de união. Além do mais, a carta não olha para o passado, mas para o futuro (à direita). Por fim, ela representa um homem animado por um ideal espiritual, pela missão de ensinar.

Comentário da consulente: "O meu desejo de fato é encontrar um companheiro para viver junto."

Carta C: o *então*. Para formar um casal com O Papa, é preciso se tornar A Papisa, a companheira que lhe convém. Isso consiste em aceitar o homem em dimensão espiritual: reconhecê-lo em sua capacidade de guia, de professor, de mestre... Em uma palavra, permitir que ele supere o pai perdido. Essa tiragem do Tarot a conduz, para cumprir seu desejo, a aceitar atravessar uma etapa no processo do seu luto.

Ler a carta que se encontra embaixo do maço

Vimos na primeira parte que podemos considerar o Tarot como um todo cujos fragmentos, tomados isoladamente, nos remetem ao caminho da unidade. Quando o consulente embaralha as cartas, ele cria seu próprio caos, seu universo. Nesse universo, podemos estabelecer como base que as cartas que se encontram na parte superior do maço remetem à aspiração espiritual do consulente, e aquelas que se encontram na parte inferior do maço representam o mais profundo, o mais obscuro do inconsciente.

ESTRATÉGIA 2

"Protagonista, mediador, antagonista"

Consulente: Em processo de divórcio, o consulente acha a atitude da ex-mulher com os filhos inaceitável e tóxica. Ele busca uma solução.
Tiragem: A: XIII O Arcano sem nome, B: XIIII Temperança, C: IIII O Imperador

Leitura: Curiosamente, você tirou as cartas "ao contrário": a mãe, percebida como tóxica, deveria normalmente corresponder ao XIII, o Arcano sem nome, e você a O Imperador (pai estável). Portanto, no lugar do protagonista, isto é, no seu lugar, você colocou o Arcano XIII, enquanto a sua ex-mulher, a sua antagonista, está representada pel'O Imperador. No centro, Temperança incita à comunicação, à moderação, à união dos contrários. A mensagem que o Tarot lhe dirige é aqui bastante sutil: a fim de ultrapassar a visão negativa, seja ela justificada ou não, que você tem dessa pessoa, é preciso que você seja capaz de se colocar no lugar dela. O comportamento da sua ex-mulher reativa uma cólera antiga: compreenda que diante de você, a sua antagonista é o seu espelho. Se um dia você escolheu essa mulher para formar uma família com ela é certamente porque ela correspondia a um modelo profundamente ancorado no seu inconsciente. A disputa de poder não leva a lugar nenhum, e já não é mais hora de procurar saber quem está com a razão. A única solução, indicada pelo Arcano XIIII, Temperança, é adotar uma atitude conciliatória e espiritual que torne possível o retorno ao diálogo. No entanto, isso só pode ser feito se você tomar consciência da origem real da sua cólera – dirigida contra um arquétipo materno castrador, ou uma irmã percebida como inimiga.

A carta que se encontra embaixo do maço representaria, então, ao mesmo tempo o mais profundo e o mais visível, um pouco como um sonho marcante de que nos lembramos ao acordar. Nesses casos, essa carta pode orientar de maneira útil a leitura do Tarot, dando uma indicação da tonalidade da leitura. O tarólogo pode, à sua escolha, ver rapidamente quando o consulente embaralha as cartas e conservar esse indício presente no espírito durante a leitura ou decidir interpretar abertamente essa carta reveladora, que fornecerá de certa maneira um esclarecimento suplementar à tiragem. (Ver exemplo na página seguinte.)

A CARTA EMBAIXO DO MAÇO OU A COR DO NOSSO INCONSCIENTE

Consulente: Uma jovem de vinte e cinco anos, cujos pais são de nacionalidades diferentes, pergunta: "Qual é o meu país?".
Carta embaixo do maço: VI O Namorado
Tiragem: XX O Julgamento, VIII A Justiça, VIIII O Eremita

Leitura da carta: Eis como a carta de baixo do maço nos permite colorir a pergunta da consulente. O Namorado expõe um conflito emocional, um desejo de união. Um personagem, entre dois outros, se pergunta: "Onde fica o meu país?"; ele está no centro, no coração da carta. Uma primeira resposta seria: "O seu país está no seu coração". Vemos também que esse personagem central tem sapatos vermelhos; podemos, então, comentar: "O seu país é estar bem dentro dos próprios sapatos. A Terra pertence a você, você é uma cidadã do planeta. Onde você se sente bem, aí pode considerar que é o seu país."

Leitura da tiragem: Tendo em mente a pista proposta pel'O Namorado, podemos ler as três cartas assim: "Você se coloca essa pergunta porque tem dentro de si um desejo de unir seus pais. Em vez de se colocar no centro da família, convém agora encontrar seu próprio centro, como A Justiça (VIII): na plena perfeição do feminino. Você deixará então de exigir uma nacionalidade a seus pais, você mesma decidirá, escolhendo sozinha o lugar de que gosta mais. O caminho d'O Namorado, lembremos, é o prazer, a escolha de fazer aquilo que gostamos.

Escolher uma leitura positiva ou negativa

Além da estratégia de leitura e o trabalho da pergunta, a atitude do leitor é essencial. Em uma leitura do Tarot, assim como na nossa vida, a todo momento, uma escolha se apresenta a nós: podemos interpretar os fatos (os Arcanos) em um sentido positivo ou negativo. Vimos que essa escolha não é predeterminada, porque no Tarot nenhuma carta é essencialmente negativa.

Mas o certo é que seja qual for a direção que escolhamos, ela nos levará a desenvolvimentos infinitos. Em outras palavras, não existe limite para a fealdade, para a tristeza, para a maledicência, assim como não existe limite para a beleza, para a alegria, para a confiança.

Não se trata de transformar a leitura do Tarot em uma bênção sistemática: uma previsão mirabolante pode ser tão funesta quanto uma maldição, pois a pessoa poderá ter a tendência a não viver mais, esperando que o milagre anunciado se realize. Mas podemos escolher abordar a leitura, mesmo que ela apresente obstáculos e dificuldades, como um caminho de crescimento e de aceitação feliz da vida.

O exemplo na página seguinte ilustra como podemos interpretar uma mesma tiragem em uma direção ou na outra.

Essas leituras, lembremos, podem ser justas. Cabe ao tarólogo decidir a orientação, com toda consciência, e em direção a qual visão de mundo ele deseja se dirigir.

Um consulente pode desejar, conscientemente ou não, uma leitura negativa. São frequentes os casos de pessoas deprimidas ou pessimistas. Nesses casos, não adianta nada querermos impor de antemão uma leitura muito otimista. O tarólogo terá, ao contrário, todo interesse em apresentar a princípio, por precaução, uma leitura mais negativa. Depois, com a concordância do consulente, essa leitura se orientará, passo a passo, em direção a perspectivas mais frutíferas, que se tornarão abordáveis por estarem fundadas naquilo que a pessoa considera como sua realidade. Também pode ser interessante então lhe dar as duas versões, e lhe esclarecer assim quanto ao olhar que pode escolher ter sobre sua situação.

Exemplos de leitura
Leitura negativa e leitura positiva
Consulente: Como se aparesenta o meu novo trabalho?
Tiragem: A: X A Roda da Fortuna, **B:** O Mago, **C:** XVI A Torre

Leitura negativa: Você não avança (X), pois não está trabalhando para abrir seu espírito (I). Você se volta para um bloqueio (I está olhando para X) e, assim, não sente nenhu-

ma alegria de viver. A sua instabilidade o destrói, os ciclos se sucedem e se repetem e, por viver como um eterno estreante, você vê seu ideal fracassar (XVI).

Leitura positiva: A sua mente está prestes a se abrir (XVI). Um ciclo se encerra (X), você passou por uma mudança profunda e disso tirou uma lição preciosa. O passado é passado, você tem agora tudo o que é preciso para agira (sobre a mesa do Mago) e para realizar seus projetos mais importantes com alegria (XVI). Seu novo trabalho permite que você se abra e libere energias. Você poderá enfim descobrir o prazer de brincar e dançar, voltado para os frutos da Terra.

Ler três cartas sem estrutura preestabelecida e sem pergunta

Esta última etapa da leitura de três cartas é a verdadeira arte da leitura do Tarot: as estratégias, úteis para o novato e muitas vezes também para o tarólogo tarimbado, possuem seus limites. Elas são rígidas, enquanto o espírito humano é de uma plasticidade infinita.

Às vezes, as pessoas interrogam o Tarot sobre um tema: a vida afetiva, o trabalho etc. Mas é frequente que, por timidez ou por indecisão, algumas o consultem sem formular uma pergunta. O tarólogo deve então ser capaz de fazer surgir a interrogação subjacente para poder responder com precisão, sem se lançar em longos discursos vagos. Sem pergunta, não há resposta possível...

Da mesma maneira, chega um momento em que devemos ser capazes de ler três cartas como se compreendêssemos uma frase qualquer pronunciada por alguém em uma língua que nos é familiar. Às vezes, para chegar a essa compreensão, temos direito de pedir informações suplementares. Do mesmo modo, a leitura de uma tiragem de três cartas pode, então, se enriquecer de novas cartas e passamos assim, insensivelmente e facilmente, às leituras mais vastas, até que consigamos ler uma tiragem composta pelos 22 Arcanos maiores, ou mesmo com todos os setenta e oito Arcanos do Tarot.

Estratégia 1
O Tarot faz a pergunta

Quando uma pessoa pede que leiamos o Tarot, mas não deseja formular uma pergunta – seja por não ter nenhuma, seja porque não quer formular em voz alta –, para o tarólogo, o perigo é então se lançar em uma leitura que se desvie das preocupações do consulente. Podemos nos perder em discursos psicológicos enquanto a pessoa tem na realidade preocupações materiais, em uma leitura espiritual enquanto a pessoa está preocupada com questões emocionais, ou o contrário, fazer uma leitura muito terra-a-terra, enquanto a pessoa precisa, na realidade, de uma tomada de consciência profunda. Nesses casos, as estratégias de leitura permitem enquadrar a tiragem e responder em uma direção suscetível de satisfazer a pessoa.

AS INTERROGAÇÕES DOS ARCANOS MAIORES

Quando uma pessoa deseja consultar o Tarot sem formular pergunta, ela pode escolher um Arcano que simbolizará sua pergunta, aquilo que a preocupa. Eis algumas perguntas que os Arcanos maiores podem colocar. Esta lista evidentemente não é exaustiva.

O Louco. Do que estou (ou deveria estar) me libertando? Qual é o meu caminho? Onde canalizar minha energia?

I O Mago. O que estou começando? O que estou escolhendo? Quais são as minhas possibilidades em potência?

II A Papisa. O que eu acumulo? O que há em mim de intocado? O que devo estudar? Que relação eu tenho com a minha mãe?

III A Imperatriz. O que estou criando? O que está florescendo em mim? Quais experiências estou vivendo?

IIII O Imperador. Como vai o meu trabalho, a minha vida material? O que estou construindo? Que relação tenho com o meu pai? Que relação tenho com a noção de potência?

V O Papa. O que diz a tradição, a lei? O que eu estou comunicando, e com quem? Estou transmitindo alguma coisa e a quem? Será que tenho um ideal?

VI O Namorado. Do que eu gosto? Em qual relação me encontro atualmente implicado? Como vai minha vida emocional?

VII O Carro. Aonde vou e de onde venho? Qual é meu veículo? (por exemplo, uma doutrina mística, as matemáticas, o Tarot, o meu corpo...) Qual é a minha ação no mundo?

VIII A Justiça. O que devo equilibrar ou harmonizar? Do que devo me desfazer que é inútil para mim? Qual é a minha concepção de perfeição? Como eu lido com a maternidade?

VIIII O Eremita. O que diz a minha sabedoria? Do que estou me isolando? Estou em crise com o quê? A que devo renunciar? No que acredito?

X A Roda da Fortuna. O que deve mudar, qual ciclo terminou na minha vida? Quais são as minhas oportunidades? O que pode me ajudar? O que estou repetindo? que diz a minha sabedoria? Do que estou me isolando? Estou em crise com o quê? A que devo renunciar? No que acredito?

XI A Força. Qual é a minha força, onde ela fica? No que emprego minha sexualidade? Quais são os meus desejos? O que vou domar? Qual é o meu projeto criativo?

XII O Enforcado. O que devo sacrificar? O que estou escondendo? O que devo parar? O que devo escutar (o personagem d'O Enforcado é o único do Tarot dotado de orelha)? Para onde dirigir minha busca interior?

XIII O Arcano sem nome. O que deve morrer em mim? Do que devo abrir mão? O que está se transformando dentro de mim? Qual é a minha cólera?

XIIII Temperança. O que me protege? Que relação devo estabelecer comigo mesmo? O que estou curando? O que devo benzer?

XV O Diabo. A quem sou ligado? Qual é a minha tentação? Qual é a minha capacidade criativa? Quais são os meus valores negativos? Quais são as minhas pulsões? O que me dá medo em mim mesmo?

XVI A Torre. Com quem e com o que estou rompendo? De que encerramento estou me libertando? Quais são as energias que se desbloqueiam em mim? Que festa me espera?

XVII A Estrela. Qual é a minha esperança? Qual é o meu lugar? No que emprego minha energia? O que posso dar, a quem, como?

XVIII A Lua. Qual é a minha capacidade de recepção? Como vai minha feminilidade, minha intuição? Como vejo a minha mãe? Qual é o meu ideal impossível? O que está em gestação dentro de mim?

XVIIII O Sol. O que me dá energia, alegria, sucesso? Sou amado(a)? Construo algo novo? Que imagem tenho do pai?

XX O Julgamento. O que está despertando dentro de mim? Quais são os meus desejos irresistíveis? O que estamos criando juntos? Qual é a minha posição diante do fato de formar uma família?

XXI O Mundo. Qual é o resultado daquilo que eu fiz? Para onde isso leva? O que me fecha? Estou me sentindo completo(a)? Qual é a minha realização?

O TAROT FAZ A PERGUNTA

Neste exemplo, uma consulente, atriz sem trabalho, escolheu deixar o Tarot formular as perguntas. Vemos aqui como uma frase de três cartas pode ser interpretada de maneiras inteiramente diferentes conforme a pergunta.

Pergunta 1: A consulente tira uma carta: XXI O Mundo. Ela aceita a pergunta colocada por este Arcano: qual é o meu caminho para a realização? (Ver pp. 518–9.)
Pergunta 2: A consulente tira uma carta que simbolizará sua segunda pergunta: XI A Força. Ela aceita: Qual é o meu desejo?
Tiragem: VIIII O Eremita, II A Papisa, XX O Julgamento

Pergunta 1

Leitura 1: XXI O Mundo. É preciso aceitar a crise (VIIII) e aproveitar para reconsiderar seu passado. A Papisa representa você em uma situação de espera fértil: você estuda talvez para um papel, ou uma nova técnica do seu meio artístico. Talvez também esteja escrevendo uma peça ou um roteiro que você mesma poderá interpretar. Essa atitude aprazível e fecunda a conduz a um novo projeto, um chamado irresistível rumo à realização (O Julgamento).

Pergunta 2

Leitura 2: XI A Força. Você é representada pel'A Papisa, mulher de cor branca que parece esperar que alguém venha aquecê-la. Mas o objeto do seu desejo, O Eremita, encontra-se em estado de solidão e não se apresenta momentaneamente como um amante apaixonado. No entanto, como ele anda de costas, ele avança em sua direção. Desse encontro pode nascer um desejo irresistível... ou a emergência de uma nova consciência (XX). Notamos que a soma d'O Eremita (VIIII) e d'A Papisa dá 11 – XI, a mesma carta da pergunta. Privilegiaremos então a ideia de que o homem representado pel'O Eremita é o objeto do desejo da mulher representada pel'A Papisa.

Ler o Tarot sem que uma pergunta seja feita é uma empreitada perigosa, em qualquer caso, em uma estratégia de três cartas: a simplicidade da frase abre espaço para muitas interpretações possíveis, e poderíamos tocar em aspectos íntimos capazes de magoar uma pessoa. A melhor estratégia consiste em aceitar que a pessoa não formule a pergunta e lhe dizer: "Se você quiser, nós podemos ver o que o Tarot quer lhe dizer". Tomaremos por base então uma carta para definir a pergunta. Podemos a seguir considerar a carta que está embaixo do maço ou então pedir que a pessoa tire uma carta que simbolizará a pergunta, e depois mais três para a resposta. Será conveniente entrar antes em um acordo sobre a orientação da "pergunta feita pelo Tarot", e depois responder a partir das outras três cartas tiradas. (Ver exemplo na página seguinte.)

Estratégia 2
Ler três cartas segundo o valor numérico

Podemos também, no contexto de uma tiragem, somar os números dos Arcanos para obter um novo elemento de leitura: a soma dá um número correspondente a algum Arcano. Nesta técnica, chamada de "soma teosófica", se a soma das cartas ultrapassa 22, somamos os dois algarismos do número obtido para encontrar um novo número, que corresponderá ao número de um Arcano maior. Nesta estratégia, O Louco, que não tem número, é considerado o vigésimo-segundo Arcano e corresponderá então ao número 22.

Podemos somar o valor numérico de cada uma das três cartas da frase:

A + B + C = os aspectos subjacentes à pergunta.

E as cartas duas a duas:

A + C = os aspectos exteriores à pergunta.

A + B = influências maternas ou receptivas; o lado esquerdo.

B + C = as influências paternas ou ativas; o lado direito.

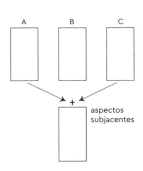

Exemplos de leitura
Ler três cartas segundo o valor numérico
(Estratégia chamada de "soma teosófica", explicada à p. 527)

Consulente: Por que meu filho de trinta e cinco anos não pode formar uma família como ele deseja? (Conversando com a consulente, descobrimos que o pai desse filho foi ausente e que ela o criou sozinho.)

Tiragem: A: VI O Namorado, **B:** V O Papa, **C:** XVIIII O Sol.

Aspectos subjacentes à pergunta (A + B + C)
III A Imperatriz
(6 + 5 + 19 = 30; 3 + 0 = 3)

O primeiro elemento da resposta poderia ser: o seu filho busca uma mulher ideal, A Imperatriz, com toda a sua sedução. Mas para seduzi-la será preciso que ele seja O Imperador, que não apareceu na tiragem. É O Papa quem está no centro, um homem forte espiritualmente, mas que corresponde a A Papisa.

Aspectos exteriores à pergunta (A + C)
VII O Carro (6 + 19 = 25; 2 + 5 = 7)

Aparentemente, o seu filho é ativo no mundo e seguro de si. Ele não tem nenhum problema.

Influências receptivas ou maternas (A + B)
XI A Força (6 + 5 = 11)
No esquema psicológico desse jovem, a mãe é muito forte. Ele pode ter medo de encontrá-la em toda mulher, um desejo de fuga em direção ao arquétipo paterno.

Influências ativas ou paternas (B + C)
VI O Namorado (19 + 5 = 24; 2 + 4 = 6)
Mas quando somamos o lado direito, encontramos O Namorado: não há referência masculina, o personagem d'O Namorado está cercado por duas mulheres: ali onde o filho precisaria de uma influência masculina, já se encontra a mãe.

Síntese: Para conseguir encontrar a mulher que lhe convém e se tornar para ela o homem que lhe convenha, o seu filho precisa de uma referência, de um mestre que faça o papel do arquétipo paterno e lhe dê a informação que lhe falta: a transmissão do masculino.

Consulente: Será que devo mudar de ofício?
Tiragem: A: VIII A Justiça, B: XVI A Torre, C: XI A Força

Aspectos subjacentes à questão (A + B + C)
VIII A Justiça (8 + 16 + 11 = 35; 3 + 5 = 8)
Este Arcano indica que você precisa pesar alguma coisa, encontrar um equilíbrio.

Aspectos exteriores à pergunta (A + C)
XVIIII O Sol (8 + 11 = 19)
Aparentemente, você aspira a uma nova construção.

Influências receptivas ou maternas (A + B)
VI O Namorado (8 + 16 = 24; 2 + 4 = 6)
No entanto, você gosta do ofício que exerce atualmente; de um ponto de vista receptivo, você está mais tentada a continuar no mesmo lugar.

Influências ativas ou paternas (B + C)
VIIII O Eremita (16 + 11 = 27; 2 + 7 = 9)
Por outro lado, do ponto de vista ativo, você se sente em crise e deseja ir embora.

Síntese: Será preferível fazer a mudança com muita precaução, para equilibrar (A Justiça) o desejo de ficar (O Namorado) e o de partir (O Eremita). O conflito interno é muito grande para que se possa arriscar se lançar na aventura: a parte de você que recusa a mudança poderia freá-la mesmo a contragosto.

Estratégia 3
Seguir os olhares, os gestos, os indícios dados pelas cartas

Decisiva na evolução da relação com o Tarot, essa etapa consiste em seguir a direção do olhar dos personagens, ou o chamado de um símbolo, e responder à pergunta: o que o personagem está olhando? Ou ainda: que ajuda a varinha d'O Mago está pedindo? O que o Arcano XIII transforma? Quem gira a manivela d'A Roda da Fortuna? As cartas ressoam assim entre elas, criando uma dinâmica que permite ler sem pergunta e sem estrutura preestabelecida, como decifrar um rébus ou uma história em imagens.

Na base, tiramos três cartas; se a carta A da frase abre uma pergunta para a esquerda, convém, para respondê-la, tirar uma mesma carta desse lado. O mesmo se faz se a carta C deixa uma abertura para a direita. Agregamos assim novas cartas até fechar a frase, e estabilizar as interações das cartas entre elas. Da mesma maneira, se o significado de uma das cartas não é claro, podemos tirar uma outra carta por cima para especificar sua mensagem.

Exemplos de leitura

Consulente: Uma mulher de quarenta anos.

Tiragem: A: X A Roda da Fortuna, **B:** VIII A Justiça, **C:** XXI O Mundo.

Leitura: Aqui a frase está fechada, não precisa que tiremos outra carta à direita ou à esquerda. De fato, A Roda da Fortuna é seguida pel'A Justiça, que se mostra capaz de pôr em movimento o novo ciclo e se orientar em direção à realiza-

A Justiça opõe sua espada à manivela d'A Roda da Fortuna.

ção. Chegando ao fim de uma época de sua vida, a consulente se posiciona no presente e, reconhecendo seus próprios valores, se orienta em direção a sua própria realização. Apenas a espada d'A Justiça pode lhe impedir de se realizar: pelo desenho das cartas, vemos que a passagem do ciclo antigo ao ciclo novo se faz por um corte. Em vez de acionar a manivela, A Justiça simplesmente rompe com o passado. Poderíamos dizer que ela se julga, ou se separa pela força em vez de se dispor a ser ajudada. A Justiça aceita o triunfo (a balança se encontra do lado d'O Mundo), mas não aceita ajudar a si mesma: ela opõe sua espada à manivela.

Tiragem: Se as cartas estivessem dispostas na ordem numérica progressiva VIII-X-XXI, isso significaria que a consulente rompeu com o passado, terminou um ciclo, e que ela aceita toda a ajuda d'O Mundo para chegar a sua realização. Con-

vém, então, esclarecer aqui a atitude d'A Justiça. A consulente tira outra carta por cima d'A Justiça: XV O Diabo.

Leitura: Duas interpretações convergem. De um lado, O Diabo pode significar um medo inconsciente, um retorno ao estado da infância. Essa interpretação psicológica nos levaria a arriscar dizer que a consulente tem medo da mãe, o que ela confirma: a educação que ela recebeu foi marcada por um ideal de perfeição intransigente, que lhe impediu de triunfar se não fosse absolutamente irretocável – o que é impossível. Ela tem, portanto, a tendência para uma neurose do fracasso. Mas O Diabo é também um símbolo da criatividade. Superando o perfeccionismo, aceitando que a excelência consiste em fazer o seu melhor e em saber cometer erros, a consulente pode entrar em contato com sua criatividade profunda. É então O Diabo quem fará girar a manivela d'A Roda da Fortuna e que lhe permitirá triunfar.

O Diabo faz girar a manivela d'A Roda da Fortuna

Consulente: Um homem de cinquenta anos, solteiro.
Tiragem: A: I O Mago, **B:** XIIII Temperança, **C:** XI A Força.
Leitura: Seguindo a princípio a direção dos olhares, podemos unir O Mago e Temperança, que olham para a esquerda; A Força, por sua vez, olha para a direita. Além disso, Temperança age entre as duas cartas, mesclando o fluido dos dois vasos. Poderíamos dizer que o vaso da esquerda representa O Mago e o da direita A Força. Com isso, Temperança permite estabelecer uma relação nova entre os dois Arcanos. Mas o olhar do Anjo está voltado para O Mago: isso significa que existe algo para ser curado – uma determinada imagem de si mesmo, ou algo começado que já passou, para poder inaugurar alguma coisa nova (A Força). Convém, então, tirar uma carta para saber para onde O Mago está olhando e uma outra para saber sobre o olhar d'A Força.

Tiragem: A frase se torna: XXI O Mundo, I-XIIII-XI, XX O Julgamento
Leitura: Temperança está curando O Mago de um nascimento ou de um começo difícil, simbolizados pel'O Mundo na primeira

posição. Uma vez iniciada essa cura, suas forças lhe permitirão começar uma nova ação (A Força) voltada para o futuro, talvez voltada para a criação de sua própria família, ou à descoberta de sua vocação profunda. Simbolicamente, O Julgamento indica um renascimento e a emergência de um desejo irresistível.

Consulente: Um jovem escolhe três cartas, sem fazer nenhuma pergunta.
Tiragem: A: XVI A Torre, **B:** VI O Namorado, **C:** II A Papisa.
Leitura: A primeira coisa que notamos é que esta frase segue a ordem numérica decrescente, e que ela contém dois Arcanos do grau 6 (ver p. 76 ss.). Poderíamos dizer que existe um movimento depois de um grande amor (XVI) em direção a um amor que não é tão grande (VI), que acaba resultando em um isolamento (II).

Consulente: O Tarot parece nos orientar para a vida emocional do consulente, que não deseja mais abordar esse tema. O tarólogo deve respeitar esse pudor. Finalmente, o consulente escolhe fazer uma pergunta: "Será que devo me mudar da casa onde moro para ir morar em outra casa que eu tenho?".
Leitura: A Torre indica de fato um movimento de sair de um lugar, e poderia nos sugerir uma mudança de casa. Mas com O Namorado, e depois A Papisa, podemos arriscar dizer que o consulente volta ao seio materno. Simbolicamente, é verdade, porque a casa para a qual ele pensa em se mudar se encontra na cidade de sua infância, perto da casa da mãe.
Tiragem: Aqui, embora a frase se feche, podemos enriquecer o Tarot tirando uma carta a mais na extrema esquerda para compreender que ela é a origem do desejo de mudar de casa e uma outra carta na

extrema direita para saber aonde levará essa mudança. A frase então se torna: XVII A Estrela, XVI-VI-II, XII O Enforcado.

Leitura: A mudança poderia ser causada por uma mulher do passado (A Estrela, que representa uma mulher, simboliza também um lugar e verte a água dos jarros para a esquerda). O consulente confirma: sua mudança está ligada ao fim de uma relação afetiva. Em um primeiro momento, essa mudança leva, como demonstra O Enforcado, a se isolar em uma certa solidão. Ele espera talvez passivamente um novo impulso, uma nova relação que possa lhe dar vontade de sair pelo mundo afora.

Tiragem: Adicionando uma carta depois d'O Enforcado, podemos tentar ver o que é possível fazer para que o consulente saia de seu isolamento: XVIIII O Sol.

Leitura: Ao se apaixonar de novo, o consulente pode reencontrar o desejo de uma nova construção. Esta carta indica que a solidão e a inatividade às quais ele se destina no momento lhe são necessárias. É preciso que ele aceite a passagem pela crise, o trabalho do luto para curar essa relação e voltar a si mesmo. Ele reencontrará, assim, a capacidade de amar e a alegria de viver, simbolizadas pel'O Sol.

A leitura projetiva

Como já vimos, toda leitura do Tarot é projetiva. Não existe outro meio de interpretar as cartas escolhidas pelo consulente senão as fazendo entrar em ressonância com nosso próprio inconsciente.

A LEITURA PROJETIVA:
DOIS OLHARES PARA RESOLVER UMA QUESTÃO

A projeção do tarólogo

A visão do consulente

Consulente: "Aonde eu vou?"
Tiragem do tarólogo:
Carta embaixo do maço: VI O Namorado
A: VIII A Justiça, B: X A Roda da Fortuna,
C: XIII O Arcano sem nome
Tiragem do consulente:
Carta embaixo do maço: V O Papa
A: XVI A Torre, B: XIIII Temperança, C: XI A Força

Leitura: Examinando a carta que ficou embaixo do maço depois de embaralhar e que dá a cor da leitura, vemos que o tarólogo percebe o consulente como alguém que está em busca de uma solução emocional, mas que também já está a caminho daquilo que ele ama (grau 6). O consulente, por sua vez, vê a si mesmo como se ainda estivesse no umbral dessa realização, ainda no domínio do ideal (grau 5). (Sobre a numerologia, ver pp. 71 ss.) A projeção do tarólogo, segundo sua tiragem, é a seguinte: o consulente, por muito tempo confrontado por uma exigência de perfeição irradiada pela mãe (VIII), está fechando esse ciclo do passado (X). Ele se dirige agora para uma revolução, talvez motivada pela cólera contra a ideologia materna (XIII). A tiragem do consulente evoca um choque, uma expulsão (XVI) que poderia remontar à época de seu nascimento vivido como um traumatismo, mas que também pode ser uma ruptura. No entanto, a cura (XIIII) está no centro, seguida por um novo início criativo (XI). As duas leituras remetem ao fato de abandonar uma situação antiga opressora, passando por uma cura transformadora, para ir em direção àquilo que verdadeiramente se ama. Comentário do consulente: "Minha pergunta subjacente era na verdade saber como vou fazer realmente para abandonar minha mãe. Esta leitura me esclareceu sobre o fato de que esse processo é mesmo central na minha vida, é doloroso mas necessário."

O consulente forma, com as cartas que escolhe, uma "frase" que o tarólogo "traduz" a partir de sua própria estrutura psíquica, de sua experiência de vida, do caminho que ele ou ela realizou e do conhecimento que ele ou ela tem do Tarot.

É por esse motivo que o trabalho sobre a projeção faz parte integrante da formação de um bom tarólogo. Esse trabalho não tem fim: o objetivo é chegar a uma leitura transpessoal, e depois, idealmente, impessoal. O tarólogo ideal seria então um espelho que conteria a totalidade do universo...

Para se exercitar nesse sentido, propomos uma leitura simples que consiste antes em reconhecer essa dimensão projetiva do que em disfarçá-la sob uma pretensa objetividade. Podemos então utilizá-la para enriquecer a relação consulente-tarólogo, evitando o abuso de poder que supõe a posição do "vidente" onisciente. Isso exige, da parte do tarólogo, um duplo esforço sobre si mesmo: enfrentar seus próprios limites para ir mais longe e reconhcer diante do outro que pode se enganar.

Para essa leitura, utilizamos dois baralhos; de cada um extraímos o maço dos 22 Arcanos maiores. Consulente e tarólogo embaralham cada um o seu maço, ao mesmo tempo, depois cada um tira três cartas. Levamos também em conta a carta que ficou embaixo do maço, que dá a tonalidade geral da tiragem.

O tarólogo examina primeiro sua própria projeção relativa à pergunta do consulente. As três cartas que ele escolheu lhe permitem formular sua opinião, ou sua intuição da resposta possível.

Lemos, em seguida, com as três cartas tiradas pelo consulente, a imagem que ele ou ela faz de sua situação. Essa segunda leitura é inteiramente clássica, como qualquer leitura de três cartas.

Por fim, em um terceiro momento, efetuamos a síntese das duas tiragens. É esse encontro entre a projeção do tarólogo e a do consulente que orienta para a solução da pergunta. (Ver exemplo da página anterior.)

A leitura projetiva exige que o tarólogo desenvolva um verdadeiro sentido do diálogo. É possível que as duas tiragens suscitem respostas opostas – pelo menos na aparência.

Ler quatro cartas ou mais

A leitura dos duos (ou sílabas) prepara a abordagem da gramática básica do Tarot: a "frase" de três cartas. Uma vez que integramos e dominamos os elementos básicos, a leitura se torna fácil para qualquer que seja o número de cartas. Na verdade, como veremos, as estratégias de leitura de quatro ou mais cartas são de certa maneira mais simples que as variações de leituras com três cartas.

Apresentamos aqui algumas estruturas em que a posição de cada carta representa um aspecto, uma força atuante no interior de um conjunto. Para além de três cartas, a leitura do Tarot se faz geralmente no interior de um esquema, de um desenho em que cada nível corresponde a um elemento da resposta. Com essas estratégias, podemos trabalhar sem pergunta. E, sobretudo, elas são extensíveis: a partir de uma estratégia com cinco ou sete cartas, podemos colocar em cada posição três cartas em vez de uma e ler um duo ou uma frase em vez de um único Arcano. É assim que aos poucos chegamos a ler tiragens cada vez mais complexas, mas que funcionam a partir de unidades simples.

As estratégias de leitura apresentadas aqui são algumas das nossas preferidas, mas existem muitas outras; na verdade, podemos inventar infinitas, como tentaremos mostrar no último exemplo.

Os exemplos de leitura que apresentamos são em geral baseados nos Arcanos maiores, mas podemos também aplicar indiferentemente as estratégias, mesclando a totalidade das cartas do Tarot, ou ainda, utilizando apenas os cinquenta e seis Arcanos menores.

O Tarot da dúvida

A partir do momento em que aceitamos que o Tarot não serve para ler o futuro, podemos utilizá-lo como um instrumento de introspecção.

Quando uma dúvida de ordem material, criativa, emocional ou intelectual nos preocupa e nos impede de agir, o Tarot permite examinar o problema decompondo-o em partes.

Nesta estratégia de leitura com quatro cartas, eis ao que cada uma delas corresponde:

A: o consulente

B e C: os aspectos da dúvida do consulente

D: é a solução, o guia que permitirá ao consulente resolver sua dúvida.

Exemplo de leitura

Consulente: Uma mulher muito nova tem uma dúvida metafísica, ela se pergunta se existe reencarnação.

Tiragem: A: III A Imperatriz, **B:** XVI A Estrela, **C:** XVIII A Lua, **D:** VIII A Justiça.

Leitura: A: A consulente, representada pel'A Imperatriz, se manifesta em pleno entusiasmo juvenil. Ela não sabe aonde vai. Ela se faz perguntas como uma adolescente assombrada por uma visão romântica da morte, e que gostaria de conhecer de uma vez todas as respostas. **B e C:** Sua dúvida se baseia no seguinte processo: A Estrela, que recebe as influências do "alto" (as estrelas, o cosmos) dá aquilo que recebe para A Lua (arquétipo materno da gestação e da criação), pela metáfora dos dois vasos derramando água. Mas com A Lua, a matéria novamente se eleva (a lagosta sobe em direção ao astro). É um ciclo: aquilo que sobe torna a descer e recomeça a se elevar novamente. A reencarnação se baseia sobre uma concepção cíclica da vida. **D:** A Justiça olha diretamente diante dela. Ela representa o presente pleno, pesa aquilo que é útil e corta o que não é.

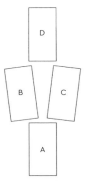

O Tarot da dúvida
A. Consulente.
B-C. Aspectos da dúvida.
C. Chave para resolver a dúvida.

Síntese: Uma vez que o tempo comporta os ritmos cíclicos, por que não pensar que a reencarnação existe, se essa ideia nos faz bem? Quando um discípulo colocou a questão "O que existe depois da morte?", um mestre zen lhe respondeu: "Não sei, ainda não morri". Podemos aconselhar a essa jovem que espere para vivê-la primeiro e que tenha confiança na justiça divina (ou cósmica).

O Tarot da liberação

Podemos também chamar essa grade de leitura de cinco elementos de "o Tarot d'O Louco", uma vez que esse Arcano simboliza a liberdade e o impulso essencial. Exemplo:

A: O que me impede de ser eu mesmo?
B: Como posso me libertar?
C: Para empreender que tipo de ação?
D: Para alcançar que tipo de transformação?
E: Qual é o meu objetivo, meu destino a ser realizado?
(Exemplo na página seguinte.)

Exemplo de leitura

Consulente: Uma mulher na faixa dos trinta anos quer mudar de vida.
Tiragem: A: XIIII Temperança, **B:** III A Imperatriz, **C:** XVIIII O Sol, **D:** XII O Enforcado, **E:** XVII A Estrela.
Leitura: A: o que a impede de se realizar talvez seja uma visão angelical e desencarnada de si mesma, que a conduz a aceitar todos os compromissos, a dar mostras de uma indecisão excessiva. **B:** para libertá-la, é preciso retornar às suas forças criativas, que você se reconcilie com seus projetos da adolescência. O que a entusiasma? Para onde vai o seu desejo? A liberdade começa com essa pergunta. **C:** você pode agora visualizar uma nova construção – um casal fundado sobre a estima mútua e a igualdade, um projeto profissional em parceria com um sócio... **D:** a sua transformação é que você entre em contato consigo mesma, com sua verdadeira essência. Que você aprofunde a relação consigo mesma. **E:** você pode levar adiante uma ação no mundo. A generosidade é um dos valores que a guiará. Se você escolher um lugar como base da sua ação, poderá irradiar a partir desse lugar. Comentário da consulente: "Eu tenho dificuldades de me encarnar. Tive uma vocação de atriz que não foi encorajada; está na hora de começar a estudar teatro, o que me ajudará a estar bem com meu corpo. Recebi uma proposta de cuidar das relações públicas de uma companhia de circo que se instalou na minha cidade. O Tarot confirma que estou em um bom caminho".

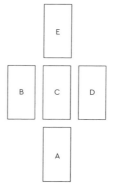

O Tarot da liberação
A. O entrave, o obstáculo, o bloqueio.
B. O meio para a libertação.
C. A ação a ser empreendida.
D. A transformação.
E. O objetivo, o destino a ser realizado.

O Tarot do herói

Esta estrutura com cinco cartas é inspirada pelo grande tema mitológico da busca do herói popularizada pelas obras de Joseph Campbell. A forma mais simples se compõe de cinco cartas tiradas pelo consulente: A representa sua situação de partida, B corresponde a seu objetivo ou à meta de sua busca; entre essas duas cartas colocamos outras duas juntas: C e D representando o obstáculo a ser superado para se atingir o objetivo; por fim, o consulente tira uma quinta carta: E representa a chave, o aliado, as forças de que se dispõe para realizar o objetivo. Essa carta será lida nas duas posições, antes e depois do obstáculo. A leitura se efetua progressivamente segundo a ordem indicada (A, B, C, D, E).

Exemplos de leitura

Consulente: Ela se encontra em um impasse profissional e sente uma forte necessidade de mudança.
Tiragem: **A (situação):** VIII A Justiça, **B (objetivo):** XV O Diabo, **C-D (obstáculo):** V O Papa, VI O Namorado, **E (chave):** I O Mago
Leitura: Sua situação inicial representa você assentada em um equilíbrio (VIII), mas também em uma exigência de perfeição que a paralisa. Seu objetivo (XV) é exercer um ofício criativo, que a apaixone. Mas a criatividade é sempre imperfeita! Para criar, é preciso aceitar o erro. O obstáculo que a separa de seu objetivo é o olhar do pai (V) que cria em você um conflito emocional e uma dificuldade de escolher seu caminho (VI). A exigência de perfeição que você sofre lhe foi imposta pelo seu pai e a impede de se

O Tarot do herói
A: A situação. / B: O objetivo.
C-D: O obstáculo. / E: A chave, o aliado.

realizar no plano criativo. A chave do problema (I) é simples: é preciso começar imediatamente a fazer o que você ama, sem medo de ser uma novata, mas sem abandonar o seu emprego (O Mago conserva uma espécie de moeda na mão). O Mago indica uma atividade sobretudo espiritual ou intelectual, como o jornalismo. Se você tem medo de não saber escrever muito bem, peça ajuda a um revisor para seus primeiros artigos!

Comentário da consulente: A situação está bem representada. Eu desejo de fato me lançar no jornalismo, mas não acredito que vá conseguir ganhar a vida asim. A solução de começar ao mesmo que tempo mantendo minha atual atividade e de procurar ajuda me deixa mais segura.

Podemos enriquecer o Tarot do herói colocando em cada posição mais uma carta. Eis aqui um exemplo propositadamente bastante simples.

Tiragem: A: XVI A Torre, VIIII O Eremita, **B:** IIII O Imperador, XVII A Estrela, **C-D:** V O Papa, II A Papisa, X A Roda da Fortuna, **E:** VI O Namorado, XX O Julgamento.

Leitura: Expulso de seu lugar (XVI), o consulente não sabe aonde ir (VIIII). Seu objetivo: encontrar um novo lugar (XVII) estável (IIII). O obstáculo: os meios empregados (imobiliárias: V, e leituras de classificados: II) não dão em nada (X). A chave: falar a respeito com as pessoas à sua volta (VI), pois a solução (XX) pode estar no boca a boca.

O Tarot d'O Mundo

Esta leitura, que não necessita de pergunta, permite mesclar facilmente Arcanos maiores e Arcanos menores. A estrutura de base, calcada sobre o esquema do Arcano XXI, se compõe de cinco cartas: no centro, a carta A representa a essência do consulente. No alto, à direita, no lugar onde se encontra a águia, a carta B representa o estado de sua energia intelectual. No alto, à esquerda, no lugar onde se encontra o anjo, a carta C representa o estado de sua energia emocional. Embaixo, à direita, no lugar onde se encontra o leão, a carta D representa o estado de sua energia sexual e criativa. Embaixo, à esquerda, no lugar onde se encontra o animal cor de carne, a carta E representa o estado de sua energia material.

Exemplos de leitura

Consulente: Um homem de cerca de quarenta anos tira cinco cartas entre os Arcanos maiores.

Tiragem: **A (essência):** VIIII O Eremita; **B (vida intelectual):** X A Roda da Fortuna; **C (vida emocional):** XVI A Torre; **D (vida sexual e criativa):** XVIII A Lua; **E (vida material):** VII O Carro.

Leitura: **A (essência):** Você se encontra atualmente em um momento de crise, que as cartas situadas nos quatro cantos irão especificar. De fato, O Eremita ilumina o lado receptivo (energia emocional e vida material), mas vira as costas para o lado ativo (vida intelectual e criativa). As cartas do lado direito exprimirão o medo que você sente nesses domínios, sem saber ainda aonde você vai. **C (vida emocional) e D (vida material):** Pode ser que você tenha vivido uma ruptura, que lhe conduziu a mudar de lugar. (O consulente confirma: recentemente separado de sua companheira, ele aceitou um emprego em outro país.) **B (vida intelectual) e D (vida criativa-sexual):** Parece que no momento você chegou a um ponto de parada em

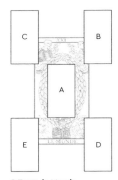

O Tarot do Mundo
A. Essência.
B. Vida intelectual.
C. Vida emocional.
D. Energia sexual e criativa.
E. Vida material.

sua concepção do mundo (X). Esse questionamento sem dúvida está ligado à provação emocional pela qual você acabou de passar (a "esfinge" d'A Roda da Fortuna representa frequentemente um enigma emocional). A sua energia sexual e criativa no momento está absorvida por um questionamento do feminino (XVIII), sobre a imagem da mãe ideal. (O consulente confirma: ele achava que havia encontrado em sua companheira a mãe de seus futuros filhos, e nessa nova situação voltou a questionar sua concepção das coisas.)

Conclusão: A partir de tal tiragem, que corresponde de alguma maneira ao estado das coisas, pode ser interessante recomeçar a leitura, por exemplo, seguindo a estratégia abaixo, colocando a pergunta: quais são as energias à minha disposição das quais ainda não me sirvo?

Trabalhamos com o mesmo consulente, seguindo uma estratégia um pouco diferente. A totalidade do Tarot é posta no jogo, mas dividida em diversos maços. O consulente tira um Arcano maior que coloca no centro: é a energia essencial de que ele dispõe. Depois, ele tira uma carta do maço de Espadas e a coloca no alto à direita. Uma carta de Copas vai para o alto à esquerda, uma carta de Paus no canto inferior direito, e uma carta de Ouros no canto inferior esquerdo.

Tiragem: A: I O Mago, **B:** Rainha de Espadas, **C:** Rei de Copas, **D:** Cavaleiro de Paus, **E:** Cinco de Ouros.
Leitura: Essencialmente, você tem a possibilidade de começar um novo período de vida ligado a sua nova atividade (O Mago). Sua capacidade de amar está intacta (Rei de Copas), e você pode fazer emergir na sua vida material um novo ideal (Cinco de Ouros). Mas a ferida emocional torna você prudente em seu pensamento (Rainha de Espadas), e talvez influencie momentaneamente

em sua visão da mulher... Quanto à sua energia sexual e criativa, ela está atualmente sublimada (Cavaleiro de Paus) para lhe permitir ter acesso a uma nova forma de pensamento, a um renascimento mental.

Em um primeiro momento, para o Tarot d'O Mundo, talvez seja interessante deixar que o consulente escolha a ordem das cartas, uma vez que já lhe indicamos a que centro corresponde cada posição. Por exemplo, se ele escolheu primeiro colocar as cartas do lado direito (intelecto e centro sexual-criativo), isso pode indicar que sua prioridade é mais a ação do que a recepção.

O Tarot de dois projetos

Escolhemos três cartas para saber qual será nosso projeto utópico, isto é, o horizonte mais longínquo que propomos à nossa realização pessoal. A questão não é se podemos ou devemos realizar esse projeto, mas nos tornarmos conscientes do fato de que vivemos nos projetando no futuro. É, portanto, essencial saber a que tipo de futuro nós nos propomos. Abaixo dessas três cartas, tiramos outras três que representam o projeto imposto, aquele que nos foi dado por nossa família, a tarefa que herdamos de nossa árvore genealógica e que, muito frequentemente, nos limita em nosso desenvolvimento pessoal. Por exemplo: "Você vai ser médico, meu filho!", enquanto o consulente sonha ser tenista; ou: "Você vai acabar solteira", uma maldição que pode pesar na vida de uma mulher. Esta leitura pode, então, ocasionar uma tomada de consciência das perspectivas do futuro que moldam nosso cotidiano.

Exemplo de leitura
Projeto utópico: O Louco, XV O Diabo, XVIIII O Sol.
Projeto imposto: III A Imperatriz, II A Papisa, XI A Força.

Projeto utópico

Leitura: Seu projeto utópico é a realização total da sua criatividade e da sua capacidade de ganhar dinheiro (O Louco dá toda sua energia a O Diabo), que se concretizará em um sucesso total (O Sol). Mas o projeto que lhe deram é sempre conter sua criatividade e seu entusiasmo (A Papisa fecha e esfria o desejo d'A Imperatriz), condenando você aos eternos começos (A Força representa aqui um conflito criativo, ela

Projeto imposto

Projeto imposto reorganizado

fecha a boca do animal). Como resolver isso? Reorganizando o projeto imposto.
Reposicionamento (ver p. 512): XI A Força, II A Papisa, III A Imperatriz.
Leitura: A Força se torna aqui um projeto criativo que amadurece com o trabalho de gestação d'A Papisa, e vê finalmente a luz do dia com A Imperatriz que se exprime, cria, se realiza. É preciso se desfazer de uma ideia insensata: "Para ser sábio e puro como A Papisa, devo permanecer na inatividade".

O Tarot da escolha

Bastante útil quando um consulente hesita entre dois caminhos, esta estratégia serve para visualizar a maneira como ele enxerga a situação. Evidentemente, o papel do tarólogo não é fazer pender a escolha, mas esclarecer as possibilidades para permitir uma escolha consciente. O consulente tira uma carta para o centro que o simboliza. Pedimos em seguida que ele visualize um caminho à esquerda dessa carta e outro à direita. A cada

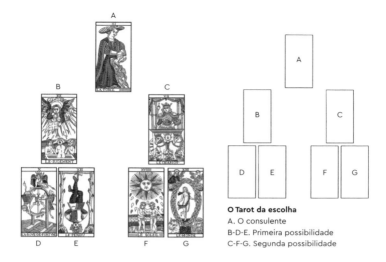

O Tarot da escolha
A. O consulente
B-D-E. Primeira possibilidade
C-F-G. Segunda possibilidade

uma dessas duas cartas, acrescenta-se ainda um duo de cartas que permitirá especificar as possibilidades oferecidas por cada um desses caminhos.

Exemplo de leitura

Consulente: A pessoa quer escolher entre duas propostas de trabalho.
Tiragem: A: XI A Força, **B:** XX O Julgamento, C: VII O Carro, **D:** X A Roda da Fortuna, **E:** XII O Enforcado, **F:** XVIIII O Sol, **G:** XXI O Mundo.
Leitura: O olhar d'A Força se dirige para o segundo caminho, portanto, a sua escolha parece se dirigir para este. As cartas confirmam isso:

- Possibilidade 1: O chamado sedutor (XX) se bloqueia (X) para terminar em uma espera (XII) que parece não ter resultado.
- Possibilidade 2: Ela evoca uma ação forte no mundo (VII) sob o signo de uma associação fecunda (XVIIII) que conduz ao sucesso (XXI).

Ler dez cartas ou mais

Amplificar o Tarot d'O Mundo

É uma leitura de quinze cartas com Arcanos maiores e Arcanos menores. Já estudamos a estrutura do Tarot d'O Mundo (ver p. 543). É possível torná-la mais complexa colocando uma frase de três cartas em cada posição. Isso pode ser feito tanto usando apenas os Arcanos maiores, como utilizando os Arcanos maiores para a carta central e o maço de cinquenta e seis Arcanos menores embaralhados para as outras quatro posições.

Teremos, então, a possibilidade de ver aparecerem cartas de um Naipe em uma energia que não lhes corresponde. Se, por exemplo, a posição superior da direita, que corresponde ao intelecto, se encontra preenchida por cartas da série de Ouros, poderíamos deduzir que, no momento, a principal preocupação do consulente é com dinheiro. Inversamente, se a posição correspondente ao emocional for preenchida por cartas de Espadas, poderíamos dizer que o mental esfriou o coração etc.

Para ler o Tarot segundo esta estratégia, é melhor estarmos já bastante familiarizados com os Arcanos do Tarot. É, sobretudo, indispensável dialogar com o consulente a fim de confirmar ou desmentir aquilo que aparece em sua tiragem. (Ver exemplo abaixo.)

Exemplo de leitura
Consulente: Ele sofre de uma doença grave que considera uma etapa de crescimento espiritual.
Tiragem: ABC: XIII O Arcano sem nome, XVIII A Lua, XII O Enforcado. **DEF:** Rainha de Espadas, Cavaleiro de Espadas, Três de Copas. **GHI:** Rei de Copas, Seis de Ouros, Valete de Copas. **JKL:** Nove de Espadas, Cinco de Paus, Rei de Paus. **MNO:** Cinco de Copas, Cavaleiro de Copas, Sete de Ouros.

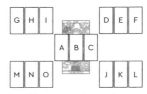

Amplificar o Tarot d'O Mundo
ABC: Essência
DEF: Vida intelectual
GHI: Vida emocional
JKL: Energia sexual e criativa
MNO: Vida material

ABC (essência): Você está em pleno trabalho de transformação (XIII). Sua atividade essencial consiste em trabalhar sobre o câncer (representado pelo caranguejo presente n'A Lua) pela prática da meditação e no aprofundamento das causas da doença (XII). A soma das cartas (ver pp. 527-28): 13 + 18 + 12 = 43; 4 + 3 = 7, dá VII O Carro. Ele representa o estado de saúde e de energia subjacente da provação que você está atravessando. É também a carta da união entre o espírito e a matéria.

DEF (intelecto): O Cavaleiro de Espadas representa uma mutação em sua concepção intelectual: você está passando de uma concepção racional, científica, puramente intelectual do pensamento

(Rainha de Espadas) à descoberta do amor pela obra na energia intelectual (o Três de Copas dá impulso ao Cavaleiro para efetuar o salto).

GHI (emocional): O Valete de Copas talvez represente uma pessoa jovem da sua família, um filho ou uma filha, que vem até você timidamente. Você (Rei de Copas) está disposto a acolher essa pessoa, que vem lhe lembrar dos prazeres da vida (Seis de Ouros).

JKL (sexual-criativo): O trabalho mental ao qual você se obriga na meditação produz a iluminação (Nove de Espadas), que lhe permite adotar um novo ideal criativo (Cinco de Paus) e realizar por fim aquilo para o qual você foi feito (Rei de Paus), produzindo uma obra. (O consulente confirma: seu trabalho interior desencadeado pela doença levou-o a reconhecer sua vocação de pintor.)

MNO (material e corporal): Outra vez, o amor está agindo: seu novo ideal criativo (o Cinco de Paus da energia criativa) produz um novo ideal de vida, fundado sobre o amor por aquilo que você faz (Cinco de Copas). A força desse impulso transforma a matéria (o Cavaleiro de Copas se torna o Ás de Ouros) e orienta você em direção à cura, à recuperação da energia corporal: a Consciência penetra até no coração das células (Sete de Ouros).

O Tarot do eu realizado

É uma leitura baseada em uma tiragem de dez cartas.

Cada um de nós possui um potencial máximo. Da mesma maneira como nos Arcanos maiores a realização é representada pela carta de valor 21 (o Arcano XXI, O Mundo), podemos nos perguntar qual seria nosso eu realizado.

Propomos, então, ao consulente que supere suas considerações habituais, que deixe de lado momentaneamente seus limites.

Quando interrompemos pensamentos do tipo "Eu não valho grande coisa", "Eu não sirvo para nada", "Tudo vai mal", "O mundo é todo errado", "Eu não estou nada satisfeito" etc., torna-se então possível perguntar: "E se tudo corresse bem, o que seria a minha perfeição? Até que ponto eu poderia chegar?".

É a isso que esta leitura se propõe explorar. Essencialmente psicológica, ela tende a estudar a alma e não os acontecimentos. Eis a estrutura desta tiragem:

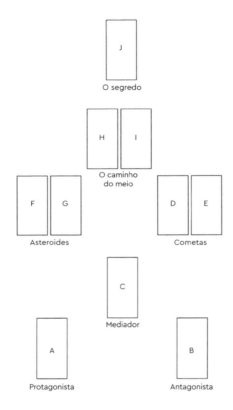

O Tarot do eu realizado

A: Nosso protagonista, tal como o concebemos, a pessoa com quem ocorrem as coisas.

B: Nosso antagonista, a parte de nós contra a qual lutamos.

C: O mediador: o que resulta daquilo que se passa entre o protagonista e o antagonista.

DE: Os "cometas": nosso protagonista nos conduz a encontros positivos para nós, a pessoas que nos fazem bem.

FG: Os "asteroides": nosso antagonista nos aporta acontecimentos que nos prejudicam. Nós nos apaixonamos por uma pessoa que nos trata mal, entramos em um negócio duvidoso... Como um demônio que nos tenta, vemos aonde isso é capaz de nos levar.

HI: O protagonista e o antagonista devem produzir uma personalidade que é resultado de ambos, que não é nem exageradamente positiva, nem exageradamente negativa, que avança como pode em função das necessidades da existência. Muita positividade conduz à preguiça e à moleza, muita severidade conduz à destruição. É preciso encontrar um caminho do meio. É a atitude que fará com que os dois aspectos não sejam opostos, mas complementares.

J: O segredo, o lugar mais íntimo de nós mesmos.

Exemplo de leitura
Tiragem: A: XI A Força. **B:** VIII A Justiça. **C:** XVII A Estrela. **D:** VI O Namorado. **E:** XVIII A Lua. **F:** XIIII Temperança. **G:** XXI O Mundo. **H:** X A Roda da Fortuna. **I:** XX O Julgamento. **J:** II A Papisa.

Leitura: A (protagonista): A consulente, representada pel'A Força, está começando uma nova atividade criativa, ancorada em suas forças profundas. Ela confirma: ela está estudando um método de dança-terapia.

B (antagonista): É a imagem materna, com uma exigência de perfeição. Uma parte

do inconsciente adotou o partido da mãe. A consulente confirma: "Eu sou fria, intransigente comigo mesma, sempre me exijo fazer melhor, eu me levo a duvidar de mim mesma e me desvalorizo".

C (mediador): Se A Força é uma energia que emerge do centro da pessoa e A Justiça uma posição impassível, A Estrela escolhe um lugar a partir do qual agir no mundo. Ela toma d'A Justiça sua sede de verdade, e d'A Força sua capacidade de se doar.

D-E (cometas): A Força atrai o amor, as relações sociais calorosas, e permite ao potencial feminino que se desenvolva.

F-G (asteroides): A Justiça gera o encerramento, uma falta de comunicação consigo mesmo, um corte entre o alto e o baixo: de um lado, há uma abertura (VI e XVIII) e do outro um isolamento (XIIII e XXI), daí o conflito.

H-I (caminho do meio): Quando as duas tendências se unem, se produz uma abertura da consciência, o fechamento de um velho ciclo emocional. O ciclo do isolamento termina; podemos nos abrir para alguma coisa maior que nos chama: abertura de consciência ou desejo de criança.

J (segredo): O segredo da consulente reside em sua espiritualidade. Ela confirma que seu trabalho de busca espiritual lhe permitiu tomar consciência de sua ruptura interior e de que sua vocação é de poder um dia guiar os outros.

O Tarot do herói aplicado aos quatro centros

Nossos quatro centros (intelecto, coração, centro sexual-criativo, vida material) não seguem obrigatoriamente o mesmo caminho: lá para onde o coração nos conduz, a razão pode nos frear, e nosso desejo não está necessariamente de acordo com nossas necessidades materiais. Pode ser útil aplicar uma estratégia de leitura aos quatro centros e fazer, em seguida, a síntese que permita à pessoa unificar sua ação. A estrutura do Tarot do herói, que já estudamos, pode se desenvolver com os vinte e dois Arcanos maiores seguindo a estrutura ao lado.

Exemplo de leitura

Consulente: Uma mulher de cinquenta anos, iniciada no Tarot, se questiona sobre o fato de continuar a trabalhar como assistente de seu marido ou de se lançar em uma atividade que lhe seja apropriada, no caso, na leitura de Tarot.

Tiragem (ver p. 557).

Leitura: A. Ser essencial: XXI O Mundo: uma mulher completa, em plena realização.

B. Objetivo essencial: V O Papa: você deseja transmitir, guiar, ensinar. Seu objetivo é ser uma mestra... Mas justamente, a dificuldade de atingir esse objetivo reside no fato de você visualizar essa função no masculino embora seja uma mulher. Vejamos como, nos quatro centros, você pode superar os obstáculos que a afastam desse objetivo.

Centro intelectual.

C. Eu, situação: XI A Força: tudo está por fazer. A situação se apresenta bem, é um começo.

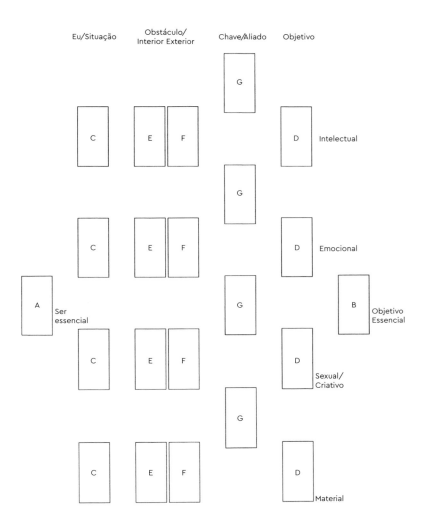

O Tarot do herói aplicado aos quatro centros

AB: O ser essencial da consulente (A) e seu objetivo essencial (B). Essas duas cartas delimitam o jogo como O Louco e O Mundo delimitam os vinte e dois Arcanos maiores (ver pp. 48-9).

Em seguida, para cada centro (vida intelectual, vida emocional, vida sexual e criativa, vida material), tiraremos as cartas seguintes.

C: A identidade da situação da consulente nos quatro centros.

D: O objetivo do consulente nos quatro centros.

EF: Os obstáculos de cada centro. Consideraremos a carta E, situada mais perto do eu, como o obstáculo pessoal, interior da consulente; a carta F representará um obstáculo exterior, ligado às obrigações da vida.

G: A chave para cada centro.

De preferência, posicionaremos as cartas deixando o intelecto no alto, seguido, de cima para baixo, pelas cartas que figuram o centro emocional, depois as relativas ao centro sexual-criativo e, por fim, as cartas ligadas ao centro material na base.

No corpo, cada um dos centros corresponde respectivamente à cabeça, ao coração, à bacia e, por fim, aos pés.

D. Objetivo: III A Imperatriz: seu desejo é explodir, eclodir, criar.

E. Obstáculo interior: IIII O Imperador: a autoridade paterna pesa sobre a opinião que você tem de si mesma...

F. Obstáculo exterior: XII O Enforcado: ...e a conduz à inatividade. Você adquiriu o hábito de não agir, e você não sabe por onde começar.

G. Chave, aliado: XVIIII O Sol: é uma questão de você assumir todo o seu valor, mas calmamente, passo a passo, sem mudar tudo de um dia para o outro. Você poderia trabalhar meio período, ir mudando suavemente com a atividade que lhe convém.

Centro emocional.

C. Eu, situação: O Louco: você possui uma grande energia, mas ela não está completamente canalizada. A necessidade de liberdade se faz sentir.

D. Objetivo: XIIII Temperança: você deseja trabalhar para curar. Sua vocação de taróloga encontra sua origem no desejo de ajudar os outros.

E. Obstáculo interior: XX O Julgamento: em situação de obstáculo, esta carta pode ser interpretada como uma repressão da vocação que conduz a não realizar aquilo que se deseja. Podemos também nos perguntar se, quando você nasceu, seus pais desejavam um menino, mais do que uma menina.

F. Obstáculo exterior: XVI A Torre: enquanto obstáculo, esta carta evoca um isolamento, o medo de se exprimir.

G. Chave, aliado: II A Papisa: trata-se de tomar consciência do fato de que você tem algo a dizer, a escrever, a transmitir. A Papisa é a figura feminina correspondente a O Papa, considerado como mestre por excelência. A chave consiste em desempenhar essa imagem do feminino, em aceitar a sabedoria feminina.

Centro sexual e criativo.

C. Eu, situação: XV O Diabo: sua energia é imensa! O Diabo está perfeitamente em sua posição, no domínio sexual/criativo. É ele quem, sob a forma de um desejo profundo, leva você a tomar consciência do seu valor.

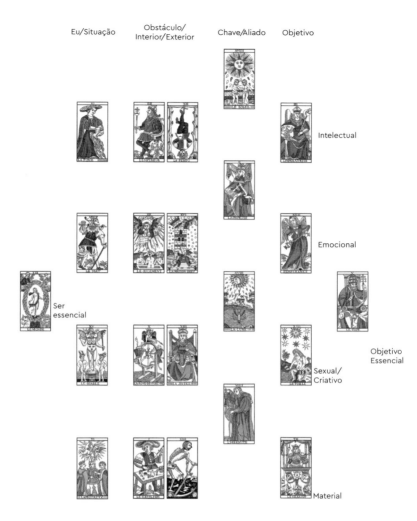

O Tarot do herói aplicado aos quatro centros. Exemplo de tiragem.
(Leitura às pp. 554-558.)

D. Objetivo: XVII A Estrela: uma ação no mundo que se revela em dois aspectos, pois ela possui dois vasos. Talvez seja o desejo de continuar colaborando com seu marido, ao mesmo tempo em que começa uma atividade individual.

E. Obstáculo interior: X A Roda da Fortuna: você se encontra em uma situação de parada. Sua criatividade está bloqueada, talvez pelo medo de não ser mais amada se sair de seu papel tradicional.

F. Obstáculo exterior: VIII A Justiça: a ideia de perfeição a impede de fazer as coisas que você deveria fazer. A criatividade não pode ser perfeita...

G. Chave, aliado: XVIII A Lua: sonhar! Penetrando profundamente em sua intuição, você será capaz de superar o bloqueio criativo.

Centro material.

C. Eu, situação: VI O Namorado: a situação em casa é agradável. Você trabalha com seu marido e se entendem bem. Cada um tem seu domínio e não invade o do outro.

D. Objetivo: VII O Carro: situar-se em relação ao trabalho de seu marido e encontrar a sua forma de ação no mundo, como taróloga, porque este é o seu desejo.

E. Obstáculo interior: I O Mago: você se sente uma novata, ainda uma aluna, muito inexperiente para começar a agir. Você talvez tenha receio de não conseguir ganhar dinheiro (a moedinha de ouro d'O Mago).

F. Obstáculo exterior: XIII O Arcano sem nome: a transformação lhe parece revolucionária. Você receia pelo equilíbrio de seu casamento. Às vezes, aprendemos desde a infância a ser uma mulher dependente, e simplesmente trocamos a imagem do pai pela do marido. Essa dependência se torna, então, uma "prova de amor", temos medo de perder a pessoa que amamos ao sairmos da dependência material.

G. Chave, aliado: VIIII O Eremita: deixando o ideal de perfeição do VIII, abandonando o estado de debutante, O Eremita avança sem medo rumo à transformação. É preciso começar a confiar em você mesma, e talvez ler o Tarot para desconhecidos: O Eremita vai ao desconhecido. Você pode simplesmente se instalar em um lugar público com suas cartas, e fazendo anotações, e esperar que as pessoas venham lhe perguntar: "Você lê Tarot?". O Eremita não tem medo da pobreza. Em um primeiro momento, você pode trabalhar de maneira beneficente.

O Tarot da escolha aplicado aos quatro centros

Da mesma maneira, podemos aplicar ao Tarot da escolha essa estrutura de 20 + 2 cartas (ver p. 546). Em todos os centros, temos escolhas a fazer.

Como no Tarot do herói aplicado aos quatro centros, e na imagem do corpo humano, os conjuntos de cartas correspondentes a cada centro serão dispostos de cima para baixo nesta ordem: centro intelectual, centro emocional, centro sexual-criativo, centro material.

Ver abaixo a estrutura da tiragem.

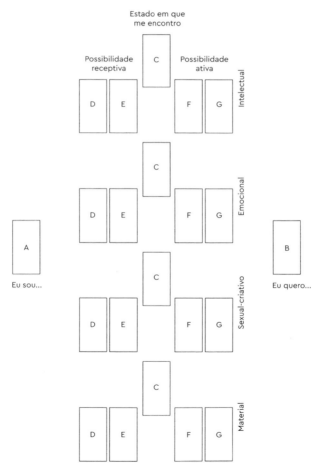

O Tarot da escolha aplicado aos quatro centros (ver na página seguinte).

As duas primeiras cartas delimitam o jogo.

A. Aquilo que sou essencialmente.

B. Aquilo que eu quero essencialmente.

Em cada centro, a escolha será representada por cinco cartas dispostas da seguinte maneira:

C. Esta carta central representa o estado em que nos encontramos intelectualmente, emocionalmente, criativamente (sexualmente) e materialmente.

De ambos os lados de C, dois duos de cartas figuram as duas opções que se apresentam em cada centro.

DE: Este duo, posicionado à esquerda, representa a possibilidade mais receptiva.

FG: Este duo, posicionado à direita, representa a possibilidade mais ativa.

Podemos, antes de virar as cartas, atribuir uma pergunta ou uma possibilidade a cada centro.

A leitura artística

Esta última estratégia permite criar todas as estruturas de tiragem que quisermos. Ela é particularmente (mas não exclusivamente) adaptada à leitura do Tarot para crianças. Ela consiste em organizar as cartas para formar um desenho. Para nos exercitarmos, podemos começar criando estratégias inspiradas em um Arcano, como fizemos para o Tarot d'O Mundo. Por exemplo, podemos inventar um Tarot baseado na estrutura d'A Estrela.

Leitura artística inspirada em A Estrela
A. Coloque uma figura na estrela central que brilha no céu do Arcano XVII.
B. Coloque uma figura no lugar onde a mulher apoia o joelho.
C. Coloque uma figura no rio.
D-E: Coloque uma figura em cada um dos dois vasos
F. Coloque uma figura no pássaro negro sobre o galho.

Exemplo de leitura

A. De onde recebo minha energia? XII O Enforcado: das profundezas do meu ser, ou, simplesmente, tenho necessidade de descansar para ficar em forma.

B. Qual é a minha base concreta? XVII A Estrela: o lugar onde vivo, a paisagem que amo, ali onde me sinto em casa. Podemos também dizer que é o meu corpo (a estrela está nua), que devo cuidar da minha saúde, da minha alimentação...

C. Ao que ou a quem minha ação é consagrada? X A Roda da Fortuna: ela é consagrada a fechar um ciclo, a terminar um trabalho.

D-E. Quais são os meus meios de ação? O Louco, XVIIII O Sol: meus meios de ação são uma grande energia, a capacidade de viajar, a liberdade do espírito (O Louco) e a generosidade, o sentido de colaboração, o amor pelo outro (O Sol).

F. O que começa a cantar, e qual é a consequência da minha ação no mundo? VIIII O Eremita: uma sabedoria maior, uma maturidade, um novo olhar sobre as coisas.

Princípios e desenvolvimento de uma leitura artística

Uma vez que dominamos esse tipo de construção, podemos passar à leitura artística propriamente dita.

- O tarólogo pede ao consulente que imagine um objeto, um ser que possa ser representado por um desenho.
- Em seguida, o consulente embaralha as cartas, entrega-as ao tarólogo, que deve, então, se valer da imaginação para utilizar o número de cartas necessárias, que ele disporá com a face virada para a mesa, para representar esse objeto de maneira satisfatória. Podemos em particular utilizar o princípio dos quatro elementos (intelecto, coração, energia sexual e criativa, matéria), introduzindo no esquema das estruturas de quatro níveis. O esquema será tratado segundo as leis de orientação do Tarot: a parte

que se encontra à direita do consulente representa a ação e a parte à sua esquerda, a recepção.

- Pedimos ao consulente que escolha qual parte do desenho o representa. Ele coloca um objeto sobre as cartas para materializar seu eu.
- O consulente escreve três perguntas em pequenos pedaços de papel que ele dobra em quatro, e que pedimos que ele coloque no lugar de sua escolha sobre o desenho.
- Para interpretar esse Tarot, começaremos vendo onde o consulente está situado no desenho, e em que nível do desenho ele colocou as perguntas. Depois, leremos as perguntas e viraremos as cartas ou os grupos de cartas em questão.
- Se desejarmos, podemos ler não apenas a carta ou o grupo de cartas sobre as quais o consulente colocou as perguntas, mas também as cartas do entorno, que formam o contexto desta resposta, os aspectos complementares.

No exemplo a seguir, a consulente escolheu uma borboleta como forma da tiragem.

Exemplo de leitura

Consulente: Uma jovem de dezenove anos acabou de terminar o ensino médio e começou seus estudos literários na universidade. Simbolicamente, a borboleta representa um estado de realização posterior à longa gestação da crisálida. Isso corresponde à situação dessa jovem, que mudou de cidade, deixou a família, e que mora sozinha pela primeira vez. Utilizamos aqui os vinte e dois Arcanos maiores para representar esquematicamente a borboleta. O triângulo simboliza o lugar onde a consulente posicionou seu eu. Suas perguntas são indicadas pelas três flechas.

O eu da consulente

A: III A Imperatriz: Você colocou seu eu no centro do corpo da borboleta. Isso significa que você está em pleno equilíbrio, em acordo consigo mesma nessa nova vida. Com A Imperatriz, podemos dizer que você está gozando de plena saúde e plena criatividade.

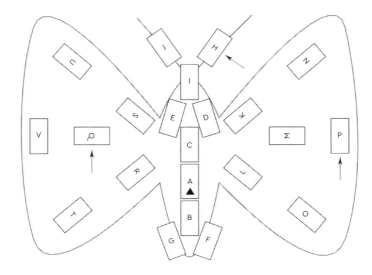

Uma vez que a consulente se colocou no centro do corpo da borboleta, podemos ler as cartas que a circundam da seguinte maneira: a carta situada acima dela (C) poderia ser seu eu superior, e a carta abaixo dela, seu eu inconsciente (B). As quatro cartas que a envolvem serão, como no Tarot d'O Mundo, suas quatro energias: D: o intelecto; E: a energia emocional; F: a energia sexual e criativa; G: a energia material.

A: III A Imperatriz, que já interpretamos, é uma carta de criatividade, de entusiasmo.

B: XVIII A Lua: Uma grande criatividade ainda por se expressar talvez tenha guiado a sua escolha dos estudos literários. Seu mundo inconsciente é rico em sonhos e intuições.

O corpo da borboleta

C: O Louco: Sua energia espiritual é grande, mas ainda sem objetivo. Você ainda não sabe qual é seu ideal, sua missão na existência. Com a maturidade, você descobrirá sua orientação espiritual.

D: Energia intelectual: IIII O Imperador: Seu espírito é bem organizado, sólido. Você possui as bases necessárias para obter sucesso nos estudos. Mas o aspecto um tanto "quadrado" do seu intelecto sinaliza que você ainda não entrou em contato com o mundo mais fantasmagórico d'A Lua. Você ainda se vê como um ser racional.

E: Energia emocional: XI A Força: Você está disposta a começar uma nova relação amorosa fundada sobre a atração.

F: Energia sexual e criativa: XVII A Estrela: Você é cheia de sedução e de generosidade, e seu potencial criativo é muito grande. Você possui os meios para se realizar, desde que, mais uma vez, reconcilie os aspectos lógicos e poéticos da sua personalidade.

G: Energia material: XVIIII O Sol: Você é absolutamente sustentada nessa nova etapa da sua vida, talvez pelo pai (a consulente confirma que os pais lhe permitiram alugar um pequeno apartamento na cidade onde ela estuda e que se preocupam com seu bem-estar).

As perguntas da consulente

H: Pergunta 1: Será que sou capaz de obter sucesso nos estudos? A pergunta é colocada sobre a antena direita da borboleta (H), isto é, no cume de sua atividade. É o objetivo mais alto, aquele que envolve a vida futura.

Resposta: VIII A Justiça: Você possui tudo o que é preciso para obter sucesso, pois A Justiça representa a perfeição. Mas você tem dúvidas. Nós, então, viramos as cartas que representam a cabeça e a antena esquerda da borboleta para compreender os motivos dessas dúvidas.

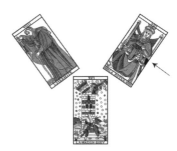

A cabeça da borboleta

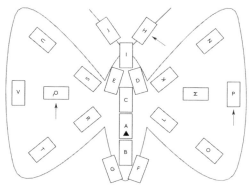

Uma leitura artística

A carta H, sobre a antena direita, representa a pergunta relacionada aos estudos. Na cabeça, a carta I, nós encontramos o motivo das dúvidas. Na carta J, aprofundaremos os aspectos do passado dessa dúvida.

I: XVI A Torre: Este Arcano representa uma explosão. Você saiu de um mundo conhecido para entrar em um mundo desconhecido. Alguns aspectos já lhe são familiares (eles correspondem, em A Torre, ao personagem inteiro que sai da torre). Esses aspectos fazem referência ao seu passado, representado pela antena da esquerda. Ao contrário, os aspectos apresentados pela antena da direita estão, como o segundo personagem d'A Torre, ainda com metade do corpo dentro da torre. Você não sabe o que lhe espera, daí a sua dúvida.

J: VIIII O Eremita: a época da escola já acabou. Da mesma maneira que O Eremita caminha de costas iluminando o passado, você sabe o que abandonou, mas não conhece ainda o mundo para o qual se dirige. A universidade propõe novos métodos de trabalho, uma nova forma de vida, você ainda não sabe se conseguirá se adaptar. Mas você não tem nenhum motivo para se inquietar: como A Justiça testemunha, você está bem preparada e possui o que é necessário para obter sucesso.

P: Pergunta 2: Será que vou me apaixonar? A pergunta é colocada na extremidade da asa direita da borboleta: ali onde a força motriz é mais intensa. O amor lhe dá asas!

Resposta: XX O Julgamento: Não há nenhuma dúvida quanto a isso! Você pode perfeitamente encontrar alguém. Nós não lemos o futuro, vemos sobretudo quais são os caminhos que a levam a esse encontro. Vimos que o encontro tem lugar na

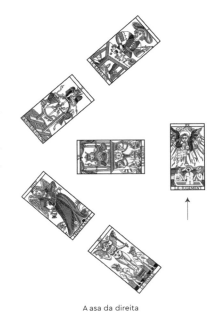

A asa da direita

posição P. Ela é delimitada por dois caminhos que começam em K e em L, e se unem em M. As cartas N e O representam as circunstâncias que delimitam esse encontro.

K: X A Roda da Fortuna: Um ciclo terminou, tome o tempo necessário para encerrar o passado e não se precipite. Você mudou de cidade, de estabelecimento escolar. Seguido de:

N: I O Mago: Um encontro com um jovem vem iniciar esse novo ciclo.

L: XIIII Temperança: Mensagem similar: Temperança toma o tempo necessário para equilibrar a situação. Seguido de:

O: XV O Diabo: Depois da angelical Temperança, vem uma ligação passional!

M: VII O Carro: É a carta central. O príncipe surge bem no meio da sua vida. Nada de especial a fazer, as coisas se passam naturalmente.

Q: Pergunta 3: Será que tenho talento? A pergunta é colocada sobre a carta situada no centro da asa esquerda da borboleta, ela está encerrada no interior da asa.

Resposta: XII O Enforcado: Ele exprime ao mesmo tempo uma situação onde não agimos e uma gestação. A consulente confirma: ela adorava escrever poemas, mas não consegue mais se decidir sobre isso. "A prática leva à perfeição", diz o ditado! O talento se exprime e se desenvolve na ação. Ninguém sabe se tem talento antes de colocá-lo em prática. Podemos desenvolver essa ideia lendo as cartas ao redor d'O Enforcado.

Q: XII O Enforcado: O talento ainda em gestação, que não age. A asa da borboleta está imóvel.

R e S (os primeiros esforços para pôr a asa em movimento): VI O Namorado e II A Papisa: a pergunta não é "Será que eu tenho talento?", mas "Será que eu amo (VI) escrever (II)?" Para saber a resposta, é preciso trabalhar todos os dias; a soma dessas cartas (6 + 2) é 8: VIII A Justiça, que executa sem falhas aqui o que tem para fazer.

T e U (resultado dessa ação): V O Papa e XIII O Arcano sem nome: aceitando exprimir, comunicar aquilo que existe dentro de você (V), você se transforma, você faz eclodir O Enforcado no grau seguinte, o XIII. A soma das cartas (5 + 13) é 18: XVIII A Lua, que em sua tiragem representava seu eu inconsciente: a poesia que havia em você em estado latente se manifesta na realidade.

V (o talento real da consulente, uma vez manifestado): XXI O Mundo. É a carta que fecha essa bela tiragem. Não tenha dúvida, você tem o que dizer e a capacidade e exprimi-lo com muito talento.

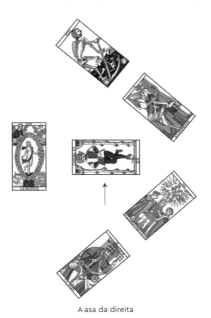

A asa da direita

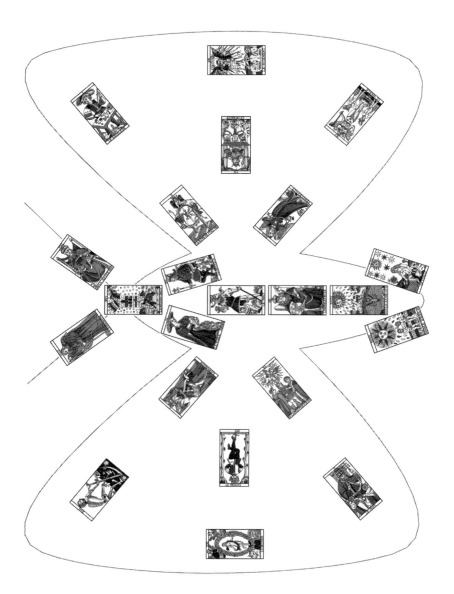

Conclusão: o pensamento tarótico

Meus longos anos de contato com o Tarot me aportaram novas maneiras de captar o mundo e o outro, deixando que a intuição dançasse com a razão e se amalgamasse com aquilo que chamei de "pensamento tarótico"[1]... descrever o pensamento tarótico poderia constituir o objeto de um outro livro. Aqui, me contentarei em dar alguns exemplos.

Os Arcanos possuem múltiplos significados que vão do particular ao geral, do evidente ao inabitual. É preciso considerar cada Arcano como um conjunto de significações. Essas significações adquirem mais ou menos importância conforme o sistema cultural de quem os interpreta.

Na realidade, cada ser humano é um Arcano. Nós podemos viver bem a vida inteira ao lado de alguém, mas não poderemos

---

1 De maneira filosófico-poética, sem dizer que me referia ao Tarot, já fiz isso em *A escada dos anjos: uma arte de pensar* (*L'Échelle des anges: un art de penser*, Le Relié, 2001).

dizer que o conhecemos totalmente. Estamos habituados a seus pensamentos, seus sentimentos, seus desejos, seus gestos, suas atividades rotineiras, mas basta um único acontecimento extra-ordinário – uma doença, uma catástrofe, um fracasso ou um sucesso – para descobrirmos nessa pessoa aspectos inabituais que nos surpreenderão feliz ou dolorosamente. Aquilo que pensamos ser a realidade é apenas uma parte da realidade. Aquilo que projetamos de uma pessoa é apenas uma parte de sua personalidade. Os defeitos ou qualidades que vemos nos outros são igualmente nossos. Essas condutas inesperadas com as quais o mundo e os outros nos surpreendem provocam reações que dependem do nosso nível de consciência. Em um nível de consciência pouco desenvolvido, qualquer mudança nos apavora, nos deixa desconfiados, nos faz fugir, nos paralisa, nos torna furiosos ou prestes a atacar. Uma consciência desenvolvida aceita a mudança contínua e avança, confiante, sem objetivo, desfrutando da existência presente, construindo passo a passo a ponte que atravessa o abismo.

Para chegar às leituras que curam, as primeiras coisas que precisei vencer foram as antipatias e simpatias. Cada habitante do nosso mundo representa um ponto de vista distinto, novo, que não existia antes de seu nascimento. Algo de original, de único. Quando um ente querido nos deixa, nós temos a impressão de que o universo inteiro se esvazia... Quem quer que seja, o consulente merece nosso respeito como uma obra divina que jamais se repetirá, com a possibilidade de aportar ao mundo a semente de um bem desconhecido.

Não existe tarólogo impessoal. Todo tarólogo é marcado por uma época, por um território, por uma língua, uma família, uma sociedade, uma cultura.

Da mesma maneira que na literatura o romance deixou de ser narrado por um escritor-testemunha – considerado um deus –, deixando que as coisas se desenvolvam sem intervenções e sem ser afetado, e passou a ser contado por um personagem intimamente ligado aos acontecimentos, mais um ator na trama, eu precisei dar o mesmo passo na leitura do Tarot: de nenhuma maneira suportei a ideia de me colocar na posição de um vidente que conhece o presente e o futuro do consulente, observando-o desde uma altura mágica, impessoal, emprestando a voz a entidades de outro mundo... Sendo os Arcanos como telas de projeção, era necessário que eu me desse conta de que tudo o que via nas cartas estava impregnado pela minha personalidade. Não podendo me libertar de mim mesmo, eu me perguntei: "O que eu sou quando leio o Tarot? Será que meu pensamento é masculino? Será que é latino-americano? Europeu? Será adolescente ou maduro? Será que a minha moral é judaico-cristã? Será que sou crente, ateu, comunista, servidor do regime estabelecido? Será que percebo as características da minha época?"... Para chegar a uma leitura útil, eu me dei conta de que, sem poder me separar da minha personalidade, eu devia "trabalhá-la", poli-la até chegar a sua essência. Eu prometi a mim mesmo não obedecer às modas, não cair na peça de nenhuma tradição ou folclore... Observei com atenção a minha imagem do mundo e tentei com todas as minhas forças modificar meu espírito masculino, aceitando o feminino, para fundir os dois até atingir o pensamento andrógino... Se nasci no Chile e me formei no México e na França, dentro de mim deixei de ter uma nacionalidade, conseguindo com toda sinceridade me sentir um cidadão do cosmos. Isso me levou a me dar conta dos meus limites enquanto ser humano. Minha consciência não era prisioneira de um corpo mineral, vegetal ou animal, ela era a essência do universo inteiro. O que me permitiu me colocar no lugar não apenas de outras pessoas, mas igualmente de objetos. O que será que sente o meu gato, esta árvore, o relógio no meu pulso, o sol, as pedras do calçamento onde piso, meus órgãos, minhas vísceras etc.? Nesse trabalho de desprendimento e refinamento, perdi não só a nacionalidade, mas também a idade, o nome, os rótulos como "escritor", "cineasta", "terapeuta", "místico" e muitos outros. Parei de me definir: nem gordo, nem magro, nem bom, nem mau, nem generoso, nem egoísta, nem bom pai, nem mau pai, nem isso, nem aquilo. Parei igualmente de esperar objetivos ideais: nem campeão, nem herói, nem santo, nem gênio.

Tentei com todas as minhas energias ser aquilo que eu era. Parei de me prender a uma única língua e desenvolvi um amor, um respeito por todas as línguas, ao mesmo tempo em que me dei conta de que, se as palavras não atingiam a poesia, se tornavam engodos. Creio que a origem de todas as doenças psicossomáticas é um conjunto de palavras ordenadas em forma de proibição. Impor uma visão é proibir outras. O universo não possui limites e funciona com um conjunto de leis diferentes, às vezes contraditórias, em cada dimensão. Quanto mais eu expandia os meus limites, mais enxergava os limites do outro. Hoje em dia, quando leio o Tarot e entro em transe, meu eu quase transformado em você, eu me sinto diante do consulente como diante de um céu azul que recebe a passagem de uma nuvem... Na realidade, não lemos para dizer ao consulente aquilo que ele é, mas para compreendê-lo. No dia em que o compreendermos totalmente, nós desapareceremos... No fundo, creio que nossa verdadeira consulente é a morte. Tentemos compreendê-la. Quando morremos, isto é, quando nos tornamos ela, nós nos dissolvemos, por fim, na Verdade.

Nenhum tarólogo pode dizer a verdade. Ele só pode dizer sua interpretação da verdade. Quando se lê o Tarot, não se sabe. Uma vez que ele lê para compreender, o tarólogo deve continuar a leitura mesmo que não compreenda o que ele vê. Da mesma maneira que toda interpretação é fragmentária, a abundância de interpretações faz com que o consulente se aproxime do conhecimento... Não existe pergunta insignificante. As perguntas superficiais e as profundas, as inteligentes e as estúpidas possuem a mesma importância: as interpretações de cada Arcano sendo infinitas, o valor da pergunta dependerá não de sua qualidade, mas da qualidade da resposta do tarólogo.

Eu me dei conta de que compreender aquilo que eu via era uma ilusão. Para compreender verdadeiramente uma coisa, era preciso decifrar o que é o universo. Sem abarcar o todo, era impossível saber com certeza o que era uma de suas partes.

O consulente não é um indivíduo isolado. Para saber quem ele é, o tarólogo, além de sua vida desde o instante em que foi concebido e viu a luz do dia, deveria conhecer a vida de seus irmãos, de seus pais, de seus tios, de seus avós e, se possível, a vida de seus bisavós. Saber a educação que ele recebeu, conhecer os problemas da sociedade na qual ele viveu, assim como os arquétipos e a cultura que formaram seu espírito...

Uma vez que é impossível captar a totalidade do outro, é da mesma maneira impossível julgá-lo. A positividade ou a negatividade de um acontecimento não são intrínsecas; são apenas interpretações subjetivas. Em deferência ao consulente, é preferível sempre buscar a interpretação positiva.

Uma árvore, ao mesmo tempo que eleva seus galhos para o céu, mergulha suas raízes na terra. A luz é infinita, a escuridão é infinita. Cavar no sofrimento contido em nosso inconsciente faz com que nos impregnemos com o sofrimento de toda a humanidade; a dor é infinita. Uma vez expressos o pranto e a cólera, é mais útil buscar valores escondidos como tesouros em nosso ser essencial. A paz é infinita.

Um tarólogo não deve comparar o consulente com outras pessoas que se pareçem fisicamente. Comparar, enquanto maneira de definir, é uma falta de respeito para com a diferença essencial de cada ser.

O consulente pode não conhecer a si mesmo e, na maior parte do tempo, ignorar as influências recebidas de sua árvore genealógica. Se ele fala uma única língua, se ele não viajou para países distantes, se ele não estudou outras culturas, se ele jamais imobilizou seu corpo para meditar, se tendo de escolher entre fazer ou não fazer, ele fugiu de toda experiência nova com medo do fracasso, podemos dizer que seu inconsciente se apresenta para ele não como aquilo que é, ou seja, um aliado, mas como um mistério inquietante, um inimigo... Jamais ele saberá a base real daquilo que pensa, sente, deseja ou faz... Isso porque, durante a leitura do

Tarot, suas perguntas, por mais superficiais que pareçam, ocultarão processos psicológicos profundos... "Será que devo ir ao salão de beleza, tingir o cabelo e mudar de penteado?": a pergunta é muito simples, aparentemente frívola, mas, no entanto, pode receber uma resposta profunda. Se fosse só isso que dizem as palavras, que necessidade a pessoa teria de ser aconselhada? Bastaria tomar a decisão sozinha... Podemos ver nessa tintura e nessa mudança de penteado que a consulente exprime seu desejo de mudar de vida, de não estar mais sozinha, ou ao contrário, de terminar seu casamento, ou sob outro aspecto, de empreender novas experiências, de buscar ser reconhecida – que ela exprime sua insatisfação diante de si mesma ou sua descoberta de novos valores que a obrigam a se separar de uma personalidade antiga... O Tarot nos ensina a respeitar todas as perguntas: cada pergunta é uma oportunidade de aprofundar a descoberta de nós mesmos para vivermos engastados como um pedra preciosa na joia que é o presente. A maior parte dos consulentes não se sente como algo que existe e é, mas como algo que ainda será.

Toda generalização é ilusória. Os acontecimentos nunca são semelhantes... Quando damos o outro como exemplo, sempre aquele que o cita emite uma concepção pessoal. Para cada indivíduo, o outro é diferente.

Sendo o outro parte de um todo infinito, é impossível isolá-lo em uma definição; quando o outro é capturado e interpretado por nós, ele recebe os limites que corresponde ao nosso nível de consciência. Esse outro é uma mistura daquilo que ele mostra e daquilo que nós acrescentamos fazendo dele nosso próprio reflexo. As qualidades que enxergamos nele, assim como os defeitos, fazem parte das nossas próprias qualidades e defeitos... Ao julgá-lo, ao mensurá-lo, ao lhe atribuir rótulos – bom, mau, belo, feio, egoísta, generoso, inteligente, estúpido etc. – estaremos mentindo a nós mesmos. Todo julgamento que exprimirmos é sempre feito em comparação com a imagem limitada, e portanto artificial, que temos de nós mesmos.

O real não é bom, nem mau, nem belo, nem feio em si, ele não possui nenhuma outra qualidade. A unidade divina não pode ter qualidades, nem ser definida por um tarólogo que não a compreende, pois não a pode conter. O Todo é formado por todas as partes, mas todas as partes não formam o Todo.

Em nenhum momento o tarólogo pode se arvorar a ser juiz de seu consulente ou a aceitar como reais, justas, as visões que ele tem dos membros de sua família ou dos seres que ele evoca na leitura.

Em um mundo infinito, não se pode afirmar: "Tudo é assim". A fórmula correta é: "Quase tudo é assim". Se noventa e nove por cento é considerado negativo, não se pode excluir a positividade do um por cento. Esse um por cento positivo é mais digno de definir a totalidade que os noventa e nove por centro negativos. Essa pequena positividade redime a grande negatividade.

Eis por que não é útil afirmar que o mundo é violento. Podemos admitir que existe violência no mundo, muita violência, mas não podemos defini-lo por esse erro. O mundo é também perfeito como o cosmos. O ser humano é igualmente assim. Não se pode afirmar que ele é doentio. Enquanto a vida lhe dá alento, o corpo humano é um organismo complexo, misterioso, dotado de saúde. Estar vivo é estar são, física e mentalmente. Podemos ter doenças, atitudes psicóticas, mas por mais que sejam graves, elas não fazem de nós "doentes" ou "loucos", elas não definem nosso ser, mas nosso estado presente... O espírito humano, infinito, não suporta rótulos... O tarólogo, mais do que lhe mostrar seus numerosos defeitos, deve tentar captar as qualidades do consulente que, mesmo que não sejam numerosas, lhe ajudarão mais a ser o que ele é verdadeiramente.

Não devemos definir o consulente por suas ações, mas sim definir as ações que o consulente realizou. Ele não é "tolo": ele cometeu tolices; ele não é "ladrão": ele se apropriou de coisas que pertenciam a outra pessoa. Se definirmos o consulente por suas ações, nós o separaremos da realidade.

O valor de uma leitura depende do nível de consciência do tarólogo. Se ele é sábio, ele pode obter mensagens preciosas, por mais absurdos que sejam os Arcanos escolhidos pelo consulente. A consciência elevada do tarólogo outorga sabedoria ou tolice à leitura, mas os Arcanos em si mesmos não são sábios nem tolos: eles não possuem qualidades. Quem possui qualidades é aquele que as enuncia.

As leituras, apesar de sua importância, são sempre interpretações pessoais do tarólogo, e por isso mesmo não devemos lhes dar a qualidade de prova absoluta... Nenhuma leitura pode constituir prova de um fato.

A exatidão e a precisão, em uma realidade constantemente cambiante, são dois obstáculos à compreensão.

O desejo de perfeição, de exatidão, de precisão, de repetição daquilo que é conhecido e estabelecido são manifestações de um espírito rígido que teme a mudança, a diferença, o erro, a permanente impermanência do cosmos. Essa atitude obstinadamente racional se opõe ao pensamento tarótico, que se assemelha ao pensamento poético. Já ouvimos o poeta Edmond Jabès dizer: "Ser é interrogar o labirinto de uma pergunta que não tem resposta".

Depois que interpretamos um Arcano, podemos, mais tarde, modificar essa interpretação. As interpretações não são parte integrante do Arcano, o Arcano não pode mudar, mas sim o tarólogo, na medida em que ele é um ser que se transforma. Não mudar nunca de interpretação é teimosia. Toda mensagem obtida pela leitura das cartas pode ser contradita por uma segunda leitura das mesmas cartas. As mensagens não são extraídas das próprias cartas, mas de interpretações que damos a essas cartas.

Responder "não" a uma afirmação é um erro. Nada pode ser negado em sua totalidade. Melhor é dizer: "É possível, mas de um outro ponto de vista podemos também dizer o contrário".

A doença é essencialmente separação, isto é, ela surge essencialmente da crença de que estamos separados.

Alguns autores de livros de autoajuda aconselham a não pensarmos como um corpo que tem um espírito, mas como um espírito que tem um corpo... Ponto de vista que a princípio adotei com fervor; depois, pensando que a solução correta de um problema não produz um ganhador e um perdedor, mas dois ganhadores, aceitei – de acordo com a finalidade da alquimia: espiritualização da matéria e materialização do espírito – que eu era ao mesmo tempo um espírito que tinha um corpo e um corpo que tinha um espírito... Mas, se considerarmos a primeira afirmação, será que eu era realmente um espírito, isto é, uma entidade individual, diferente do todo...? Sim, eu era um espírito, mas era ao mesmo tempo um planeta, uma galáxia, um universo e, se eu aceitasse um princípio criador, um Deus. Isso me obrigou a dizer: sou um corpo que possui um deus, sou um deus que possui um corpo... Será que eu podia, então, separar meu corpo dos outros corpos, da Terra, das estrelas, da matéria universal?

A saúde é a Consciência divina. O caminho que leva até ela é a informação, desde que se considere informação não tanto as palavras mas as experiências de um conhecimento que, inscrito no corpo, se apresenta como uma exigência daquilo que nos falta. E isso que nos falta é a experiência da união com o deus interior. O sofrimento é a ignorância. A doença é a ausência de consciência. O consulente, sendo totalmente relacional, para chegar à saúde precisa receber a informação essencial. Para que uma doença possa ser curada, ele deve se colocar em relação a seu deus interior.

Se o mundo é infinito, nenhuma ordem é real. Só pode ser ordenado aquilo que possui limites precisos. Podemos buscar a utilidade momentânea de uma ordem, mas não sua veracidade. O mundo é uma representação subjetiva que pode ser ordenada de infinitas maneiras. Convém buscar a ordem que nos cause menos sofrimento.

A chave mágica que permite ao consulente, assim como ao tarólogo que lhe faz a pergunta, organizar positivamente sua passagem pelo mundo é: "A vida me alegra?" Essas pessoas, esse trabalho, esta cidade, esse país, esta casa, esse móvel, tornam minha vida feliz? Se não tornam minha vida feliz, isso quer dizer que não me convêm enquanto companhia, meio ambiente, território, atividade. Isso me convida a evitar me envolver com eles.

Todo conceito é duplo, composto pela palavra enunciada e uma palavra contrária não pronunciada. Afirmar alguma coisa é também afirmar a existência de seu contrário. O tarólogo deve buscar a relação de um conceito com seu contrário. Por exemplo: feio (em relação a alguma coisa bela); pequeno (em relação a alguma coisa grande); defeito (em relação a alguma qualidade) etc. Fora da relação, o conceito não tem nenhum sentido.

O consulente não chegará a saber quem ele é sem se comparar. A personalidade adquirida, e não a personalidade essencial, se constitui com base em comparações. Desde a infância, exigem de nós que pareçamos, não que sejamos. Se a criança não corresponde àquilo que os pais acreditam que ela deva ser, eles a culpabilizam. As revistas de moda exibem mulheres que obedecem a critérios de beleza muitas vezes afastados da realidade humana. Da mesma maneira, o cinema e a televisão. Quando uma consulente sofre de um complexo de feiúra, é fundamental que o tarólogo descubra com o que ela se compara. O olhar dos pais e dos professores forma o espírito da criança. Se ninguém a olha tal como ela é – submetendo-a a olhares críticos ou comparando-a com os irmãos, irmãs ou amigos "melhores" –, a criança cresce tendo a sensação de não ser ninguém, sem se conceder o direito à realização de suas potencialidades... As escolas que estabelecem os cânones de inteligência, pensando que só existe uma maneira correta de pensar, provocam desvalorizações dramáticas. O tarólogo deve escavar como um arqueólogo na memória do consulente, buscando os "exemplos perfeitos" com os quais o consulente se compara para libertá-lo da inveja... Aquele com quem o consulente se compara, seu desejo de ter e de ser o que o outro possui e aquilo que o outro é, persegue o consulente como uma sombra amarga... Alguns pais nocivos, ao mesmo tempo que exigem o sucesso de seus rejeitados, os proíbem de maneira tácita de realizar aquilo que eles mesmos não puderam realizar. A neurose do fracasso faz com que muitos consulentes se desconheçam a si mesmos. O tarólogo deve começar sua leitura aceitando que se dirige a alguém que é aquele que sua família, sua sociedade quiseram que ele fosse, motivo pelo qual ele crê possuir objetivos que não são seus, com obstáculos artificiais e miragens à guisa de soluções. O Tarot poderá indicar sua natureza, seus objetivos, seus obstáculos e as soluções verdadeiras lhe fazendo ver a região muda de sua existência.

Aquilo que o consulente não sabe faz parte de sua vida, tanto quanto aquilo que ele sabe. Aquilo que o consulente não fez é tão importante quanto aquilo que ele fez. Aquilo que o consulente poderá um dia fazer faz parte daquilo que ele já está fazendo. Aquilo que o consulente foi e o que não foi, aquilo que ele é e aquilo que ele não é, aquilo que ele será e aquilo que ele não será constituem igualmente seu mundo.

Alguns consulentes, por medo de perder aquilo que acreditam ser sua individualidade, não querem ser curados, mas querem que nos ocupemos deles. Mais do que obter soluções, desejam ser ouvidos, que tenhamos pena deles. Diante das revelações da leitura, eles apresentam defesas... Embora sofram, eles afirmam que está tudo bem com a família, que na infância foram amados, que não foram afetados por nenhum tipo de abuso, que levam uma vida confortável. Não consideram nada aquilo que podemos lhe revelar como sendo verdade... Em face dessa atitude, o tarólogo deve ter uma paciência de santo. Uma coisa é doar, outra coisa é obrigar a receber... Ao aceitarmos as defesas, em vez de atacá-las de maneira direta, é preciso contornar as negações até descobrir uma abertura por onde introduzir uma ínfima tomada de consciência. Depois, ele deve convidar o consulente a meditar sobre essa revelação durante o tempo que for necessário e, uma vez que ela for bem compreendida, voltar a escavar em sua memória com a ajuda de uma nova leitura. "Para avançar um quilômetro é preciso dar um passo" (*Tao Te Ching*). No entanto, o terapeuta, por um desejo de poder, não deve tentar criar "clientela"... isto é, consulentes que depositem nele/nela uma dependência infantil, interpretando um papel de pai-mãe-prostituto que lhes serve de aspirina emocional. O Tarot não cura, ele serve para detectar a chamada "doença". Uma vez obtido isso, cabe a um psicanalista, um psiquiatra ou um psicomago continuar o trabalho.

Todos os Arcanos pertencem ao Tarot. É por isso que duas cartas observadas juntas, mesmo que pareçam conter significados absolutamente diferentes, possuem detalhes em comum. Diante de qualquer conjunto de cartas, é preciso sempre buscar o maior número de detalhes que lhes sejam comuns.

Todos os seres humanos pertencem a uma espécie comum e vivem no mesmo território, o planeta Terra. Por esse motivo, duas pessoas reunidas, mesmo que sejam de raças, culturas e situações sociais ou níveis de consciência diferentes, possuem características comuns. O tarólogo, abandonando qualquer veleidade de se sentir superior, deve captar essas semelhanças e concentrar a princípio sua leitura nas experiências que o unem ao consulente. Ninguém melhor que um "ex-doente" para curar um "doente".

O mau tarólogo, que confunde pensar e crer, enuncia interpretações caprichosas para depois buscar nos Arcanos símbolos que possam confirmar essas conclusões. Para ele, a verdade vem a priori, e é seguida a posteriori pela busca da verdade.

Para adotar uma conclusão, é preciso examinar os Arcanos sob o maior número de pontos de vista. Depois, escolher as interpretações que melhor convenham ao nível de consciência do consulente. E, em seguida, tirar as conclusões da comparação das interpretações escolhidas em detrimento das outras. Toda conclusão é provisória e só se aplica a um momento da vida do consulente, pois foi tirada de interpretações que, sendo feitas do ponto de vista do tarólogo, são limitadas.

Os testemunhos, apesar de sua importância, são sempre interpretações pessoais de um fato e, justamente por esse motivo, não lhes devemos conferir estatuto de prova absoluta. Nada do que o tarólogo leu pode constituir prova de um fato.

Dar conselhos a um consulente – "Você deve fazer isso", "Você não deve fazer aquilo" – é um abuso de poder. O tarólogo deve oferecer possibilidades de ação, deixando que o consulente faça sua escolha. O tarólogo não deve nunca ameaçar – "Se você não fizer assim, eis o que vai lhe acontecer" –, pois os atos realizados por obrigação, mesmo que pareçam positivos, agem como maldições.

Se o leitor é antes de mais nada um "eu", sendo incapaz de se tornar o espelho que reflete o outro, na realidade ele utiliza o consulente para curar a si mesmo. Em vez de ver, ele se vê. Em vez de compreender, ele impõe sua visão do mundo. Em vez de despertar os valores do consulente, ele o mergulha em um fascínio em que o tarólogo é o adulto e o outro a criança. O tarólogo não é a porta, mas a campainha, ele não é o caminho, mas o tapete que limpa o barro dos sapatos, ele não é a luz, mas o botão do interruptor.

O tarólogo não deve fazer promessas líricas ou elogios: "Você é uma alma nobre, você é uma pessoa boa, vai dar tudo certo, Deus te recompensará etc.", palavras inúteis que impedem a tomada de consciência. Para curar, o consulente não deve fugir do sofrimento, mas encarar o sofrimento, assumi-lo para em seguida dele se libertar. Um sofrimento conhecido é mais útil que cem louvores.

Quando, aos vinte e quatro anos, em um brutal acidente, meu filho Teo morreu, uma dor indescritível desintegrou meu espírito. Como um leproso, assisti sua cremação. Quando eu não achava que encontraria consolo possível, vi meu filho Brontis se aproximar do corpo e colocar um Tarot de Marselha na mão dele. Acompanhado do Tarot, ele foi cremado. Recebi uma urna com as cinzas desses dois seres sagrados... Desde então, e para sempre, até o fim da minha existência, os Arcanos, mesclados ao meu filho, ocupariam um trono em minha memória. Aquilo em que acreditamos verdadeiramente e aquilo que amamos verdadeiramente são uma única e mesma coisa... A imensa dor da perda de um ser amado destrói a imagem que temos de nós mesmos. Se tivermos a coragem de nos reconstruir, nós nos tornaremos mais fortes, ao mesmo tempo em que compreenderemos melhor a dor dos outros.

ÍNDICE DE ASSUNTOS

Sumário 6

Apresentação, por Marianne Costa 11

Introdução, por Alejandro Jodorowsky 13

PRIMEIRA PARTE
ESTRUTURA E NUMEROLOGIA DO TAROT

O Tarot é um ser 35

Para começar 43

Composição e regras de orientação 45

Os Arcanos maiores 47

- Primeiro contato 47
- O Tarot é progressivo 51
- O Louco e O Mundo: organização espacial do Tarot 54
- O Arcano XXI: espelho do Tarot e chave de orientação 55

Os Arcanos menores 59

- Organizar os quatro Naipes 59
- Correspondência entre os Naipes, os elementos e as energias do ser humano 63
- Primeiro contato com as Figuras dos Arcanos menores 67
- Resumo 70

A numerologia do Tarot 71

- Por que uma numerologia decimal? 72
- O esquema retangular da numerologia 73
- A dinâmica dos dez graus 77
- A evolução numerológica nos quadrados 82
- As séries decimais dos Arcanos menores 83
- O lugar das Figuras 88
- Cavaleiros e fim do ciclo: como o Dez de um Naipe se torna o Ás do Naipe seguinte 90
- Resumo: dinâmica dos dez graus nos Arcanos maiores e menores 93
  - *Grau 1*. Totalidade, muita energia sem experiência 93
  - *Grau 2*. Acumulação. Gestação, inação. Repressão da energia 93
  - *Grau 3*. Explosão de toda energia acumulada. Adolescência. Ação sem objetivo 94
  - *Grau 4*. Estabilização e potência 94

- *Grau 5.* Aparição de um novo ideal, ponte para outra dimensão **95**
- *Grau 6.* Prazer, beleza, união. Descoberta do outro. Fazer aquilo que se ama **95**
- *Grau 7.* Ação no mundo **97**
- *Grau 8.* Perfeição receptiva **97**
- *Grau 9.* Crise oportuna para uma nova construção. "Entre a vida e a morte" **98**
- *Grau 10.* Fim de um ciclo e início de um novo ciclo **98**

Construir a mandala em dez etapas **99**

As onze cores do Tarot **109**

- Simbolismo das cores **110**
- Diversas "mandalas" de cores **112**

SEGUNDA PARTE
OS ARCANOS MAIORES

Uma arquitetura da alma **121**

Para começar **135**

O Louco. Liberdade. Grande aporte de energia **139**

I O Mago. Começar e escolher **145**

II A Papisa. Gestação, acumulação **151**

III A Imperatriz. Explosão criativa, expressão **157**

IIII O Imperador. Estabilidade e domínio do mundo material **163**

V O Papa. Mediador, ponte, ideal **169**

VI O Namorado. União, vida emocional **175**

VII O Carro. Ação no mundo **181**

VIII A Justiça. Equilíbrio, perfeição **187**

VIIII O Eremita. Crise. Passagem. Sabedoria **193**

X A Roda da Fortuna. Início ou fim de um ciclo **199**

XI A Força. Começo criativo, nova energia **205**

XII O Enforcado. Parada, meditação, doação de si mesmo **211**

XIII O Arcano sem nome. Transformação profunda, revolução **217**

XIIII Temperança. Proteção, circulação, cura **225**

XV O Diabo. Forças do inconsciente, paixão, criatividade 231

XVI A Torre. Abertura, emergência daquilo que estava fechado 239

XVII A Estrela. Agir no mundo. Encontrar seu lugar 245

XVIII A Lua. Potência feminina receptiva 251

XVIIII O Sol. Arquétipo paterno. Nova construção 257

XX O Julgamento. Nova consciência, desejo irresistível 263

XXI O Mundo. Realização total 269

TERCEIRA PARTE
OS ARCANOS MENORES

Os humildes guardiões do segredo 277

Para começar 287

1. Os graus da numerologia

Os Ases. Tudo em potência 289

Os Dois. Acumulação, preparação, receptividade 299

Os Três. Explosão, criação ou destruição 303

Os Quatros. Segurança sobre a Terra 307

Os Cincos. A tentação 311

Os Seis. A beleza e seus espelhos 315

Os Setes. Ação no mundo e em si mesmo 319

Os Oitos. As quatro perfeições 323

Os Noves. Crise e nova construção 327

Os Dez. Fim de um ciclo e anúncio do seguinte 331

Os Graus por Naipe 335

2. Os Trunfos ou Figuras

Os Valetes 351

As Rainhas 355

Os Reis 359

Os Cavaleiros 363

Significado resumido por Naipe 367

QUARTA PARTE
O TAROT DE DOIS EM DOIS

A Consciência como obra comum 377

Para começar 383

Os duos das duas séries decimais 385

- I O Mago - XI A Força *Os dois inícios* 386
- II A Papisa - XII O Enforcado *Gestação e interioridade* 387
- III O Imperador - XIII O Arcano sem nome *Explosão criativa ou destrutiva* 387
- IIII O Imperador - XIIII Temperança *Segurança no Céu e na Terra* 388
- V O Papa - XV O Diabo *A tentação em todas as suas formas* 389
- VI O Namorado - XVI A Torre *Aparição do prazer* 389
- VII O Carro - XVII A Estrela *A ação no mundo* 390
- VIII A Justiça - XVIII A Lua *Rostos da perfeição* 391
- VIIII O Eremita - XVIIII O Sol *Crise e regeneração* 391
- X A Roda da Fortuna - XX O Julgamento *Aquilo que começa termina* 392

Os casais do Tarot 393
Várias versões da relação homem-mulher

- **O Louco - O Mundo** 396
- Quando duas cartas encontram outras 397
- **O Mago - A Força** 398

  Os casais d'O Mago
  - com A Papisa 399
  - com A Imperatriz 400
  - com A Justiça 401
  - com A Estrela 401
  - com A Lua 402
  - com O Mundo 403

  Os casais d'A Força
  - com O Imperador 404
  - com O Papa 404
  - com O Carro 405
  - com O Eremita 406
  - com O Sol 407

- **A Papisa - O Papa** 408

  Os casais d'A Papisa

- com O Imperador **410**
- com O Carro **411**
- com o Eremita **411**
- com O Sol **412**

Os casais d'O Papa
- com A Imperatriz **413**
- com A Justiça **414**
- com A Estrela **415**
- com A Lua **416**

- **A Imperatriz - O Imperador 417**
Os casais d'A Imperatriz
- com O Carro **419**
- com O Eremita **420**
- com O Sol **421**

Os casais d'O Imperador
- com A Justiça **421**
- com A Estrela **422**
- com A Lua **423**

- **O Carro - A Estrela 424**
Os casais d'O Carro
- com A Justiça **426**
- com A Lua **427**

Os casais d'A Estrela
- com O Eremita **428**
- com O Sol **429**

- **A Justiça - O Eremita 430**
Os casais d'A Justiça
- com O Sol **432**

Os casais d'O Eremita
- com A Lua **433**

- **A Lua - O Sol 434**

Pares de soma XXI 437
Onze caminhos da realização
- O Louco - XXI O Mundo **438**
- I O Mago - XX O Julgamento **439**
- II A Papisa - XVIIII O Sol **439**

- III A Imperatriz - XVIII A Lua **439**
- IIII O Imperador - XVII A Estrela **440**
- V O Papa - XVI A Torre **440**
- VI O Namorado - XV O Diabo **441**
- VII O Carro - XIIII Temperança **442**
- VIII A Justiça - XIII O Arcano sem nome **442**
- VIIII O Eremita - XII O Enforcado **443**
- X A Roda da Fortuna - XI A Força **444**

Sucessão numérica e translação **445**
Chaves para a leitura de duas cartas

QUINTA PARTE
A LEITURA DO TAROT

Como se tornar um espelho **459**

Para começar **477**

Primeiros passos **481**
- **Exercícios com um Arcano 482**
  - A cor do dia **482**
  - O aliado **483**
  - Auscultar-se **484**
  - Exercício de humildade, com os Arcanos maiores **484**
  - Exercício de humildade, com os Arcanos menores **485**
  - Quais são meus limites? **486**
- **Exercícios com dois Arcanos 489**
  Vantagem-inconveniência, força-fraqueza
  - O conflito **489**
  - A carta favorita e a carta menos amada **491**
- **Exercícios com um, dois ou mais Arcanos 492**
  - Explicar uma carta por uma ou diversas outras **492**
  - Introdução à translação **495**
- **Exercícios com parceiro 498**
  - Perguntas e respostas **498**
  - A conversa tarológica ou Tarot do pôquer **498**
  - O Tarot do pôquer (variante) **499**

Ler três cartas **501**
- **Ler com uma estratégia preestabelecida 503**

- Estratégia 1 *Aspectos passado, presente e futuro de uma situação* **503**
- Estratégia 2 *Começo, desenvolvimento, resultado* **504**
- Estratégia 3 *Os motivos da situação presente* **504**
- Estratégia 4 *O trio familiar e sua influência sobre o consulente* **507**
- Estratégia 5 *As forças atuantes: recepção-ação* **507**
- **As possibilidades de ação do consulente** **509**
  - Estratégia de leitura e trabalho sobre a pergunta **509**
    - Estratégia 1 *Evolução de uma situação* **510**
    - Estratégia 2 *Ler como uma frase* **510**
  - Saber reposicionar as cartas para encontrar a resposta que ajude **512**
- **Os aspectos psicológicos da leitura** **516**
  - Ajudar o consulente a resolver as contradições **517**
    - Estratégia 1 *"Sim, mas... então!"* **517**
    - Estratégia 2 *"Protagonista, mediador, antagonista"* **517**
  - Ler a carta que se encontra embaixo do maço **518**
  - Escolher uma leitura positiva ou negativa **521**
- **Ler três cartas sem estrutura preestabelecida e sem pergunta** **523**
  - Estratégia 1 *O Tarot faz a pergunta* **523**
  - Estratégia 2 *Ler três cartas segundo o valor numérico* **527**
  - Estratégia 3 *Seguir os olhares, os gestos, os indícios fornecidos pelas cartas* **530**
  - A leitura projetiva **534**

Ler quatro cartas ou mais **537**
- O Tarot da dúvida **538**
- O Tarot da libertação **539**
- O Tarot do herói **541**
- O Tarot d'O Mundo **543**
- O Tarot dos dois projetos **545**
- O Tarot da escolha **546**

Ler dez cartas ou mais **549**
- Amplificar o Tarot d'O Mundo **549**
- O Tarot do eu realizado **551**
- O Tarot do herói aplicado aos quatro centros **554**
- O Tarot da escolha aplicado aos quatro centros **559**
- A leitura artística **560**

***Conclusão: o pensamento tarótico* 569**

Este livro foi impresso pela gráfica **Expressão & Arte**
em papel **Offset 90 g/m²**.